Grandi Bestsellers

di Eduard Estivill

nella collezione Oscar

Dormire meglio per negati
Il grande manuale per genitori (con Gonzalo Pin)

EDUARD ESTIVILL – GONZALO PIN

IL GRANDE MANUALE PER GENITORI

DALLA NASCITA ALL'ADOLESCENZA

Traduzione di Chiara Libero

OSCAR MONDADORI

Published by arrangements with Silvia Meucci Literary Agency - Milano
Titolo originale dell'opera: *Pediatría con sentido común*

I edizione Grandi Bestsellers ottobre 2012

ISBN 978-88-04-62286-4

Questo volume è stato stampato
presso Mondadori Printing S.p.A.
Stabilimento NSM - Cles (TN)
Stampato in Italia. Printed in Italy

Progetto grafico e impaginazione a cura di Beniamino Roma

www.doctorestivill.com
www.quiron.es
www.uv.si.com

www.librimondadori.it

IL GRANDE MANUALE PER GENITORI

NOTA DEGLI AUTORI

Dai pediatri ai genitori. O dai pediatri ai nonni, alle persone che si occupano della cura dei bambini, agli educatori. Così ci piace che sia questo libro: diretto, pratico e molto, molto chiaro. Dedicato ai genitori che stanno per avere un figlio, a quanti sperano di averlo e a chi ogni giorno è felice e si dà da fare per educare suo figlio, che sia ancora un bimbo o già un adolescente. Tutti noi che siamo in contatto con i bambini e che desideriamo il meglio per loro possiamo trarre beneficio da quello che si legge in queste pagine.

Così, con il massimo rigore scientifico, abbiamo cercato di spiegare, in forma semplice, tutti gli aspetti che dobbiamo conoscere sui nostri figli e nipoti, per poterli accudire ed educare in modo equilibrato e sano. La nostra intenzione è stata quella di tradurre in un linguaggio accessibile le conoscenze più recenti sulle cure e l'educazione che un bambino deve ricevere dalla nascita al termine dell'adolescenza; affrontare il suo sviluppo fisico e psicologico, la sua formazione secondo determinati valori e fornire una serie di consigli pratici sui problemi medici più frequenti in queste fasi della sua vita. Per una migliore comprensione dei numerosi aspetti che trattiamo, in queste pagine parliamo dei bambini in base alla loro età, suddividendo i periodi in mesi e anni dal primo giorno di vita ai diciotto anni.

Seguendo la stessa linea dei nostri libri precedenti, i pilastri di questo volume sono il buon senso e le conoscenze scientifiche. Il nostro scopo è che diventi uno strumento di consultazione per padri e madri. Perché ci rende felici poter aiutare i papà e le mamme nel difficile compito di crescere un figlio. Con buon senso, sicurezza, rigore e amore, naturalmente.

Eduard Estivill
Gonzalo Pin

PARTE PRIMA

COME MATURA, CRESCE E SI SVILUPPA NOSTRO FIGLIO DALLA NASCITA ALL'ADOLESCENZA

1

DALLA PRIMA SETTIMANA AL PRIMO MESE

Finalmente a casa: una nuova vita... per tutti

L'amore è nell'aria, ma stanno per arrivare anche le occhiaie e, diciamolo pure, un'espressione a metà strada tra la sorpresa e la felicità, che rivela: ora siamo genitori. Siamo passati dall'attesa della nascita al condividere la casa con la persona che è, probabilmente, la più importante della nostra vita: nostro figlio. E, ci spiace dirlo, ma questo nuovo inquilino non arriva a parità di condizioni: è il re della casa. Oppure no?

C'è molto da dire rispetto all'arrivo di un bebè. Senza dubbio è il re perché ha bisogno di noi per adattarsi alle difficoltà di un mondo così differente, in termini di ritmo e comodità, da quello di cui godeva nel ventre materno. Dipende da noi per mangiare, per dormire, per restare sano e per imparare tutto quello che gli servirà nella vita, amore compreso. Senza dubbio l'attrazione incondizionata verso il nostro bebè non è sempre immediata. Non preoccupiamoci se avremo bisogno di un po' di tempo per amarlo come il re della casa. Ci sono genitori che iniziano ad adorare il figlio quando non è molto più grande di un cece o di una lenticchia, così come ce ne sono altri che non sanno se il piccolo gli sarà simpatico fino a quando non inizieranno a viverci insieme.

La cura attenta del bebè e l'organizzazione di una vita familiare sono le due preoccupazioni principali di questa nuova vita da genitori. E forse non è bello che sia un libro a dircelo, però né per una né per l'altra preoccupazione esistono formule che funzionino al cento per cento. Così come non esistono due persone identiche, ugualmente non esistono soluzioni efficaci per far sì che il processo di essere genitore giunga alla perfezione. Ora parliamo un po' di queste preoccupazioni e vediamo se possiamo fare qualcosa per alleviarle.

Se per il bebè giungere in questo mondo (il parto e l'impatto con un ambiente molto più scomodo rispetto al ventre materno) è probabilmente la prima esperienza intensa, non lo è di meno per mamma e papà. Dopo mesi di preparativi, poi il parto, la mamma, che deve recuperare le forze, e il papà, che ha il compito di accompagnarla nel periodo – a volte difficile – postparto, si ritrovano con in braccio un neonato che richiede attenzione e cure per la maggior parte della giornata. Le routine quotidiane devono adattarsi alle necessità di questa nuova personcina e tutti, mamme e papà, desideriamo, come è logico, farlo ai massimi livelli anche dal punto di vista puramente pratico, anche quando non si tratta del primo figlio. Tuttavia, è importante non farsi ossessionare dall'idea di svolgere alla perfezione questo compito (siamo esseri umani), né da quella di stabilire quasi immediatamente legami affettivi con il piccolo. A volte questi vincoli (che in inglese gli specialisti chiamano *bonding*) possono richiedere un po' di tempo per crearsi e consolidarsi. La chiave sarà la pazienza ma, evidentemente, esistono dei modi per creare e rafforzare il legame affettivo.

Il primo in assoluto è chiedersi che cosa si intende con "essere un buon padre o una buona madre". Anche in questo caso, come molto spesso accade, non esistono modelli né regole fisse. Per noi, padri, assistere al parto costituisce, senza dubbio, un'emozione ineguagliabile, e aiuterà a far sì che da questo esatto istante sentiamo un legame con il piccolo. Però se, per un qualsiasi motivo, non ci è stato possibile assistere, non pensiamo di aver perduto l'opportunità di essere buoni genitori. Ci aspetta un lungo cammino per stabilire e alimentare questa connessione emotiva e affettiva con il nuovo arrivato. Ne ha bisogno anche lui.

Allo stesso modo, durante i primi minuti e le prime ore di vita, il contatto tra la mamma e il suo piccolino, servirà a "conoscersi" o, per meglio dire, a "riconoscersi" nella nuova situazione: separati fisicamente, ma con la possibilità di guardarsi, toccarsi e ascoltarsi l'un l'altro, per la prima volta. Questi primi istanti insieme, colmi di emozione, saranno il seme di una relazione fondamentale dal lato affettivo e quindi è importante poterli vivere con tranquillità, senza pressioni. Però se le circostanze non permettono di tenere in braccio il bimbo subito dopo il parto (per esempio se, per una qualsiasi ragione, il piccino deve restare in osservazione o nell'incubatrice), non disperiamoci e non sentiamoci mai e poi mai colpevoli. Ben presto saremo insieme. Di fatto, non esistono prove scientifiche che questo ritardo possa avere delle ripercussioni sulla relazione futura.

In questi primi mesi, sia che tu mamma decida di allattare al seno, sia che tu ricorra al biberon, ciascuna poppata sarà un'ottima occasione per esplorarvi l'un l'altro, per osservare ogni reazione e movimento del piccino, i suoi gesti, le sue espressioni, i suoi sguardi, i suoni che emette... e vedrai in che modo lui esplora i tuoi, come reagisce al contatto fisico, come ti guarda, come ascolta la tua voce... Quindi cerca un ambiente adeguato per allattarlo, lontano dalla confusione, rilassato... (e se nel corso delle prime settimane preferiamo limitare le visite di amici o parenti all'ospedale o a casa, facciamolo). Voi due vi sentirete più a vostro agio per riconoscervi.

I primi giorni di un bebè sono ricchi di nuove esperienze: mangiare, farsi visitare dal pediatra, il cambio del pannolino, il primo bagnetto a pochi giorni dalla nascita... Come genitori, abbiamo il compito di soddisfare tutte queste necessità, però altrettanto importante è che il piccolo si senta amato e protetto in ogni istante. Il contatto fisico sarà un veicolo fondamentale per il nostro affetto. Con le carezze riusciremo a farlo sentire protetto, e al tempo stesso gli daremo una mano per fare in modo che inizi a prendere consapevolezza del proprio corpo. Fargli regolarmente dei massaggi è un altro sistema per entrare in contatto con il piccolo, pelle a pelle. Lo rilasseranno, gli daranno una sensazione di benessere e, con il tempo, contribuiranno alla sua salute fisica ed emotiva. E non solo: saranno la scusa per utilizzare al meglio altri momenti da trascorrere insieme. Perché qualsiasi circostanza è buona per tenerlo stretto e abbracciarlo. Stretto al petto, sentirà i battiti del nostro cuore e noi sentiremo quelli del suo.

Parlare al neonato con tono dolce e affettuoso è importante tanto quanto accarezzarlo: sentendo la nostra voce, gli diventerà familiare. E, anche se sembra incredibile, è altrettanto importante guardarsi. Se tra adulti il contatto visivo diretto indica sicurezza e legame, guardare negli occhi il nostro bebè ci infonderà tenerezza e farà sì che il nostro legame si rafforzi. E, ancora una volta, pazienza: ci vuole il suo tempo per imparare a guardare, per comprendere, in definitiva, chi si sta vedendo.

ATTENZIONE ALLA DEPRESSIONE POSTPARTUM

Il parto è un'esperienza fisica ed emotiva veramente estenuante anche quando tutto va per il verso giusto e si conclude rapidamente. Dopo aver dato alla luce il tuo bebè, è normale che tu ti senta spossata, fisicamente e psicologicamente. Per non parlare degli sconvolgimenti ormonali che di solito si verificano, con intensità più o meno forte, e che influenzeranno il tuo stato d'animo. È la situazione nota come depressione postpartum, la malinconia della maternità. Ma non preoccuparti: in genere si manifesta soltanto per i dieci giorni successivi al parto. Quindi concediti un po' di tempo. E se senti di averne bisogno, non esitare ad accettare e a chiedere aiuto.

Ma è possibile alleviare in qualche modo questo disagio? In primo luogo, devi prendere consapevolezza che buona parte della sensazione di abbattimento che ti accompagna nei primi giorni dipende dalla mancanza di sonno. Il tuo bimbo deve essere allattato molto spesso, tanto più se hai deciso di attaccarlo al seno, cosa che rende impossibile godere delle sette o otto ore di sonno che sono consigliate in circostanze normali. Che fare? Molto semplice: il tuo ritmo deve adeguarsi a quello del neonato, ossia, cerca di dormire un po' quando dorme il bimbo. Gli adulti che fanno parte della tua cerchia familiare più stretta dovranno tenerlo d'occhio mentre ti concedi il riposo, e così a poco a poco riuscirai a sentirti sempre meglio, fisicamente ed emotivamente.

Cerca inoltre di parlare di quello che stai provando con le persone attorno a te, tieni un diario delle tue emozioni, cerca di ritagliarti anche soltanto quindici minuti al giorno per dedicarti a te stessa...

Tuttavia, se i sintomi peggiorano o si prolungano molto più dei quindici giorni dopo il parto, ti consigliamo di rivolgerti al medico, per stabilire se stai soffrendo di una depressione postpartum più grave.

Dopo il parto, finalmente ci incontriamo faccia a faccia con il nostro bimbo. Prepariamoci ad assistere a cambiamenti spettacolari che si manifesteranno già dal primo mese di vita. E non ci spaventiamo: ci sono cose che sembrano strane ma sono del tutto normali.

I suoi occhi, per esempio, nei primi giorni possono essere gonfi e un po' arrossati. Le iridi avranno delle sfumature grigiastre (raggiungeranno il loro colore definitivo tra i tre e i sei mesi di vita), gli sarà difficile mantenere lo sguardo fisso su un oggetto, potrà sembrare persino strabico e sarà particolarmente sensibile alla luce intensa. Un modo per stimolarlo ad aprire gli occhi e a osservare consiste nel sostenerlo in posizione verticale, quello che a volte si definisce "effetto bambolotto". Però teniamo presente che, per il momento, il piccolo ha una visione in bianco e nero e che, anche se è in grado di vedere oggetti a una distanza di un metro, riesce a focalizzare meglio quelli che stanno tra 20 e 40 centimetri. È questa la distanza a cui dobbiamo stare quando lo guardiamo negli occhi. Così il piccino presterà attenzione soprattutto agli occhi e, se parliamo o sorridiamo, al movimento delle labbra. È probabile che nel corso del primo mese ci imiti o sboccino i suoi primi sorrisi.

E che dire del suo naso? È certamente all'insù. Se è un pochino deviato, non preoccupiamoci, potrebbe essere una conseguenza del parto e nel giro di una settimana riprenderà la sua forma. Lo stesso accadrà alle orecchie, che potrebbero avere un aspetto un po' accartocciato perché le cartilagini non hanno ancora iniziato a indurirsi.

Per quanto riguarda la testa, se il bebè è nato con parto naturale, è del tutto normale che si presenti un po' deformata o allungata. Il cranio presenterà fino a sei aperture, dette *fontanelle*, fondamentali per farlo adattare al canale del parto e perché, una volta che il bimbo è nato, il cervello abbia spazio per crescere e svilupparsi. Due di queste, ricoperte e protette da uno strato di materia spessa e fibrosa, si possono sentire semplicemente palpando (ovviamente senza premere): una si trova alla sommità della testa e ha una forma romboidale (probabilmente non si chiuderà fino ai diciotto mesi di vita), mentre l'altra è triangolare e si trova alla base della nuca (in genere si richiude verso i sei mesi). Sono zone molto morbide, ma quello che più richiede attenzione è che sono collegate al ritmo dei battiti cardiaci. Un rigonfiamento nella zona delle fontanelle potrebbe essere un sintomo di eccessiva pressione intracranica, per la quale si consiglia di chiedere aiuto a uno specialista: un affossamento potrebbe indicare un problema di disidratazione.

È normale che i bebè abbiano la pelle un po' giallastra (itterica) o che presentino delle macchie rosse al collo, sul naso o sulle palpebre. Allo stesso modo, possono avere delle macchie bianche sul palato (dette "perle di Epstein") e delle cisti piene di liquido sulle gengive. Tranquilli! Spariranno al massimo entro il primo mese di vita.

I pugnetti chiusi, i gomiti, le anche e le ginocchia flessi... È tutto perfettamente normale. In queste prime settimane il bebè sta abbandonando la posizione fetale che ha mantenuto per mesi. Avrà inoltre delle reazioni istintive alla luce e al tatto e altri tipi di riflessi primitivi. Per esempio, chiuderà e aprirà le mani se gli si applica una pressione sui palmi con un dito o con un oggetto. Potrà sussultare e di fronte a un rumore, un odore o una luce molto forti estenderà le braccia di lato. Inoltre è possibile che il respiro sia un po' irregolare. Singhiozzo, starnuti e qualche balbettio sono normali in tutti i bebè e non sono quindi sintomi di malattia.

Avrà le unghie abbastanza lunghe da potersi graffiare il viso. Facciamo in modo di tagliargliele con molta attenzione, usando delle forbicine, approfittando del momento del bagnetto. Uno degli aspetti principali di cui dobbiamo occuparci per la buona salute del bimbo è l'*igiene*. Nei primi giorni di vita sarà sufficiente pulirlo con una spugna morbida e acqua tiepida o con delle salviette inumidite, se in quel momento non abbiamo accesso all'acqua.

Quando arriva il momento del primo bagnetto, dobbiamo tenere tutto pronto e a portata di mano: gli indumenti puliti, i pannolini, un asciugamano, le creme (anche se nei primi giorni non saranno necessarie, a meno che non le abbia prescritte il medico per un motivo molto preciso) e così via. Possiamo fare il bagnetto a nostro figlio senza problemi anche prima della caduta del moncone del cordone ombelicale. L'acqua deve essere a una temperatura di circa 36 °C (per verificare se scotta immergiamo il gomito: questo sistema ci permette anche di avere le mani libere per sostenere il bimbo) e la stanza a una temperatura piacevole. Evitiamo le correnti d'aria.

È meglio usare una piccola quantità d'acqua in modo che il piccolo non sia sommerso. Con una spugna e un sapone neutro inumidiamo e laviamo le parti del corpo più propense a sudare: ascelle, collo, pieghe delle braccia e delle gambe... È importante anche mantenere ben puliti i genitali e il sederino.

L'ora più indicata per il bagno? Scegliamo noi. Se aiuta il bebè a rilassarsi, il momento migliore sarà la sera, in modo anche da facilitare il sonno. Se per noi è più pratico farlo di giorno, va bene ugualmente. Importante è stabilire una routine e non cambiare gli orari.

Ricordiamoci: dobbiamo tenere pronto un asciugamano per coprire il bebè non appena lo tiriamo fuori dall'acqua. Asciughiamolo con delicatezza, con piccole pressioni (senza strofinare) e controlliamo che siano ben asciutte alcune zone, come dietro le orecchie, il collo e tutte le aree coperte dal pannolino. In questo modo si eviteranno le irritazioni.

Questo sarà anche il momento adatto per pulirgli le orecchie solo esternamente, con un po' di cotone inumidito con acqua tiepida (a partire dai quindici giorni di vita) e sempre con la massima delicatezza.

Per le creme, gli oli e le colonie è meglio aspettare qualche mese, perché la pelle del bebè è estremamente sensibile. Teniamo a portata di mano un pannolino per poterglielo mettere nel caso in cui una inattesa pipì rovini il bagnetto quotidiano. Al momento di vestire il piccolo, facciamo in modo di cominciare da sopra per finire verso il basso, in modo che non perda calore.

Il momento del bagnetto è ideale per verificare che il corpo di nostro figlio sia sano: possiamo controllare, per esempio, se sono comparsi arrossamenti o anomalie della pelle. D'altro canto, anche se le prime volte il bebè piange molto al momento di entrare a contatto con l'acqua, il bagnetto è un'occasione fantastica per giocare, per offrirgli benessere, cure e coccole, che fanno bene tanto a lui, quanto a noi.

ATTENZIONE AL CORDONE OMBELICALE

Al momento della nascita viene tagliato il cordone ombelicale, ossia il canale attraverso il quale il bebè ha ricevuto nutrimento e ossigeno mentre stava nel ventre della mamma: quindi viene legato e ci vorranno circa dieci giorni perché il moncone si stacchi. Di quali cure ha bisogno in questi primi tempi? Sarà sufficiente evitare che si infetti applicando un po' di alcol a 70 °C con una garza, con le mani ben lavate e senza premere. Si seccherà da solo e, per fare in modo che la ferita traspiri, evitiamo di coprirla con cerotti di stoffa; molto meglio una garza leggera e morbida. Ripetiamo questa operazione dalle tre alle quattro volte al giorno.

UNA MANO PER... CAMBIARE I PANNOLINI

COME

Arriverà il momento il cui lo faremo in maniera quasi automatica, ma le prime volte sono una bella sfida. È consigliabile tenere tutto il necessario a portata di mano per non perdere di vista il piccolo nemmeno per un istante. La soluzione migliore è metterlo sulla schiena sul letto o sul fasciatoio. Sotto il piccolo avremo sistemato un panno o una cerata protettiva. Spogliamolo solo il minimo indispensabile (evitiamo i pigiamini o gli indumenti a tuta: sono molto più pratici i completini in due pezzi) e quindi, sostenendo il bebè con una mano per le caviglie e sollevando un po' le natiche togliamo il pannolino sporco. Laviamo perfettamente i genitali e il sederino (non scordiamo le pieghe dell'inguine) con una spugna e acqua tiepida o con una salvietta inumidita, ma sempre da davanti a dietro (mai al contrario, specialmente con le bambine, per evitare di diffondere i batteri dal retto, che potrebbero causare un'infezione nell'apparato urinario). Asciughiamo delicatamente con una salvietta per eliminare ogni traccia di umidità che, "sigillata" dal pannolino, potrebbe causare arrossamenti o funghi. Quindi solleviamo nuovamente il sederino del bebè, sostenendolo per i piedi con una mano sola, quanto basta per far scivolare la parte posteriore del pannolino (quella in cui si trovano le linguette adesive) fino ad arrivare alla vita del piccolo e chiudiamo la parte anteriore sulle gambe coprendo la pancia. Se il cordone ombelicale non si è ancora staccato, facciamo attenzione che non resti coperto o che non subisca pressione. Eseguiamo questo movimento il prima possibile, perché è probabile che quando lo laviamo, o quando i suoi organi entrano a contatto con l'aria, il bebè risponda con una inattesa pipì (e se è un maschietto, sicuramente ci beccheremo la parte peggiore). Adesso possiamo chiudere le linguette elastiche, ma senza stringere troppo. Lasciamo uno spazio sufficiente perché il piccolo possa muoversi senza che il pannolino gli dia fastidio o lo sfreghi. Un trucco? Tra il corpo del piccolo e il pannolino devono poter passare una o due dita all'altezza della cintura.

QUANDO

Quanto tempo deve passare tra un cambio e l'altro? I pannolini usa e getta hanno aumentato notevolmente la capacità assorbente e quindi ci vorranno parecchie pipì prima che siano così umidi da fare fastidio. Tuttavia, noi mamme e papà dobbiamo essere in grado di giudicare quando è il momento del cambio. Se non lo indoviniamo, nostro figlio ce lo farà sapere piangendo quando si sente a disagio. Però, in via generale, calcoliamo tra i sei e gli otto pannolini al giorno. A mano a mano che il bebè cresce, questo numero andrà riducendosi.

Teniamo conto che in questi primi mesi di vita una delle lamentele più frequenti durante le visite dal pediatra è la cosiddetta dermatite da pannolino (una irritazione della pelle), quindi è importante la massima igiene. Come misura preventiva, o per rimediare ai primi sintomi, possiamo applicare una crema protettiva (che contenga ossido di zinco), ma informiamoci bene su quale sia la più adeguata per le prime settimane di vita. E se la pelle del bebè è sana, non abusiamone, perché le creme potrebbero modificare il pH naturale e causare qualche reazione allergica.

In ogni caso, le feci dei neonati di solito sono abbastanza liquide durante le prime settimane di vita, di conseguenza è facile che compaiano rossori e irritazioni.

QUALI

In vendita si trovano pannolini specifici per neonati (dai due fino ai cinque chili di peso). Al momento di scegliere puntiamo sulla qualità dei materiali, sul grado di assorbenza e di impermeabilità, controlliamo che la vestibilità e i bordi siano morbidi, che le linguette adesive siano riposizionabili e, preferibilmente, che abbiano il bordo in vita antiperdita (nei primi mesi il bebè trascorrerà molte ore sdraiato).

UN DATO INTERESSANTE

Le prime feci del bebè sono di solito scure e appiccicose. È quello che si definisce *meconio*. Macchiano la pelle molto più di quelle che seguiranno, e quindi sarà necessario pulire il piccolo con la massima cura. Verso il terzo o quarto giorno di vita, il piccolo comincerà a fare cacche più normali, che però continueranno ad avere una consistenza molto liquida, visto che anche il latte, di cui si nutre, lo è. È possibile che in mezzo ci siano delle feci di transizione, poco abbondanti, ancora molto liquide e di un colore verde-grigiastro. Non spaventiamoci, rientra tutto nella norma.

IL SONNO

Da un mondo a un altro e a un altro ancora. Dal tepore confortevole dell'utero alla casa e, da qui, all'uscire per la città. Contrariamente alle vecchie credenze che consigliavano di tenere i bebè in casa almeno fino a due settimane dopo la nascita, oggi si sa che non ci sono problemi per uscire a passeggio con lui fin dai primi giorni. La strada non nasconde alcuna minaccia per il nostro piccolino, se lo proteggiamo in modo adeguato. Anzi. Il bebè adorerà sentirsi cullare nella carrozzina, tanto quanto sentire suoni nuovi e vedere un paesaggio diverso da quello dell'ospedale. E poterlo portare in giro darà a noi genitori una maggiore indipendenza.

Quali sono, quindi, le precauzioni da tenere presenti? La prima in assoluto è il clima: il bebè non deve essere eccessivamente coperto, ma nemmeno sentire freddo. Una copertina, anche nei giorni più caldi, sarà fondamentale per coprirlo. Teniamolo al riparo dalle correnti d'aria e non esponiamolo troppo al sole, perché la sua pelle è ancora molto delicata.

Sarà indispensabile portare con noi i pannolini di ricambio, degli indumenti puliti e quello che serve per la sua igiene di base. Inoltre tutto il necessario per allattarlo al seno o, se serve, il biberon.

Durante le passeggiate il bebè trascorrerà la maggior parte del tempo a dormire. Alla nascita segue già un ritmo più o meno prestabilito di veglia-sonno. Ogni due-tre-quattro ore circa si sveglia perché deve mangiare e anche perché dobbiamo cambiargli il pannolino e parlare con lui. Lo scambio di coccole quando il piccolo è sveglio è di grande importanza. Il neonato segue uno schema di sonno molto simile a quello del feto. Inizia con quello che chiamiamo *sonno attivo*. Muove gli occhi, fa smorfie con il mento, respira irregolarmente, fa dei versetti e compie dei piccoli movimenti con le estremità. Questo tipo di sonno dà l'impressione che il bimbo sia inquieto, ma è del tutto normale e non dobbiamo interromperlo in nessun caso. Se la mamma, o chi si occupa del piccolo, non si rende conto che è tutto a posto, è molto probabile che lo tocchi, che lo prenda in braccio o lo culli.

Dopo trenta-quaranta minuti di sonno attivo, il bebè entra nella fase del sonno più profondo, che chiamiamo *tranquillo*. È totalmente rilassato, senza lamenti né movimenti, respira dolcemente e profondamente. Questa fase dura altri trenta-quaranta minuti. Il piccolo alterna questi due tipi di sonno fino a quando, tre-quattro ore dopo, si sveglia. È una forma di sonno che prosegue fino a quasi due mesi di vita.

Il neonato dormirà per buona parte della giornata (una media di sedici-diciassette ore) e si sveglierà quasi solamente per mangiare, più o meno ogni due-tre ore. Non conosce ancora la differenza tra giorno e notte, e quindi la sua routine sarà abbastanza irregolare. A mano a mano che il suo stomaco si ingrandisce, ogni pasto lo lascerà sempre più sazio, e il tempo tra una poppata e l'altra aumenterà, mentre le ore di sonno tenderanno a concentrarsi. Per questo motivo è molto importante seguire una buona routine per quanto riguarda l'alimentazione.

È buona pratica rispettare i suoi ritmi e non svegliarlo per dargli il seno o il biberon, a meno che non siano passate cinque ore senza che lui lo reclami.

A partire più o meno dai due mesi, i bebè, così come gli adulti, hanno fasi e gradi di profondità del sonno molto diversi; i loro modelli al momento di dormire si saranno andati formando negli ultimi mesi di gravidanza.

Il sonno lento comprende quattro stadi:

- *Sonnolenza*: al bebè si cominciano ad abbassare le palpebre; apre e chiude gli occhi.
- *Sonno leggero*: il bebè si addormenta, ma si muove e, se sente un rumore, ha un soprassalto.
- *Sonno profondo*: molto più tranquillo, il bebè si muove appena.
- *Sonno molto profondo*: il piccolo resta tranquillo e non si muove.

Il sonno attivo o REM (*Rapid Eyes Movement*, "movimento rapido degli occhi") è quello leggero, durante il quale si sogna. La metà delle ore di sonno di un neonato rientra in questa fase.

Durante i primi tre mesi di vita è normale che per il bebè non sia facile passare da una fase all'altra, e quindi è probabile che si risvegli spesso quando passa dal sonno profondo a quello leggero. Come possiamo capire quando il piccolo ha sonno? Distoglie lo sguardo e non presta attenzione, si lamenta, sbadiglia e, quando ha qualche giorno di vita in più, si stropiccia gli occhi. La missione dei genitori sarà quella di accorgersene e di fornirgli un ambiente sicuro e tranquillo per il riposo. È bene, fin dai primi giorni di vita, cominciare a stabilire delle routine precise per l'alimentazione, l'igiene e il sonno. Se il bebè si addormenta sul seno o in braccio, crederà che la normalità sia questa, piuttosto che dormire nel suo lettino.

MOLTO IMPORTANTE Tutti i bebè hanno piccoli risvegli durante il sonno. Sono istanti, e di solito ritornano a dormire da soli. Sono episodi del tutto normali e non dobbiamo fare nulla per far sì che tornino ad addormentarsi.

Altro grande dilemma riguarda la posizione in cui dobbiamo sistemare il bebè al momento della nanna. Ultimamente si sconsiglia di metterlo a pancia in giù perché numerosi studi hanno evidenziato che potrebbe esserci una relazione tra questa posizione e la Sindrome della morte in culla del neonato. Si raccomanda che i piccoli dormano a pancia in su, ma si possono mettere anche di fianco (in questo modo si evita che soffochino se vomitano un po' del latte che hanno ingerito). Allo stesso modo, è meglio evitare i guanciali, le coperte o i piumini molto pesanti e i giocattoli (anche se morbidi) dentro alla culla.

LA FUNZIONE DEL CIUCCIO

Fin dalla nascita, il bebè ha un intenso riflesso istintivo alla suzione che lo aiuterà ad alimentarsi quando gli si offrirà il seno o il biberon. Per calmare questo bisogno di succhiare c'è il ciuccio. Utilizzarlo quando il piccolo ha terminato di mangiare allo scopo di aiutarlo a dormire è la prassi più abituale e inoltre si raccomanda a partire dai primi giorni di vita perché riduce il rischio di morte improvvisa. Lo aiuterà anche a rilassarsi quando si sente a disagio o quando piange per la fame e non ci ha dato il tempo di preparargli il biberon. Ma in nessun caso deve sostituire il cibo, le coccole o le cure necessarie.

L'uso del ciuccio può deformare il palato del bebè, se il modello è troppo rigido o non risponde a tutte le norme sanitarie vigenti, e se non si utilizza con moderazione. Al momento della scelta del ciuccio i bebè diventano esperti raffinati, e ciascuno ha i suoi gusti. Alcuni lo preferiscono di caucciù, altri di silicone, con tettarella anatomica (che imita il capezzolo materno), fisiologica (adattata alla forma del palato) e così via. In ogni caso ricordiamo che è necessario sterilizzarlo prima che il piccolo lo usi per la prima volta. Inoltre, risciacquiamolo spesso e accertiamoci che sia sempre ben pulito. Cambiamo il ciuccio almeno una volta ogni due mesi, sostituendolo con uno nuovo.

Altri dettagli su questo oggetto fondamentale per il bimbo...

Il ciuccio sicuro:

- Deve essere formato da un solo pezzo.
- Lo scudo deve avere una dimensione minima di 4,3x4,3 centimetri, sarà rigido o semirigido ma abbastanza flessibile da evitare traumi. Ci devono essere dei fori laterali antisinghiozzo.
- È preferibile un modello con anello che consenta di afferrarlo facilmente in caso di ingestione.

Per quanto riguarda l'uso:

- Si deve lavare ogni volta che si smette di usarlo o se cade.
- Si deve cambiare se si nota che è dilatato o deteriorato.
- Mai bagnarlo o ricoprirlo di zucchero, miele...
- Non è consigliabile usarlo prima del compimento della prima settimana, per il rischio di incidenti e perché rende difficile stabilire un buon ritmo nell'alimentazione.
- A quanto sembra, l'uso del ciuccio durante il sonno nei primi mesi protegge il bebè dalla Sindrome della morte in culla.

• A partire dall'anno di età lo useremo esclusivamente durante il sonno.

• A partire dai diciotto mesi si raccomanda di eliminarlo, perché può favorire otiti ripetute, candidosi orale (funghi in bocca) o ulcere in bocca o lo sviluppo di malformazioni dentali con presenza di respirazione orale marcata.

Riassumendo:

- Benefici del ciuccio:
  - Effetto stimolante della suzione, specialmente nei prematuri.
  - Effetto tranquillizzante sul bebè.
  - Prevenzione della morte improvvisa del lattante.
- Rischi scientificamente confermati dell'uso prolungato del ciuccio:
  - Maggiore incidenza di malformazioni dentali.
  - Favorisce l'otite media.
  - Carie dentali (specie se lo si "addolcisce").
  - Aumento degli incidenti.
- Rischi non confermati scientificamente:
  - Infezioni respiratorie virali.
  - Durata minore dell'allattamento materno.

GUIDA PER FARLO DORMIRE FIN DAL PRIMO GIORNO

La routine da seguire:

- Allattare il neonato, se possibile, sempre nello stesso luogo, con una luce e una temperatura piacevoli, e possibilmente una musica di sottofondo dolce. *Per tutto il tempo della poppata il bebè deve restare sveglio.* Questo punto è abbastanza difficile perché il piccolo tende a calmarsi quando mangia. Dobbiamo parlargli, fargli delle leggere carezze e stimolarlo con dolcezza in modo che non si addormenti. Questo lo aiuterà a mangiare di più e a cominciare a capire che il pasto si associa al restare sveglio. La mamma deve seguire le norme dell'allattamento al seno a richiesta o con il biberon, secondo quello che preferisce o secondo le raccomandazioni del suo pediatra.

- Dopo ogni poppata è necessario tenere il bebè in braccio da *sveglio* per circa dieci minuti, cosicché possa eliminare l'aria ingerita ed evitare le coliche. Questo inoltre lo aiuterà a iniziare la digestione. Stimoliamolo con carezze e continuiamo a parlargli.
- Dopo il cambio del pannolino, il bebè va coricato nella culla, sempre sveglio, in modo che impari ad addormentarsi da solo. Si può utilizzare il ciuccio, come elemento da associare al sonno. Se il ciuccio cade, dobbiamo rimetterglielo in bocca.
- Queste norme vanno seguite per le poppate diurne. Di notte le poppate avverranno nel nostro letto e dopo il cambio, se è necessario, andremo a metterlo nella culla da sveglio.
- È altamente raccomandabile che la mamma segua gli stessi orari del sonno del bimbo. In questo modo si eviterà in parte la depressione *postpartum*. È stato dimostrato che uno dei fattori che causa questo tipo di depressione è la mancanza di sonno di cui soffre la madre quando allatta il piccolo.

PERCHÉ PIANGE?

È la prima cosa che fanno alla nascita e in pratica la loro unica forma di comunicazione verbale nei primi mesi di vita. Anche se vedere e sentire il nostro bebè che piange può preoccuparci o farci sentire impotenti, nella maggior parte dei casi è un segnale di fame o di sonno, oppure vuol dire che gli indumenti che indossa o la posizione in cui si trova lo disturbano. Può indicare anche che il pannolino è bagnato o che sente dolore (le solite coliche) o malessere. A volte può addirittura reclamare attenzione o esprimere il desiderio di essere preso in braccio e di essere protetto. In ogni caso, è preferibile non innervosirsi e mantenere la calma, parlargli con dolcezza per farlo calmare, cullarlo e tenerlo al caldo. E, ovviamente, rispondere alle sue necessità. Non preoccupiamoci, ben presto scopriremo ciò che chiede nei diversi momenti. Teniamo quindi in conto che l'intensità del pianto diventerà più forte al secondo mese, poi andrà calando progressivamente seguendo la crescita del bimbo. Inoltre è normale che pianga una media di due ore e mezza/tre al giorno. Pazienza e calma. A volte, durante le coliche, avvolgere il bebè in una coperta (un po' come un piccola mummia) lo farà sentire più sicuro e comodo, così il pianto diminuirà in frequenza e intensità.

ALIMENTAZIONE. AL SENO O NO?

Uno dei grandi dilemmi che affrontano tutte le madri, specie le primipare, riguarda la scelta di allattare il bimbo al seno oppure no. È certo che la maggior parte delle donne preferisce farlo, perché ritiene che sia un bene per il figlio e che possa favorire la creazione di un forte legame con lui, ma non è meno certo che le donne che scelgono di non farlo o che, per qualsiasi motivo, non possono allattare, siano madri peggiori. Questo punto deve essere perfettamente chiaro e accettato perché, qualunque sia la decisione, è importante sentirsi soddisfatte della scelta.

Il seno di una donna non si riempie di latte per il solo fatto di aver partorito. Sarà la suzione del neonato a provocare l'aumento della prolattina (un ormone) e questa a stimolare le ghiandole mammarie per la produzione del latte. Così, già mezz'ora dopo la nascita, il bebè cercherà istintivamente il petto e avrà una capacità di suzione sufficiente per cercare di succhiare il latte. Ciononostante, la prima montata lattea non si verifica prima di due-tre giorni dal parto (anche se ciascuna donna è diversa). Le mammelle diventano tese e infiammate e possono far male. Per alleviare il disagio il rimedio migliore è che il bebè si attacchi il più spesso possibile, così le potrà svuotare. Il primo liquido che esce si chiama *colostro*, una sostanza giallastra e viscosa, ma ricca di proteine, vitamine e minerali. Dopo tre-quattro giorni le mammelle cominceranno a produrre il latte.

In caso di parto cesareo, la montata lattea di solito ritarda un po', ma non è un buon motivo per non attaccare il bimbo al seno. La sua suzione può contribuire ad accelerare il processo. In ogni caso, bisogna avere molta pazienza. È probabile che il piccolo abbia fame prima che sia arrivato il latte e per questo pianga molto. L'importante è mantenere la calma. Nel giro di pochi giorni potrà mangiare normalmente. Il colostro (il primissimo latte) è molto ricco di proteine e altre sostanze, così che nella maggior parte dei casi una minore quantità è sufficiente per mantenere il bebè ben nutrito.

A questo punto è bene sfatare un mito: avere il seno più grande porta a produrre più latte. La quantità di latte che il corpo femminile è capace di produrre dipende principalmente da quanto si fa poppare il bebè. Allo stesso modo, con il passare del tempo, la produzione si andrà adattando alla richiesta del piccolo. Inoltre, l'allattamento al seno non richiede variazioni nelle abitudini alimentari, anche se è possibile avere più appetito e più sete e sarà necessario assumere più liquidi. Non si deve "mangiare per due" e nemmeno "mettersi a dieta". È bene comunque evitare il caffè e tutte le altre bevande eccitanti, non assumere farmaci e non fumare.

Come si allatta? Prima di tutto, con molta calma. In un ambiente rilassato, senza stress né pressioni di alcun tipo. Allattare il bebè richiede tempo e dedizione. È importante trovare la posizione più comoda, scegliere la sedia o la poltrona più adatta (o il letto, a seconda dei gusti), sistemare dei cuscini per tenere la schiena dritta, ben appoggiata, le spalle rilassate, e avvicinare il bebè al petto, girato verso di te, in modo che la tua pancia e la sua siano di fronte. Sarà il neonato a cercare istintivamente il capezzolo e sarà sempre lui a far capire in quale posizione si sente più comodo. Tuttavia, lo si può aiutare. Il capezzolo deve stare tutto nella sua bocca e questa deve coprire in pratica tutta la superficie dell'areola. Con una mano si può sostenere la mammella in modo che non gli schiacci il naso, così che il piccolo possa respirare normalmente mentre mangia.

Sarà sempre il bimbo a decidere quanto dura ciascuna poppata. È probabile che i primi giorni si stanchi abbastanza presto e che resti soltanto quattro-cinque minuti attaccato a ciascuna mammella. A poco a poco il tempo della poppata aumenterà, fino a dieci minuti o più. Dopo essersi saziato, avrà sonno, ed entrambi potrete approfittarne per dormire un po'. Quel che è certo è che entro un paio d'ore si sveglierà e reclamerà di nuovo altro cibo, e tu devi essere pronta.

Terminato di allattare il piccolo, è una buona idea tenerlo in posizione verticale, appoggiandolo al petto, accarezzandogli la schiena e dandogli dei colpetti, in attesa che faccia uscire i gas (l'atteso ruttino). Se lo fa, bene, ma se dopo cinque-dieci minuti non è successo niente vuol dire che il neonato non ne ha necessità e puoi metterlo a nanna per farlo dormire un po'. Ricorda, inoltre, che alla poppata seguente dovrai dare al piccolo il seno che gli hai offerto per secondo, perché di sicuro non lo avrà lasciato vuoto tanto quanto il primo.

Non è sempre indispensabile attaccarlo al seno. Si può utilizzare un tiralatte per conservare un po' del latte (in frigorifero si mantiene fino a due giorni e se lo congeli fino a tre-sei mesi): così il padre o un'altra persona vicina potrà, in certe circostanze, dar da mangiare al piccolo se tu non puoi farlo o se hai voglia di riposare un po'. Inoltre ti sarà utile se hai una produzione di latte eccessiva rispetto a quella richiesta da tuo figlio.

I VANTAGGI DELL'ALLATTAMENTO AL SENO

Anche se si tratta di una scelta molto personale, l'allattamento al seno porta una serie di vantaggi che è bene tenere in conto. Il primo è che il latte materno trasmette al neonato una serie di anticorpi che gli saranno utili per prevenire le infezioni, oltre a vitamine e minerali. I suoi componenti (lattosio, proteine e grassi) sono inoltre facilmente digeribili e quindi si eviterà l'insorgere di diarree e stitichezza. Non solo: questi componenti cambiano in funzione dell'età del bebè in modo da adattarsi perfettamente alle sue necessità, e favoriscono la capacità innata dei piccoli di autoregolare la quantità di cibo che consumano nel corso delle ventiquattr'ore. E, se tutto questo non bastasse, il latte materno è gratuito. Inoltre è accertato che il contatto fisico necessario per allattare al seno e la soddisfazione che la mamma proverà all'idea di poter alimentare il figlio, saranno di grande beneficio per entrambi.

Per essere sicuri che l'allattamento al seno vada a buon fine conviene iniziarlo il prima possibile (immediatamente dopo la nascita, anche se sembrerà di non "avere niente nel seno"), attaccare spesso il bebè nei primi giorni, lasciando che svuoti bene le mammelle, avere pazienza e non precipitarsi a dargli il biberon per paura che non mangi a sufficienza.

Ma se la poppata risulta difficile o il latte manca? L'alternativa è il biberon. Il dolore che si sente quando il bebè si attacca al petto e la comparsa di ragadi sui capezzoli sono le cause principali per cui si abbandona l'allattamento al seno. Se è assolutamente certo che un corretto posizionamento del capezzolo quando il piccolo succhia possa aiutare a prevenire questi contrattempi, per molte madri è difficile continuare ad allattare al seno quando si manifestano. In altri casi, il bebè non ricava dall'allattamento tutto il nutrimento necessario o, semplicemente, la mamma sceglie per una qualsiasi ragione di non farlo.

In ogni caso, l'alternativa è il latte artificiale. Lo sarà probabilmente anche più avanti, quando dovrai iniziare a prepararti per tornare al lavoro o sarai obbligata a svezzare il bebè (lo spieghiamo nel prossimo capitolo). Questo prodotto soddisfa le necessità nutrizionali del piccolo, perché riproduce la maggioranza delle proprietà e la composizione del latte materno (proteine, grassi, zuccheri, vitamine).

Nutrire il bebè con il biberon rende più facile la partecipazione dei papà all'allattamento e rinforza fin dal principio la figura paterna. Si deve sottolineare che dare il biberon può essere un momento di contatto tra entrambi altrettanto intenso ed emozionante. Tutto dipende dall'amore con cui si fa.

Altre differenze? Il latte artificiale si digerisce più lentamente di quello materno e quindi la frequenza delle poppate dovrà essere minore. Inoltre, preparare il biberon richiede un certo metodo. In primo luogo, si deve avere sempre a portata di mano una quantità sufficiente di prodotto. In secondo è necessario sterilizzare il biberon, la tettarella e l'acqua che si utilizza per stemperare la polvere (a meno che non si usi acqua minerale). L'ebollizione per almeno un minuto è sufficiente; se la continuiamo per più tempo, aumenta la concentrazione di nitriti e altre sostanze, il che non fa bene. In caso non se ne avesse la possibilità, sappiamo che non è necessario far bollire biberon e tettarelle. È sufficiente lavarli con acqua, sapone e una spazzola adatta, risciacquando abbondantemente. Fatte salve le indicazioni del pediatra, per ogni 30 cc di acqua serve un misurino di latte in polvere (lo troviamo all'interno della confezione). L'ideale è preparare il biberon appena prima della poppata, ma è possibile anche preparare tutti quelli necessari per la giornata e conservarli in frigorifero a 4 °C, o anche meno, e riscaldarli a bagnomaria al momento dell'uso.

Prima di dare il latte al bebè dobbiamo assicurarci che la sua temperatura sia tiepida. Basterà provarne qualche goccia sulla parte interna del polso. Se si è raffreddato troppo, meglio evitare di scaldarlo al microonde. È preferibile metterlo sotto il getto d'acqua calda del rubinetto. Di sicuro la digestione del bebè sarà più lenta rispetto all'allattamento al seno, e quindi ci sono più probabilità che soffra di aria nello stomaco o di stitichezza.

Le temute coliche sono una delle più comuni ragioni del pianto del bebè di poche settimane. Le cosiddette *coliche del lattante* sono probabilmente i disturbi più frequenti in questa fase (ne soffre un quarto dei bimbi). In genere compaiono dai quindici giorni di vita, quando il piccolo si alimenta già normalmente, e spariscono verso i quattro mesi. Di solito sono dovute all'immaturità del sistema digerente, che non è in grado di eliminare i gas che provocano un acuto mal di pancia. Tuttavia, non abbiamo prove scientificamente attestate di che cosa le provochi e del perché alcuni bambini ne soffrano più di altri. L'unica certezza è che non sono nulla di grave e che passano. Non importa che il bebè sia allattato al seno o con il biberon: le coliche possono comparire indistintamente, più frequentemente la sera e di notte, possono durare alcuni minuti o diverse ore.

Le coliche del lattante presentano le seguenti caratteristiche:

- Dipendono dall'età e dal momento della giornata: di solito iniziano verso i quindici giorni di vita, il punto più critico è in corrispondenza delle sei settimane e diminuiscono verso i tre mesi, con una maggiore frequenza a tarda sera o la notte.
- Si accompagnano a una serie di comportamenti: pianto inconsolabile e costante, in molte occasioni con addome disteso e duro, espulsione di gas, pugnetti chiusi, gambe flesse e schiena arcuata.
- Il pianto inizia e termina bruscamente.

Cosa si può fare se il bebè ha le coliche?

- Continuare con l'allattamento al seno, se si è scelta questa forma di alimentazione.
- Non anticipare il passaggio ai cibi solidi.

- Non cominciare a cambiare tipo di latte artificiale o a utilizzare latte privo di lattosio.
- Evitare di dargli troppo da mangiare.
- Quando il bebè piange, accarezzarlo e, se è necessario, prenderlo in braccio.
- Cullarlo tenendolo disteso in posizione prona (sulla schiena).
- Evitare l'eccesso di stimoli (luci, musica...).
- Non scuotere il bebè.
- Cercare aiuto per potersi riposare.
- Essere consapevoli che non si tratta di una malattia e che le cose miglioreranno spontaneamente.

L'ALLATTAMENTO NOTTURNO

Durante il primo mese di vita il bebè chiederà di essere allattato più o meno ogni due-tre ore. Durante il giorno potremo approfittare di ogni poppata per stimolarlo. Quindi facciamo in modo che resti sveglio, allattandolo in un punto dove ci sia luce naturale e mettendo in sottofondo un po' di musica dolce. In questo modo il piccolo assocerà questi elementi esterni allo stare sveglio.

Se si allatta di notte, per prima cosa dobbiamo organizzarci in modo da trovare una soluzione comoda, soprattutto per la madre che deve dare il seno. Per questo è una buona idea far dormire il bebè vicino al nostro letto e non in un'altra stanza. È necessario che al momento di essere allattato, al seno o con il biberon, il piccolo sia sveglio, però non è necessario stimolarlo troppo, solo quanto basta perché succhi. È importante che a poco a poco il bebè associ il momento del pasto con il giorno e non con la notte.

PER RIASSUMERE...

- Un neonato conserva tratti fisiologici e anatomici connessi allo stadio fetale, quindi non deve stupirci che abbia le gambe piegate, le mani chiuse a pugno, che non veda al cento per cento e che la sua testa debba ancora svilupparsi.
- È importante non incolparci di non essere un buon padre se non si è assistito al parto o di non essere una buona madre perché non si allatta al seno. Sono decisioni personali che non per forza determinano una cattiva crescita o una relazione negativa con nostro figlio.
- Il latte materno apporta tutte le sostanze nutrienti e gli anticorpi necessari al bebè; il latte artificiale riproduce la maggior parte delle sue qualità.
- I bambini piccoli non distinguono i cicli circadiani (notte e giorno) perché mantengono ancora il ritmo della gestazione. Quindi è normale che dormano praticamente durante tutto il giorno e tutta la notte, con brevi risvegli.
- Il pianto del bebè non è sempre la prova che ci sia qualcosa che non va. È la sua maniera di comunicare con noi. Il pianto è normale, è il modo del neonato per connettersi con il mondo. Di solito piange dalle due ore e mezza alle tre al giorno.
- Il contatto fisico è il miglior veicolo per stabilire un legame affettivo con il nostro bebè.

SEGNALI D'ALLARME

Come abbiamo già fatto notare, nelle prime settimane di vita i bebè hanno un ritmo respiratorio irregolare, che a volte causa molta preoccupazione nei genitori, i quali temono che possa trattarsi di un problema di salute o, peggio ancora, della Sindrome della morte in culla (SIDS, *Sudden Infant Death Sindrome*). Tuttavia, il fatto che nostro figlio a volte abbia una respirazione irregolare è del tutto normale: un neonato può passare dal fare sessanta respirazioni al minuto quando è molto attivo o alterato a smettere di respirare per cinque-dieci secondi, specie mentre sta dormendo. Non spaventiamoci. La situazione diventa a rischio soltanto se osserviamo che il piccolo smette di respirare per più del tempo indicato o se diventa un po' cianotico. In tal caso, chiamiamo immediatamente il nostro pediatra o rivolgiamoci al pronto soccorso più vicino.

2

IL BEBÈ A DUE MESI

Però, come cresce!

Sono trascorse solo poche settimane dalla sua venuta al mondo, eppure il nostro bebè è già passato attraverso una grande evoluzione. Mangia un po' di più, e questo gli consente di dormire qualche ora di fila in più; ha guadagnato peso e centimetri di lunghezza; è più attivo; i suoi sensi si vanno definendo e acutizzando, ci riconosce, ci guarda, sorride e comincia già a tenere su la testa. E quel che più conta è che noi, genitori, abbiamo il controllo della situazione. Il timore di non essere in grado di curarlo adeguatamente è acqua passata e ora possiamo godere maggiormente della nostra relazione con lui. È il momento di aiutarlo a crescere e non c'è niente di meglio che stimolarlo attraverso il gioco.

Anche se ogni bimbo è diverso, in generale a partire dalle otto settimane di vita i bebè cominciano già a tenere eretta la testa almeno per qualche secondo, e a girarla da entrambi i lati quando vogliono guardare qualcosa o si sentono attratti da un suono. Inoltre riescono a sostenersi un po' appoggiandosi sugli avambracci. Ce ne possiamo accorgere se lo mettiamo a pancia in giù per un attimo sul letto. Se lo mettiamo a pancia in su, muoverà le gambe e poi è probabile che riesca a sollevare un po' le natiche e a spostarsi di qualche centimetro. Inoltre, se i suoi piedi vengono a contatto con qualcosa, reagirà dando dei colpetti, e se lo sosteniamo per le ascelle, comincerà a puntare i piedi come se volesse camminare.

Il bebè si interessa al proprio corpo, scopre le sue mani e le dita, e già si manifesta la pressione per contatto: sentendo un oggetto a contatto con la sua pelle, eserciterà una pressione involontaria (automatica) su quell'oggetto. Allo stesso modo, è in grado di girare la testa per seguire un oggetto con lo sguardo, anche se non riesce ancora ad afferrarla. Quante cose ha imparato a fare in così poco tempo! Ogni nuova conquista ci riempirà di soddisfazione.

Anche i suoi sensi hanno subito un'evoluzione. Il piccolo è in grado di fissare lo sguardo per qualche secondo in più, e il suo campo visivo si è allargato e spazia fra alto, basso e lateralmente. Ora reagisce a certi suoni (un sonaglino, il tintinnio delle chiavi, le voci delle persone che gli stanno intorno...) e ascolterà se stesso. Comunicherà soprattutto attraverso il pianto o il riso, ma è già in grado di borbottare tra sé e sé, di emettere gridolini e pronunciare alcune consonanti. Non solo: gli piacerà farlo. Incitiamolo perché "provi" a ripetere quello che diciamo.

Ma il nostro bimbo è veramente in grado di capire quello che vogliamo trasmettergli? È chiaro che non può ancora intendere il linguaggio, ma il tono di voce e il gesto che accompagna ciascuna frase faranno sì che li associ a una determinata sensazione. Per esempio, una parola detta con affetto o una carezza lo faranno sorridere. Se alziamo la voce o ci rivolgiamo a lui con tono deciso, ne sarà dispiaciuto. Proprio per questo motivo è così importante che ci sforziamo di parlare sempre in modo tranquillo e dolce.

Pur essendo ancora piccolo e dormendo per la maggior parte del tempo, noi possiamo e dobbiamo contribuire a far sì che impari cose nuove e che sviluppi i suoi sensi. È molto semplice. Per esempio, quello che più attira l'attenzione è il viso, e in particolare gli occhi. Mostriamogli una bambola con occhi molto grandi: vi concentrerà lo sguardo e cercherà di prenderla. Può essere molto stimolante anche lasciare che si guardi allo specchio. Anche se non ha ancora imparato a riconoscersi, vedersi lo colpirà e si divertirà moltissimo seguendo i propri movimenti ed esplorando il proprio viso.

Se per un po' lo lasciamo a pancia in giù su una coperta, lo aiuteremo a rafforzare il collo per sostenere la testa. Vedremo come, da solo, cercherà di girarsi. Sicuramente non ci riuscirà il primo giorno, ma se ogni giorno farà dei tentativi arriverà a girarsi senza alcun aiuto da parte nostra. Dobbiamo anche cominciare a tenerlo seduto per qualche minuto, sempre badando che disponga di appoggi sufficienti e imbottiti perché non cada, né all'indietro, né di lato.

I giochi mobili con figure grandi, sospesi a circa 30 centimetri sopra la sua testa, attireranno la sua attenzione; allungherà le braccia per cercare di afferrare i pupazzetti. Lo stesso accadrà con i sonaglini o con gli oggetti di piccole dimensioni che facciano rumore: vorrà stringerli, muoverli... e questo rafforzerà le sue mani.

Che altro possiamo fare? Soprattutto non paragonare le capacità di nostro figlio con quelle degli altri coetanei. In questa fase della vita, di sviluppo e apprendimento, non esiste uno standard di quello che un bebè deve saper fare. Ogni piccolo è differente e deve svilupparsi con il proprio ritmo, senza pressioni ma grazie agli stimoli e a tanto affetto. Quindi, ciò che più gli serve è sentire che non è solo, che siamo con lui.

I bebè allattati al seno di solito acquistano meno peso in queste prime settimane rispetto a quelli alimentati con il biberon. Però, ancora una volta, non esistono regole fisse a questo riguardo. Di solito durante il primo mese egli acquisterà circa 200 grammi alla settimana e andrà crescendo di 3 centimetri di lunghezza. La circonferenza del cranio aumenterà di 1-2 centimetri al mese. In ogni caso, il pediatra ci indicherà a ogni visita come si sta sviluppando il piccolo.

Normalmente è consigliabile una serie di visite dal pediatra per tutti i bebè, indipendentemente dal fatto di ricorrere al medico se si dovesse presentare una qualsiasi emergenza. Le visite si effettuano presso il pediatra di libera scelta con questa cadenza: a un mese, a due, a tre e poi a sei e a dodici mesi. Subito dopo la nascita, all'ospedale o nella struttura dove è avvenuto il parto, lo avranno già sottoposto a un primo esame, chiamato "test di Apgar" (dal nome dell'anestetista-ostetrica che lo ha ideato, nel 1953), per valutare la frequenza cardiaca e il ritmo respiratorio, il tono muscolare, il colorito della pelle e la risposta agli stimoli esterni. Inoltre lo avranno pesato e avranno preso le misure della lunghezza e della circonferenza della testa.

Nelle prime ventiquattr'ore di vita, il piccolo verrà sottoposto a un altro esame fisico molto più completo per controllare le fontanelle (le aperture craniali), la simmetria degli occhi e della bocca e per accertare che durante il parto non si sia verificata la dislocazione di una clavicola; inoltre verrà controllato lo stato delle anche, dei genitali, delle gambe e dei piedi; poi si esaminerà di nuovo il ritmo cardiaco e l'attività polmonare. Durante tutte le visite di controllo che il pediatra effettuerà nel primo anno di vita, saranno nuovamente esaminati tutti questi elementi. Prima della dimissione dall'ospedale, gli verrà prelevata dal tallone una piccola quantità di sangue che sarà sottoposta a una serie di analisi, in modo da poter scartare l'eventualità della presenza di alcune malattie.

Più o meno dopo quindici giorni dalla nascita ci chiederanno di tornare in ospedale. Questa volta l'obiettivo sarà controllare lo stato di salute della madre, ma ne approfitteranno anche per vedere se lo stato del bebè segue un iter normale, se il moncone del cordone ombelicale è già caduto, verificare la sua evoluzione muscolare e i riflessi di base.

Al compimento del mese il pediatra farà il primo controllo dal momento della nascita. Oltre a effettuare un dettagliato esame fisico e sensoriale (peso, lunghezza, vista, udito), ci darà dei consigli sullo stile di vita più sano per nostro figlio in questa fase della sua vita. Sarà il momento ideale per fargli presente tutti i nostri possibili dubbi.

A due mesi è il momento dei vaccini. Al secondo appuntamento con il pediatra, oltre al solito controllo medico, ci verrà presentato il prospetto delle vaccinazioni: quelle obbligatorie contro la difterite, il tetano, la poliomielite e l'epatite B e quelle facoltative: antipertosse, antihaemofilus B, antimeningococcico C (contro la meningite da meningococco C, responsabile di un solo tipo di meningite batterica), antimorbillo, antiparotite e antirosolia, somministrate in un unico vaccino trivalente. Nell'Appendice troviamo uno schema riassuntivo delle vaccinazioni). I vaccini generalmente sono eseguiti presso i centri per la vaccinazione oppure anche presso il proprio pediatra.

Questi vaccini possono avere effetti secondari, come febbre e irritabilità nelle prime ventiquattr'ore dopo la somministrazione. Ma non preoccupiamoci, questi sintomi spariranno in poco più di un giorno.

SEMBRA CHE STIA SOGNANDO...

Dopo il suo primo mese di vita, il bebè di solito presenta già cicli di sonno e veglia più o meno stabiliti. Visto che mangia di più, nelle ore seguenti il pasto dorme più a lungo, specialmente di notte, il che ci consentirà di riposarci un po' di più rispetto alle prime settimane, quando l'orologio biologico del piccolo non faceva differenza tra notte e giorno (si chiama *ritmo ultradiano* e consiste nello svegliarsi-mangiare-dormire-svegliarsi). Non è che già a due mesi possa capire la differenza, ma semplicemente si andrà abituando al ritmo che noi gli andiamo insegnando.

Si sa che, mentre dormono, i bebè crescono. È così. Durante il riposo, il loro cervello ripara e ristora l'organismo (fase profonda del sonno), e secerne gli ormoni della crescita. Quindi, si fissano le nuove conoscenze acquisite (durante la fase detta REM, quella durante la quale si sogna), si produce un maggior numero di connessioni neuronali (il che si traduce in un più alto coefficiente intellettivo) e si recuperano energie per il giorno seguente. Per questo è importante fare il possibile perché nelle prime settimane di vita il piccolo possa dormire pacificamente e tanto quanto gli serve.

Tuttavia dobbiamo sapere che anche lui non è immune da incubi o sogni che gli possono provocare angoscia, specie quando la metà del tempo che passa dormendo è in fase REM. In questo caso, non svegliamolo: lo spaventeremmo. Sta semplicemente sognando.

ALIMENTAZIONE. SE SI INTERROMPE L'ALLATTAMENTO AL SENO

Le madri che hanno scelto di allattare al seno il bimbo possono continuare a farlo finché lo desiderano, anche se di solito, se si vuole rientrare al lavoro, si smette più o meno sedici settimane dopo il parto o, almeno, si inizia con il cosiddetto allattamento misto, con l'introduzione del latte artificiale durante le ore che la mamma trascorre al lavoro. Un'altra possibilità consiste nell'estrarre il latte materno lungo la giornata e conservarlo nel congelatore. Per darlo al bebè lo si scalderà a bagnomaria.

ALLATTAMENTO DI QUALITÀ

Per quanto tempo si conserva in perfetto stato il latte, una volta estratto dal seno?

Per non correre il minimo rischio, non si devono superare questi intervalli di sicurezza:

- A temperatura ambiente: 6 ore (4 ore d'estate).
- In frigorifero: 2 giorni.

- Nel congelatore (influisce la frequenza con cui si apre lo sportello):
  - congelatore a una o due stelle: 2 settimane
  - congelatore a tre stelle: 3 mesi.
  - congelatore separato: 6 mesi.

Il latte non va messo negli scaffali posti sugli sportelli del frigorifero o del congelatore, perché sono la parte dove varia di più la temperatura. Meglio tenerlo in fondo e al centro.

Si può ridare al bimbo il latte che non ha consumato al pasto precedente?

Se il piccolo non ha succhiato tutto il latte previsto, non facciamo passare più di 1-2 ore di tempo prima di ridarglielo. Se passa più tempo dobbiamo buttarlo.

Come si riscalda il latte una volta tolto dal frigorifero o dal congelatore?

Mettiamo il recipiente chiuso sotto un rubinetto e facciamo scorrere un getto di acqua calda poco a poco, fino a quando il latte arriverà a temperatura ambiente.

Un'altra opzione consiste nel mettere il recipiente direttamente dentro un altro pieno di acqua calda, sempre badando che non sia troppo bollente.

Se il latte è congelato, la soluzione più pratica consiste nel tirarlo fuori dal freezer la sera prima e metterlo in frigorifero. Non usiamo il microonde per scongelare il latte conservato, perché può accadere che si perdano in parte certe proprietà molto benefiche per nostro figlio (quelle che aumentano le difese immunitarie).

A otto settimane, il piccolo deve essere nutrito a richiesta, ossia ogni volta che lo chiede, sia che sia allattato al seno, sia che si usi il biberon. Però noteremo che sarà lui stesso a distanziare i pasti: i suoi orari stanno diventando più regolari.

Nel caso in cui il bimbo sia nutrito con il biberon, qual è la quantità di latte adeguata? Dipenderà sempre dal suo peso e da quello che raccomanda il pediatra, ma in linea generale si tratta di 150 cc al giorno di latte per chilo di peso. Non mettiamo più latte in polvere rispetto alla quantità consigliata pensando che così nostro figlio si sentirà più sazio o meglio alimentato (i misurini devono essere rasi, non compressi, e a ciascuno corrispondono 30 ml di acqua): senza volerlo potremmo favorire la sua disidratazione. Seguiamo le istruzioni della confezione e rispettiamole. Il modo migliore per sapere se nostro figlio è ben nutrito è che acquisti peso secondo le scale di valori considerati normali dagli specialisti. Quando somministriamo il biberon è necessario mantenerlo inclinato in modo che il latte copra tutta la tettarella, così si eviterà che il piccolo ingoi aria.

Un altro aspetto che dobbiamo curare al massimo è l'igiene: laviamoci le mani prima di preparare il biberon, laviamo il biberon dopo l'uso con una spazzolina adatta e risciacquiamolo correttamente (vedi le note sulla sterilizzazione nel capitolo precedente).

A questa età e in base al tipo di alimentazione molti lattanti non fanno la cacca ogni giorno. Anzi, possono restare vari giorni senza evacuare e, quando ci riescono, è probabile che le feci siano abbondanti e molto molli. Ancora una volta: non preoccupiamoci, è tutto perfettamente normale. Non si tratta di stipsi. Nostro figlio è stitico se le sue feci si presentano come palline dure e secche. Quindi è probabile che si senta disturbato ogni volta che deve defecare, perché proverà dolore; inoltre è possibile che compaiano delle ragadi nella zona anale che a quest'età è estremamente delicata.

Il latte artificiale favorisce maggiormente la stipsi del bebè rispetto a quello materno; tuttavia, consigliamo di non somministrare al bebè un lassativo per rimediare (a meno che non lo prescriva il medico), e tanto meno cercare di stimolarlo con un termometro (potrebbe essere anche pericoloso). Il corpo è saggio, ed è probabile che il disturbo sparisca da solo. Il miglior lassativo continua a essere l'acqua: offriamola al bebè tra un pasto e l'altro (non aggiungere più acqua al biberon di latte). Se è necessario, prima che il bimbo soffra, consultiamo il pediatra.

In ogni caso, per avere un idea di come deve essere la pupù del nostro bebè, si deve dire che se è allattato al seno è probabile che sia giallastra (anche se in certi casi può presentare una sfumatura più sul marroncino o sul verdastro), molto molle e grumosa, e inoltre il bimbo la farà più spesso (quattro-cinque volte al giorno, quasi ogni volta che si attacca al seno, anche se alcuni piccini allattati al seno fanno la pupù soltanto ogni quattro o cinque giorni). Senza dubbio, se è allattato al biberon le feci saranno più scure e solide e probabilmente meno frequenti, a volte ogni due giorni.

PER RIASSUMERE...

- Siamo nel pieno momento di accelerazione della crescita. I sensi del bebè cominciano a definirsi.
- È una buona idea stimolarlo con bambole e pupazzi con occhi grandi e con giocattoli mobili. Un gioco molto divertente consiste nel fagli vedere la sua immagine riflessa in uno specchio (anche se ancora non si riconosce).
- Nel corso di queste settimane, il pediatra lo sottoporrà a diversi test per verificare il suo stato di salute generale. Inoltre è il momento dei vaccini.
- In questa fase il bebè trascorre molte ore di sonno in fase REM, quella in cui si verificano i sogni; anche i piccini possono avere un sonno disturbato, ma non dobbiamo mai svegliarlo.
- È possibile aggiungere all'allattamento i primi biberon se si desidera interrompere l'allattamento al seno o combinarlo con il latte estratto e conservato nel congelatore. I latti artificiali sono stati formulati per soddisfare le necessità nutrizionali del bimbo.
- Lo stomaco e l'intestino del bebè stanno maturando: le feci si presentano in modo diverso e probabilmente le evacuazioni sono più distanziate nel tempo.

SEGNALI D'ALLARME

Si deve consultare il pediatra in questi casi:

- Addome teso.
- Alterazione dei genitali: ernia inguinale (si avverte al tatto una estrusione all'inguine che prima non c'era), infiammazione dei testicoli o del pene.
- Alterazioni della pelle: macchie anomale, ematomi, bolle o vesciche.
- Diarrea prolungata o feci con muco e/o sangue.
- Difficoltà respiratorie.
- Dolore addominale intenso e prolungato.
- Dolore toracico.
- Fontanelle gonfie.
- Pelle pallida, giallastra o bluastra (cianosi).
- Pianto inconsolabile e irritabilità.
- Sonno prolungato con spossatezza.
- Stipsi che si protrae per diversi giorni.
- Temperatura inferiore a 36 °C o superiore a 38 °C.
- Una diminuzione significativa dell'appetito.
- Vomito frequente.
- Movimenti anomali.

3

IL BEBÈ DA QUATTRO A SEI MESI

Una personcina (o quasi)

Il nostro bebè comincia a sorridere consapevolmente. Una pietra miliare che emoziona tutti coloro che lo vedono crescere. A quattro mesi, abbandona l'aspetto e l'atteggiamento del neonato, non è più il bebè che non fa altro che dormire e mangiare e inizia a esplorare il mondo. Letteralmente. Noi genitori, quindi, contiamo su una maggiore esperienza e ci sentiamo più sicuri nei confronti di nostro figlio. Certi dubbi si dissolvono e siamo le persone più felici del mondo quando ci prendiamo cura di questa personcina che sta per manifestarsi, il bebè che sta mostrando il suo carattere, la sua affascinante *personalità*.

Dal quarto al sesto mese il gioco e la conversazione assumono grandissima importanza e si sviluppano. Genitori e bimbo diventano intimi, comunicano con un'alternanza di carezze, pianti, gesti e nuove esperienze. È il momento di legarsi, di interagire al massimo. Per il bebè non c'è niente di più piacevole della relazione con le persone che si prendono cura di lui. Vuole fare amicizia, assicurarsi l'attenzione di coloro che gli danno cure e calore, adora socializzare. E, come abbiamo già detto, la sua migliore arma è il sorriso, che inizia a sostituire l'irritabilità perché il nostro bimbo sta acquisendo una nuova capacità, quella di autoconsolarsi. Un bebè sveglio e ricettivo è il risultato di una buona relazione con le persone che si prendono cura di lui, che siano i genitori o altri. È questo il momento di stabilire dei legami. Più il bambino riceve affetto e attenzioni, tanto più sarà a sua volta capace di dimostrarli nelle sue relazioni sociali. L'unico segreto è abbracciarlo, giocare con lui, parlargli... In breve: cure fisiche e stimoli emotivi. Questa è la divertente età della *lallazione*, in cui si intuiscono le prime sequenze di sillabe e la voce. Il bebè varia il volume, controlla la durata dei vocaboli, l'intensità della voce, si ascolta e va prendendo coscienza dei suoni che emette. Ripete senza posa i suoi esercizi vocali: è uno dei suoi giochi preferiti e noi adulti non dobbiamo intervenire. Lasciamo che il linguaggio si manifesti in una sperimentazione solitaria e iniziamo a parlare con lui in altri momenti del giorno per stimolarlo ancora di più e per manifestargli il nostro affetto.

Il nostro bimbo si trasforma in un acuto osservatore del mondo che lo circonda. La sua curiosità non ha limiti, e ce ne accorgiamo perché si distrae facilmente per "fiutare" quello che si dice o che gli accade intorno. Anche quando mangia: per questo motivo i pasti devono avvenire in un ambiente tranquillo.

Questa curiosità si può interpretare come inquietudine, e in certi casi è così. La sete di conoscenza del bebè è tale da farlo innervosire. Per questo è necessario avere sempre pronte diverse forme di intrattenimento, allo scopo di superare le piccole crisi. Ma se, nonostante tutto, si presenta questa sensazione spiacevole e abbiamo già escluso che sia dovuta a fame, sete, pipì, pupù e così via, non resta altro da fare che metterlo nel suo lettino e aspettare che si consoli da solo.

Le aspettative e le esplorazioni continue di nostro figlio sono evidenti in un'altra trasformazione: quella fisica. Tutto indica che sta affermando la sua posizione nel mondo. Dalla testa al tronco, già molto robusti, fino alla sua maggiore attività muscolare, il bebè acquisisce autonomia. Coricato sulla sua pancettina, solleva già la testa e il corpo, sostenendosi prima con i gomiti per poi passare a usare le mani. In questa posizione può manipolare un giochino con le due mani, un eccellente esercizio per la muscolatura della schiena. Se lo sosteniamo in piedi, fa dei piccoli saltelli e può quasi sostenere il suo stesso peso. Messo a pancia in giù, solleva braccia e gambe, come un piccolo aereo, mentre se sta sdraiato sulla schiena pedala e si afferra i piedini. E ovviamente si rigira già da solo: dalla posizione di pancia passa a quella di schiena e viceversa, quindi è una buona idea tenerlo d'occhio.

E non sorprendiamoci per la sua capacità di afferrare. Al quarto mese di vita si manifesta la presa volontaria. È palmare, generica e poco precisa: quando porgiamo un oggetto al bimbo, lui lo terrà con il palmo della mano e le tre ultime dita e se lo porterà alla bocca. Si tratta di una reazione tattile-visiva, ossia il piccolo associa la vista al tatto. E attenti agli oggetti piccoli quando il bimbo arriva al quinto mese, perché sarà svelto ad afferrarli e a metterseli in bocca. A sei mesi, inoltre, lo spuntare dei denti farà sì che il bimbo succhi tutto quello che gli capita a tiro per alleviare il disturbo alle gengive.

Un altro aspetto che suscita in noi grande entusiasmo è la conferma che, finalmente, nostro figlio ci distingue e ci riconosce. Ci vede bene, segue con gli occhi i nostri movimenti e osserva chi gli parla per deliziarsi con le forme della bocca e il suono delle voci degli altri. Il bimbo è particolarmente sensibile alle intonazioni e alla musica, cerca di imitare i suoni e di vocalizzare.

STIMOLI POSITIVI

- Chiamiamo nostro figlio per nome: è preferibile evitare i diminutivi.
- Quando gli mostriamo alcuni oggetti, ricordiamogli come si chiamano e insegniamogli diversi suoni, colori, odori.... usando sempre il termine corretto.
- Facciamogli toccare stoffe con trame diverse (seta, lana...), facciamogli ascoltare rumori diversi e annusare odori nuovi.
- Guardiamoci insieme allo specchio.

Di fronte a queste novità di solito i genitori si pongono diverse domande. Innanzitutto che cosa fare quando un problema di diverso tipo ci coglie impreparati, cosa che comunque succederà durante tutta la nostra vita di genitori. Ma si presenteranno anche i primi dubbi a proposito dei nostri ritmi quotidiani, come coppia e come famiglia. Ci preoccupa riuscire ad avere del tempo libero per noi e per gli altri figli e, cosa della massima importanza, ci disturba essere arrivati al termine del congedo materno (o paterno) e il ritorno al lavoro, perché non sappiamo in che modo influirà sulle cure al bebè.

ALIMENTAZIONE. LE PRIME PAPPINE

Tra le nuove esperienze importanti spuntano anche i primi tentativi di svezzamento. Per capire se il bimbo tollera i nuovi sapori dovremo provare a proporglieli ed essere pronti a imparare dagli errori, escogitando alcune astuzie per superare le difficoltà del periodo di adattamento. Inoltre, quando nostro figlio inizia un'alimentazione variata comincia a fare pratica per quando, in seguito, potrà sedersi a tavola con il resto della famiglia (compresi piccoli pasticci con bicchieri rovesciati e ditini dentro al purè). L'apprendistato alla nuova dieta va unito allo scambio, alla socializzazione, all'abitudine ad assaggiare, e richiede pazienza, tranquillità e tanta, tanta attenzione con il bimbo. In definitiva, la tavola sarà uno dei punti d'incontro più frequenti e comunitari della famiglia nei lunghi anni a venire.

Dal quarto al quinto mese di vita, il bebè sembra meno tranquillo e più nervoso al momento del pasto, e i cambiamenti e i rifiuti dell'assunzione di cibo possono dare la sensazione di stare attraversando una fase problematica e scoordinata. È assolutamente normale. Parliamo di una transizione molto interessante, dato che il bimbo è relativamente recettivo ai nuovi sapori ed è il momento di studiare con calma l'introduzione di alimenti diversi dal latte. Questa fase deve essere lenta e progressiva, senza fretta né costrizioni, per evitare qualsiasi rifiuto controproducente e perché il piccolo possa abituarsi ai cambiamenti di sapori e consistenza dei cibi. Quindi non sarà possibile offrirgli di botto qualsiasi menu ci salti in mente perché il suo intestino non è ancora maturo per assimilare tutti gli alimenti. Un dettaglio: nei bimbi prematuri, la maturità intestinale ritarda un po', così è preferibile aspettare fino ai sei mesi per introdurre nuovi alimenti nella dieta.

È chiaro che l'interesse che il bebè svilupperà di fronte alle novità nel piatto dipenderà dalle sensazioni di piacere che il menu gli ispira, e quindi non è il caso di imporsi, perché giungeremmo a un risultato opposto a quello che ci proponiamo. Dobbiamo lasciarci guidare dal suo ritmo, non dal nostro desiderio di fare in fretta. Ricordiamo: il pasto non deve mai essere un castigo o un obbligo, ma un piacere e una gioia.

Il bebè comincia a deglutire alimenti solidi verso i sei-sette mesi, molto prima di quanto non sia consapevole della masticazione. Ricordiamo che per istinto il bimbo succhia, non mastica. Senza contare che il piccolo non ha denti, quindi non possiamo pretendere che mastichi, anche se si tratta di pezzettini minuscoli. È a partire dai sei mesi che si osservano dei movimenti mandibolari ritmici che gli consentono di frantumare alimenti in piccoli pezzi.

Senza fretta, ora è il momento di concentrarci per iniziare a parlare dell'*alimentazione complementare*. È importante ricordare che si tratta appunto di una alimentazione complementare e non sostitutiva del latte, perché per terminare il pasto il bimbo deve assumere il latte (con l'allattamento al seno o artificiale). A sei mesi, non più del 50 per cento delle calorie assunte dal piccolo deve provenire dall'alimentazione complementare. Questo momento dovrebbe coincidere quindi con l'acquisizione, da parte del bebè, di una serie di conquiste.

- Seduto o tenuto in piedi è capace di tenere la testa eretta.
- Riesce a stare seduto, con un appoggio.

- È in grado di esprimere il rifiuto o l'accettazione del cibo che gli viene offerto: partecipa attivamente.
- Ha imparato a mangiare dal cucchiaio.
- Nonostante l'assenza di denti, è capace di compiere i movimenti della masticazione.

Ecco un piccolo schema utile (l'ordine di introduzione non è l'elemento più importante):

FASE 1 Se nostro figlio non è allattato al seno, possiamo cominciare aggiungendo dei misurini di cereali a biberon alterni. Oggi i pediatri preferiscono introdurre il glutine a partire dai cinque-sei mesi e in modo progressivo.

A questo si aggiungerà, al terzo pasto della giornata, la prima pappina, di frutta, composta da:

- Una banana molto matura, senza i "fili".
- Mezza pera.
- Mezza mela.

Attenzione: ciascun frutto dovrà essere introdotto ogni due giorni e in quantità minima. Un giorno un po' di mela; dopo un paio di giorni, mela e un po' di pera... e così via (vedi il box "Frutta e verdura: quando e come"). Dopo la pappina, come dolce, il bebè si attaccherà al seno o al biberon.

FRUTTA E VERDURA: QUANDO E COME

- Il primo anno, il bimbo inizierà a conoscere, progressivamente. *Frutta*: mela, pera, banana, uva, prugna, mandarino. A partire dai dodici mesi, tutta l'altra frutta. *Verdure e ortaggi*: carota, zucca, zucchina, bietola, fagiolini verdi, finocchio, patata. A partire dai dodici mesi: sedano, cavolo, cavolfiore, melanzana...

• I frutti che danno più problemi di intolleranza e allergia sono la pesca e il kiwi. La patata, da parte sua, si associa a reazioni allergiche e alla dermatite atopica.

FASE 2 Quando il bebè avrà accettato la sua pappa di frutta, si può provare a offrirgli la pappa di cereali. Si prepara aggiungendo al primo biberon della giornata un misurino del latte artificiale per ogni mese di vita. A questo punto, se stava già assumendo dei cereali solubili da biberon dobbiamo eliminarli.

FASE 3 Nel giro di almeno quindici giorni, la protagonista del pasto di mezzogiorno sarà la crema di verdure ottenuta frullando mezza carota, qualche fagiolino verde e un pezzetto di patata con il loro brodo di cottura. Aggiungiamo un cucchiaino di olio crudo. Per tre giorni il pasto di mezzogiorno si baserà sulla crema di verdure, con il seno o il biberon di latte come dolce. Nel caso in cui il nostro bebè fatichi ad accettare la nuova pappa, possiamo alternarla con l'allattamento al seno o con un po' di biberon, fino a quando non si sarà abituato. A partire dal quarto giorno e ogni due giorni, possiamo introdurre una verdura (mai due per volta), con l'eccezione di ravanelli, porri o spinaci. La cipolla può far parte del brodo vegetale, ma non va frullata con le altre verdure. Agli ortaggi scelti aggiungeremo 35-40 grammi di carne di vitello o di petto di pollo cotti a vapore e ridotti a purea. Il pasto terminerà sempre con l'allattamento al seno o con un biberon.

Non dobbiamo scordare che l'obiettivo fondamentale di una buona alimentazione è ottenere tutti i nutrienti necessari per lo sviluppo del bebè. Ecco perché i bambini sotto l'anno d'età devono consumare le pappe di verdura e frutta appena preparate o, al massimo, dopo non più di ventiquattr'ore ore dopo averle tenute nel frigorifero. Se ne cuciniamo in quantità maggiore, la soluzione migliore è congelarle. Il processo deve essere rapido perché non si alteri la struttura della purea, e si devono usare dei recipienti perfettamente sigillati. Una volta scongelata, la pappa non deve mai essere rimessa nel congelatore (preferibilmente a tre o quattro stelle) e la manterremo a una temperatura inferiore a 18 °C fino al momento di consumarla.

Esistono soluzioni diverse per scongelare le verdure e la carne, ma la più adatta è al microonde. L'acqua corrente rovina la struttura ed elimina alcune proprietà nutritive, mentre far bollire le verdure in acqua richiede un tempo di cottura più breve e comporta una maggiore dispersione di sali minerali.

Per concludere, è importante mescolare gli alimenti per garantire una preparazione uniforme, e coprirli con un piatto rovesciato (nel microonde) o con un foglio d'alluminio (nel forno) per mantenere il vapore e per prevenire che si secchino e perdano sapore.

I CONCETTI DI BASE DELL'ALIMENTAZIONE

Quanto deve mangiare nostro figlio?

Le dimensioni dello stomaco di un lattante di sei mesi sono paragonabili a quelle di una pallina da golf; quando mangia si dilata leggermente. Quando lo stomaco è pieno, il bebè si sente sazio: stacca la bocca dal seno o non vuole più il biberon. *Non insistiamo.* Cercare di farlo mangiare di più non fa che dilatare inutilmente lo stomaco e aumenta la possibilità di una futura obesità oppure la comparsa del vomito.

Un bimbo di tre anni ha uno stomaco grande più o meno quanto una palla da tennis. Quanto devono essere grandi i piatti di pasta, carne, pesce e frutta che vogliamo fargli mangiare?

Di solito diamo troppo cibo ai bambini, che sanno regolarsi perfettamente da soli secondo le loro necessità. Per questo è importante tenere presenti questi concetti:

- Nessun bambino muore di fame se ha del cibo a portata di mano. Per mangiare non gli serve altro che l'appetito. Con questo non pretendiamo che si tenga un bimbo al limite della denutrizione. NO. Ma si deve capire che il corpo del piccolo gioca a nostro favore perché è l'organismo a inviare il segnale di fame. I cuccioli vanno dietro alla loro mamma perché dia loro da mangiare. I bimbi poveri dell'Africa seguono la mamma perché dia loro qualcosa. Noi invece seguiamo i nostri figli per farli mangiare. C'è qualcosa che non va, vero?
- Non esiste nessuno studio che dimostri che ci sono dei cibi che geneticamente i bambini non possono assaggiare (dopo che il pediatra ha verificato che il piccolo non soffra di intolleranze a un alimento particolare). Un'altra faccenda sono le preferenze che si possono avere riguardo a un certo cibo. È dimostrato che alla nascita esiste una preferenza innata per il sapore dolce (come quello del latte materno).
- Queste preferenze possono fissarsi quando il piccolo cresce, ma questo non è un buon motivo per eliminare dal suo menu altre sostanze necessarie per il suo sviluppo. Non soltanto per crescere, ma anche per una vita sana.
- Il detto «Tale padre, tale figlio» qui non è valido. Se uno dei genitori mangia male, non si deve tenere in considerazione il suo esempio mentre si educa il bimbo a una alimentazione corretta. Non deve servire da pretesto. Anche se a nessuno dei genitori piacciono le verdure, non si può dire di sicuro che il loro figlio abbia ereditato una predisposizione genetica a rifiutare gli ortaggi di colore verde. Altra faccenda, molto diversa, è la possibilità che il non gradimento delle verdure da parte dei genitori si trasmetta nell'ambito familiare o che il bimbo, fin dal principio, impari a imitare i genitori togliendo le verdure dal suo piatto. Sono processi totalmente sbagliati e contrari al metodo della buona educazione alimentare dei bambini.

GLI OMOGENEIZZATI

Il ritmo di vita attuale impone alcune scelte pratiche, e disporre dei famosi "vasetti" può risolvere numerose situazioni. Possiamo utilizzare tranquillamente questi preparati industriali, sempre dopo esserci accertati che siano privi di prodotti trattati con sostanze farmacologiche, tossiche o con ormoni. Naturalmente dobbiamo anche tenere in considerazione che esistono variazioni notevoli negli apporti nutrizionali tra gli alimenti preparati in casa e quelli industriali:

	Preparazioni domestiche	**Alimenti pronti**
Grassi (g/100 kcal)	2,6+/-1,7	3,6+/-1,3
Carboidrati (g/100 kcal)	11,1+/-3,7	11,8+/-3,1
Proteine (g/100 kcal)	7,5+/-3,7	5,0+/-1,4
Energia (kcal/100 kcal)	44,9+/-9,7	78,8+/-11,7
Distribuzione calorica		
Grassi (%)	25	33
Carboidrati (%)	45	47
Proteine (%)	30	20

PER RIASSUMERE...

- Il bimbo mostra già le sue preferenze e quello che invece non gli piace, sorride perché ci riconosce.
- Non obblighiamo il bambino a mangiare tutto o di tutto.
- Non distraiamolo e non inventiamo giochetti per fargli ingoiare un altro cucchiaio di pappa: mangiare è mangiare, deve godere al massimo del momento del pasto.
- Non mascheriamo gli alimenti con gli insaporitori. Il bimbo imparerà ad apprezzare i sapori gustandoli più volte e se li si mescola con altri cibi che gli piacciono. Abbiamo pazienza.
- Concediamoci una certa flessibilità negli orari dei pasti: non devono essere né troppo rigidi né troppo variabili.
- Utilizziamo verdura e frutta fresche. Ogni giorno che trascorrono nel frigorifero perdono dal 5 al 10 per cento delle loro proprietà nutrizionali. Per esempio, la mela, due ore dopo essere stata frullata, perde il 26 per cento del suo contenuto di vitamina C.
- La cottura deve essere corretta per non distruggere i nutrienti. Si raccomanda l'uso della pentola a pressione.
- Non aggiungiamo il sale. La pappa deve risultare insipida al nostro gusto.
- Escludiamo anche lo zucchero.

- Non utilizziamo spezie perché possono risultare indigeste.
- Aggiungendo un poco di latte, acqua, succo o brodo otterremo delle pappe di consistenza più liquida. La consistenza deve aumentare poco per volta con il trascorrere del tempo.
- I filamenti della frutta e della verdura possono indurre il vomito o causare il soffocamento del bimbo. Eliminiamoli.
- L'olio d'oliva deve essere a bassa acidità (0,4°). È preferibile quello proveniente da colture e produzione biologiche.
- Una nota necessaria: abituiamo il piccolo al suo primo cucchiaio (meglio se di plastica, per evitare il metallo freddo, piccolo e anatomico) somministrandogli delle piccole quantità di succo o d'acqua. Dopo qualche giorno, utilizziamo due cucchiai, uno per il bebè e uno per noi. È meglio dargli la pappa standogli di fronte e non di lato.

SEGNALI D'ALLARME

Che cosa può preoccuparci nello sviluppo di un bebè dai quattro ai sei mesi? Tanto i genitori alla loro prima esperienza quanto quelli che hanno già figli di solito sono sul chi vive per scorgere la prima manifestazione di anomalia nella crescita e nel comportamento del loro piccino.

Quel che è certo è che non tutti i bimbi seguono uno schema esatto nei loro modi di comportarsi e nelle loro capacità. Senza dubbio, le differenze e i paragoni tra le tappe dello sviluppo dei bebè tornano con frequenza aneddotica.

Se desideriamo stabilire dei segnali per i quali valga la pena di consultare uno specialista, ci dobbiamo concentrare su:

- Eccessiva passività.
- Mani sempre chiuse e gambe rattrappite.
- Mancanza di orientamento verso le voci e assenza di risate sonore.
- Sguardo incrociato o deviato mentre fissa un determinato oggetto.

4

IL BEBÈ DA SETTE A OTTO MESI

"Anch'io ti voglio bene"

Il nostro bebè sa già chi siamo. Ma, ci verrà da dire, allora fino a oggi non ci riconosceva? Naturalmente, però in questi mesi il passaggio qualitativo del suo sviluppo sociale è che distingue perfettamente i volti. Fra tutti i volti che lo circondano, gli fanno smorfie e gli sorridono, distingue quello della mamma, a cui attribuisce uno status molto diverso e di cui ha un costante bisogno. In questa fase, se la mamma va in bagno aspettiamoci che il piccolo scoppi a piangere. È talmente consapevole dell'importanza della madre che se lei sparisce, anche soltanto per due minuti, spuntano fuori tutti i suoi timori e le sue angosce.

Sono i mesi della *crisi ansiosa*, dei pianti inconsolabili quando la madre non condivide con il bebè ogni singolo minuto. La chiamerà, la cercherà, l'abbraccerà... Per molte mamme è un amore che rende estremamente soddisfatte e che le unisce intensamente al bebè; altre invece si sentono un po' soffocate dalla richiesta di attenzioni e dai timori e si preoccupano perché vedono il figlio sempre in uno stato d'allarme. Ecco perché, giustamente, a questa età i nostri figli diventano amici inseparabili di un bambolotto o di un peluche: è un sostituto affettivo, l'elemento che li compensa per l'assenza del loro modello di protezione, i genitori o, in realtà, la madre. Nel suo gruppo di amici preferiti il bebè può anche accogliere altre mascotte molto particolari, come un brandello di lenzuolo, una vecchia coperta... Può darsi che tutti questi oggetti gli ricordino l'odore naturale della mamma, del suo letto, e gli diano sicurezza mentre impara a superare la paura di stare da solo.

Poiché tutto quello che è nuovo lo intimorisce, e poiché ora è in grado di riconoscere le differenze tra i dettagli, i cambiamenti di arredo, di luogo, i volti sconosciuti, se l'inizio dell'asilo nido coincide con questa fase di ansia da separazione, il bimbo passerà un gran brutto momento. Nel capitolo 18 spieghiamo i cambiamenti che l'ingresso all'asilo presenta tra i sette e i nove mesi e come affrontarli.

La paura e la timidezza, tuttavia, non sono in contraddizione con il fatto che il nostro bebè si senta molto attratto dagli adulti e dai bambini che incontra. Quando lo spingiamo a farlo, eccolo dare bacetti, tutto felice, e poi tendere le braccia per chiedere che qualcun altro lo prenda in braccio o lo abbracci, e accarezzare i suoi bambolotti.

Ai gridolini e ai suoni per attirare la nostra attenzione si aggiunge un gergo molto elementare che rappresenta l'abbozzo di un linguaggio primigenio: l'idioma personale del nostro bebè, sia verbale, sia non verbale. Inizierà con i monosillabi "da", "pa", "ba", "ma"... ai quali dobbiamo rispondere con frasi ben articolate, perché ci ascolti e inizi a interiorizzare la struttura della lingua. Parliamogli lentamente, pronunciando molto bene, e usiamo parole semplici che possa associare ai gesti. Mostriamogli anche espressioni facciali che possa imitare, perché lui adora gesticolare. Le attività quotidiane, come i pasti, il bagno, il cambio dei pannolini, sono un momento intimo e di vicinanza perfetto per intavolare queste *conversazioni*. Il bimbo comprende già che le cose possono esistere anche se non le vede: capisce il concetto di astrazione.

Nel periodo tra gli otto e i nove mesi, oltre a capire che le sue azioni portano a delle conseguenze (per esempio che se strattona il pupazzo può strappargli una parte), potrà cominciare a esprimerlo con parole le quali non sono altro che sillabe ripetute. In seguito questo sarà il suo linguaggio, come sappiamo. Il nostro bebè usa un tono coerente con quello che vuole dire e, cosa di cui noi genitori saremo grati per il resto della vita, sa già che cosa significa il termine "no". Forse, distinguere quello che gli piace e quello che non gli piace non ha niente a che vedere con il fatto di sapere cos'è la negazione. Ebbene, anche lui contrattaccherà facendo valere di più la sua volontà: pretenderà o dirà "no" quando un gioco o qualcosa in particolare non lo soddisfa.

CANTIAMO E BALLIAMO!

Il bimbo controlla ogni giorno di più i movimenti e apprezza specialmente le attività che stimolano i sensi come i giocattoli che fanno rumore o con musichette o quando gli si parla, si canta o gli si insegna a battere il ritmo.

È importante:

- Sostenerlo e guidarlo a imparare diversi passi di ballo, dondolio e giochi nell'acqua.
- Fargli il solletico e passargli sulla pelle oggetti di consistenza diversa.
- Separare i suoi giocattoli in gruppi e giocare con uno stabilito ogni giorno, a seconda del senso che desideriamo stimolare: il tatto, la vista, l'udito...
- Giocare ad additarci e a osservarci allo specchio! Tocchiamo la nostra immagine riflessa e facciamogli percepire che la superficie dello specchio è liscia e fredda. Invitiamo il bebè a imitare i gesti e le smorfie che facciamo. Questo è il suo miglior strumento d'apprendimento.
- Sediamoci e lasciamo che batta a terra degli oggetti e li infili in un recipiente.
- Procuriamogli diversi tipi di carta (cellophan, carta da pacchi...), lasciando che la stropicci e che si renda conto del suono che fa e della sensazione al tatto, ma facciamo molta attenzione che non se la metta in bocca.

Mentre il linguaggio e l'espressione non verbale si moltiplicano e risvegliano in noi tenerezza procurandoci belle sorprese, in questi mesi nostro figlio impara a muoversi con maggiore scioltezza. Riesce già a sedersi senza appoggiarsi o senza che lo sosteniamo e si sposta in avanti usando le braccia e spingendosi, mentre cerca di afferrare gli oggetti che attirano la sua attenzione. Le sue manine sono diventate uno strumento sempre più preciso e coordinato: ora rispondono più alla sua volontà che a un riflesso. Occhio, perché tutto attira la sua attenzione! Vuole afferrare ogni cosa! Riesce a tenere un oggetto in ciascuna mano e a passarselo da una mano all'altra. E non è una magia. A otto mesi studierà gli oggetti di piccole dimensioni utilizzando la presa "a pinza inferiore" cioè con pollice e indice. Afferrata una cosa, la scuoterà e la batterà contro le superfici, e sarà tutto soddisfatto per il rumore che farà cadendo per terra. Questo piano d'azione, purtroppo, comprende anche il cibo. Inizia una fase di esplorazione più energica, meno delicata.

Osserviamo in che modo la sua postura, il senso dell'equilibrio e la coordinazione fanno progressi di continuo. E osserviamo anche come si diverte a girare da una parte all'altra senza perdere l'equilibrio, strisciando, girando su se stesso o mettendosi a quattro zampe. Il tronco, le braccine, le gambe e i piedi acquistano forza. Riesce già a mettersi in piedi tenendosi alle sbarre della culla, però cade perché non controlla il movimento che gli permette di sedersi e di alzarsi in modo dolce e coordinato. Gioca a mettersi in piedi sul nostro grembo. Si porta alla bocca le mani e i piedi per tastarli, inoltre, riconosce già il suo corpo. Ben presto sarà pronto per gattonare.

In considerazione della sua maggiore autonomia, raccomandiamo di lasciare che sviluppi la sua personale capacità di gioco, ossia che impari a divertirsi da solo e a utilizzare la possibilità di giocare per conto proprio, senza che noi lo interrompiamo. In questo modo, ci assicuriamo che esplori il suo mondo interiore e le sue impressioni su quello che va a mano a mano scoprendo. Da solo non significa solitario. Sappiamo già che gli piace averci vicini, però se si sta divertendo non è necessario che gli parliamo; un abbraccio o un bacio saranno sufficienti per fargli capire che lo stiamo seguendo.

Un'altra facoltà di cui essere contenti è che a partire dai sei mesi il cervello regola un orologio biologico più maturo. Significa che dà ordini più precisi perché il nostro bebè si riposi la notte e resti sveglio diverse ore durante la giornata. Si va profilando il ritmo circadiano, la sequenza biologica di sonno e veglia che si ripete ogni ventiquattr'ore. Il risultato è che in questi mesi i bimbi possono già dormire dieci, undici o anche dodici ore di fila durante la notte. Certo, sono soliti svegliarsi di tanto in tanto, ma tornano a dormire in fretta e senza aiuti, e durante il giorno si concedono un sonnellino dopo colazione, dopo il pranzo o la merenda. I ritmi dei genitori e del bambino cominciano a coincidere.

I DENTINI

Tra i sette e i nove mesi, le capacità sensoriali del nostro bebè aumentano. La vista, l'olfatto e l'udito entrano in una fase di perfezionamento, nella quale il piccolo può distinguere (e rifiutare) suoni, immagini e odori. Il gusto, il senso più primario, si vede favorito indirettamente dallo spuntare dei denti, il che, come vedremo, presuppone che potrà mangiare una maggiore varietà di cibi. Senza dubbio, si deve dire che il nostro bimbo è comunque abbastanza conservatore per quanto riguarda i sapori nuovi e in particolare non gli piacciono le cose amare o acide.

Quando i denti tagliano le gengive, il bebè piange, è inquieto e può anche rifiutarsi di mangiare. Ovviamente gli fanno male. Tuttavia, si tratta di una situazione normale e transitoria, che soltanto in rarissimi casi dovrebbe portarci a consultare il pediatra. A sette mesi, il bimbo avrà circa quattro dentini e a otto mesi ne appariranno altri quattro. Possiamo vedere l'evoluzione della dentizione da latte nei seguenti grafici.

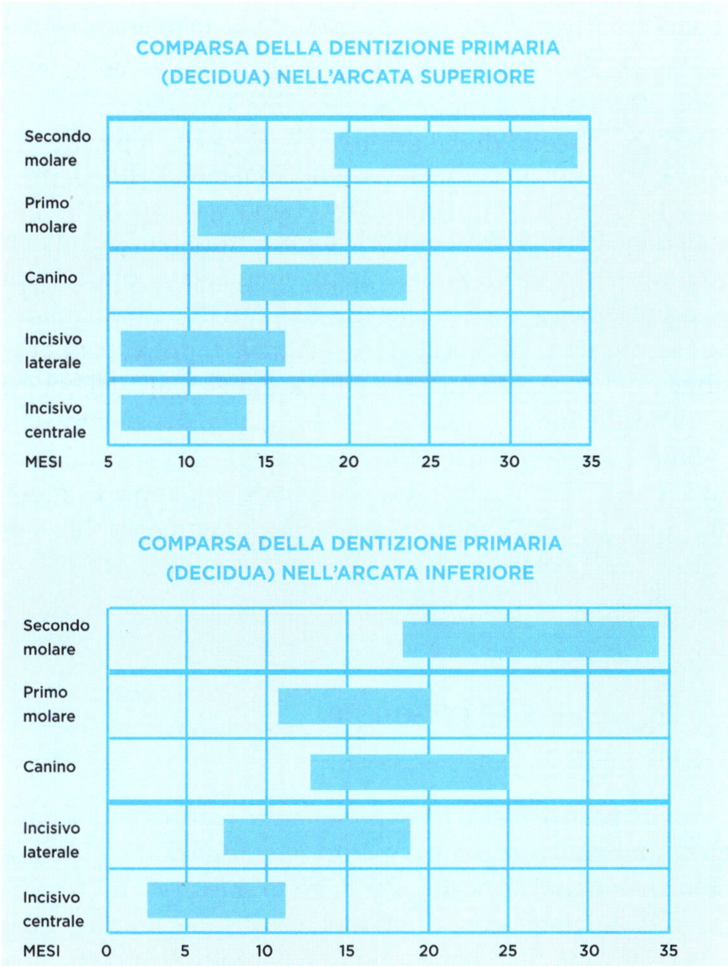

ALIMENTAZIONE. A MANGIARE SI IMPARA

Insieme all'introduzione di nuovi alimenti e di nuove consistenze nel menu infantile, è arrivato il momento di pensare di stabilire alcune delle abitudini più importanti nella routine di una persona: come e quando mangiare. Il fatto che sia un'abitudine non significa che dobbiamo farlo tutti allo stesso modo. Ciascun bimbo sviluppa una sua maniera personale di mangiare, sia per quanto riguarda la velocità (farlo rapidamente o con lentezza), sia le sue preferenze a tavola.

Così come stabiliamo orari per dormire in modo che anche il resto della famiglia si svegli riposata, risulta essenziale per il benessere di tutti che si definisca un orario per mangiare. Oltre ad assicurarci la buona nutrizione del bimbo quando sarà cresciuto e avrà acquisito questa routine, stare a tavola ci consentirà di socializzare e di diventare una famiglia più unita. In questa fase, tuttavia, non è ancora possibile mangiare tutti insieme perché le necessità del bebè e degli adulti non coincidono. Mentre stiamo per svenire dalla fame, magari nostro figlio, che mangia più spesso, è sazio e non vuole nemmeno un cucchiaio di pappa. Comunque, quando avrà compiuto sei mesi, possiamo applicare il seguente schema:

- *Colazione*: alle 8 di mattina.
- *Pranzo*: alle 12.
- *Merenda*: alle 4 del pomeriggio.
- *Cena*: alle 8 di sera.

Tra un pasto e l'altro passano soltanto quattro ore, e il bimbo affronterà il piatto con appetito. Ma, attenzione: il suo appetito non è come il nostro. Per darvi un'idea, se il nostro stomaco ha le dimensioni di un melone, il suo è grande come una pallina da ping pong, quindi è del tutto logico che non mangi dei piattoni stracolmi di pappa. E tanto meno quando si trova nel pieno di una fase di transizione, durante la quale prova alimenti nuovi ogni due o tre giorni. Tendiamo a sovralimentare i nostri figli, mentre loro sanno, perché ascoltano il loro corpo, di che cosa hanno bisogno. Non restiamoci male e, soprattutto, evitiamo che il bimbo spiluc-chi fuori pasto (per colpa nostra, in questo caso), perché gli impedisce di assimilare la buona abitudine di mangiare le cose giuste a orari stabiliti.

Il metodo del *tempo separato* perché il nostro bebè mangi, ora che ha sempre in bocca la parola "no", prevede che non ci arrabbiamo e non ci innervosiamo quando inizia a rifiutare il cucchiaio. Se restiamo impassibili, a volte desiste e mangia, perché ignoriamo il suo giochino. Quando abbiamo l'impressione che non ne voglia più, allontaniamo il piatto e le posate, togliamogli il bavaglino e facciamo come se niente fosse. Il piccolo si rilasserà e comincerà a giocare; a quel punto torneremo a preparare tutto il necessario (bavaglino, piatti e posate) e continueremo a dargli da mangiare tranquillamente. Al rifiuto seguente, torneremo a togliere tutto e aumenteremo il tempo di *riposo* di un minuto (se prima avevamo aspettato tre minuti, ora saranno quattro e poi cinque), e così via, con un sorriso imperterrito. Gli diamo un'opportunità, anche se i bambini sono tipi svegli e sanno che fingiamo soltanto di essere calmi. Ciononostante, quando il piccolo si accorgerà di aver sprecato un'opportunità e che resterà senza mangiare fino al pasto seguente, comincerà a rendersi conto della necessità di mangiare a certe ore stabilite. Non c'è da preoccuparsi, non mangiare per un periodo di quattro ore non gli farà male. Se siamo costanti, in un paio di settimane avrà capito la meccanica dei pasti a orari stabiliti. E, soprattutto, non diamogli *niente* tra un pasto e l'altro.

Di sicuro, è il momento di aggiungere alle sue stoviglie il bicchiere. Sa già afferrare gli oggetti con forza, e la novità gli piacerà moltissimo. Sempre con la nostra guida, se vogliamo evitare una doccia improvvisa. Inoltre a noi pediatri sembra una buona idea dargli di quando in quando il permesso di mangiare con le manine, perché in questo modo eserciterà i movimenti che corrispondono al portarsi il cibo alla bocca e quindi gli risulterà più naturale e facile imparare a usare le posate.

Per quanto riguarda che cosa mangiare, continuerà a provare nuovi alimenti e cibi più solidi. È possibile che la prima reazione sia di disgusto, però non gettiamo la spugna, perché quanti più sapori il suo palato assimila in questi mesi, tanto più sarà tollerante e disposto a mangiare cose nuove quando sarà adulto.

Nel caso in cui prenda meno latte materno o abbiamo abbandonato l'allattamento, dovremmo assicurargli una fonte di ferro per rinforzare la sua dieta in modo che cresca sano e felice.

IL SONNO

A questa età dovrebbe già essere consolidato il ciclo di veglia-sonno. Il piccolo dorme dieci-undici ore più tre pisolini dopo ciascun pasto. Il sonnellino più lungo sarà sempre quello dopo il pasto di mezzogiorno. Deve dormire nel suo lettino, con un pigiama-coperta o una specie di sacco a pelo, in modo che possa muoversi senza avere freddo. Avrà come "amici" i suoi ciucci (lasciamogliene nel lettino tre o quattro in modo che impari a metterseli in bocca da solo) e il suo peluche. È del tutto normale che durante i suoi risvegli notturni non trovi il ciuccio o non sappia metterselo in bocca. Dobbiamo aiutarlo fino a quando non avrà imparato.

PER RIASSUMERE...

- Il bebè sente una predilezione per la figura materna perché gli dà sicurezza. In questi mesi, essere consapevole della presenza degli estranei gli fa paura e di solito piange e si dispera quando non ci vede accanto a lui.
- È già in grado di sedersi da solo e controlla i movimenti del corpo. Si alza in piedi, ma cade perché il suo senso dell'equilibrio ha bisogno di ulteriori risorse.
- Esplora gli oggetti che riesce a raggiungere con le mani e li afferra facendo una pinza con il pollice e l'indice. Inoltre può afferrare gli oggetti più piccoli, che succhierà, batterà su una superficie e butterà per terra per saggiarne la consistenza e il rumore che fanno.
- Compone parole ripetendo sillabe e capisce i concetti astratti.
- È in grado di dormire più ore di seguito durante la notte perché il suo cervello si sta stabilizzando secondo il ritmo circadiano.
- Può già imparare a mangiare secondo degli orari stabiliti e seguendo un metodo per fare in modo che non rifiuti il cibo. Le abitudini per i pasti e il sonno sono fondamentali per il suo sviluppo personale.

SEGNALI D'ALLARME

I controlli periodici durante le visite dal pediatra ci terranno al corrente dei possibili ritardi o delle irregolarità nello sviluppo e nel comportamento di nostro figlio.

Il pediatra potrà aiutarvi se il piccolo ha difficoltà ad addormentarsi da solo, sia durante i pisolini sia per il sonno notturno, o se si sveglia molte volte la notte e ha bisogno del nostro intervento per tornare a dormire. Esistono norme educative molto efficaci per insegnare ai bambini a dormire.

Da parte nostra, ora che il piccolo comincia a circolare per casa, è molto importante attivare la prevenzione degli incidenti:

- In automobile deve viaggiare sempre nel seggiolino di sicurezza: l'uso del seggiolino dalla nascita in poi è imposto dall'articolo 172 (e successiva modifica) del Codice della strada. Seggiolini e navicelle devono essere omologati secondo la normativa europea. Caratteristiche e dimensioni variano con l'età e il peso del bambino. Oltre i 18 chili di peso e fino al raggiungimento della statura di un metro e mezzo si usano gli adattatori, sedili che sollevano il bambino fino a consentirgli di usare la cintura di sicurezza.
- Una raccomandazione: nelle prossime settimane comincerà a gattonare. È bene che non ci colga impreparati e che si comincino già a predisporre le barriere protettive.
- Attenzione che non scivoli o non anneghi nella vasca.
- Può portarsi alla bocca pezzetti di cibo e piccoli oggetti, quindi stiamo attenti a quello che gli lasciamo a portata di mano. Inoltre non dobbiamo lasciargli a disposizione troppi giocattoli alla volta.
- Ora che riesce ad alzarsi in piedi, verifichiamo che le scarpine lo sostengano e gli proteggano i piedini.

5

IL BEBÈ A DIECI MESI

Capire il mondo

Non tutti i bambini sono uguali e non tutti si sviluppano alla stessa velocità, però ciò che conta è il complesso di avvenimenti e comportamenti di nostro figlio. In questo momento la socialità irrompe nella sua vita quotidiana e lui ne è affascinato. È diventato un esploratore, e tutto ciò che gli sta attorno potrebbe trasformarsi in un tesoro da scoprire. Ha sviluppato notevolmente le sue capacità di movimento, e quindi potrà già prendere delle decisioni al momento di mangiare o di dormire, scelte che esprime in genere sotto forma di protesta. Ciò non significa che sia irritato o che non stia bene, è semplicemente il suo modo di reagire. In questa fase noteremo in modo particolare l'aumento dell'autonomia e della libertà del bimbo. Vedremo che non smette di curiosare, afferra tutto, prova tutto. È ora di sviluppare tutti i sensi grazie all'incessante esplorazione del mondo vicino.

E, attenzione, si ha l'impressione che per noi genitori non sia così facile accettare questa nuova tappa. Ci rendiamo conto che, dopo dieci mesi in cui ci eravamo abituati a tenerci il bebè accanto, ora lui si avventura da solo. Certo, sempre con il nostro aiuto, è ovvio. Gattonare e afferrare gli oggetti sono i suoi primi gesti di autonomia. Nuovi odori, nuovi colori, nuove cose da toccare... e con la libertà necessaria per scegliere che cosa maneggiare e fino a che punto esplorare, tappa fondamentale nello sviluppo del bebè. E qui inizia la separazione parentale.

Ora il nostro investigatore realizzerà ogni giorno nuove e sorprendenti scoperte che contribuiranno alla sua socializzazione e affineranno tutti i suoi sensi. Non è più quell'esserino che si accontentava di dormire e mangiare. Lo Sherlock Holmes che ogni bebè ha dentro di sé sta cominciando a emergere. Nei prossimi mesi nostro figlio darà prova di un'attività incessante. Non riuscirà a starsene tranquillo nemmeno un secondo, vorrà toccare tutto e tutto richiamerà la sua attenzione. Ha bisogno di contare su se stesso per raggiungere i suoi scopi.

A dieci mesi comincerà a strisciare sulla pancia e, in seguito, a gattonare. All'inizio gattonerà utilizzando le mani e le ginocchia, adottando una posizione abbastanza sicura che gli consentirà di mantenere l'equilibrio. Di qui a breve il bebè inizierà a usare i piedi al posto delle ginocchia, e in alcune circostanze riuscirà a tirarsi su, ricorrendo solamente ai mobili per sostenersi e mantenere l'equilibrio. Tuttavia non è ancora pronto per conseguire la posizione eretta delle persone adulte e quindi, poco dopo essersi alzato, ricadrà inevitabilmente a terra. Stiamo assistendo ai suoi primi tentativi di camminare.

A partire da ora niente lo potrà fermare. Sarà il turbine di casa. Afferrerà gli oggetti, gattonerà, esplorerà tutti gli angoli... È nostro compito individuare i potenziali pericoli domestici, per esempio i cavi elettrici e i detersivi, e sistemarli in modo da proteggere il bebè. Attenzione, la cucina deve essere vietata al bimbo: è il luogo più pericoloso della casa.

Avviso ai naviganti: il nostro piccolo esploratore andrà a ispezionare tutti gli angoli più insoliti, quindi prestiamo particolare attenzione a quei punti dell'abitazione che potrebbero rappresentare un pericolo per lui e prendiamo i provvedimenti necessari (nella terza parte e nelle appendici di questo volume troviamo alcune idee per prevenire gli incidenti).

Per migliorare il suo ruolo di investigatore, il piccolo riesce già a tenere i piccoli oggetti con la base del pollice e l'indice. È quella che si definisce la *presa a pinza inferiore*. Inizia in questo modo la sua indipendenza manuale: afferrerà tutto ciò che riesce a raggiungere per analizzarlo, per vedere le sue caratteristiche. Questa particolare analisi si basa su operazioni poco ortodosse, come buttare gli oggetti per terra per verificare che rumore fanno cadendo. Un altro modo di riconoscere le cose è portarsele alla bocca. Infatti il senso maggiormente sviluppato nei bambini durante il primo anno di vita è il gusto. Cerchiamo di essere molto pazienti e di non frenare troppo i nuovi impulsi del bebè: in definitiva, è nel pieno del processo di riconoscimento ed esplorazione del mondo.

Tuttavia, è il caso di stabilire delle regole di comportamento per evitare che rompa, succhi o inghiotta oggetti pericolosi. Oltre a fargli capire che non sono sicuri, è una buona idea offrirgliene in cambio altri che lo soddisfino e che non costituiscano un rischio per la sua salute. Dopo i due anni, anche se si sono sviluppati gli altri quattro sensi, è possibile che continui a mettersi delle cose in bocca; anche in questo caso sarà preferibile evitarlo, così si sforzerà di riconoscere gli oggetti mediante il tatto, l'udito, la vista e l'olfatto e imparerà a divertirsi in altri modi.

La capacità di afferrare le cose offre al bebè la possibilità di imparare a socializzare: infatti, molti oggetti che riesce a prendere li porge ai genitori. Lo scambio è interazione e lo aiuta a perfezionare i sensi. In questo modo, il bimbo esercita il concetto di socializzazione con le persone che gli stanno accanto e inoltre acquisisce il senso della permanenza dell'oggetto. Significa che il bimbo, anche se non vede il padre o la madre, è consapevole della loro esistenza. Al tempo stesso, assimila i concetti di inizio e fine e, soprattutto, di contenitore e contenuto: infilare e togliere piccoli oggetti da una scatola diventerà una delle sue attività preferite.

Però un bebè di dieci mesi non si limita a gattonare e ad afferrare quello che è alla sua portata. Può comunicare in modo più efficace con i genitori grazie al linguaggio. Arriva il momento magico in cui pronuncia le sue prime parole. Saranno *sillabe ripetute*, cioè la sua comunicazione consiste nel pronunciare delle sillabe duplicandole. Per questo in genere le primissime parole del bebè saranno *mamma* o *papà*, anche se possono essere vocaboli come *dodo, tata, bobo*...

A dieci mesi il bimbo sarà già in grado di comprendere perfettamente il senso generale di una frase; spesso farà anche un gesto per accompagnare la parola. Un esempio chiaro è il momento di dire "ciao": alla parola si accompagnerà il corrispondente saluto con la mano. Però mentre le sue capacità linguistiche si stanno profilando giorno dopo giorno, il bimbo non solo capta il senso della frase, ma comprende molto bene il tono che usiamo. Quindi stiamo attenti. Non ci sembri strano se piange quando gli parliamo a voce più alta e severa del solito. Il piccolo esploratore assimila il senso delle frasi, pronuncia piccoli vocaboli, reagisce ai diversi toni di voce... La sua capacità linguistica lascia stupefatti!

Però la competenza del linguaggio non si limita a questo. A questa età, la parola ha anche numerosi significati. È la *parola simbolo*: immaginiamo che il nostro bebè utilizzi il termine "aua" per riferirsi all'"acqua". In questo periodo, metterà in relazione "aua" non soltanto con l'acqua ma anche con tutto quello che riconosce come elemento liquido. È un vero risveglio alla vita.

Ogni giorno il bebè scopre cose nuove e comincia a reagire a esse. È l'inizio di una nuova tappa nella sua vita. Da ora in poi, parteciperà alle attività sviluppando stimoli di azione-reazione, il tutto accompagnato da una competenza di linguaggio sempre più accentuata.

PER UN APPRENDIMENTO MIGLIORE

- Organizziamogli un ambiente sicuro dove possa mettere in atto le sue nuove capacità di "gattonatore".
- Soddisfiamo il suo bisogno di investigare lasciandolo toccare, saggiare e manipolare.
- Evitiamo che entri in cucina: è il luogo più pericoloso della casa.
- Organizziamo una routine di attività, in modo che anticipi e accetti questo ritmo quotidiano.
- Rispondiamo ai suoi tentativi di comunicazione. In questo modo cominceremo a conoscere le sue preferenze e lui conoscerà le nostre.

I giocattoli migliori sono quelli che permettono di osservare una sequenza causa-effetto, per esempio palline che possano ruotare, automobiline da far scivolare, canzoni per fare dei gesti con la testa o le mani... L'ideale è che un bimbo di età inferiore a due anni non veda né video né la televisione, e che non giochi con il computer o con altri apparecchi tecnologici, almeno non come attività principali.

L'ultima raccomandazione riguarda noi: tutti i genitori hanno bisogno di un po' di tempo per loro stessi, senza il bebè. È importante evitare l'isolamento sociale. Anche noi muoviamoci e divertiamoci!

ALIMENTAZIONE. E ORA VORRÀ MANGIARE DA SOLO

In queste settimane il bebè dimostrerà la sua autosufficienza gattonando ma anche per quanto riguarda l'alimentazione. Il nostro personaggino imparerà a mangiare da solo. Ed è in questa fase che entra in gioco la doppia responsabilità: noi genitori avremo la responsabilità di proporre a nostro figlio cibi vari e in quantità sufficiente, oltre al luogo e all'orario dei pasti, e lui comincerà a decidere quanto mangiare. Ciò si traduce in un processo lento di adattamento da parte del piccolo e dei genitori, i quali dovranno accordare le proprie aspettative alle reali necessità del figlio. È altamente raccomandabile che in questo periodo si eliminino tutte le possibilità di distrazione all'ora del pasto, come la televisione e l'uso di seggioloni con dei giochini. Il bambino dovrà restare concentrato sul pasto per poterlo sfruttare al meglio e trarre il massimo beneficio dai nutrienti. Il pasto deve essere divertente in sé, e non perché i genitori si trasformano in "pagliacci" per distrarre il piccolo mentre gli danno da mangiare.

Allo stesso modo, non dobbiamo scordare che in linea di massima il nostro bebè continuerà a mostrarsi reticente di fronte all'alimentazione, e quindi in alcuni casi sarà necessario offrirgli il cibo dieci-quindici volte prima che apra la boccuccia e lo mangi.

È anche il momento giusto per cambiare le stoviglie. In queste settimane dobbiamo introdurre elementi nuovi e stimolare il bimbo perché beva dal bicchiere o dalla tazza. Ma evitiamo le bevande zuccherate, che apportano calorie ma non sostanze nutrienti e, inoltre, favoriscono la comparsa di carie dentali. Comunque ricordiamoci che non è necessario abbandonare l'allattamento. Il latte materno continua a essere, a dieci mesi, una scelta eccellente per lo sviluppo del bebè.

Oltre a questo, quando il bimbo arriva ai dieci mesi di vita, ci accorgeremo che mostra già delle competenze al momento dei pasti. Succhia il cucchiaino con le labbra, si porta il cibo alla bocca, lo mordicchia, comincia a effettuare i movimenti laterali della lingua, spinge il cibo verso i denti, insiste ad afferrare il cucchiaio anche se non lo avvicina direttamente alla bocca... e la cosa più importante, quella che giustifica e riassume tutti questi nuovi comportamenti: nostro figlio prova già un certo interesse per il pasto.

Anche gli elementi del menu, in queste settimane, sono sempre più numerosi. Ci accorgeremo che chiede più acqua e che, ora, sarà lui a decidere quanta ne desidera bere. D'altro canto, possiamo aumentare la gamma di minerali che assimila.

Possiamo dargli più calcio, che è indispensabile per la formazione e lo sviluppo delle ossa e dei denti. La fonte principale di calcio è il latte, con tutti i suoi derivati.

Un altro minerale che dobbiamo tenere ben presente è il fosforo, anch'esso necessario per la crescita di ossa e denti. Se non assume fosforo in quantità sufficiente, il bebè potrebbe sentirsi stanco e avere meno appetito. Questo minerale si trova in alimenti come la carne e il pollame, il pesce, le uova e i legumi. È essenziale anche per lo sviluppo dei muscoli.

Il ferro, da parte sua, è indispensabile per la circolazione, i muscoli e le difese immunitarie. I cibi che apportano più ferro sono il latte, gli alimenti di origine animale (carne, uova, pesce) e, in quantità minore, quelli di origine vegetale (soprattutto i legumi).

Gli alimenti ricchi di fibre saranno molto utili per assicurare un corretto transito intestinale, oltre che per l'assorbimento ottimale dei carboidrati. Il modo migliore per proporre a un bebè di dieci mesi la dose necessaria di fibra è grazie al consumo di frutta, ortaggi e di certi cereali. I carboidrati sono il combustibile principale, perché apportano energia. Per un bebè di dieci mesi, il latte costituisce la fonte principale di carboidrati.

Oltre a tutti gli elementi di cui abbiamo parlato, la carne, il pesce, le uova e i legumi contengono proteine, necessarie per la rigenerazione dei tessuti.

Anche l'apporto di grassi è fondamentale per un bebè di questa età: sono molto importanti per lo sviluppo del cervello e della vista, insieme a quello del sistema immunitario (cioè delle difese dell'organismo). Sono presenti nel latte e nei suoi derivati, nell'olio, nel pesce azzurro, nella frutta secca.

Infine, ma non per questo meno importante, è vitale l'apporto di vitamine. Svolgono funzioni regolatrici essenziali per l'organismo e si trovano negli alimenti freschi.

Tutti i nutrienti sono presenti nell'esempio di dieta contenuto nella tabella che segue.

	Portata principale	Per concludere
1° pasto	pappa di cereali	
2° pasto	pappa di verdure	latte materno, biberon o yogurt naturale
3° pasto	pappa di frutta o latte materno, biberon o yogurt naturale	
4° pasto	*3 giorni la settimana:* pappa di verdure con pesce bianco (30-35 g di merluzzo, merluzzetto o sogliola)	latte materno, biberon o yogurt naturale
	resto della settimana: pappa di cereali	

Verso il primo compleanno i gusti variano e, talvolta, non sarà facile dare da mangiare al piccolo. È quindi necessario risvegliare la sua curiosità per fargli provare nuovi cibi. Questa sarà la maniera migliore per abituarlo a sapori fin da ora per lui sconosciuti. Tuttavia, non dobbiamo scordare che, per la sua salute, la cucina casalinga dovrà essere variata, leggera e ricca di fibre. Quindi possiamo iniziare a sostituire progressivamente i pasti di base con ricette più variate. Riportiamo alcuni esempi, con ingredienti di consistenze diverse che facilitano lo sviluppo della masticazione e della deglutizione.

Per un'applicazione più pratica di queste aggiunte nelle abitudini alimentari del bebè, qui di seguito ecco alcune ricette per il periodo dai nove ai dodici mesi. Possiamo incorporarle poco a poco nella sua dieta. Comprendono già elementi solidi come pesce o pasta.

Zuppa saporita

Ingredienti

un quarto di litro di brodo di carne sgrassato
uno o due cucchiai di semola
un tuorlo d'uovo
un cucchiaino di olio d'oliva
un cucchiaio di formaggio grattugiato

Preparazione

Far bollire il brodo di carne e, dopo averlo sgrassato, versarvi lentamente la semola senza smettere di mescolare per evitare la formazione di grumi. Far cuocere circa dieci minuti a fuoco medio. Togliere dal fuoco e aggiungere il tuorlo d'uovo mescolando continuamente fino a ottenere una pappa omogenea. Prima di servire, condire con l'olio e il formaggio grattugiato.

Polpette di semola

Ingredienti

tre cucchiai di semola
un quarto di litro di latte
mezzo litro di brodo vegetale
70 grammi di formaggio grattugiato
un uovo e un pizzico di sale

Preparazione

Portare il latte a ebollizione, salare e aggiungere la semola. Cuocere per venti minuti a fuoco lento, mescolando per evitare grumi. Dopo aver lasciato raffreddare leggermente la preparazione, aggiungere l'uovo e metà del formaggio grattugiato; con questo composto formare delle polpettine e quindi farle cuocere per cinque minuti nel brodo bollente. Le polpette si servono spolverizzate con il resto del formaggio grattugiato.

Crema di pomodoro

Ingredienti

due o tre pomodori maturi
un quarto di litro d'acqua
due o tre cucchiai di farina di cereali (non istantanea)
un cucchiaino di olio d'oliva
un cucchiaio di formaggio grattugiato

Preparazione

Sbucciare i pomodori, privarli dei semi tagliarli a pezzetti. Farli cuocere nell'acqua bollente per quindici minuti. Quindi, colare l'acqua senza schiacciare i pomodori. Cuocere la farina di cereali da cinque a dieci minuti in questa acqua, mescolando di continuo per evitare la formazione di grumi. Una volta cotta, toglierla dal fuoco e aggiungere un paio di cucchiai di pomodoro, precedentemente passato al passaverdure, e il formaggio grattugiato. Completare con l'olio.

Minestra di verdure con formaggio

Ingredienti

un quarto di litro di brodo vegetale
un formaggino cremoso
un cucchiaino di olio d'oliva
verdure miste: carote, spinaci, piselli, patate, fagiolini verdi

Preparazione

Mettere il brodo vegetale in una casseruola e aggiungere le verdure usate per ottenere il brodo passate al passaverdure. Farlo bollire a fuoco moderato per cinque minuti. A parte, schiacciare il formaggino, unire un po' di brodo vegetale, mescolando continuamente con un cucchiaio di legno per scioglierlo e aggiungere infine il brodo restante, fino a ottenere la quantità desiderata. Condire con l'olio d'oliva.

Sogliola in salsa rosa

Ingredienti

un filetto di sogliola
due pomodori maturi
la mollica di un panino medio
un cucchiaino di olio d'oliva
succo di limone
mezzo gambo di sedano
una piccola cipolla
una carota media

Preparazione

Lavare e tagliare a pezzi le verdure eccetto i pomodori, metterle in una casseruola con acqua e far bollire per dieci minuti. Nel brodo così ottenuto cuocere il filetto di sogliola. Una volta cotto, tritarlo e aggiungere l'olio d'oliva e qualche goccia di limone. A parte, mettere i pomodori nell'acqua bollente, scottarli, pelarli, eliminare i semi e tritarli. Aggiungere il purè di pomodori al pesce, mescolando con cura prima di servire.

Pastina con uovo e prosciutto

Ingredienti

un quarto di litro di brodo vegetale
due cucchiai di pastina di formato piccolo, come stelline o tempestina
50 grammi di prosciutto cotto
mezzo tuorlo sodo

Preparazione

Portare a ebollizione il brodo vegetale, aggiungere la pastina e far cuocere il tempo indicato sulla confezione. Quindi togliere il recipiente dal fuoco, aggiungere il prosciutto tritato e il mezzo tuorlo sodo.

Merluzzetto con pomodoro

Ingredienti

70 grammi di merluzzetto
una patata
una carota
un gambo di sedano
due pomodori maturi
un cucchiaino di olio d'oliva
un po' di prezzemolo
qualche goccia di limone

Preparazione

In una casseruola mettere la patata, la carota e il sedano, tutto tagliato a pezzi, e lasciare bollire. Una volta pronto il brodo, aggiungere il merluzzetto, far cuocere. Quindi estrarre il pesce, tritarlo o passarlo con cura nel frullatore, secondo i gusti del bimbo. Aggiungere l'olio d'oliva e il prezzemolo tritato. Nel frattempo scottare i pomodori in acqua bollente. Dopo averli spezzettati e aver eliminato la buccia e i semi, condirli con l'olio d'oliva. Servire il merluzzetto con il pomodoro condito.

Purè di vegetali con manzo

Ingredienti

una patata
una carota
un pezzetto di sedano
un pezzetto di cipolla
tre foglie di lattuga
30-50 grammi di carne di manzo

Preparazione

Pelare gli ortaggi, tagliarli a pezzi grandi e cuocerli in poca acqua. Cuocere la carne al vapore e tritarla insieme alle verdure.

Purè di finocchio con pesce

Ingredienti

un finocchio
50 grammi di pesce bianco
una patata
un pezzetto di burro

Preparazione

Pelare e tagliare gli ortaggi e cuocerli in poca acqua fino a quando saranno teneri. Preparare il pesce bollito o al vapore. Tritare il tutto e aggiungere il pezzetto di burro.

IL SONNO

Il sonno deve seguire uno schema simile a quello dei sette-otto mesi, con tre sonnellini dopo ciascun pasto e un riposo notturno di dieci-dodici ore. I risvegli di notte sono normali: non si deve far nulla perché si riaddormenti, ma limitarsi ad aspettare. Se ha delle difficoltà a ritrovare il ciuccio, si deve continuare ad aiutarlo.

PER RIASSUMERE

- Il bimbo deve scoprire il mondo che lo circonda e analizzarlo. Per farlo comincia a gattonare e ad afferrare gli oggetti, buttandoli per terra, mettendoseli in bocca e, grazie a questo processo, sviluppa i suoi sensi.
- Il nostro bebè capisce quanto gli diciamo e il tono che utilizziamo. Inoltre usa le parole per creare concetti e pronuncia i suoi primi vocaboli con un significato.
- Comincia già a decidere se ha voglia di mangiare oppure no e quanto vuole mangiare.
- Lasciamo che il bebè abbia un certo potere di decisione riguardo ai pasti.
- Evitiamo ogni tipo di distrazione al momento di mangiare: il bimbo deve imparare a concentrarsi per nutrirsi bene.
- Al momento di mangiare potrebbe essere svogliato. Pazienza.
- Aggiungiamo nuove stoviglie per il pasto, come bicchieri o tazze.
- Non è il momento di dare al bebè bevande zuccherate, che apportano calorie ma non sostanze nutrienti.
- Il latte materno continua a essere una buona scelta.

- Il bebè comincerà a provare interesse per il pasto, e vedremo che ha delle capacità che lo rendono indipendente al momento di mangiare.
- Diamo al bimbo l'acqua che chiede in qualsiasi momento.

SEGNALI D'ALLARME

A dieci mesi, il bimbo cerca il contatto con i genitori perché ha bisogno di sicurezza, di conforto o di giochi: in caso contrario, potrebbe non giungere agli standard di sviluppo sociale e cognitivo. Nel gioco dovrebbe già interagire con altri, in genere con noi, che siamo i suoi referenti e le persone nei cui confronti nutre fiducia. Oltre che dai giochi interattivi, nostro figlio dovrebbe sentirsi attratto dai libri illustrati, con grandi figure e bei colori, che stimolano il senso della vista. In questa fase è normale anche che il bimbo esplori l'ambiente, sia con la vista, sia fisicamente. A proposito di miglioramento della comunicazione, se il bebè non usa in maniera ripetitiva consonanti o vocali, non esercita correttamente la competenza orale.

Il bimbo ha bisogno di esplorare, e quindi dovrebbe mettersi in piedi per arrivare ai punti troppo alti per lui. Un altro movimento più frequente in questa fase è il portarsi tutto alla bocca.

In definitiva, se vediamo il bambino molto abbattuto o assente, senza la curiosità che caratterizza questa tappa della vita, è il caso di chiedere consiglio al pediatra. In certi casi si tratterà semplicemente di una evoluzione più lenta del normale e potremo stare tranquilli. Se non dorme in modo adeguato, il pediatra ci aiuterà a rivedere le sue abitudini riguardo al sonno.

6

IL PRIMO ANNO DI VITA

Verso l'indipendenza!

I primi passi. Dopo aver soffiato sulla prima candelina di compleanno, è probabile che il bebè inizi già a camminare, magari tenendosi a qualcosa e sempre aggrappato ai genitori (però non preoccupiamoci se non inizia fino ai diciotto mesi d' età). E questo non è che il principio. Poco a poco il piccolino si sentirà sempre più sicuro e si terrà a una sola mano dell'adulto, oltre a spingere i mobili, in genere le sedie, allenandosi per quelli che saranno i suoi passi da grande. Non è strano che in questa fase il bimbo dia delle pedate, è un modo per esercitare le gambe e rafforzarle per poter avere un passo più fermo. Nostro figlio inizia una nuova tappa, nella quale cammina e, in seguito, correrà per tutta la casa. È una fase importantissima del suo percorso verso l'acquisizione dell'indipendenza. Stiamo perdendo un bebè e stiamo per incontrare un bambino!

Ma in che modo riesce ad aggrapparsi così ai mobili? Nel capitolo precedente abbiamo detto che il bebè afferra gli oggetti con la *pinza inferiore*, ossia con l'indice e la parte inferiore del pollice. Ebbene, a partire da questo momento sa già utilizzare correttamente il pollice e prenderà le cose con l'indice e la parte superiore del pollice: è quella che in pediatria si chiama *pinza superiore*, e già a dieci mesi ha iniziato a utilizzarla in modo rudimentale. Così come può afferrare gli oggetti in maniera più precisa, riesce anche a mantenere l'equilibrio aggrappandosi a un mobile e, quindi, si sposta.

Oltre a spostare gli oggetti, uno dei suoi grandi divertimenti consisterà nel buttare o battere per terra tutto quello che riesce a prendere. Però, attenzione! Non interpretiamolo come un atto di ribellione. Niente di più lontano dalla realtà. Quello che nostro figlio sta facendo è imparare a contare in un modo estremamente rudimentale. Sarà l'inizio di un'*attività matematica* molto curiosa. E quando avrà imparato ad afferrare gli oggetti non si limiterà soltanto a buttarli per terra. Comincerà anche a utilizzarne alcuni, come le matite colorate: è già in grado di tenerle in mano con sicurezza, e quindi potrà tracciare i suoi primi scarabocchi.

Un'altra conseguenza dell'imparare ad afferrare con le dita si riflette nell'alimentazione. Il bebè è stufo del servizio personalizzato che gli concediamo, e ora è lui stesso a chiedere di prendere con le mani tutto quello che mangia. Più avanti, nel paragrafo dedicato all'alimentazione, troveremo numerosi consigli e ricette per far sì che il bimbo possa mangiare da solo usando le sue piccole dita.

Quando il piccolo avrà perfezionato tutte queste capacità, è importante spiegargli chiaramente che cosa è permesso e che cosa è proibito. La sua grande vivacità ci obbligherà, come genitori, a stabilire queste regole perché fin da piccolo cominci a essere consapevole che non tutto è concesso. Però mentre si correggono alcune cattive abitudini o alcuni comportamenti inaccettabili, è anche molto importante non fornire troppe spiegazioni, che per ora non può capire. Un "NO" chiaro, diretto, semplice e sereno è il modo migliore di correggere un comportamento inappropriato.

Per quanto riguarda la comprensione e l'assimilazione di tutto ciò che lo circonda, il bebè inaugura un anno di vita degno di Cristoforo Colombo: punta con il suo ditino indice tutto ciò che vede e, quindi, esplora la terza dimensione, come buchi, fenditure, fessure, e così via. Grazie a questa attitudine, egli scopre il senso della profondità, di quello che è più vicino o più lontano, del solido, dell'alto, del basso. Quando gli mettiamo davanti due oggetti, è in grado di distinguere se sono separati o uniti. Inoltre, se uno di questi sta dentro all'altro, sarà capace di distinguere qual è il contenitore e quale il contenuto. In questo senso, proprio perché distingue tra contenitore e contenuto, il bebè ha bisogno di inserire gli oggetti uno nell'altro per farlo diventare uno solo.

Un altro comportamento fra i più curiosi del bambino a dodici mesi è l'abitudine di infilarsi le scatole in testa. Per sviluppare queste capacità motorie, è bene proporgli giocattoli che lo aiutino a potenziare le nuove abilità che sta acquisendo. Tra i vari esempi di oggetti che saranno estremamente utili ci sono i libri di stoffa o di plastica con grandi illustrazioni; le bambole robuste, perché possa giocare senza paura che si possano staccare dei piccoli pezzi che potrebbero soffocarlo. I giocattoli musicali lo aiutano a sviluppare il senso dell'udito e a mettere in relazione i suoni con gli oggetti. Anche le costruzioni sono eccellenti per questa età, perché favoriscono l'esplorazione della terza dimensione mediante l'osservazione di dimensioni e forme diverse. Altri giocattoli, come il telefono o le automobiline, risultano altrettanto adatti per far sì che il nostro bimbo si diverta, imparando e giocando. Ovviamente ci dobbiamo sempre accertare che nessuno di questi oggetti abbia pezzi facilmente staccabili e troppo piccoli per un bambino di un anno. Potrebbe inghiottirli e soffocare.

"Tato cade" o "tato aua" (acqua) saranno espressioni che sentiremo pronunciare da nostro figlio verso i dodici mesi di vita. Sarà il suo gergo personale e il suo modo di comunicare con noi. Noi pediatri lo chiamiamo *linguaggio globale*: un gergo poco esplicito e poco sviluppato che però corrisponde a situazioni concrete di necessità del bebè. Però se nostro figlio a partire da un anno non comunica ancora in questa forma, non ci dobbiamo preoccupare: non tutti acquisiscono questa competenza alla stessa età. L'evoluzione varia da un bimbo all'altro tra i dodici e i diciotto mesi di vita. Se arrivato a diciotto mesi nostro figlio non mostra nessuna competenza linguistica, allora sarà consigliabile rivolgersi a uno specialista.

Il bimbo comprende già perfettamente il senso e il significato di quasi tutto quello che diciamo. Quindi dobbiamo comunicare con lui mediante frasi complete. È importante che il vocabolario che usiamo sia semplice, ma che si formulino delle frasi ben costruite e con tutti gli elementi sintattici. In questo modo, il bimbo potrà esercitare la sua competenza linguistica in modo da poter cominciare a parlare, in un ragionevole arco di tempo, con maggiore proprietà di linguaggio.

Visto che ora è in grado di muoversi, nostro figlio sposterà gli oggetti da un punto all'altro, da un lato all'altro e controllerà, quindi, la collocazione di ciascun oggetto della casa. Così amplia le sue conoscenze intellettive, avvalendosi della memoria visiva. È piuttosto curioso, e potremo osservare in che modo si concentrerà su dettagli che molte volte sfuggono anche a noi genitori. Un esempio è la collocazione di un qualsiasi oggetto in salotto. Se lo spostiamo, nostro figlio se ne accorgerà e cercherà di analizzare questo cambiamento. Non si tratta soltanto dello sviluppo della capacità intellettiva e della memoria visiva. Un bambino, fin dalla nascita, ha una necessità inconsapevole di sentirsi sicuro. Controllare che gli oggetti siano al loro posto è un modo palese di richiedere sicurezza. Si vede già che il bebè ha un senso dell'ordine molto sviluppato.

A questo proposito, uno dei giochi che più appassiona un piccolino di circa dodici mesi è "Dov'è il bimbo?", nel quale la madre o il padre si nascondono la faccia con un fazzoletto e, poco dopo, la fanno riapparire con grande allegria. Con questo gioco, il bimbo domina il concetto di separazione. Sarà lui a decidere se la madre o il padre, ossia i suoi referenti di sicurezza, stanno o no con lui in determinati momenti. Sviluppa e prende coscienza del *qui e un'altra volta qui*: trova una persona che prima stava nascosta nel medesimo luogo.

Continueremo poi stabilendo regole e routine per i nuovi comportamenti del bambino rispetto al mangiare, al dormire, all'ora del bagnetto... In questo modo migliora la sua socialità e gli si insegna una *routine di lavoro* perché associ un determinato momento del giorno a una determinata attività.

Nostro figlio potenzia e aumenta l'indipendenza della quale abbiamo parlato nel capitolo precedente. Non ha più bisogno di noi in ogni momento e non è così statico come nei primi mesi di vita. Al contrario, a partire dai dodici mesi non starà mai fermo e tranquillo, sarà pieno di energia e tutto ciò che lo circonda richiamerà talmente la sua attenzione che sentirà l'imperiosa necessità di esaminarlo. Per tutto questo, sarà bene tenere presente le seguenti direttive che riguardano la sicurezza.

UN AMBIENTE SICURO

- Non permettiamo che il bimbo resti solo in stanze dove si trovano oggetti che bruciano come ferro da stiro, candele...
- Controlliamo che per terra non ci siano oggetti molto piccoli.
- Assicuriamoci che il televisore e tutti gli elettrodomestici siano ben stabili e non si possano spostare.
- Mettiamo delle serrature di sicurezza ai cassetti dove teniamo oggetti pericolosi come coltelli, forbici o sostanze tossiche.
- I fratelli maggiori non sono secondi genitori. Sono fratelli e sorelle maggiori. Non possono prestare attenzione continuamente al fratellino e facilitargli le cose in casa: anche loro potrebbero farsi male.
- Se in casa ci sono scale, è raccomandabile sistemare dei cancelletti in cima e in fondo.
- In automobile il bimbo deve viaggiare sul suo seggiolino, omologato secondo le norme CE in base al peso e all'età.
- Se c'è una piscina (anche quelle piccole di plastica), accertiamoci che il bebè non possa avvicinarsi mai da solo.

ALIMENTAZIONE. È MEGLIO MANGIARE CON LE MANI?

Dopo aver compiuto un anno, il bambino può già mangiare quasi di tutto. I problemi si presentano quando smette di essere interessato a mangiare con il cucchiaio che gli porgiamo e decide che nella sua bocca non entrerà niente che non introduca lui stesso. Infatti, al compimento dei dodici mesi, come abbiamo già fatto notare all'inizio del capitolo, il piccolo inizia a riuscire ad afferrare gli oggetti da solo. Sta scoprendo un mondo nuovo: il potere di controllare le cose. E poiché è così piccolo, la differenza tra mangiare, giocare ed esplorare è, per lui, praticamente inesistente. Se prendere in mano un oggetto, analizzarlo, trascinarlo, buttarlo per terra e giocarci fa parte delle sue abitudini quotidiane, per quale motivo il cibo dovrebbe mai fare eccezione?

In questa situazione, il modo migliore per invogliarlo a mangiare è preparagli cibi che possa prendere da solo con le dita. Il suo obiettivo a questa tenera età è probabilmente molto lontano dalla perfezione e probabilmente mangerà meglio se usa le mani, anche se è bene insegnarli a usare il cucchiaio. In seguito, troviamo un elenco di alimenti adeguati perché possa usare le dita per mangiare e in questo modo sia lui a controllare la situazione. Il nostro piccolino si divertirà provando tutte queste varietà di piatti. Inoltre, masticare lo aiuterà a rendere più forti i denti e le gengive e a calmare i disturbi della dentizione, specialmente se si tratta di alimenti freddi.

Come abbiamo già detto, il bambino non fa alcuna differenza tra mangiare e il resto delle attività che compie durante il giorno. Per lui il cibo è un altro oggetto da investigare: lo vuole toccare, analizzare nel dettaglio e, prima o poi, lo butterà per terra. Per questo motivo, sarà sufficiente mettere un tappetino di plastica sotto la sua seggiolina per poter recuperare il cibo che si perde nel tragitto. Un dettaglio per i genitori preoccupati: per mangiare correttamente i bambini devono avere fame. E perché abbiano fame è necessario che non spilucchino fuori orario.

Tuttavia, anche se nostro figlio sa già mangiare da solo, non dobbiamo *mai* assentarci durante il suo pasto perché può soffocarsi con il cibo. Se, nonostante la nostra presenza, qualcosa gli va di traverso, dobbiamo metterlo a testa in giù, con la bocca rivolta verso il basso, in braccio o sulle nostre ginocchia e, quindi, dargli quattro colpi con il palmo della mano tra le scapole perché espella quello che gli ostruisce la gola. In seguito, e anche se ci sembra ovvio, dobbiamo togliere con le dita il resto del cibo che può avere in bocca. Però non cominciamo mettendogli le dita in bocca, perché rischiamo di spingere il cibo ancora più giù o di spappolarlo.

Vediamo ora alcune ricette semplici e facili di piatti che il nostro piccolo può prendere con le dita e che tenteranno anche gli inappetenti più ostinati.

RICETTE PER LECCARSI LE DITA

- Frutta fresca pelata: banane, uva senza semi, spicchi di mandarino, pesche... È preferibile dare frutta a polpa soda, come le mele, a pezzi abbastanza grandi perché possa succhiarli o sgranocchiarli. Con i pezzetti piccoli potrebbe soffocarsi, inghiottendoli interi. Non dobbiamo scordare di togliere sempre i semi dalla frutta.
- Frutta disidratata (per esempio albicocche). Se è troppo dura forse sarà necessario ammollarla in acqua calda.
- Ortaggi cotti: piselli e mais dolce. Gli daremo le pannocchie di mais quando avrà denti sufficienti per poterle sgranocchiare.
- Striscioline di verdure crude da intingere in una crema fatta, per esempio, con ceci frullati mescolati con semi di sesamo.
- Verdure grattugiate: un modo per allettare il bimbo è formare con le verdure il disegno di una faccia, una casa o qualsiasi altra cosa che attiri la sua attenzione.
- Pasta cotta con una salsa abbastanza densa perché resti attaccata.

- Pezzetti di pollo cotto.
- Cereali integrali senza latte: fiocchi di frumento, di riso o di mais, avena tostata.
- Hamburger tagliato a pezzetti o piccole polpette.
- Pezzetti di pesce bianco o tonno sminuzzato.
- Gallette di riso o gallette integrali.
- Formaggio a striscioline.
- Minuscoli panini con ripieni morbidi: burro, banana schiacciata, ricotta, oppure pane azzimo (non lievitato) tagliato a strisce lunghe come un dito e spalmato con ingredienti morbidi.
- Uova sode.
- Pane tostato tagliato a striscioline (come soldatini!) con una salsa (come quella con i ceci già descritta) in cui intingerlo.
- Mini insalate con pomodori pelati e privati dei semi, rondelle di cetriolo, carote o formaggio grattugiato, e via dicendo.
- Striscioline di toast con formaggio oppure striscioline di pizza.

Come abbiamo visto, quando il nostro bebè arriva all'anno d'età l'offerta di alimenti tra cui può scegliere si diversifica in modo molto interessante. Questa è un'epoca di maturazione del gusto e al tempo stesso la crescita inizia a essere più lenta. Questo si traduce nel fatto che il nostro bebè, a partire dai dodici mesi, inizia a ingerire una quantità di cibo minore rispetto alla fase precedente. Ma che cosa dobbiamo fare noi genitori a questo riguardo? È il momento di pensare più alla varietà dell'alimentazione che alla quantità. Un bimbo ascolta ciò che il suo corpo gli comunica e di solito mangia quello di cui il suo organismo ha bisogno e quindi, a meno che non si tratti di un caso estremo, non dobbiamo preoccuparci. Pensiamo che mentre nel primo mese di vita il bimbo aumenta di circa un grammo per ogni ora, a partire dai dodici mesi aumenta di due-quattro chili all'anno.

È però essenziale proporgli più volte il nuovo cibo. E attenzione, abbiamo detto proporre, non imporre. Vale a dire che dobbiamo offrire con continuità il medesimo piatto più volte in modo che si abitui e capisca che si tratta di una scelta possibile.

Quando avrà dodici mesi il nostro piccolo, inoltre, rifiuterà alcune cose. Questa resistenza può derivare da esperienze spiacevoli per difficoltà nasali, problemi alla bocca, disturbi respiratori normalmente associati al pasto o difficoltà a inghiottire quando la bocca è piena. In questi casi, insistere e fare pressioni perché accetti un determinato tipo di alimento può scombussolare questa tappa della separazione e della formazione della propria individualità nella quale il piccolo si trova, e si giunge alla conseguenza che il bebè peggiora e si rifiuta di abituarsi a nuovi piatti. Una buona soluzione sarebbe stabilire quali alimenti provocano il rifiuto e, invece di continuare a proporli al bimbo, cercare un modo di prepararli tale che lui non li possa associare al piatto che odia tanto.

Un altro fattore essenziale è stabilire un periodo determinato per ciascun pasto e cercare di attenersi il più possibile all'orario. È un modo per far sì che il bambino si abitui a mangiare a un certo orario. Inoltre, considerazione molto importante, se il piccolo si mostra restio a mangiare, non dobbiamo mai utilizzare il pasto come premio, castigo o ricompensa perché, come abbiamo già detto, stiamo cercando di creare una routine alimentare, non di iniziare una battaglia. Questi atteggiamenti rovinerebbero completamente l'armonia al momento del pasto.

Per continuare con altre possibili varianti nell'alimentazione del bambino, di seguito sono esposti alcuni esempi di piatti che è possibile introdurre a partire dal primo compleanno.

Capelli d'angelo con pomodoro

Ingredienti

30 grammi di capelli d'angelo
quattro pomodori maturi
un cucchiaino d'olio d'oliva
un pezzetto di cipolla
un formaggino magro

Preparazione

Sbollentare i pomodori in acqua per qualche minuto. Pelarli, eliminare i semi e passarli al passaverdure. In una casseruola mettere il passato di pomodoro e il pezzetto di cipolla tritata molto fine. Far cuocere a fuoco lento con il coperchio fino a quando l'acqua del pomodoro non sia evaporata e la densità della salsa è soddisfacente. A parte, cuocere i capelli d'angelo. Scolarli con cura. Condire la pasta con il passato di pomodoro, aggiungere il cucchiaino di olio d'oliva e il formaggino magro.

Hamburger di pollo

Ingredienti

30 grammi di petto di pollo
mezzo tuorlo d'uovo
quattro o cinque pomodori
un pezzetto di cipolla
un cucchiaino d'olio d'oliva

Preparazione

Lavare, pelare e tagliare a pezzi i pomodori. Passare la polpa al passaverdure. Tritare il petto di pollo piuttosto finemente. Amalgamare il petto di pollo tritato e il tuorlo d'uovo, formare dei piccoli hamburger e metterli in una casseruola con il passato di pomodoro e il pezzetto di cipolla. Una volta portati a cottura, prima di servire, condire con l'olio d'oliva.

Riso in brodo con zucchina

Ingredienti

brodo di carne sgrassato
30 grammi di riso
una zucchina, un cucchiaino d'olio d'oliva

Preparazione

Lavare, pelare e tagliare a pezzetti la zucchina. Tritarla con il mixer o con il passaverdure e mescolarla con il brodo di carne preparato in precedenza. Aggiungere il riso alla preparazione e farlo cuocere mescolando di tanto in tanto e, se necessario, aggiungere altro brodo per evitare che il riso diventi troppo asciutto. Prima di servire condire con l'olio d'oliva.

Se vogliamo mettere a punto la dieta del nostro bebè nel modo migliore, dobbiamo seguire le norme specifiche indicate nella tabella seguente.

Pasto	Alimento	Quantità
Colazione	Latte[1]	200 ml
	Farina lattea	20-25 g
	Zucchero	10 g
	Succo di frutta	50 ml
Pranzo	Carne,[2] pesce[3] o uovo	40-50 g
	Ortaggi cotti o crudi	75 g
	Riso, pasta o patate	75 g
	Yogurt	1
	Frutta cruda o cotta	75 g
	Burro	10 g
	Olio	5 g
	Zucchero	5-6 g

Pasto	Alimento	Quantità
Merenda	Latte	200 ml
	Biscotti	20 g
	Zucchero	10 g
	Frutta	50 g
Cena	Passato di verdure/legumi	75 g
	Riso, pasta, semola	75 g
	Burro	10 g
	Budino o crema	100 g
	Frutta cruda o cotta	70 g
	Zucchero	5-6 g
	Un uovo/50 g di carne[2] o pesce[3]	

[1] È bene tenere presente che 200 ml di latte si possono sostituire con uno yogurt medio, 35 grammi di formaggio stagionato (tipo grana) o 40 grammi di formaggio tipo semistagionato (tipo Edam).

[2] Carni magre: pollo, vitello, manzo, cavallo, coniglio, tacchino. Il fegato può anche sostituire la carne una volta ogni tanto, anche se non è necessario.

[3] Pesce magro: sogliola, pesce San Pietro, merluzzetto, orata, nasello.

Visto che, però, non tutti i bimbi sono uguali, è possibile che il nostro non sia troppo portato per il cibo e che al momento di mangiare si mostri pigro. In questo caso, come abbiamo detto, non dobbiamo obbligarlo a mangiare quello che proprio non gli piace.

Una delle possibili soluzioni è ricorrere ad altre ricette e, con qualche trucchetto, prepararle per supplire alle carenze nutrizionali provocate dalla scarsa propensione del piccolo ai piaceri della tavola.

Ecco una serie di idee che contribuiranno a far sì che il bimbo raggiunga il peso ideale:

- Ricorrere alle salse nelle nostre ricette è un sistema molto frequente per far assumere dei nutrienti.
- Si può impanare la carne o aggiungere del pane grattugiato per rendere la ricetta più completa.

- Aggiungere alle zuppe o ai sughi che prepariamo ingredienti che ne aumentino la consistenza, per esempio maizena, crema di latte, latte in polvere o uovo.
- Il latte si può arricchire con cacao, zucchero o miele, buone fonti caloriche e nutritive.
- Alla pasta e alla besciamella si possono aggiungere latticini, per esempio del formaggio grattugiato.
- Se cominciamo a dare al piccolo pane tostato o panini, può essere una buona idea aggiungere un po' d'olio per renderli più gustosi.
- Piccole fette di pane tostato potrebbero essere l'accompagnamento ideale di zuppe, brodo e vellutate.

Dopo aver esaminato le componenti nutrizionali e i contenuti alimentari di cui il nostro bambino ha bisogno, vediamo ora che cosa è in grado di fare quando è a tavola. Al compimento del primo anno, è possibile che sia capace di usare, seppure ancora in maniera rudimentale, il cucchiaio. In questo periodo di crescita ha già sviluppato la capacità di afferrare gli oggetti. È quello che all'inizio del capitolo abbiamo chiamato *pinza superiore*. È già in grado di tenere in mano gli oggetti con sicurezza e, quindi, maneggiare un cucchiaio è un gioco da ragazzi. Tuttavia, non sarà strano che, portandosi il cucchiaio alla bocca, questo si squilibri prima di giungere alla meta e che la pappa cada. Il bambino è già in grado di afferrare con sicurezza il cucchiaio, ma non ha ancora imparato a portarselo alla bocca, un movimento che richiede maggiore precisione, perché il polso deve adottare la posizione corretta in modo che lo strumento non gli finisca nell'occhio e la pappa non cada a terra. Questa rotazione imperfetta del cucchiaio di solito sparisce verso i quindici mesi, periodo in cui il piccolo ha già appreso il gesto che deve compiere il suo polso perché la pappa resti nel cucchiaio quando lui apre la bocca. In alcuni casi il problema può persistere anche fino ai diciotto mesi.

Per quanto riguarda l'igiene, non scordiamo che a dodici mesi ha già i denti, e quindi è fondamentale spazzolarli dopo ogni pasto, per la sua igiene orale e per evitare la comparsa della carie.

Il bisogno di sonno è simile a quello del periodo precedente. Farà due-tre sonnellini, uno dopo ciascun pasto, e un riposo notturno di dieci-dodici ore.

A PROPOSITO DEI SUCCHI DI FRUTTA INDUSTRIALI

Un eccesso di succhi di frutta industriali può favorire la comparsa della diarrea. I succhi d'uva, arancia o ananas sono i più equilibrati e quindi i più indicati. Al contrario, quelli di pera e mela si associano più facilmente alla diarrea.

Le quantità indicate sono di 10 millilitri per ogni chilo di peso del bimbo.

Il consumo elevato di succhi e bibite gasate non è affatto consigliabile. Aumentano il rischio che l'organismo non assorba una quantità sufficiente di vitamine A, C, B2, B6, B12, calcio, ferro e magnesio. Inoltre, forniscono un eccesso di zuccheri e di energia, il che si traduce in maggior rischio di obesità. Non solo: possono favorire la comparsa di carie dentali.

Soprattutto: dal punto di vista nutrizionale, i succhi di frutta NON sono equivalenti alla frutta fresca. Sono carenti di fibre ed essendo liquidi non stimolano la masticazione. Non hanno alcun vantaggio nutrizionale e non presuppongono alcun miglioramento delle abitudini dietetiche rispetto alla frutta fresca.

PER RIASSUMERE

A questa età il nostro bebè sarà capace di:

- Fare qualche passo: all'inizio con il nostro aiuto, e poco a poco appoggiandosi ai mobili per poi finalmente andare da solo.
- Adoperare la *pinza superiore* in modo preciso: è capace di afferrare finalmente gli oggetti con l'indice e la parte superiore del pollice. Questo gli consentirà di sviluppare altre abilità, come usare il cucchiaio per mangiare.
- Lanciare due cubi insieme.
- Mettere un oggetto dentro a un altro, perché ha già sviluppato il concetto della terza dimensione.
- Può pronunciare da una a tre parole e comprendere quasi tutte le frasi che i genitori gli dicono.
- Può usare una tazza o un bicchiere tenendoli con due mani.
- Ci può addirittura aiutare a vestirlo.
- Indica con un dito e cerca i genitori quando li si nomina. A questa età il suo gioco preferito è: "Dov'è...?".
- Spostare gli oggetti. Sviluppa una grande capacità di ordine ed è in grado di capire se un oggetto non si trova al suo solito posto.
- Prendere il cibo con le mani.

SEGNALI D'ALLARME

Il nostro piccolino si sta trasformando in una personcina capace di fare quasi tutto. Nel linguaggio, nelle relazioni sociali, nell'ambito della mobilità. Per essere certi che il bimbo cresca bene, dobbiamo ricorrere a uno specialista in questi casi:

- Se non esegue giochi interattivi e non imita.
- Se non sta stabilendo una relazione di attaccamento sicuro.
- Se non mostra angoscia o ansia di fronte alla separazione.
- Se pronuncia meno di due parole.
- Se non imita e non vocalizza dei suoni.
- Se non identifica le persone quando si chiede: «Dov'è...?».
- Se non segue due direzioni diverse.
- Se non si regge in piedi.
- Se non è capace di tenere contemporaneamente un oggetto in ciascuna mano.

PROBLEMI DI SALUTE PIÙ COMUNI NEL PRIMO ANNO

(descritti in dettaglio nella terza parte)

- Coliche.
- Congestione nasale.
- Congiuntivite.
- Costipazione.
- Dermatite da pannolino.
- Diarrea.
- Ernie ombelicali.
- Eruzioni della pelle (allergia a un tessuto, a un pannolino, a una crema o a un sapone, a un tipo di latte...).
- Febbre.
- Gastroenterite.
- Infezione del cordone ombelicale.
- Infezioni all'orecchio.
- Vomito.

7

QUINDICI MESI

L'instancabile costruttore

Nostro figlio ha superato l'anno di vita e inizia per lui una fase di piena attività. Tuttavia per noi genitori i suoi quindici mesi non saranno affatto una tappa facile. Esigerà un controllo permanente e continuo di tutti i suoi movimenti, perché avrà un desiderio frenetico di apprendere e di scoprire tutto quello che gli sta intorno. A questa età una grande curiosità pervade il bimbo. Non disperiamoci. Il fatto che non stia mai fermo è un segnale perfetto e chiaro che sta crescendo e sviluppandosi: è un bimbo sano e pieno di curiosità e tutto quello che richiede è fare tutte queste nuove conoscenze che per lui sono assolutamente sorprendenti.

In questi giorni egli potrà già camminare in completa autonomia. Girerà per tutta la casa senza alcun problema, anche se soltanto verso i diciotto mesi comincerà a correre. Nei primi giorni o nelle prime settimane in cui riesce a camminare, noteremo che, invece di andare avanti, separa bene le gambe e sta fermo, bilanciandosi avanti e indietro, con un movimento a pendolo. È il suo modo di mantenere l'equilibrio in questi primi giorni durante i quali il suo corpo si ritrova a stare completamente eretto senza l'aiuto di nessuno.

Al momento di affrontare una scala, non starà lì a pensare che per lui rappresenta un ostacolo. E non è molto lontano dalla realtà: a quindici mesi è capace di salire i gradini gattonando. Non esistono limiti. Se ha sviluppato perfettamente il movimento di gattonamento prima di lanciarsi a camminare, userà questa tecnica per abbattere le barriere che ritiene di non poter superare camminando. Quindi si potrebbe dire che a questo punto non esistono, in pratica, frontiere invalicabili per questo piccolo esploratore, che a poco a poco si sta trasformando in un esperto avventuriero. Se lo aiutiamo, potrebbe arrivare anche un po' più lontano: salire le scale in piedi, tenendoci per mano. È anche capace di inginocchiarsi per prendere un oggetto, e non solo: dopo averlo fatto, si rialzerà senza problemi. È normale che una volta tornato in piedi dopo essersi abbassato cada di nuovo a terra. Non ha ancora sviluppato al cento per cento il senso dell'equilibrio. Non è il caso di spazientirsi! Sono i suoi primi passi.

La vitalità è la caratteristica principale del bambino a quindici mesi. In queste settimane non smetterà di lanciarsi in nuove avventure, di scagliare e gettare a terra oggetti in un continuo prenderli per spostarli da una parte all'altra della casa. In precedenza, quando giocavamo con lui a lanciare la palla, non aveva ancora perfezionato la capacità di rilanciarla. A quindici mesi è già esperto nel rilanciare con grande energia le palle che gli lanciamo. Inoltre, questo gioco lo affascina e, non solo sarà capace di rilanciare la palla, ma cercherà anche di farlo con tutte le sue forze. Gli piace moltissimo provare cose nuove e cercare di superare le barriere che lo separano dai genitori. Dopo vari tentativi, ci riuscirà. Però, lanciando o calciando la palla, cadrà per terra. Per ora.

Come abbiamo anticipato nel capitolo precedente, il bimbo riesce già a prendere gli oggetti con le dita con grande precisione (*pinza superiore*) ed è capace di infilare una pallina in una bottiglia, o di afferrare correttamente un cucchiaio. Però, senza dubbio, è con i libri illustrati che apprezziamo al meglio questa sua nuova abilità. La curiosità di conoscere cose nuove farà sì che impari e acquisisca la capacità di girare la pagine (anche se, ovviamente, ne salta qualcuna). E per quel che riguarda la competenza visiva, comincia a indicare le immagini, le identifica e le distingue una dall'altra.

Quando supera l'anno d'età diventa un vero e proprio architetto. Nei mesi precedenti disegnava scarabocchi con una matita su grandi fogli di carta. Adesso, oltre ad abbozzare gli scarabocchi, può riprodurre quasi con esattezza un segno tracciato in precedenza da un adulto. E non si limita a disegnare: costruisce. A quindici mesi sa già costruire torri con due-quattro cubi, ed è in grado di incastrare dei pezzi, mettendo in pratica la sua percezione della terza dimensione e delle diverse forme degli oggetti. Anche se per ora distinguerà soltanto le più semplici, come nel caso del cerchio.

Il piccolo sta sviluppando anche la sua capacità linguistica in senso generale. Costruisce le sue prime frasi in un modo un po' primitivo. Per esempio, se vuole dire: «La bambola di Maria si è rotta», dirà: «Maria bambola rotta». Si tratta di una struttura puramente emotiva. Vale a dire che il bimbo comporrà la frase seguendo un ordine di valore affettivo: la prima parola della frase è Maria, cioè la persona a cui si sente più legato. Quando la frase che va costruendo comprende anche lui stesso, si metterà sempre al primo posto, e per farlo utilizzerà la parola "bimbo" o direttamente il suo nome.

Al nostro bebè piacerà moltissimo interrompere le conversazioni. Se vede che stiamo parlando con qualcuno, non esiterà a intromettersi. Un gridolino o una frase detta a voce più alta sarà il suo modo per richiamare l'attenzione della madre o del padre, per sentirsi accudito.

Per quanto riguarda lo sviluppo sociale, i giochi che lo appassioneranno di più saranno quelli che lo mettono alla prova o gli permettono di migliorare le sue nuove capacità motorie. Da quando inizia a fare i primi passi o a gattonare e a esprimersi con maggiore chiarezza, l'autonomia è il dono al quale attribuisce più valore e che più gli interessa ottenere. Meglio non tarpare la sua ansia di libertà, perché potremmo bloccare le sue iniziative. Tuttavia, la permissività deve avere dei limiti: dobbiamo dargli spazio sempre e solo nelle occasioni nelle quali non metta in pericolo la sua integrità o la sua evoluzione educativa.

Ha bisogno di autonomia e, d'altro lato, smania per socializzare. Per divertirsi, il bimbo ha bisogno della figura di un adulto, perché i suoi giochi sono ogni volta più complicati: saltare sulle ginocchia di un adulto, giocare a "Dov'è il bimbo?", giretti sul passeggino, e così via.

Però non si limiterà a interessarsi ai giochi che richiedono la presenza di un adulto. Richiameranno la sua attenzione, come abbiamo già detto, anche i giochi di costruzione. Tutto quello che prevede di incastrare degli elementi tra loro e i libri illustrati lo terranno occupato per un bel po'. Questi nuovi compiti dimostrano che la sua capacità di concentrazione sta migliorando.

Se nostro figlio non ha problemi a giocare con un adulto, saranno meno armoniose le relazioni con gli altri bambini. È normale che, se si trova con un altro piccolino, lo morda, lo pizzichi o gli tiri i capelli. Non si tratta di un rifiuto verso le persone della sua età. Il problema è che in questo momento non gli risulta facile comprendere, e tratta il suo amichetto come se fosse un altro gioco. Il suo massimo punto di riferimento di persone uguali a lui sono i genitori, ossia gli adulti, quindi a questa età preferirà giocare lontano dagli altri bimbi.

ALIMENTAZIONE. IL REGNO DEL "NO"

Quando il nostro bebè compie quindici mesi, al momento del pasto il "no" fa la sua comparsa. Lui ha bisogno di una quantità di cibo minore, e vive l'alimentazione come qualcosa che dipende dalla sua volontà e ogni volta più indipendente dai genitori. Se desideriamo assicurarci che si nutra correttamente ed evitare bisticci se vuole o non vuole mangiare, dovremo strutturare nel modo giusto le sue abitudini a tavola, fissare degli orari e stabilire una dieta in cui siano presenti tutti i gruppi di alimenti. Possiamo seguire una serie di norme che lo aiuteranno ad abituarsi con più facilità e senza che ci sia un cambiamento brusco né per lui, né per noi genitori.

INTERAGIAMO

- È bene parlare al nostro bebè: nominare i vari oggetti, le consistenze, i suoni, i sentimenti...
- Bisogna ascoltarlo: è importante prestargli attenzione quando tenta di dirci qualcosa. In questo modo rinforziamo la relazione sociale e la comunicazione.
- Dobbiamo accettare e apprezzare i suoi sforzi per comunicare. Non correggiamolo eccessivamente.
- Sempre per quanto riguarda la comunicazione, non dobbiamo fargli pressioni perché parli. È meglio lasciare che prenda l'iniziativa di quello che sta per dire.
- È bene mostrargli delle fotografie e nominare gli elementi e gli oggetti.
- Se gli raccontiamo una favola, non dobbiamo aspettarci che la ascolti seduto tranquillo, senza muoversi. Si agiterà di continuo, ma questo non significa che non ci stia ascoltando.
- È fondamentale sviluppare la sua creatività. Ecco perché è una buona idea fornirgli un grande foglio di carta nel quale possa disegnare quello che desidera. Anche servendosi delle dita (esistono colori speciali per questo uso).
- Dopo ciascun pasto, giochiamo a spazzolargli i denti (fino ai cinque anni si deve usare un dentifricio a bassa concentrazione di fluoro).

Abbiamo elencato queste abitudini in altri capitoli, ma ecco un breve ripasso.

- I quattro pasti del bebè (colazione, pranzo, merenda e cena) devono seguire un orario preciso, che si ripeta ogni giorno.
- Il pranzo e la cena sono sempre composti da un primo e un secondo piatto, o da un piatto unico che riunisca entrambi.
- Dei due piatti appena citati, il primo deve essere composto da cibi che apportino amidi, sali minerali e vitamine, come la pasta e il riso con verdure. Le verdure, a pezzetti, devono accompagnare anche il secondo, che può essere composto di carne, pesce o altri cibi proteici.
- Qualche volta possiamo sostituire i due piatti con un piatto unico di cereali e legumi.
- Il pesce arriverà in tavola quattro-cinque volte la settimana, le uova due giorni la settimana.
- Gli alimenti che devono essere sempre presenti, ogni giorno, nella dieta del bebè sono la frutta, la verdura, il latte e i suoi derivati.
- Per quanto riguarda la composizione, dobbiamo evitare ricette troppo elaborate. Vietati i piatti speziati.
- Un'alimentazione varia ed equilibrata permette al piccolo di assimilare tutti i nutrienti necessari. Dobbiamo lasciare da parte le preoccupazioni per la quantità e concentrarci di più sulla qualità di quello che i bimbi mangiano ogni giorno.

IL SONNO

Per quanto riguarda il sonno, non ci sono variazioni rispetto alle necessità del periodo precedente. Ricordiamo che un bambino che dorme bene è un bambino più felice, cresce meglio e impara più rapidamente. Un sonno adeguato è il principale motore della crescita.

PER RIASSUMERE...

- Dobbiamo controllare i movimenti del nostro piccino.
- Comincerà a camminare da solo e a circolare per tutta la casa. Salirà le scale gattonando o in piedi, tenendosi alla mano di un adulto.
- Potrà chinarsi e rialzarsi, anche se non riuscirà sempre a mantenere l'equilibrio.
- Comincia a lanciare, buttare e tirare oggetti. E li trascinerà per tutta la casa.
- Rilancia la palla calciandola energicamente, anche se cadrà per terra per mancanza di equilibrio.
- Tiene il cucchiaio in mano per portarselo alla bocca, anche se una volta giunto a destinazione il cucchiaio ruoterà, spesso anche a rovescio.
- Imparerà a voltare le pagine dei libri e disegnerà scarabocchi sulla carta: sarà anche capace di copiare un tratto fatto prima da un adulto.
- Riesce a costruire delle torri di due-quattro cubi.
- Inizia a pronunciare le sue prime frasi, anche se con una struttura molto elementare.
- Ha bisogno di cibo in quantità minore, ma in una maggiore varietà.

- Comprende la maggioranza delle frasi che diciamo.
- È necessario seguire una routine per evitare che si abitui a rifiutare certi alimenti.

SEGNALI D'ALLARME

Come abbiamo spiegato, le norme di sviluppo del bebè sono sempre relative. Certi bambini acquisiscono alcune capacità prima di altri. Alcuni lo fanno più in fretta, altri con maggiore lentezza. Quello che conta, in generale, è il complesso dei risultati. Tuttavia, possiamo sempre tenere come punto di riferimento i seguenti modelli per sapere se il nostro piccino si sta sviluppando correttamente.

Riguardo alla postura del corpo e ai movimenti che riesce a compiere, sottolineiamo che cammina da solo, senza aiuti, anche se cade spesso perché non si è ancora sviluppato al cento per cento il senso dell'equilibrio. Inoltre riesce a salire le scale a gattoni, si china e si rialza senza l'aiuto di un adulto. Se il piccolo non riesce a eseguire la maggior parte di queste azioni, è consigliabile ricorrere a un professionista per chiarire se soffre di un problema motorio.

La tabella della pagina seguente mostra le tappe della crescita infantile stabilite dalla Organizzazione Mondiale della Sanità.

Anche l'abilità manuale di nostro figlio a questa età è indicativa per stabilire se si sta sviluppando bene. A quindici mesi gli piace lanciare degli oggetti, calciare palle, fare torri con i cubi, prendere una matita e realizzare dei segni ed è capace di voltare le pagine dei libri, anche se ne può saltare più d'una. Inoltre, per quanto riguarda l'alimentazione, il bimbo è in grado di tenere in mano il cucchiaio, però se lo porta alla bocca al rovescio. Insiste comunque a voler mangiare da solo. È capace anche di tenere con le due mani un bicchiere quando beve. Un bebè che cresce correttamente deve essere in grado di effettuare la maggior parte di questi gesti.

Dobbiamo inoltre ricorrere al pediatra se, a quindici mesi di vita, il bebè, sul piano linguistico, non è capace di chiedere da mangiare o da bere, con suoni o parole. Un altro segnale che possiamo prendere come riferimento è se conosce almeno tre parole. E, infine, se non chiede quello che vuole indicandolo con il dito.

PERIODI DI SVILUPPO

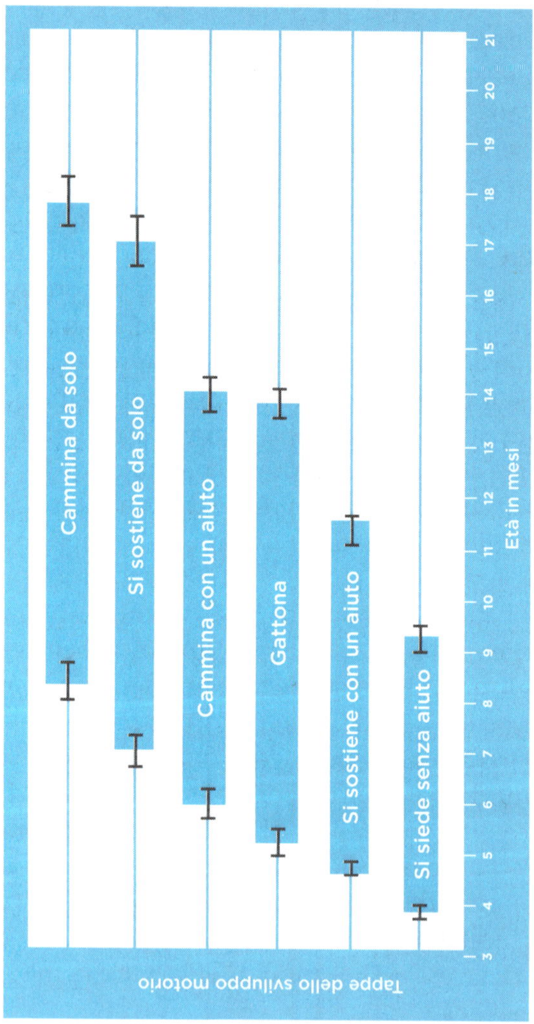

Fonte: *sito ufficiale dell'Organizzazione Mondiale della Sanità*

8

DICIOTTO MESI

È un vero "testone"

Quando il nostro bimbo compie diciotto mesi, la pazienza diventerà la nostra grande alleata. Dobbiamo già tenerla ben presente in questo periodo, se non vogliamo diventare matti, ma non deve essere la nostra unica amica. A un'età in cui il bambino inizia a raggiungere la quasi completa autonomia, dobbiamo far sì che le regole educative siano molto chiare e ben distinte. In questi giorni il bimbo sarà come una banderuola in un giorno ventoso. A volte esigerà una propria autonomia e l'indipendenza più assoluta e, poi, un attimo dopo, sarà il bambino più sdolcinato e dipendente del mondo.

Tra le abilità raggiunte a questa età, sottolineiamo che è già in grado di indicare se si è bagnato oppure no, sia riferendosi ai capelli sia al pannolino, o anche al corpo dopo il bagno. Giochiamo con lui a scoprirlo perché impari a fare delle distinzioni.

Una volta compiuti i diciotto mesi, se il bimbo ha ancora il ciuccio dobbiamo iniziare a eliminarlo, perché l'uso continuo potrebbe essere dannoso per la crescita dei denti, causare una malformazione e, quindi, una più forte respirazione con la bocca; inoltre è anche responsabile di una maggior frequenza di otiti croniche e di carie, se abbiamo la tendenza a intingere il ciuccio in sostanze zuccherine. Oltre a non essere necessario, il ciuccio può anche dar luogo a piccole piaghe in bocca.

Facile a dirsi: ma come possiamo eliminare l'abitudine al ciuccio oppure quella di succhiarsi il dito da un giorno all'altro? Molti bimbi che si succhiano il pollice lo facevano già nella pancia della mamma, quindi è evidente che non sarà facile evitarlo. Se decidiamo che deve abbandonare l'abitudine, dobbiamo "parlarne" con lui, perché senza la sua collaborazione non si arriva a niente. I rinforzi positivi, ossia favorire le condotte corrette che stanno sbocciando e limitare quelle che creano problemi, sono molto più efficaci dei rimproveri, del pepe sparso sul ciuccio, del cerotto sulle dita... L'essenziale è che il bimbo desideri abbandonarlo. Possiamo chiedere consiglio al dentista pediatrico per far sì che il piccolo smetta di succhiarsi il dito.

Una volta interrotto l'uso del ciuccio, è probabile che compaiano nuove abitudini, come succhiarsi il labbro, spingere la lingua tra le arcate dentali (interposizione linguale), respirare solo con la bocca e così via, conseguenze del "morso aperto", ossia dello spazio risultante tra i denti superiori e quelli inferiori. Non è possibile correggere il problema del morso aperto se il bimbo continua a succhiarsi il dito. Inoltre può insorgere il rischio di frattura degli incisivi superiori che sono situati in una posizione più avanzata.

Riguardo a questo, ora che al nostro bambino sono spuntati quasi tutti i denti, è un buon momento per agire contro i possibili problemi dentali e per stabilire un'adeguata igiene orale.

È del tutto normale che il bimbo provi dolore quando gli spuntano i denti. Le gengive sono rosse e infiammate mentre il dente le taglia dall'osso mascellare. I genitori soffrono perché vorrebbero rendere più semplice il processo. Per alleviare il dolore possiamo dargli da masticare cose fredde (ma non gelate) e dure, come un anello da dentizione, che lo aiuti a contrastare i dolori locali: il freddo calma il dolore, e la durezza accelera la comparsa dei denti. Per quanto riguarda l'igiene, dobbiamo insistere nella pulizia tre-quattro volte al giorno, con una garza inumidita in acqua.

Forse ci siamo chiesti che importanza possano avere dei denti che in seguito cadranno per lasciare il posto ai denti permanenti. Anche se non sembra, i denti da latte hanno numerose funzioni. Aiutano a mantenere una buona alimentazione, consentono al nostro piccino di masticare adeguatamente e senza problemi. Contribuiscono alla pronuncia corretta delle parole e aiutano a far sì che il bimbo si senta più sicuro dal punto di vista sociale. E una delle ragioni più positive è che con la comparsa dei denti da latte garantiamo lo spazio in bocca, come una guida per i futuri denti permanenti.

Il modo migliore per inculcare le buone regole dell'igiene è l'esempio. I bambini imparano tutto per imitazione e prendono gli adulti a modello. Se trasmettiamo le norme dell'igiene (come, per esempio, lavarsi le mani prima di mangiare o spazzolarsi i denti prima di coricarsi), loro le metteranno in pratica. Come per qualsiasi apprendistato, dobbiamo fare in modo che le routine siano associate alle attività quotidiane, come un gioco e senza urla. I rituali devono motivare il bimbo: facendoli insieme, faremo in modo che capisca che gli sono utili e che si senta più bravo. Se otteniamo una risposta positiva, rinforziamo questo comportamento con elogi o piccoli premi che contribuiranno a fissare l'abitudine.

In questi giorni aumenta anche l'importanza del gioco con le bambole. Si possono utilizzare come mezzi per esprimere quello che prova, oltre a stimolare l'immaginazione. Tutti questi sistemi facilitano l'apprendimento.

CONTINUANDO A IMPARARE

I neonati e i lattanti di pochi mesi hanno bisogno del contatto fisico costante con i genitori: a man a mano che crescono, le loro necessità cambiano, perché non ne hanno più bisogno quanto prima. Tuttavia, a diciotto mesi nostro figlio richiede molto contatto fisico breve e non verbale. Ha semplicemente bisogno di sentire che siamo lì, che non ce ne siamo andati. Nella prossima tabella sono esposte alcune idee per far fronte a questo naturale allontanamento fisico.

Vicinanza fisica	Mentre svolgiamo qualche attività di routine o di svago, è bene tenerci accanto il bimbo, in un punto dove ci sia facile accarezzarlo.
	Durante i pasti, in auto, durante le commissioni, staremo vicino a lui in modo che il contatto fisico sia facilitato.
Contatto fisico	Un breve contatto fisico e non verbale (uno-due secondi), gli dimostrerà il nostro affetto per lui.
	Dobbiamo abituarci a queste brevi carezze come dimostrazioni di felicità ogni volta che nostro figlio compie una buona azione, che ci dà soddisfazione.
Rimproveri verbali	A volte inviamo messaggi che i nostri figli non comprendono perché sono troppo complessi. È importante tenere presente che se non dobbiamo dire niente di piacevole, è meglio stare zitti.
Contatto non verbale	In generale, nei bambini molto piccoli il contatto fisico ha un effetto calmante. Invece, gli elogi, le domande o i commenti generali possono essere frustranti e reprimere la sua iniziativa
Giochi indipendenti	Il bebè ha bisogno di tempo per se stesso.
	Dobbiamo lasciare al bimbo una libertà sufficiente per dargli modo di esplorare da solo il mondo che lo circonda. In questo modo imparerà delle abilità che poi utilizzerà nel resto della vita.

Abbiamo visto che il sottotitolo di questo capitolo è *È un vero testone*. Infatti a un anno e mezzo il piccolo è ostinato e negativo. Ecco le chiavi che ci aiuteranno a comprendere questa tappa così confusa della vita del piccolo esploratore.

CHE COSA VUOLE DIRE?

La cosiddetta "fase del no" riguarda la maggior parte dei bambini tra i diciotto mesi e i tre anni d'età: i bimbi rispondono negativamente a molte delle richieste dei genitori, anche se si tratta di richieste o commenti piacevoli. Per nostro figlio il "no" sarà sistematico. Gli piace molto rifiutare qualsiasi suggerimento, e non importa che si tratti di vestirsi o spogliarsi, di fare il bagno o uscire dalla vasca, di coricarsi o di alzarsi dal letto...

CHE COSA POSSIAMO FARE?

Ci sono alcune indicazioni per far sì che questa situazione di mancanza di controllo e ostinazione del piccolo risulti più sopportabile.

È una fase temporanea, non durerà per sempre, quindi non è il caso di preoccuparsi. Quando nostro figlio, di fronte a una richiesta, risponde con un "no", quello che sta dicendo è in realtà: «Devo proprio farlo?» oppure: «Ma dici sul serio?». Quindi non dobbiamo prenderla per una mancanza di rispetto. Piuttosto si tratta di un momento nel quale sta sviluppando la propria identità e la capacità di autodeterminazione. Se non ci facciamo ossessionare troppo da questo nuovo atteggiamento e la prendiamo con calma, lo supereremo senza drammi. Di solito la testardaggine dura sei-dodici mesi. Quando nostro figlio completa la fase di identità, scompare del tutto.

È molto importante non punire il bimbo che dice "no". Il castigo sarà motivato non da quello che dice, ma da quello che fa. A questa età non è consapevole di tutto quello che dice. Tuttavia, fa le cose perché le vuole fare, quindi dobbiamo punire le azioni che consideriamo inaccettabili, più che metterlo in castigo per i "no" che dice.

Quando desideriamo che faccia qualcosa, proporgli altre opzioni è molto meglio che non cercare di imporre una nostra decisione. In questo modo, il piccolo avrà la sensazione di avere più libertà e potere decisionale e quindi, sentendosi meno costretto, sarà più allegro e pronto a collaborare. Qualche esempio potrebbe essere, al momento del bagno, fargli scegliere se preferisce la doccia o il bagno nella vasca e quali giocattoli si porterà nella vasca. Facciamogli decidere che libro vuole leggere, quale frutta mangerà per dolce o per merenda, quali abiti o quali scarpe indosserà, o quali cereali mangerà a colazione. L'ideale è presentargli due opzioni che abbiamo già selezionato e permettergli di scegliere una delle due. In questo modo guideremo il suo comportamento e sarà lui a decidere in ogni momento. Quanto prima arriva ad avere la sensazione di essere lui a prendere le decisioni, tanto prima si riterrà conclusa questa fase.

Un elemento molto importante per la condotta di nostro figlio: non dobbiamo proporgli una scelta se questa possibilità non esiste. Per esempio, le regole di sicurezza, come l'uso del seggiolino in auto, non si discutono e basta. Per rendere questa decisione più piacevole, un buon sistema è spiegargli i motivi per i quali deve stare seduto al suo posto. Anche andare a dormire la sera o andare all'asilo non sono faccende negoziabili.

Non dobbiamo fare una domanda se esiste soltanto una risposta accettabile. Tuttavia, in questa situazione dobbiamo guidare il piccolo nel modo più positivo possibile. Usare un imperativo fermo e che non suona come un obbligo è una buona idea: "Facciamo questo". D'altro canto, si devono evitare le frasi che portano con sé una conseguenza. Per esempio non si deve mai dire: «Fallo, altrimenti... (ne patirai le conseguenze)». Meglio girarla in positivo: «Quando avrai finito, potremo giocare oppure fare...».

Quando ci accingiamo a cambiare attività dobbiamo stabilire un periodo di transizione. Se, per esempio, il bimbo sta giocando con un camioncino o con una bambola, è immerso nel gioco, si sta divertendo molto, e si avvicina l'ora della cena, dobbiamo avvisarlo cinque minuti prima che sia pronto, perché il piccolo si vada abituando all'idea. Tenere accanto un orologio, come quello della cucina, ci sarà di grande aiuto per fargli accettare il cambiamento.

Dobbiamo eliminare, prima di tutto, le regole eccessive. Quante più regole stabilite, tanto più sarà difficile per il bimbo riuscire a metterle in pratica. Una saturazione di norme non è utile in nessun modo all'autodeterminazione richiesta dal piccino. Dobbiamo eliminare anche le aspettative inutili e le discussioni senza senso, per esempio se deve infilarsi i calzini o se deve mangiare tutto quello che ha nel piatto.

Un modo chiaro per essere sicuri che il piccolo si senta meno controllato è fare in modo che ogni giorno ci siano più interazioni positive che contatti negativi.

Dobbiamo evitare di rispondere alle possibili richieste di nostro figlio con un numero eccessivo di rifiuti. Per lui dobbiamo essere un perfetto modello di buone maniere e armonia. Se ci chiede qualcosa e siamo sicuri di poterlo accontentare, dobbiamo dire "sì"; nel caso in cui la nostra risposta sia negativa, aspettiamo qualche istante prima di pronunciare "no". Se al contrario la risposta è positiva, lo accontenteremo immediatamente, prima che inizi a piangere o a supplicare.

MOTIVARE AL MASSIMO

Quando il nostro bebè arriva a diciotto mesi, è una buona idea:

- Proporgli delle occasioni per sviluppare la sua agilità fisica.
- Permettere che abbia opzioni diverse, capacità di scelta di fronte a una azione.
- Incoraggiare e ricompensare i suoi sforzi parlandogli e ascoltando i suoi tentativi di usare il linguaggio.
- Permettere che mangi da solo o che almeno ci provi.
- Offrirgli piatti semplici e non dargli dolciumi tra un pasto e l'altro. Questa regola deve essere rigorosa se il piccolo è un "cattivo mangiatore".

- Non dare eccessiva importanza all'ora dei pasti. Non è necessario che mangi tutto quello che ha nel piatto.
- Insistere nell'igiene orale.

ALIMENTAZIONE. AVANTI CON LA ROUTINE

Per quanto riguarda l'alimentazione, continueremo con la routine seguita fino a ora. Quattro pasti al giorno: colazione, pranzo, merenda e cena. È possibile che, in base alla sempre maggiore maturazione del nostro piccolo, sia necessario effettuare alcuni cambiamenti nella dieta che sta seguendo. Potrà bere latte vaccino (salvo controindicazioni del pediatra), intero oppure scremato; ora che può contare sui denti, aumenteremo nel suo menu la percentuale di cibi non tritati; infine, per rinforzare la sua identità e la sua autodeterminazione, lo sproneremo a mangiare da solo.

IL SONNO

Alcuni bimbi di questa età smettono di fare il pisolino dopo la merenda. Altri continuano ad averne bisogno. Per sapere che cosa sia meglio per nostro figlio, la soluzione migliore è osservare come arriva all'ora del bagno e della cena. Se è felice, allegro, di buonumore e senza piagnistei, significa che non ha bisogno di fare il riposino dopo la merenda. Usiamo il buon senso. Osserviamolo: sarà lui a fornirci l'informazione necessaria. Ma bisogna che osserviamo con tranquillità i segnali che invia.

La notte dormirà tra dieci e dodici ore e continuerà a fare sonnellini dopo la colazione e il pranzo.

PER RIASSUMERE...

- La caparbietà sarà la caratteristica principale a questa età. Quindi la nostra grande alleata dovrà essere la pazienza.
- Dobbiamo stabilire delle regole educative molto chiare e ben definite.
- Se continua a usare il ciuccio, è arrivato il momento di eliminarlo, per evitare malformazioni ai denti.
- Proponiamogli oggetti freddi e duri da mordere, in modo che i denti che stanno spuntando non gli facciano male.
- La media del tempo dedicato al sonno deve oscillare tra dieci e quindici ore.
- Il nostro bambino ha bisogno di contatto fisico breve e non verbale.
- A partire dai diciotto mesi si troverà nel pieno di una fase temporanea di negazione che durerà sei-dodici mesi, a seconda della sua personalità e di come ci comporteremo di fronte alla sua tendenza e dire sempre "no".
- Può già assumere latte vaccino e un maggior numero di cibi non tritati.
- Possiamo spingerlo a essere autonomo nel mangiare.

SEGNALI D'ALLARME

Dobbiamo consultare un professionista nel caso in cui il nostro piccino, una volta compiuti i diciotto mesi, non salga le scale, con o senza aiuto. Inoltre, sul piano linguistico, dobbiamo preoccuparci se non pronuncia già sette-dieci parole. Dobbiamo chiedere aiuto al pediatra anche se non scarabocchia su un foglio spontaneamente o non è capace di costruire una torre con due elementi. Per quanto riguarda le capacità motorie, dovrà essere in grado di prendere un bicchiere con due mani. E non solo, dovrà anche aver imparato a bere senza l'aiuto di un adulto. Sul piano intellettivo, a diciotto mesi nostro figlio dovrà conoscere e distinguere perfettamente le parti del corpo.

9

TRA I DUE E I TRE ANNI

Il velocista

Niente e nessuno può fermare questo bimbo! Si è trasformato in un vero e proprio terremoto domestico e per lui le barriere non esistono. Continua a esplorare, ma in una maniera differente. Ora gli oggetti non gli sono più inaccessibili, e la maggioranza delle cose che sono nel suo ambiente gli risultano familiari. È anche il momento di rafforzare il linguaggio per essere più indipendente e autodeterminato.

A due anni nostro figlio riesce a correre perfettamente, nelle curve mantiene l'equilibrio e non cade. È capace di salire, di girare, di saltare con i due piedi e in seguito con uno solo. Lo sviluppo dell'equilibrio farà in modo che usi al meglio queste nuove capacità e altre più complesse, come salire o scendere le scale o calciare con forza un pallone.

Riesce anche a ruotare correttamente il polso, e quindi può usare il cucchiaio senza che la pappa scivoli. Inoltre, si può lavare da solo, apre e chiude le porte, sa infilarsi le scarpe. Voltando le pagine di un libro, non ne passa tante per volta, a meno che non desideri farlo. Al termine dei due anni di vita, nostro figlio sarà capace anche di disegnare una figura umana con un gran testone. Chi sarà mai?

Se ci concentriamo sullo sviluppo intellettuale, osserveremo un grande progresso. Conosce il significato di quattro-otto immagini; le riconosce senza problema e pronuncia bene il loro nome. Inoltre, può nominare da quattro a otto oggetti che usa normalmente, e individuare da quattro a otto parti del corpo. Per ciò che riguarda la comprensione, capisce da due a quattro richieste che gli diamo per volta.

È inoltre capace di controllare gli sfinteri, il che implica il distacco dal pannolino (ne parleremo un po' più avanti). Per quanto riguarda le competenze tridimensionali, sa costruire una torre di sei-otto cubi. A due anni è capace anche di correlare tra loro fino a quattro elementi (che siano immagini o oggetti) e verso i tre anni sa metterne insieme molti. Conosce da due a quattro colori e sa contare fino a quattro (a due anni) e fino a otto, quando è vicino ai tre anni d'età.

E nel frattempo non smette di parlare. Facciamo caso all'esplosione del vocabolario. Il nostro piccino comincia a utilizzare il verbo e pronuncia frasi esplicite, anche se il suo linguaggio è ancora piuttosto infantile, per esempio: «Bimbo mangia dolce». A questa età si identifica con il suo nome o come il *bimbo*. Verso i tre anni inizia a usare i pronomi *io* e *me*, e non la smette di porre domande. Se prima gli piaceva esplorare tutto, a partire da ora continuerà a investigare servendosi della parola. Si interesserà a tutto e noi genitori dovremo soddisfare questa infinita curiosità.

GLI STIMOLI: GIOCATTOLI PER IL BIMBO A PARTIRE DAI DUE ANNI

Il re della casa è più attivo che mai e dedica molto tempo a correre. Iniziano i giochi di imitazione. Gli piaceranno:

- Libri.
- Lavagne, gesso, colori atossici.
- Blocchetti di costruzioni.
- Giocattoli che riproducono oggetti domestici.
- Bambole.
- Giocattoli da costruire.
- Triciclo.
- Strumenti musicali.

Ora soffermiamoci sul controllo degli sfinteri, a cui abbiamo già accennato. A due anni è plausibile pensare di togliergli il pannolino, però ricordiamoci che non esiste motivo di avere fretta a questo riguardo. La cosa migliore è prestare attenzione alle tappe di maturazione orientative. Ogni bambino matura al proprio ritmo ed è bene consultare il pediatra prima di prendere una decisione.

In che cosa consiste il processo di controllo degli sfinteri del bambino? Dobbiamo distinguere tra lo sfintere anale e quello vescicale. Il primo controlla la defecazione e il secondo la minzione. A due anni si manifesta un salto di qualità nel controllo dello sfintere anale. Durante il giorno il piccolo riesce a tenersi pulito. Sa spiegarsi e avverte che ha bisogno di andare al bagno, anche se lo fa con il suo stile ancora un po' infantile: «bimbo cacca», «bimbo pupù». Può andare da solo al bagno o usare il vasino: a volte gli capita di bagnarsi le mutandine, perché non sempre riesce a fare in tempo. Spesso inoltre ci dice che desidera stare da solo in bagno. Il fatto è che gli piace dirigere le operazioni. Meglio non contraddirlo, così imparerà da solo i meccanismi dell'uso della toilette.

Per quanto riguarda lo sfintere vescicale, la sua capacità di trattenere la pipì è molto superiore rispetto ai mesi precedenti. In effetti riesce a restare asciutto per due ore di seguito. Tuttavia, il controllo della vescica è difficile e più lento da acquisire rispetto al controllo anale. Il piccolo può essere irregolare durante il giorno. Alcuni piccoli riescono a restare asciutti un giorno su due. Altri, nonostante abbiano le migliori intenzioni di andare al bagno, ci arrivano troppo tardi e si bagnano.

Il bambino, che già capisce l'importanza di non farsi la pipì addosso, si vergogna, si arrabbia quando si rende conto che c'è stato un piccolo incidente e può anche scoppiare a piangere. Le bambine tendono a controllare gli sfinteri più precocemente rispetto ai maschietti, senza una ragione precisa. Però il giorno è soltanto una faccia della medaglia. A due anni, la notte è un tema ancora insoluto che richiede pazienza. Tutto si sistemerà.

Per poter iniziare a togliere il pannolino, prima del controllo completo degli sfinteri è necessario che il bimbo soddisfi una serie di condizioni:

- Controllo vescicale, o dell'urina. Il nostro piccolino deve saper fare la pipì senza gocciolamento e con continuità. Deve far capire che ha bisogno di urinare e deve essere in grado di mantenersi asciutto per almeno due ore.
- Sviluppo psicomotorio. Deve saper camminare e prendere gli oggetti usando l'indice e il pollice.
- Deve essere capace di obbedire alle istruzioni.

Una volta raggiunti questi requisiti, dobbiamo seguire i punti necessari per cominciare a fare a meno del pannolino esposti qui di seguito. È un processo lento che richiede la presa di coscienza tanto del piccolo quanto dei genitori. Quindi non dobbiamo avere fretta.

- Per cominciare, dobbiamo spiegargli quali passi seguiremo in questo processo. Possiamo aiutarci utilizzando del materiale informativo come libri, video, favole, giochi e così via.
- Spiegargli che cosa significa andare in bagno.
- Spingerlo a imitare noi o i fratelli e le sorelle, se ne ha, nell'abitudine di andare in bagno.
- Incoraggiarlo perché si tolga da solo il pannolino.
- Fare in modo che stia il più possibile nudo o soltanto con la biancheria. È più consapevole delle sue evacuazioni se è nudo, privo di protezione.
- Chiediamogli se desidera usare il vasino quando mostra di dover fare la pupù o la pipì. Se accetta, non dobbiamo lasciarlo seduto per più di dieci minuti. In caso di successo, facciamogli tanti complimenti. Vietato invece criticare il fiasco.

- Se a pranzo mangia all'asilo nido, controlliamo la sua dieta in modo che le feci non siano dure; è possibile che abbia paura di andare in bagno perché prova dolore.
- Prepariamo un calendario e segniamo con delle stelline dorate i successi, come rinforzo positivo.
- Se nostro figlio è un tipo ostinato, capace di controllare gli sfinteri, emotivamente sano, segue un buon sviluppo, ha più di tre anni e la mancanza di educazione all'uso del bagno rappresenta un problema per la famiglia, è una buona idea celebrare la cerimonia dell'abbandono del pannolino: annunciare ufficialmente davanti a tutta la classe che adesso è un bimbo o una bimba grande, incoraggiarlo a farlo nel miglior modo possibile e lasciare che i tempi della maturazione seguano il loro corso.
- Sospendere l'addestramento per qualche settimana o qualche mese se il bimbo mostra un atteggiamento decisamente negativo.
- Non discutere, non castigarlo, non ridicolizzarlo e non rimproverarlo, in nessuna circostanza.
- Se si verifica un incidente far capire la propria disapprovazione, ma senza arrabbiarsi e chiedergli di spiegare che cosa deve fare quando ha voglia di fare la pipì. Gli ricorderemo che non deve farsi la pipì addosso, ma nel vasino o nel water, e gli chiederemo di collaborare a cambiarsi la biancheria e a mettere delle mutandine asciutte.
- Quando riuscirà a controllare gli sfinteri e potrà restare senza pannolino, se gli capita un incidente dovremo accertarci se è capitato qualcosa che abbia causato questa regressione. Non è il caso di rimettergli il pannolino, semplicemente bisognerà stare più attenti e portarlo con frequenza al bagno.

Però, come abbiamo già detto, il processo di eliminazione del pannolino non riguarda soltanto il bimbo. Poiché è un processo lento e complicato anche noi dobbiamo partecipare a questa evoluzione. E non soltanto noi genitori, ma anche i fratelli e i nonni. Ecco una serie di regole orientative per i genitori e tutte le persone che fanno parte del contesto sociale del piccolo:

- Mettiamo il vasino in un punto visibile, dove il bimbo possa vederlo spesso e quindi considerarlo un oggetto d'uso quotidiano. Spieghiamogli che cosa succederà a partire da questo momento e che può sedersi sul vasino quando vuole. Possiamo anche permettergli di giocarci.
- Una volta stabilita la norma semiconsapevole sull'opportunità di fare pipì o pupù nel vasino, togliamogli il pannolino e lasciamolo nudo. La nudità lo rende più consapevole della necessità di defecare.
- Lasciamo che si abitui al sedile. All'inizio possiamo lasciarlo seduto vestito per cinque minuti un paio di volte al giorno per una settimana, perché prenda confidenza con il nuovo oggetto. Cerchiamo di scegliere dei momenti in cui sia possibile che il bimbo faccia la cacca come, per esempio, dopo i pasti. Non obblighiamolo a sedersi se non ne ha voglia. Dobbiamo sempre rispettare il suo spazio e dargli la sensazione che sia lui a controllare la situazione.
- Lasciamo che il bimbo veda in che modo i genitori, i fratelli o gli altri bambini usano il gabinetto. Spieghiamogli che cosa ci si fa. Lasciamo che veda come la cacca sparisce quando si tira l'acqua, e che gli faccia ciao ciao con la manina. Però non dobbiamo farlo se il rumore o la cascata dell'acqua lo spaventano.
- Diamogli come giocattolo una bambola che beve e fa la pipì. Insegniamogli a darle da mangiare, a togliere il pannolino, a portarla al vasino, a lodarla per aver fatto la pipì nel vasino e a premiarla. Poi lasciamo che sia il bimbo a farlo da solo.
- Cominciamo a raccontargli favole che trattino il tema della pipì e della cacca.

- Stabiliamo un orario: al risveglio, dopo la colazione, dopo il pranzo, dopo il sonnellino pomeridiano. Prima del bagno e dopo la cena.
- Lasciamo che il bimbo si sieda sul vasino senza pannolino. Non facciamogli fretta e non aspettiamoci dei risultati, ma se ci sono, facciamogli le feste. Spostiamo il vasino a poco a poco verso il bagno.
- Durante la giornata chiediamo al piccolo se ha voglia di andare al bagno. Osserviamo se presenta segnali di minzione o di defecazione. Possiamo spronarlo dicendo: «Adesso ci togliamo le mutandine e andiamo a fare la cacca». Aiutiamolo lasciandolo seduto tutto il tempo che desidera.
- Rinforziamo le caratteristiche positive del controllo degli sfinteri, dicendo al bimbo cose come: «Sei grande, come la mamma, lo hai fatto da solo...», lodiamo i successi, ma senza esagerare, perché andare in bagno si deve trasformare in una routine.
- Il bagno deve essere un luogo divertente e piacevole; si può anche leggere una favola mentre sta seduto anche se si deve fare in modo che, quando lo si siede sul vasino, sia rilassato e senza troppi stimoli intorno.
- Non lasciamolo seduto per più di dieci minuti.
- Diamogli da bere molta acqua o liquidi per aumentare lo stimolo a urinare cosicché, facendo più spesso la pipì, si abbiano più occasioni per fare pratica.
- Controlliamo la dieta perché la cacca non sia troppo dura.
- Se rifiuta di sedersi sul vasino, non insistiamo. Dopo qualche minuto, però, proviamo a suggerirglielo di nuovo.
- Quando il bimbo si fa la pipì addosso, mostriamogli chiaramente la nostra disapprovazione. Senza arrabbiarci, chiediamogli che spieghi che cosa deve fare quando sente lo stimolo di orinare. Ricorderà che non deve farsela addosso, ma nel vasino o nel water, e chiediamogli di collaborare per cambiarsi gli indumenti bagnati.

- Chiunque lo vada a prendere all'asilo nido dovrebbe ricordargli esattamente quello che l'insegnante gli fa presente. Gli chiederà che cosa è successo e che cosa deve fare la prossima volta. Non deve arrabbiarsi, ma limitarsi a mostrargli disapprovazione e chiedergli che succederà la prossima volta che avrà voglia di fare la pipì. Dobbiamo dimostrargli che gli vogliamo sempre bene, ma che non ci piace che se la faccia addosso. Il tono di voce deve essere normale: non gridiamo, non puniamo, e soprattutto non picchiamo.
- È *fondamentale* non discutere, non punire, non umiliare o rimproverare il bimbo per gli incidenti relativi al controllo degli sfinteri.

ALIMENTAZIONE. QUALITÀ VERSUS QUANTITÀ

Noi genitori abbiamo l'obbligo di dare ai piccoli una varietà di alimenti sani. Tuttavia, nostro figlio è già abbastanza grande da indicare quanto desidera mangiare. Ciò nonostante, la quantità dipende dall'interesse che il bimbo dimostra per il cibo che gli proponiamo, e se non incontra i suoi gusti, per quanto ci impegniamo, farà sempre storie.

Ecco un cambiamento dell'attitudine del bimbo davanti al cibo. Per lui mangiare non è soltanto un passatempo, ma si è trasformato in un'attività che implica regole e aspettative. Per questo motivo è indispensabile che a questa età non si tenga la televisione accesa mentre il piccolo mangia, perché lo distrae e può portarlo a mettere il pasto in relazione con il divertimento. Se si abitua a guardare la tv mentre è a tavola, senza questo stimolo (negativo), mangiare gli sembrerà noioso o, e non si possono trovare termini migliori, insipido. Durante il pasto deve impegnare tutti i suoi sensi.

A questa età le ricette più appropriate sono i piatti sugosi e facili da masticare, come per esempio le prime pastasciutte ben condite, i purè, le polpette morbide e le zuppe. Ma poco a poco dovremo aggiungere cibi con una consistenza maggiore, per abituarlo a cibi a pezzi e perché migliori la sua tecnica masticatoria. Non c'è niente da fare, il nostro piccolo sta crescendo e, quindi, l'alimentazione deve cambiare seguendo il suo sviluppo.

A due anni il ritmo di crescita è molto inferiore rispetto ai mesi precedenti. Ciò nonostante, maturano in modo rilevante le funzioni relative all'alimentazione, come consumare cibi a pezzetti o comportarsi in modo più indipendente al momento del pasto. Ha tutto quello che gli serve per riuscirci, ma, visto che ha conquistato le capacità per muoversi, capire e parlare, qualsiasi dettaglio lo distrae dal piatto perché muore dalla voglia di esaminarlo. Alla fine questo si traduce in una quantità di cibo minore. Ecco una delle ragioni per le quali il bimbo a due anni perde parzialmente l'appetito. In questi mesi è molto indaffarato e occupato in altre attività che, secondo lui, richiedono maggior attenzione rispetto all'atto del mangiare. Non preoccupiamoci. Ecco alcuni consigli perché ricavi il massimo dall'ora del pasto:

- I pasti devono essere organizzati in modo che tutta la famiglia resti seduta a tavola. Inoltre, come abbiamo già sottolineato, dobbiamo evitare la presenza della televisione.
- Dovremo stabilire un tempo limite ragionevole per il pasto, tra i venti e i trenta minuti, perché il bimbo non si annoi e non "si culli tra gli allori".
- Le norme fissate per l'ora del pasto possono essere anche un'eccellente iniziativa per inculcare al piccolo delle buone abitudini alimentari. Per esempio: l'obbligo di restare seduto, l'uso delle posate (forchetta e cucchiaio) al posto delle dita, non buttare per terra il cibo e masticare a bocca chiusa. Quando insegniamo queste regole, teniamo sempre presente l'età del piccolo e non ossessionatelo. Non ci si può aspettare che impari da un momento all'altro: ogni modello di comportamento richiede un periodo di assimilazione. Cominciamo con l'insegnare al massimo due o tre regole, aggiun-

gendone altre a mano a mano che impara a seguirle, fino a introdurre tutte quelle che riterremo opportune.

- Ripeteremo le norme con un tono di voce piacevole e all'inizio di ciascun pasto, fino a quando nostro figlio non le avrà imparate e le seguirà come una routine.
- Dobbiamo proporgli la quantità di cibo corretta, che siamo sicuri che mangerà, anche se possiamo sempre aggiungerne un po'. Ogni giorno ne aggiungeremo un po', fino a raggiungere la razione di cui ha bisogno dal punto di vista nutrizionale.
- Facciamo in modo che le nostre conversazioni con gli altri adulti non superino i due-tre minuti. Lui sta con noi e possiamo parlargli di cose che possono interessarlo, ma senza distrarlo dal piatto. Non dobbiamo mai discutere quando siamo a tavola (né dobbiamo farlo, in generale, davanti a nostro figlio). Quale occasione migliore per lodare le sue buone maniere?
- Dobbiamo rinforzare, mediante incoraggiamenti, il buon comportamento del nostro piccino, per esempio, se tiene bene le posate o se resta seduto e tranquillo. Usiamo un tono rilassato, evitando le esagerazioni.
- Se nostro figlio contravviene a una delle regole previste per l'ora del pasto, dobbiamo spingerlo a rispettarla. In caso contrario, alla terza volta in cui contravviene alla norma possiamo ricorrere al metodo del *tempo separato* descritto nel capitolo 4. Possiamo utilizzare il tempo separato tutte le volte in cui sia necessario, fino a giungere al momento del termine fissato per la fine del pasto.
- Una volta concluso il tempo stabilito per la durata del pasto, dobbiamo sparecchiare la tavola, anche se il bimbo non ha ancora terminato. Non dobbiamo annunciare che il pasto termina, ma limitarci a darlo per concluso.
- Se il bimbo non ha finito di mangiare, non possiamo proporgli niente altro e tantomeno rimproverarlo. Può soltanto bere dell'acqua e non va compensato con merendine o

dolcetti. Deve aspettare il pasto seguente. Se ci chiede con insistenza di mangiare qualcos'altro, lo metteremo in tempo separato. Anche se nostro figlio mangia bene dovremo evitare gli snack tra un pasto e l'altro. In questo modo gli stiamo regalando una nuova esperienza: le sue azioni comportano delle conseguenze («Se non vuoi mangiare non importa, non ci arrabbiamo, però ti terrai la fame fino al prossimo pasto»).

- Un'ultima raccomandazione: non mettiamo mai a tavola una quantità di cibo tale per cui possa servirsi una seconda volta. Potrebbe portare a un sovrappeso e in un bimbo ansioso favorire un'attitudine a mangiare voracemente.

Per quanto riguarda i cibi in sé e per sé, durante il secondo anno di vita le esigenze alimentari non si possono soddisfare solo con alimenti solidi non tritati, e quindi ogni tanto è bene proporre al bambino cibi sotto forma di purè. Per un buon equilibrio alimentare, cercheremo di abituarlo alla nostra magnifica dieta mediterranea (vedi la piramide alimentare qui di seguito).

Questa piramide alimentare lascia grande libertà al momento di comporre dei menu sensati e nutrienti. Qui di seguito sono presentate alcune proposte.

Esempi di colazione

- 250 millilitri di latte, 10 grammi di zucchero e 40 grammi di cereali.
- 250 millilitri di latte, quattro biscotti secchi, 10 grammi di cacao.
- 250 millilitri di latte, due piccole fette di pane tostato e 15 grammi di burro.

Esempi di merende

- Uno yogurt, 10 grammi di zucchero, 150 grammi di frutta.
- Un formaggino, 30 grammi di pane, 100 grammi di frutta.
- 35 grammi di prosciutto cotto, 20 grammi di pane, 100 grammi di frutta.

Esempi di primi piatti

- Passato di verdure: 100 grammi di spinaci, 50 grammi di patate, 50 grammi di carote e porro.
- Maccheroni con pomodoro: 25 grammi di pasta, 50 grammi di pomodoro cotto.
- Purè di lenticchie con riso: 25 grammi di lenticchie e 10 grammi di riso.
- Riso bianco con pomodoro e uovo strapazzato: 25 grammi di riso bianco, 50 grammi di pomodoro e un uovo.
- Ceci con riso: 30 grammi di ceci, 10 grammi di riso.
- Minestra di capelli d'angelo: brodo e 30 grammi di capelli d'angelo.
- Minestra di semolino: brodo e 30 grammi di semolino.
- Passato di patate e carote: 100 grammi di patate e 100 grammi di carote.
- Minestra di tapioca: brodo e 30 grammi di tapioca.

Esempi di secondi piatti

- 75 grammi di pollo (lesso, arrosto o al vapore) con 50 grammi di patate.
- 75 grammi di vitello (arrosto o al vapore), con 50 grammi di patate.
- 75 grammi di agnello con 100 grammi di pomodoro crudo.
- 100 grammi di merluzzetto bollito o in padella.
- Polpette di pesce, con 50 grammi di pesce.
- 50 grammi di hamburger di vitello con purè di patate, preparato con brodo e 50 grammi di patate.
- 100 grammi di rombo con 50 grammi di patate.
- 75 grammi di pollo con 50 grammi di passata di pomodoro.
- Polpette con 30 grammi di prosciutto cotto.

A due anni il bimbo potrà mangiare praticamente di tutto. E dobbiamo prepararlo a dovere. Per esempio, dobbiamo evitare i fritti e inserire nel menu i dolci in modo molto preciso. Per un piccolo di questa età non sono consigliabili nemmeno i piatti con salse complicate, o la frutta secca difficile da masticare, come le arachidi o le noci: potrebbe soffocare.

CHE DIRE DELLE QUANTITÀ?

In genere si parla di "una porzione", che equivale a una media di cibi diversi. Così, nel gruppo dei cereali una porzione può essere una fetta di pane, mezza scodella di riso cotto o di pasta cotta oppure, se si tratta una porzione di cereali per la prima colazione, di circa 30 grammi. Per quanto riguarda la frutta, in genere una porzione equivale a un frutto, eccetto per quella di dimensioni maggiori, come il melone o l'anguria, dei quali il bimbo mangerà una fetta. Nel caso dei succhi, la porzione equivale a una tazza normale o a tre quarti di bicchiere. Nel gruppo della carne e del pesce, parlando di una porzione ci riferiamo a 30-60 grammi di pollo o pesce magro cotti. Per i legumi si tratta di mezza tazza di legumi secchi), e un uovo vale quanto 30 grammi di carne magra.

Per quanto riguarda gli ortaggi, se sono crudi o cotti e tagliati a pezzi piccoli, una porzione sarà di mezza tazza grande. Se al contrario si tratta di ortaggi in foglia, la tazza sarà intera.

Per i prodotti caseari, una porzione media sarà una tazza da 200-250 millilitri di latte, uno yogurt da 125 grammi. Una porzione di primo sale sarà di 125 grammi, una di formaggio fresco tipo petit suisse equivarrà a 30-35 grammi, una di formaggio semistagionato sarà di 15-30 grammi e una di formaggio stagionato grattugiato di 20-30 grammi oppure due cucchiaini da minestra. Le porzioni di formaggino si misurano in due formaggini, ossia 40 grammi, e una porzione di budino sarà di 125 grammi, ossia all'incirca una confezione.

Soprattutto teniamo sempre presente il nostro buonsenso. Ricordiamo che lo stomaco di un bimbo di due-tre anni ha le dimensioni di una palla da tennis. Così abbiamo un'idea delle quantità di cibo che deve mangiare.

La tabella seguente espone in maniera pratica quanto detto sopra.

Cibi	Frequenza	Dimensioni delle porzioni (g)			
		< 6 anni	6-8 anni	9-11 anni	> 12 anni
Carne	2 porzioni al giorno fra questi alimenti	50	70	80	100
Pesce		60	65	80	90
Uova		50	50	100	100
Yogurt		125	125	125	125
Legumi	3 a settimana	150	160	180	190
Verdura fresca	> 1 al giorno	20	20	50	75
Verdura cotta	> 1 al giorno	150	200	220	250
Frutta	> 2 al giorno	75	75	100	100

Cibi	Frequenza	Dimensioni delle porzioni (g)			
Cereali	> 6 al giorno	100	120	150	160
Patate		120	130	135	140
Pane		25	25	40	40

IL SONNO

Il bambino di due-tre anni deve dormire tra le dieci e le dodici ore per notte e, come minimo, fare un sonnellino di due-tre ore dopo il pasto di mezzogiorno. La maggioranza dei bambini fa anche un sonnellino durante la mattinata. È del tutto normale. Potremo capire se nostro figlio ha bisogno di questo pisolino osservando il suo umore e la sua vivacità: se piagnucola, o arriva all'ora di cena di cattivo umore, è meglio che dorma un po'. Seguiamo il nostro buon senso. Le nonne, saggiamente, dicevano: "Il sonno porta sonno". Quanto più il piccolo dorme di giorno, tanto meglio dorme di notte. Non è tenendolo sveglio senza pisolino durante il giorno che dormirà meglio di notte.

Mentre dorme il bimbo si muove molto. Cambia posizione, si rigira su se stesso e si contorce nel lettino, assumendo posizioni a volte inverosimili. Anche questo è del tutto normale. Non dobbiamo metterlo nella posizione "giusta". Per questo è utile che dorma con un pigiamino pesante, per evitare di doverlo coprire di continuo. Non è necessario usare il guanciale: non ha preferenze di posizione e non gli serve. Aiutiamolo lasciandogli diversi ciucci nel lettino, così potrà trovarne uno in fretta quando, di notte, si sveglia. Ricordiamo che è normale che si svegli: ciò che conta è che torni a dormire da solo, senza il nostro intervento. Lo aiuterà anche un pupazzo che gli tenga compagnia.

Tra i due e i cinque anni durante il sonno può fare la sua comparsa anche un altro fenomeno. In effetti, il cinque per cento dei bambini e delle bambine russa, e la maggior parte dei piccolini parla o si dondola nel sonno. Di queste tre particolarità, soltanto il russare deve richiamare la nostra attenzione. In passato quando qualcuno russava si pensava che stesse dormendo della grossa, e quindi lo si invidiava proprio. Però la scienza ha svelato che non è affatto una buona cosa. Il russare si verifica perché la gola si chiude più del normale durante la respirazione, e quindi l'aria fa vibrare le corde vocali. Nei bambini è di solito sintomo di una crescita eccessiva della adenoidi o delle tonsille. Altri bimbi, prima di addormentarsi, si cullano per conciliare il sonno. Messi a pancia in giù, iniziano a dondolarsi avanti e indietro o anche di lato. Spesso accompagnano il movimento con una specie di melodia tutta loro. Non è frequente e sparirà quando il piccolo cresce. Tuttavia, se il russare o il dondolio dovessero continuare anche più avanti, è bene parlarne con il pediatra

Il sonniloquio (parlare nel sonno) è abbastanza diffuso nei bambini. Pronunciano delle frasi senza molto senso durante la fase del sonno chiamata REM, ma se tutto finisce qui non è necessario l'intervento dello specialista.

PER RIASSUMERE...

- A due anni già corre, salta, getta le cose, si arrampica...
- Mangia da solo.
- A due anni conosce il significato di quattro-otto immagini. Sa nominare da quattro a otto oggetti e individua da quattro a otto parti del corpo.
- Il nostro piccino capisce da quattro a otto richieste per volta.
- A due anni è già capace di costruire una torre formata da sei-otto cubi; di incastrare fino a quattro elementi; verso i tre anni riuscirà a incastrarli tutti.
- Comincia a usare le forme verbali e a strutturare delle frasi esplicite, anche se il linguaggio è ancora molto semplice: "bimbo mangia dolce". A questa età comincia a nominare se stesso con il proprio nome o si riferisce a sé come al "bimbo".
- Non esiste motivo per affrettarsi a togliergli il pannolino. La soluzione migliore consiste nell'osservare le tappe di crescita generale, perché ciascun bimbo matura secondo il proprio ritmo.
- Incoraggiamolo a imitare i genitori o i fratelli, se ne ha, nella routine al bagno.
- Chiediamogli se vuole usare il vasino quando mostra segni di voler fare pipì o pupù. Se accetta, non dobbiamo lasciarlo seduto più di dieci minuti. In caso di successo, dobbiamo fargli i complimenti, senza mai criticare il fallimento.

- I genitori hanno l'obbligo di dare ai piccoli una varietà di alimenti sani. Tuttavia, nostro figlio ha la "responsabilità" di controllare la quantità di cibo che deve mangiare.
- Per il nostro piccino mangiare non è soltanto un divertimento: si è trasformato in una attività che presuppone regole e aspettative.
- A questa età il ritmo della crescita, paragonato a quello dei mesi precedenti, è molto inferiore.
- Maturano le funzioni relative all'alimentazione.
- Continuiamo a sviluppare buone norme perché nostro figlio acquisisca l'abitudine di mangiare.

SEGNALI D'ALLARME

Dopo aver analizzato a fondo com'è e come si comporta nostro figlio a due anni d'età, vediamo ora in quali casi dobbiamo prestare attenzione e, se fosse necessario, rivolgerci a un pediatra. Se non corre, dobbiamo osservare se la sua capacità motoria si sta davvero evolvendo, perché è normale che riesca a farlo senza perdere l'equilibrio. Se non è capace di costruire una torre formata da tre-sei elementi, ci rivolgeremo a un professionista per chiedergli quale possa essere il problema.

Inoltre, per favorire le competenze del bimbo, è bene divertirlo con libri illustrati e prescolastici e con giochi di gruppo. Ma se il gioco prevede che il piccolo corra, dobbiamo stare particolarmente attenti agli incidenti domestici. Non dobbiamo nemmeno obbligare il bimbo a terminare tutto quello che ha nel piatto, ed è preferibile evitare i pasticci tra i pasti. Durante il pasto non dobbiamo accendere la televisione, per evitare distrazioni senza senso. E anche se la vede per un po', tra l'apparecchio e gli occhi del piccolo ci deve essere una distanza di due-tre metri, e dobbiamo stare attenti che non si avvicini troppo allo schermo.

10

TRA I TRE E I QUATTRO ANNI

Insaziabile curiosità

Non smette mai di parlare. È tutto un tenere discorsi. E quando si dice che è un *ometto* o una *donnina* che "si interessa a tutto" è una realtà, così come è vero che a tre anni il nostro piccolo è già capace di montare in bicicletta o sul triciclo, scendere le scale alternando i piedi, riconoscere fino a tre colori e non farsela addosso per tutta la notte se si alza una volta per andare in bagno. A tre anni, di sicuro, il 98 per cento dei bambini deve aver imparato ad andare al bagno da solo. Il suo ritmo di veglia e sonno registra che deve dormire meno, tra le dieci e le undici ore. Sono già spuntati anche tutti i denti da latte e quindi può mangiare benissimo gli alimenti solidi. Inoltre, sa usare le posate, beve dal bicchiere ed è giunto alla maturazione delle sue funzioni digestive e metaboliche.

Di solito si dice anche che "le sa tutte", e comprende molto bene la differenza tra giusto e sbagliato. Impara a distinguere quando ha commesso un errore e quando è riuscito a realizzare quello che sta cercando di fare. Sa anche quel che è bene e quel che è male. È, in definitiva, l'apprendimento attraverso esperienze positive e negative. Inoltre, in questi mesi, facendo scarabocchi, disegnando linee e figure, si inizia a capire se nostro figlio sarà mancino o destrorso.

Questa è l'età giusta per imitare di continuo i modelli di

persone adulte che lo facciano sentire parte della famiglia o, se va all'asilo, del gruppo. E parla, parla. I bimbi che si stanno avvicinando ai quattro anni sperimentano un ritmo di apprendimento frenetico, paragonato a quello dei mesi precedenti. Se prima poteva imparare qualche parola al mese, ora ne assimila una media, più o meno, di sei o sette al giorno! Questa competenza ineguagliabile gli consente di negoziare con i genitori su certe faccende.

In tale delirio linguistico è frequente che compaia un balbettio fisiologico, tipico dei bambini fra i due e i sei anni. Le prime a sparire sono le ripetizioni parziali delle parole, come le sillabe o i suoni, e più tardi quelle delle parole intere. Peraltro, il numero di pause per essere più chiaro cresce con l'età. Con il tempo perfeziona il suo stile. E riesce anche a prenderci per il naso.

Nel processo di miglioramento dell'eloquio, sta a noi far sì che il nostro piccolo balbetti più o meno. Se vogliamo evitare che tartagli, al momento di comunicare con lui teniamo presenti questi consigli:

- Non parliamogli a un ritmo più rapido del normale.
- Facciamo pause abbastanza lunghe tra le frasi in modo che possa organizzare i suoi pensieri e comprendere bene quello che gli stiamo dicendo.
- Non interrompiamolo mentre sta parlando.
- Non mostriamoci impazienti mentre aspettiamo la risposta del bimbo, perché potremmo causargli stress.

Ecco quello che già sappiamo: con parole buone e posate arriveremo più lontano. In realtà, è un consiglio che si può applicare a tutto quello che riguarda l'educazione del bimbo: specie quando il piccolo si avvicina al punto massimo della curiosità.

Da esploratore dell'ambiente che lo circonda passa a essere un investigatore che chiede di tutto e vuole sapere tutto. In questi mesi è bene permettergli poco a poco una maggiore autonomia in casa e nell'igiene quotidiana, in modo che impari dalle sue esperienze e che ci chieda spiegazioni su tutto quello che lo lascia dubbioso o che lo colpisce. Spingiamolo ad aiutarci con piccole faccende domestiche, o a vestirsi e svestirsi da solo (con qualche aiuto).

Verso i quattro anni possiamo anche continuare con una serie di giochi che lo aiutino a sviluppare le sue capacità. Potrebbe usare altalene, palle, pattini, biciclette, tricicli e così via. E per migliorare la sua destrezza, niente di meglio dei puzzle fino a trenta pezzi e giochi di costruzioni o a incastro, colori a cera oppure da usare con le dita. E poi lo spasso della plastilina o dei materiali da modellare.

Per dargli modo di sviluppare l'espressività, niente di meglio che fargli passare il tempo scarabocchiando oppure disegnando su una lavagna, improvvisando un karaoke con i CD delle sue canzoni preferite o anche strimpellando strumenti musicali. Anche i libri illustrati e prescolastici e i giochi da tavolo gli serviranno per ampliare la sua capacità comunicativa.

Nell'ambito del gioco simbolico, è bene che manipoli animali di peluche, telefoni, tegami, aerei e barchette, ovviamente adatti alla sua età. Anche le riproduzioni dei ruoli degli adulti sono una grande risorsa per sviluppare la sua immaginazione. Facciamolo giocare al medico, al falegname, al giardiniere; farà finta di essere adulto e di svolgere mestieri da grande. Una persona adulta che socializza.

ALIMENTAZIONE. LA PERDITA D'APPETITO

Entriamo in una fase un po' delicata in cui è difficile riuscire a fare sì che il piccolo sieda a tavola con il sorriso. Ha già quattro anni e le preferenze o l'avversione per certi alimenti saranno condizionate dalle abitudini familiari. Il palato del piccolo si educa seguendo fattori genetici, culturali, sociali e familiari: quello che mangiano le persone adulte della famiglia. Oltre a impuntarsi di fronte ad alcuni cibi, a tre anni il suo ritmo di crescita è più lento. E, chiaramente, non possiamo evitare di mettere in relazione una cosa con l'altra: il bimbo non cresce perché non mangia più quanto prima.

Il fatto è che, visto che il ritmo di crescita è più lento, ha bisogno di meno calorie e, quindi, ha meno appetito. Ma la perdita di appetito che a noi genitori toglie il sonno non è altro che un meccanismo fisiologico. Quando arriviamo a questo punto e notiamo che nostro figlio mangia meno, non dobbiamo allarmarci e, naturalmente, non dobbiamo prenderlo come un problema di salute o cercare di rimediarvi sforzandolo a mangiare e imbottendolo di cibo. Il bimbo ha quello che la medicina definisce "anoressia fisiologica".

La quantità che un bimbo decide di mangiare è controllata dal centro dell'appetito, situato nel cervello. I bambini mangiano la quantità indicata dal loro sistema di regolazione per coprire il fabbisogno della crescita e dell'energia. Sono molto svegli e hanno tanto buon senso: ascoltano il loro cervello e seguono le sue indicazioni.

Molti genitori obbligano il figlio a mangiare più del necessario perché temono che la mancanza di appetito possa influire sulla salute o provochi un deficit nutrizionale, soprattutto se lo paragonano a come si alimentava il piccolo quando aveva, per esempio, nove mesi. Tuttavia, questi timori non sono reali e l'alimentazione forzata è controproducente perché, trasformando il mangiare in un obbligo, il bimbo lo vede come un castigo e rifiuta sistematicamente di farlo.

Questa situazione è un chiaro esempio di quello di cui dobbiamo occuparci ma non preoccuparci. Se permettiamo che sia nostro figlio a stabilire quanto mangerà, nel giro di due o quattro settimane questo aspetto sgradevole del momento del pasto e le preoccupazioni riguardo alla salute del bimbo non ci toglierà il sonno. Il suo appetito migliorerà quando crescerà e avrà bisogno di mangiare di più.

Quindi, ora che ci imita a tavola e nei gusti, quale atteggiamento dobbiamo tenere in casa riguardo ai pasti? Il pasto è un premio. È una fortuna poter mangiare.

L'ideale è, dopo esserci accertati che peso e taglia non cambino, lasciare che il bimbo mangi a sazietà. Si tratta di avere fiducia nel centro di controllo dell'appetito di nostro figlio e anche di rivedere la nostra stessa condotta...

La causa principale della mancanza di appetito in alcuni bambini è il consumo, durante la giornata, di merendine e spuntini, così che non arrivano affamati al momento del pasto. Tra i pasti principali possiamo dargli, per merenda, non più di due panini, piccoli e nutrienti, e soltanto se li chiede. Se tra i pasti ha sete, è meglio che beva acqua. Limitiamo la quantità di succo di frutta a meno di 180 millilitri al giorno.

Contrariamente a quanto siamo abituati a pensare, non ha nessuna importanza se il bimbo salta uno o due pasti. Il suo appetito migliorerà, non preoccupiamoci. Saltare un pasto non gli farà male. Al contrario, gli stiamo proponendo sensazioni nuove: la sua libertà di decidere di non mangiare e, al tempo stesso, conoscere la conseguenza logica della propria decisione: avere veramente fame. È altrettanto importante sapere che avere fame e avere appetito non sono la stessa cosa. Nel mondo occidentale per fortuna i bimbi sanno che cosa significhi avere appetito, ma non cosa sia la fame.

Non imbocchiamo nostro figlio se sa mangiare da solo. La tendenza dei genitori di un bimbo con scarso appetito è quella di prendere il cucchiaio, riempirlo di cibo, sorridere e cercare di indurre il bimbo a mangiare, mentre gli raccontano una favola o cercano di distrarlo con la televisione o facendo l'aeroplanino. Il piccolo sa mangiare da solo: se regrediamo a quando era un bebè, rovineremo la sua abilità manuale e il suo sviluppo psicomotorio.

Per risolvere il problema possiamo proporgli degli alimenti adatti a essere mangiati con le mani, che gli permettono di mangiare da solo almeno per parte del tempo, anche se non riesce ancora a usare il cucchiaio. Nel capitolo 6 troviamo delle proposte per un menu "digitale".

Possiamo, inoltre, limitare la quantità di latte a meno di 480 millilitri al giorno. Il latte contiene le stesse calorie della maggioranza degli alimenti solidi. Bere troppo latte può saziare il bimbo e diminuire il suo appetito.

In alternativa serviamo porzioni ridotte rispetto a quelle che pensiamo che il bimbo possa mangiare. I bambini, proprio come gli adulti, mangiano anche con gli occhi. Vedere un piatto ricolmo li indurrà a mangiare meno. L'appetito del piccolo diminuisce se gli si presenta più cibo di quello che può mangiare. Si sfinisce. Se gli mettiamo davanti una piccola quantità in un piatto grande, è più probabile che mangi tutto, sentendosi fiero di se stesso. Il successo gli farà venire voglia di rifarlo. Se abbiamo l'impressione che ne voglia ancora, dobbiamo aspettare che ce lo chieda. Non succede niente se per qualche giorno si alza da tavola con un po' d'appetito.

Un altro sistema è fare in modo che i pasti siamo momenti piacevoli. Dobbiamo evitare di metterci a parlare con altri adulti o di stare tutto il tempo a ripetere "mangia". Tuttavia, come abbiamo premesso nel capitolo precedente, sarebbe interessante che i nostri figli partecipassero alla conversazione. Il momento dei pasti non deve trasformarsi in una punizione e nemmeno in una situazione sgradevole e noiosa. Al contrario: dobbiamo far sì che sia un momento atteso e importante, di relazione sociale e scambio di coccole ed emozioni.

Uno dei propositi più importanti a cui dobbiamo tenere fede è non parlare, in presenza del bimbo, di quanto poco mangia. Per noi ciò che conta non è quanto mangia: l'importante è che sia felice e che si sviluppi adeguatamente. È bene fargli capire che non ci importa la quantità di pappa che ingerisce. Lasciamo che sia l'appetito stesso del bimbo a regolare quanto cibo deve consumare. Visto che non è importante la quantità di cibo che ingerisce, non dovremo lodarlo quando mangerà quello che riteniamo che debba mangiare. I bimbi devono mangiare per la propria soddisfazione. Loderemo, certo, le sue buone maniere, come restare seduto a tavola per il tempo richiesto, non urlare, usare correttamente le posate, e così via.

Dobbiamo poi adeguare il tempo del pasto alla resistenza di nostro figlio, evitando di prolungarlo. Non costringiamolo a restare seduto a tavola quando il resto della famiglia ha già terminato di mangiare, perché non dobbiamo mettere in relazione il pasto con una punizione. Questo non farà altro che spingere nostro figlio ad associare il cibo con sensazioni sgradevoli che potrebbero portalo a smettere di mangiare, disgustato e demotivato.

ERRORI DEI GENITORI DI FRONTE ALLA "FALSA" MANCANZA DI APPETITO

Alcuni svegliano il bimbo di notte per dargli da mangiare. Un errore che non dobbiamo mai commettere.

Altri gli danno panini e snack tra i pasti, quando in realtà devono esserci dei tempi stabiliti anche per queste proposte alimentari.

Alcuni fanno sentire il piccolo in colpa parlandogli dei bambini che muoiono di fame in altre parti del mondo. Oppure tentano il ricatto morale con frasi del tipo: "Non mangi quello che ti preparo perché non mi vuoi bene".

Certi genitori obbligano il figlio a restare seduto sul seggiolone per lunghi periodi anche dopo che il pasto è terminato.

Ma l'errore più comune consiste nel prendere il cucchiaio o la forchetta del bimbo e cercare, in vari modo, di mettergli la pappa in bocca.

Il consiglio più importante è: *non trasformiamo il pasto in una punizione*. Un atteggiamento positivo è permettergli, fin da quando è molto piccolo, di mangiare da solo, e di autoregolarsi nella quantità. Eviteremo, quindi, di infilare il cibo in bocca al bimbo quando, inavvertitamente, la apre. Non dobbiamo essere ossessionati o insistere perché nostro figlio vuoti il biberon o lasci il piatto pulito.

L'anoressia fisiologica è più sconcertante che pericolosa, perciò in alcuni casi è certamente preferibile rivolgersi al pediatra.

- Se abbiamo l'impressione che si stia abbassando di percentile (nel capitolo 15 si spiega il concetto di percentile).
- Se non è aumentato di peso negli ultimi 6 mesi.
- Se mostra alcuni sintomi associati a disturbi, come diarrea o febbre.
- Se prova nausea di fronte a certi alimenti, oppure li vomita.
- Se, anche quando lo puniamo, continua a non mangiare.
- Se abbiamo dei dubbi sul suo stato di salute o sul suo benessere generale.

Nel piano nutrizionale di nostro figlio, il punto rilevante sarà la varietà. La diversità nell'alimentazione stimola l'appetito e fa sì che i diversi cibi si compensino tra di loro dal punto di vista nutrizionale. Si deve inoltre insistere perché il bambino assuma la quantità di acqua necessaria e perché mangi cibi con sapori e consistenze diversi al fine di evitare la monotonia. I pasti passeranno da quattro a cinque al giorno: colazione, un complemento della colazione a metà mattina, pranzo, merenda e cena.

Cercheremo di far sì che nella sua dieta prevalgano i cibi freschi, di stagione, e di provenienza locale: ortaggi, frutta, verdura, cereali, legumi, frutta secca e semi. Dobbiamo poi usare l'olio d'oliva come condimento principale, e limitare al massimo il consumo di grassi animali. Per quanto riguarda i fritti, meglio che brillino per la loro assenza. Se possibile, puntiamo soprattutto sugli alimenti biologici.

Preferiamo le carni a basso tenore di grassi, possibilmente carni rosse, più ricche di ferro, e pesce ricco di grassi polinsaturi e con Omega3 (salmone, tonno). Ricordiamo che il pesce congelato ha lo stesso valore nutritivo del pesce fresco, con il vantaggio di non causare reazioni per la presenza del parassita *anisakis*, oggi molto frequente nel pesce. Al tempo stesso, è bene che mangi alimenti con carboidrati complessi e fibre e riduca il consumo di zuccheri, dolci e pasticcini. A questo proposito, evitiamo in tutti i modi di premiare, "corrompere" o ricompensare il nostro piccino con dolciumi, merendine o caramelle.

Il consumo di sale deve essere ridotto al minimo, e ogni volta che sia possibile sceglieremo quello iodato. Inoltre, dobbiamo stimolare il consumo di acqua al posto delle bevande zuccherate ad alto indice glicemico. Questo significa limitare il consumo di succhi di frutta confezionati e bibite a meno di una volta al giorno.

La colazione è fondamentale. Dobbiamo incoraggiare nostro figlio a fare una prima colazione abbondante e con calma, magari facendolo alzare un po' prima perché abbia più tempo per farlo al meglio. Questo pasto deve comprendere, come minimo, latte o derivati, cereali e frutta.

I bambini mangiano anche con gli occhi. Curiamo la consistenza, la presentazione, il colore e il profumo di quello che mettiamo a tavola e nel piatto. Visto che l'appetito è mutevole, anche se in un certo periodo rifiuta un alimento non dobbiamo eliminare quel cibo dalla sua dieta.

Per quel che riguarda la varietà, troviamo di seguito alcuni esempi che possano aiutarci in cucina:

Esempi di prima colazione

- 250 millilitri di latte, 10 grammi di zucchero, 4 grammi di cereali, 25 grammi di prosciutto crudo.
- 200 millilitri di latte con 6 biscotti, 10 grammi di cacao in polvere, 100 millilitri di succo di frutta fresco.
- 200 millilitri di succo di frutta fresco o due frutti, 50 grammi di pane con 15 grammi di burro, uno yogurt con 10 grammi di zucchero.

Esempi di merenda

- 25 grammi di pane, 35 grammi di prosciutto cotto, 200 millilitri di succo di frutta fresco.
- 25 grammi di pane, 40 grammi di formaggio semistagionato, un frutto o un succo di frutta fresco.
- Uno yogurt alla frutta, 25 grammi di pane, 25 grammi di prosciutto cotto.

Esempi di primi piatti

- Verdura cotta o passato di verdure: 100 grammi di bietole, 50 grammi di patate e 50 grammi di carote.
- Lenticchie e riso: 40 grammi di lenticchie e 20 grammi di riso.
- Maccheroncini al pomodoro: 100 grammi di maccheroncini cotti con 50 grammi di salsa di pomodoro.
- Riso con pomodoro e uovo strapazzato: 100 grammi di riso cotto, 50 grammi di salsa di pomodoro e un uovo strapazzato.
- Ceci e riso: 30 grammi di ceci e 10 grammi di riso.
- Minestra di capelli d'angelo: brodo e 30 grammi di capelli d'angelo.
- Minestra di semolino: brodo e 30 grammi di semolino.
- Purè di patate: 150 grammi di patate e 20 grammi di carota.
- Minestra di tapioca: brodo e 30 grammi di tapioca.

Esempi di secondi piatti

- 100 grammi di pollo arrosto o alla piastra con 100 grammi di patate.
- 125 grammi di rombo con 100 grammi di pomodoro crudo.
- 75 grammi di vitello con 50 grammi di patate.
- Frittata al formaggio: un uovo e 50 grammi di formaggio.
- 100 grammi di vitello da latte, con 100 grammi di pomodoro crudo.
- Polpette di pesce, fatte con 50 grammi di merluzzo.
- 100 grammi di hamburger di vitello con 50 grammi di patate.

- 100 grammi di rombo con 100 grammi di patate.
- 100 grammi di pollo con 100 grammi di pomodoro.
- Un uovo alla coque o in camicia.

PER UN'ALIMENTAZIONE CORRETTA È IMPORTANTE...

- Rivalutare l'importanza della prima colazione.
- Mantenere la regolarità nei pasti: da questa dipende il buon transito intestinale e la corretta assimilazione degli alimenti.
- Ridurre il consumo di bevande zuccherate.
- Non abusare di salumi e insaccati.
- Non abusare di sale.

E LE PORZIONI...

Alimento	Quantità	Frequenza
Latte	500 ml	ogni giorno
Pollo o vitello	55 g	3 volte la settimana
Pesce	90 g	4 volte la settimana
Uova	1	2-3 volte la settimana
Legumi	50 g	3 volte la settimana
Riso	40 g	2 volte la settimana
Pasta	40 g	2 volte la settimana
Ortaggi, verdure	80 g	ogni giorno
Frutta*	200 g	ogni giorno
Patate	75 g	ogni giorno
Pane	200 g	ogni giorno
Olio	35 ml	ogni giorno

* Almeno uno deve appartenere alla famiglia degli agrumi.

Non dobbiamo dimenticare che mangiare è un rito sociale. L'ambiente è importante e il pasto deve essere una riunione piacevole e rilassata, in un luogo dove si possa parlare e comunicare. I piatti devono essere presentati in modo attraente e variato, tenendo presenti i gusti del bimbo. Se al piccolo non piace il cibo che gli presentiamo, non dobbiamo arrabbiarci (continua a essere utile il metodo del *tempo separato*); trascorso un tempo adeguato, tireremo via il piatto e non gli proporremo altro fino al pasto seguente. Si deve mantenere, comunque, un rituale per quanto riguarda gli orari e uno spazio dedicato ai pasti, anche senza essere troppo rigidi. A volte i cambiamenti divertono il bimbo, ma quel che conta è mangiare in famiglia.

IL SONNO

A questo punto il sonnellino dopo la prima colazione non sarà necessario, però quello dopo il pranzo di mezzogiorno è imprescindibile. In alcune scuole dell'infanzia non lo fanno e ciò può causare diversi problemi: i bambini arrivano a casa stanchi, sono di malumore e ceneranno male. È importante parlare di questa situazione con i responsabili della scuola per cercare di porre rimedio.

La notte il bimbo dormirà tra le undici e le dodici ore. Durante il sonno, continueranno o aumenteranno i sogni. È normale sentire il bimbo parlottare, pronunciare alcune parole relative alla sua vita, vederlo muoversi e agitarsi.

Controlliamo da vicino la sua respirazione. Se russa e ha qualche piccola apnea respiratoria, dobbiamo consultare il pediatra. A questa età è importante.

Possono fare la loro comparsa episodi sporadici di terrore notturno e sonnambulismo; spariranno spontaneamente a mano a mano che il bimbo cresce.

Un altro fenomeno che potrebbe presentarsi quando il piccolo dorme e che potrebbe spaventarci è il *bruxismo* che consiste nel digrignare i denti superiori e inferiori. Il problema è che facendolo il bimbo consuma lo smalto dentale e potrebbe persino spezzarlo. Quando siamo svegli la forza massima della dentatura è, approssimativamente, 80 chili, quello che ci basta per masticare una noce. Se teniamo presente che durante il sonno questa forza può raggiungere i 400 chili... possiamo immaginare che cosa sopportano i nostri denti. Il pediatra ci spiegherà meglio la situazione e ci dirà che cosa fare.

PER RIASSUMERE...

- Nostro figlio sa andare sul triciclo e anche in bicicletta, scende le scale alternando i piedi e riconosce fino a tre colori.
- Può restare asciutto per tutta la notte, se si alza una volta per andare in bagno.
- Si comincia a capire se sarà mancino o destrorso.
- Ha bisogno di dormire meno (da dieci a quindici ore al giorno, ripartite in sonnellini e sonno notturno).
- Il pisolino dopo il pasto di mezzogiorno *è imprescindibile*. Alcuni bimbi dormiranno due-tre ore, altri meno.
- Il piccolo impara in media da sei a sette parole al giorno, il che gli permette di iniziare a negoziare con i genitori.
- Si manifesta il balbettio fisiologico.
- A questa età, nostro figlio si contraddistingue per la sua curiosità.
- Dobbiamo stimolare le sue capacità mediante il gioco.
- Si forma il suo gusto, condizionato da fattori genetici, culturali, sociali e familiari, ma anche da ciò che vede mangiare agli adulti di casa.
- Appare la cosiddetta anoressia fisiologica: nostro figlio perde l'appetito perché non ha bisogno di una quantità di nutrienti uguale a prima; il suo ritmo di crescita è inferiore.
- La diversità nell'alimentazione stimola l'appetito e permette che i diversi cibi si compensino nutrizionalmente.

SEGNALI D'ALLARME

Come abbiamo potuto vedere in questo capitolo, quando supera i tre anni e arriva ai quattro può seguirci autonomamente nelle nostre principali abitudini domestiche. Se non è capace di mangiare da solo, né di indossare e togliersi gli indumenti, c'è qualcosa che non va sul piano della motricità. Per dissolvere ogni dubbio sarebbe decisamente raccomandabile consultare uno specialista.

A questa età, nostro figlio deve partecipare ai giochi interattivi, visto che il 75 per cento del suo linguaggio è già comprensibile. In caso contrario, dovremo osservare la sua competenza linguistica con maggior attenzione per vedere se esiste davvero qualche problema. Inoltre, se non conosce il nome e l'uso di tazze, palle e cucchiai, non costruisce una torre con otto elementi, non sale le scale alternando i piedi e pedala sul triciclo ma non è in grado di tenersi in piedi, dobbiamo rivolgerci al pediatra.

Se presenta episodi frequenti di incubi notturni o di sonnambulismo (due-tre la settimana), dobbiamo consultare il pediatra, che probabilmente ci indirizzerà a un centro del sonno per effettuare le opportune analisi diagnostiche.

Dobbiamo comunicare al pediatra anche se russa e ha delle brevi apnee respiratorie.

I PROBLEMI DI SALUTE PIÙ COMUNI FRA I TRE E I QUATTRO ANNI

(descritti in dettaglio nella terza parte)

- Infezioni otorinolaringoiatriche: otiti, tonsilliti e faringiti.
- Febbri che guariscono da sole.
- Diarree di origine virale.
- Si possono manifestare i primi sintomi della celiachia.
- Crisi di broncospasmo.
- Falsa anoressia.
- Stitichezza, dolore addominale.

11

SEI ANNI

A scuola!

Appena ieri il nostro piccino era un bellissimo bebè che dovevamo assistere ogni singolo istante: imboccarlo, aiutarlo a muoversi, cambiargli il pannolino ogni volta che ne aveva bisogno... È trascorso più di un lustro dalla sua nascita, e ora la sua indipendenza è praticamente assoluta. A questa età riesce a calciare un pallone da quattro a sei volte, oltre a lanciarlo e a riceverlo. Riesce anche a pattinare e ad andare in bicicletta, perché ha sviluppato pienamente il senso dell'equilibrio.

Sa anche vestirsi e spogliarsi e, cosa importantissima, è già capace di allacciarsi le stringhe delle scarpe. Una vera e propria pietra miliare! Dal punto di vista dello sviluppo mentale, sa contare fino a dieci, scrivere il suo nome e altre lettere (emozionante, vero?) e seguire certe semplici direttive degli adulti. Sa, inoltre, nominare e identificare più di quattro colori. Conosce la differenza tra destra e sinistra e disegna una figura umana con, almeno, otto elementi.

Partecipa attivamente alle conversazioni con gli adulti, si muove senza nessun aiuto e non dobbiamo stargli dietro come quando cominciava a fare i suoi primi passi. In casa continuano a esserci pericoli, però adesso lui sa che cosa è pericoloso e che cosa non lo è, quindi non dovremo più stare così attenti. Tuttavia, è bene rammentargli, di tanto in tanto, che cosa non deve fare, per rafforzare la sua consapevolezza dei rischi.

E dopo aver dispiegato un tal ventaglio di competenze, che cosa possiamo continuare a fare, noi genitori, per stimolare ancora di più le sue possibilità? È una buona idea continuare a impostare giochi di parole e puzzle non troppo complicati ma sufficienti a costituire una sfida per il piccolo. La difficoltà varia da un bambino all'altro. Dobbiamo osservare con quanta facilità realizza i puzzle e aumentare la difficoltà fino a individuare il più adatto a lui.

È altresì molto importante spronarlo alla lettura. In questi mesi inizia a leggere le sue prime parole, e fargli conoscere un primo dizionario spiegandogli come funziona può portare molti vantaggi ed essere divertente. A questo proposito, quando nostro figlio sarà in grado di leggere, possiamo inventare giochi per fare della lettura un momento molto piacevole. Per esempio, incoraggiarlo a leggere i cartelli mentre siamo in auto in giro per la città. Se si va a una velocità considerevole non avrà molto tempo per leggerli, e quindi si affannerà per terminare di decifrare la parola o la frase intera e sveltirà notevolmente la sua abilità nella lettura. Nel capitolo 19 spieghiamo meglio come aiutarlo a leggere e a studiare.

Per stimolare la mobilità di nostro figlio è una buona idea usare dei palloni e anche delle palle più dure, come quelle da calcio o da pallacanestro. Possiamo iniziarlo a certi sport che sviluppino le capacità motorie (troviamo altre informazioni su questo argomento nel capitolo 17). È molto positivo anche che giochi con macchinine a movimento manuale, non telecomandate. Gli attrezzi da giardinaggio, come una piccola carriola, sono altrettanto utili per sviluppare le sue capacità motorie. È bene che la bicicletta diventi la sua grande compagna di giochi. Andare in bicicletta lo aiuta a rafforzare il senso dell'equilibrio mentre fa esercizio fisico. È auspicabile che noi genitori ci abituiamo ad andare a passeggiare in bicicletta con i nostri figli. È un modo per fare sport tutti insieme, moltiplicare le loro competenze motorie e rinforzare il nostro legame affettivo. Uscendo in bici con lui condividiamo un'attività e, al tempo stesso, favoriamo la sua autonomia. Infine, dobbiamo stimolare nel nostro piccolo anche le competenze motorie più raffinate usando giochi di costruzioni, come il Lego o il meccano. E per sviluppare la parte artistica gli offriremo colori, acquarelli, a cera o a tempera.

Però, senza dubbio, l'esperienza più importante che vive un bimbo di sei anni è l'inizio di quella che chiamiamo la "vera scolarizzazione". Finora il piccino è stato seguito al nido o alla scuola d'infanzia, ma a partire dai sei anni deve frequentare la "scuola dei grandi", per iniziare la sua istruzione. Le tappe dell'apprendimento si vanno facendo ogni volta più completa e capaci di arricchirlo: inizierà a leggere con più scioltezza, imparerà la matematica e inoltre, se lo desideriamo, altre lingue, perché questa è l'età propizia per farlo.

Quindi, l'inizio di questa nuova tappa presuppone per il bambino un cambiamento del ritmo di vita piuttosto intenso. In realtà, tutti gli insegnamenti e le abitudini acquisiti durante gli anni precedenti dovranno servirgli per affrontare la scuola come un'ulteriore fase della sua socializzazione. Come vedremo meglio nel capitolo 19, la scuola è una estensione complementare dell'educazione che gli offriamo noi genitori e che, fin dalla nascita, dovrebbe tenere conto di alcuni punti fermi:

- Valutare e scoprire le capacità, le doti specifiche e la singolarità di ogni bimbo. In questo modo lo incoraggeremo perché continui a utilizzarle al meglio.
- Stimolare, approvare e favorire le attività creative, immaginative, raccontare, disegnare, leggere. Spingere all'amore per i libri. La lettura e lo stimolo a leggere sono più che essenziali perché progredisca dal punto di vista intellettuale. Non soltanto per sveltire la capacità di lettura, ma anche per migliorare la fantasia e la creatività.
- Evitare di fare paragoni intellettuali e scolastici che possano umiliare. Non dobbiamo mai pretendere che il bimbo migliori facendo paragoni con altri compagni di scuola che ottengono voti superiori. In questo modo gli creere-

mo un complesso che non farà che rallentare il suo progresso scolastico. Ci potremo trovare a confrontarci con il problema del balbettio fisiologico di cui abbiamo parlato nel capitolo precedente.

- Fare in modo che nell'ambito della famiglia si rispettino e si ammirino, senza complessi, l'intelligenza e la cultura. È fondamentale che i genitori e gli altri adulti siano modelli di identificazione culturale per il bimbo e un esempio dell'amore per la lettura. In questo modo, oltre a stimolarlo sul piano educativo, stimoleremo, come nel caso della bicicletta, la sua integrazione nell'ambiente.
- Stimolare la visione critica dei fatti e delle idee, ma soltanto dopo che li abbia compresi e assimilati. Non è consigliabile per il bimbo che la famiglia sia ipercritica a priori ossia non dobbiamo criticare tutto e sempre prima di avere analizzato le caratteristiche e di avere conosciuto il fatto in profondità.
- Insegnandogli ad analizzare le proprie idee, gli insegniamo a non aver invidia né timore delle idee degli altri, a non rinchiudersi e a non mettersi sulla difensiva quando non capisce qualcosa.
- Dobbiamo evitare sempre di essere iperprotettivi nei confronti dei nostri figli per quel che riguarda il rendimento scolastico. Li aiuteremo con discrezione nei compiti a casa, ma senza mai sostituirci a loro. Il piccolo deve affrontare i doveri scolastici come qualcosa da capire e a cui trovare una soluzione, non come qualcosa che devono risolvere e capire gli altri. In questo modo annulleremo completamente la sua capacità di apprendimento, perché i compiti a casa sono il momento in cui il piccolo si confronta con quanto ha imparato senza la sua fonte di informazione, ossia senza l'insegnante.
- È importante mantenere un ritmo di vita ordinato, prestare attenzione al sonno, all'alimentazione e al tempo libero, di gioco o di ozio. Non carichiamo il bimbo di attività extrascolastiche.

A sei anni, le caratteristiche di nostro figlio dal punto di vista dell'alimentazione sono praticamente le stesse di quando aveva quattro anni. Quanto detto nel capitolo precedente ci servirà perfettamente per seguire le norme corrette. Ricordiamoci di non preoccuparci di fronte a un'improvvisa perdita di appetito.

Con il tempo nostro figlio tornerà a mangiare normalmente. È molto importante che in questa fase non lo obblighiamo a mangiare, né approfittiamo dei momenti di appetito per riempirlo di cibo, perché potremmo ottenere un rifiuto ancora più netto del pasto.

Lasciamo che sia lui a decidere quanto mangiare. Ovviamente, tenendo sotto controllo il peso, la statura e il suo stato di salute e di attività generale, per essere certi che tutto proceda nella normalità.

Saltare qualche pasto, se il piccolo non ha fame, non gli farà alcun male. Capirà che cosa significhi avere fame e così, letteralmente, si darà da fare per soddisfare le sue necessità.

Ovviamente nostro figlio deve mangiare da solo. Le porzioni piccole lo stimoleranno a terminare il piatto e lo faranno sentire fiero della sua volontà.

Anche se il bambino mangia meno, è importante che la sua alimentazione sia varia e di alto valore nutrizionale: una prima colazione completa, sana ed equilibrata, e quattro pasti regolari ogni giorno che comprendano carboidrati, fibre, proteine e grassi sani, con esclusione di dolci e di piatti complicati o fritti.

In questo senso è bene limitare una categoria di non-cibi che a volte ci fanno diventare matti: le cosiddette *schifezze,* dolci e salate.

E adesso che va a scuola, si avvicina il dibattito sul perché gli altri bambini le mangino, mentre lui...

LE "SCHIFEZZE"

Cosa sono?

Con questo termine alludiamo a un insieme di prodotti dolci e salati, di forma e sapore diversi, di scarso o nullo interesse nutrizionale e che si possono consumare a qualsiasi ora del giorno. Non tutte "le schifezze" sono uguali, ce ne sono di vari tipi.

- Dolciumi come caramelle, lecca-lecca, gelatine, chewingum: nella loro composizione predominano gli zuccheri e i grassi oltre agli additivi.
- Merendine e biscotti farciti: in pratica, carboidrati e grassi. La maggioranza è fatta con olio di cocco o grassi animali, ossia grassi saturi, quelli che fanno salire il colesterolo dannoso per la salute.
- Cibi che si associano agli aperitivi, come patatine fritte, triangoli di mais, arachidi tostate: contengono grassi e oli con elevato valore calorico e troppo sale, quindi è meglio dimenticarli, soprattutto tra un pasto e l'altro.
- Frappè, yogurt e gelati: nella maggioranza dei casi fatti con molti additivi.
- Succhi: sono concentrati con poche calorie, una buona quantità di zuccheri e molta vitamina C, ma non dobbiamo scordare che è sempre preferibile la frutta fresca, che assicura un maggiore apporto vitaminico, oltre che di fibra.
- Cioccolato (cioccolatini, uova di pasqua...): è composto da cacao e zucchero, oltre a latte, burro e grassi. Quando alle barrette di cioccolato e biscotto si aggiungono frutta secca e caramello, si ottengono i cosiddetti snack e il valore calorico aumenta vertiginosamente.

Si devono considerare un alimento?

Ovviamente sì. Tuttavia sono "cibi vuoti", cioè calorici ma con scarso valore nutritivo (un piccolo sacchetto di patatine fritte, di 44 grammi, apporta circa 250 calorie; una tavoletta di cioccolato con biscotto di 21 grammi ha 110 calorie; 100 grammi di gelatine apportano 360 calorie; 100 grammi di arachidi tostate e salate hanno più di 600 calorie...).

Possono essere pericolose?

L'abuso di dolciumi può portare a conseguenze indesiderabili e favorire:

- Inappetenza: mangiare a volontà, senza controllo, questo tipo di prodotti fa sì che non si abbia appetito quando arriva il momento del pasto normale. Le calorie vuote saziano ma non nutrono.
- Carie: gli zuccheri raffinati sono i principali responsabili dello sviluppo dei microrganismi che attaccano la placca dentale. Non è possibile mantenere la necessaria igiene orale se si consumano questi prodotti in ogni momento del giorno.
- Allergie: gli additivi servono a dare colore, sapore e aroma, che contribuiscono a potenziare l'attrattività dei dolciumi. Alcuni possono causare reazioni ed eruzioni cutanee (l'orticaria o l'insorgenza della dermatite atopica) o anche asma (per esempio i coloranti azoici).
- Obesità: sono prodotti ipercalorici. Se la quantità di zuccheri ingerita supera i limiti di stoccaggio, l'eccesso di glucosio nel sangue si trasforma in grasso. Se il consumo di dolciumi tra un pasto e l'altro diventa un'abitudine quotidiana, e nei pasti consumiamo la quantità di calorie necessaria all'organismo, le calorie extra fornite dai dolci si trasformeranno in un aumento di peso per nostro figlio. È sempre più frequente osservare l'evoluzione di bambini in età prescolare che "non mangiano" diventare scolari obesi, a causa della coesistenza di una dieta "a piacere e senza orari" e di un aumento della sedentarietà (i compiti, la televisione, i videogiochi...). Dobbiamo evitare particolarmente l'abitudine, sempre più frequente, di guardare la televisione mangiando dolciumi.

- Soffocamento: probabilmente è l'urgenza sanitaria a rischio vita più frequente nell'infanzia... con l'aggravante che molte volte si potrebbe evitare. Il pasto è un atto che richiede una certa attenzione, quindi si devono evitare le distrazioni: si deve fare in modo che il bimbo non corra, rida, pianga o parli con il cibo in bocca. La frutta secca non è adatta ai bambini di età inferiore ai quattro anni.

Devono essere proibite?

No, un bambino deve fare cose da bambini, soprattutto a questa età, quando va a scuola e socializza con i suoi coetanei. Se i suoi amici li consumano, li vorrà anche lui. Anche se ci può sembrare paradossale, i dolciumi possono diventare una buona scusa per rinforzare le buone abitudini che ha già imparato, alle quali si possono concedere delle eccezioni. Possono inoltre essere utili per incentivare l'autocontrollo del piccolo. È meglio dire: «Ti sei comportato bene, così questo fine settimana puoi avere due chewingum senza zucchero» che «Se non piangi quando andiamo dal dottore, ti do un lecca-lecca», altrimenti il bimbo farà male alcune cose per riuscire a negoziare con i genitori questi premi. È meglio che i rinforzi positivi siano indiretti e per azioni passate e non promesse con premio.

E allora, quando si possono consumare?

Si deve *pattuire un numero di dolciumi massimo a settimana*. Non va bene consumarli tutti i giorni: nella settimana ci devono essere "giorni senza dolci" (la maggioranza) e "giorni con dolci", in modo che il bambino capisca che sono *eccezioni* giustificate da un evento (un compleanno, il fine settimana, e così via).

Facciamo in modo di *diversificarli* (non tutti i dolciumi sono uguali dal punto di vista nutrizionale) e di *distribuirli* per evitare sovraccarichi di zuccheri. Preferiamo quelli che pesano meno: con il medesimo volume o quantità (ossia quello che il bambino percepisce) ingerirà meno calorie.

Evitiamo che li mangiucchi di continuo. *Raggruppiamoli e diamoglieli "come dolce"* in occasione di uno dei pasti. Meglio se li consuma seduto a tavola, per evitare che si soffochi.

Un gesto sul quale non dobbiamo mai sorvolare: dopo aver mangiato dei dolciumi si impone sempre una energica spazzolata ai denti.

IL SONNO

Per quanto riguarda il sonno di nostro figlio, è possibile che compaiano incubi o sogni ansiogeni. Si possono presentare nella seconda metà della notte, quasi sempre all'alba. Il bambino, sveglio e probabilmente spaventato, spiegherà nei dettagli che cosa ha sognato. È del tutto normale. Dobbiamo restargli accanto, calmarlo, spiegargli che non è niente di grave e che tornerà a dormire senza problemi. Dobbiamo evitare che veda film violenti alla televisione e che assista ad altri avvenimenti che possano angosciarlo.

PER RIASSUMERE...

- A questa età nostro figlio riesce già a far rimbalzare una palla da quattro a sei volte, oltre che a lanciarla e a riceverla.
- Riesce anche a pattinare e ad andare in bicicletta, perché ha sviluppato completamente il senso dell'equilibrio.
- Sa distinguere tra sinistra e destra e disegna una figura umana con almeno otto elementi. È capace di seguire certe semplici direttive date dagli adulti.
- È bene fargli fare giochi di parole, puzzle non troppo complicati ma abbastanza difficili da comportare per lui una sfida.
- È molto importante spronarlo alla lettura.
- A sei anni inizia la scuola vera e propria.
- Ora il gioco non è il suo unico impegno, e quindi si deve stabilire un tempo dedicato allo studio. L'organizzazione dei tempi è fondamentale.
- Il suo senso del gusto non è del tutto definito: in questo periodo qualsiasi tipo di influenza è fondamentale per stabilire che cosa gli piacerà e che cosa no.
- In alcuni casi continua l'anoressia fisiologica.

- È particolarmente importante che in questa fase non si costringa il bimbo a mangiare, e tanto meno lo si deve sovralimentare, perché non si otterrebbe nulla, se non che si stancherà di stare a tavola.
- A questa età chiederà delle "schifezze" dolci e salate, di conseguenza dobbiamo sapere bene che cosa sono e che quantità può consumare.

SEGNALI D'ALLARME

È evidente che uscire di casa per iniziare la scuola comporta molteplici cambiamenti nel suo ritmo di vita. L'attività fisica e intellettuale aumenta e può risvegliare in nostro figlio inquietudine, malessere e stanchezza. Qualsiasi manifestazione di mancanza di adattamento o ansia, o qualsiasi forma di somatizzazione deve essere di competenza del medico.

In questo periodo è assolutamente essenziale per il benessere del bimbo che dorma bene. Il sonno è il modo nel quale l'organismo si ripara e ricarica le pile, serve a memorizzare quello che si è imparato durante il giorno e per la crescita. Ecco perché abbiamo bisogno di un determinato numero di ore di sonno a secondo delle esigenze energetiche ed emotive di ciascuna età. Nei primi tre o quattro anni di vita i bambini sviluppano le abilità più importanti: imparano a muoversi, a camminare, a parlare, a comprendere... E la loro fabbrica di energia per un simile impegno sta nel sonno.

Quando un bambino dorme male è irritato, non riesce a concentrarsi e non gli piace stare insieme agli altri. Il suo rendimento scolastico e la sua socializzazione dipendono dal suo riposo. Quindi non dormire a sufficienza o dormire male influenza il corretto sviluppo del cervello, poiché durante il sonno si creano le connessioni neuronali (sinapsi) che attivano le funzioni cerebrali e, quindi, l'apprendimento. Possiamo affermare che l'intelligenza del bimbo dipende dalla qualità del suo sonno.

12

DA OTTO A DIECI ANNI

La crescita lenta

Nostro figlio è al culmine del processo di socializzazione. Parla con gli altri, si relaziona, legge, combatte con materie complesse come la matematica. Forse il suo corpo cresce più lentamente, ma quello che spicca è la sua maturità psicosociale: si fa i primi amici, domina gli alti e bassi delle sue relazioni con loro, con i suoi compagni di scuola e con gli insegnanti.

L'indipendenza prende una direzione più ampia. Inizia a trascorrere più ore fuori casa, a scuola e nelle altre attività extrascolastiche e sportive. E qui iniziamo a essere consapevoli che qualcuno ha sparato il segnale di partenza della sua separazione progressiva da noi.

Anche se ci sembra che sia troppo presto, a sette-otto anni lui è entusiasta delle nuove esperienze fatte fuori casa. La cosa può disturbarci o preoccuparci e questo può portare a un conflitto. D'altro canto, può accadere anche che nostro figlio, relazionandosi con altri adulti, inizi a vederci come persone "banali" e che smettiamo di essere per lui un referente idealizzato. Si preoccupa di seguire le regole sociali e di sapere che cosa sia giusto e che cosa no. Gli piace, inoltre, sapere come funzionano le cose, così le sue domande saranno frequenti e, a volte, sarà persino difficile trovare una risposta.

È arrivato all'età del *miglior amico*. Stringe vincoli in forma più duratura con altri bambini della sua età a causa, soprattutto, della frequentazione scolastica. Confrontarsi con le similitudini e le affinità con altri bambini della sua età gli è molto utile. A volte l'importanza delle opinioni degli amici è considerata superiore a quella dei genitori.

In questi anni si manifesta anche un doppio tipo di comportamento: fuori casa, i genitori dei suoi amici lodano le sue buone maniere, ci dicono: «Ma come è educato!». In casa, invece, si dimostra esigente e suscettibile, oppure si comporta come se fosse più piccolo, anche se questo non accade nel cento per cento dei casi.

I doveri domestici devono comprendere altri incarichi quotidiani. Deve rifarsi il letto, raccogliere i suoi indumenti, metterli nel cesto delle cose sporche, e così via. Dobbiamo inoltre tenere presente che è in questi anni che le sue abitudini si sedimentano. Ecco perché è il momento in cui dobbiamo maggiormente insistere per l'igiene, l'alimentazione, la lettura, l'esercizio fisico... ripeteremo le regole e le condivideremo con lui tutte le volte che sarà necessario. In questo senso, anche se lui ha le migliori intenzioni, probabilmente qualcuno dovrà aiutarlo al momento di lavarsi i denti in modo perfetto.

A questa età i bisogni primari sono:

- Un'alimentazione variata.
- La partecipazione alle attività fisiche.
- Un tempo limitato davanti alla televisione e ai videogiochi.
- Un tempo dedicato alla lettura.
- Una certa dose di indipendenza controllata. Adesso deve imparare a gestire il suo tempo, a essere responsabile delle sue azioni e delle sue mancanze.
- Un'attenzione continua alla sua sicurezza: deve essere consapevole che deve allacciarsi la cintura in auto o mettersi il casco quando va in bicicletta.

ALIMENTAZIONE. MANGIA BENE FUORI CASA?

La caratteristica principale dell'alimentazione in questi anni è che il momento dei pasti non si svolge solamente in casa. Il bambino può mangiare in contesti e luoghi diversi:

- *A casa*, dove aumenta progressivamente il consumo di alimenti confezionati e di cibi preparati fuori casa ma che si servono a domicilio, pronti per il consumo.
- *A scuola*, dove un numero sempre crescente di bambini consuma il pasto principale del mezzogiorno, con menu di qualità nutrizionale e apporto calorico variabili.
- *Nei ristoranti e nei fast food*, presenti nei luoghi di divertimento, di sport, al cinema, dove può consumare alimenti e bibite.

Senza la nostra supervisione, il rischio di un'alimentazione poco sana è più che probabile. La grande epidemia del nostro secolo è l'obesità infantile. Il limitato controllo dell'alimentazione dei figli da parte dei genitori ha fatto sì che l'obesità infantile sia diventata uno dei principali problemi del mondo sviluppato. Per evitare questo problema, è importante iniziare a instillare abitudini sane fin dall'infanzia.

- Evitare di mangiucchiare tra un pasto e l'altro; in particolare stare alla larga dai fast food e dai prodotti, dolci e salati, industriali.
- Stabilire un'abitudine all'attività fisica: camminare, salire le scale, praticare uno sport in famiglia, e così via.
- Evitare di passare troppo tempo davanti alla televisione, al computer e ai videogiochi. Diversi studi condotti in Europa e negli Stati Uniti evidenziano che per ogni ora trascorsa davanti alla televisione il rischio di sovrappeso e obesità aumenta del 12 per cento.

Una buona alimentazione è, in generale, la base di un'ottima salute ed è indispensabile per lo sviluppo dell'organismo. Se desideriamo che nostro figlio cresca sano e senza problemi di sovrappeso, non dobbiamo prendere alla leggera questo aspetto. L'abitudine alimentare è personale e, a volte, sociale. E, naturalmente, deve essere gratificante. Allo stesso modo, dobbiamo educare il bambino in modo che sia consapevole di quello che mangia e che acquisisca una certa responsabilità al momento di scegliere cosa mangiare e cosa no.

In questo senso, è il momento di utilizzare l'alimentazione come uno strumento educativo familiare per stabilire delle norme sane che possano ripercuotersi nel comportamento a tavola sul breve medio e lungo periodo. In generale, in casa dovremmo:

- Far sì che l'apporto delle proteine di origine animale e di origine vegetale sia equilibrato.
- Preparare con maggiore frequenza cibi al vapore, bolliti, alla griglia e al microonde e non fritti.
- Assumere soltanto in occasioni particolari salse molto caloriche.
- Consumare porzioni adeguate: se si rivelasse necessario, porteremo in tavola i piatti già preparati, evitando di presentare i vassoi di portata, per non avere la tentazione di servirsi due volte.
- Favorire il consumo del maggior numero di pasti in casa e in famiglia.
- Incoraggiare a mangiare quando si ha fame e a bere quando si ha sete e non per noia, stress o imitazione.
- Non utilizzare il cibo come premio o castigo.
- Educare i figli all'importanza della lettura delle etichette e all'acquisto responsabile.
- Tenere in frigorifero e nella dispensa più alimenti di buona qualità nutrizionale che non cibi pronti e bibite zuccherate.
- Non mangiare guardando la televisione.
- Non abusare dei pasti fuori casa e insegnare a chiedere menu sani e porzioni adeguate.
- Dare più valore all'acqua e al latte, in contrapposizione ad altre bevande.

Come sempre, la dieta deve essere variata e non deve predominare un determinato gruppo di alimenti. Questo spesso accade con le carni. Nell'alimentazione di nostro figlio siamo soliti ritenere che la carne sia la fonte nutritiva principale, quando in realtà si tratta di un elemento importante, ma non più di altri.

In via orientativa, la dieta dovrebbe distribuirsi in questo modo:

Gruppo	Quantità	Giorni
Carne, pesce, pollame, uova, fagioli, piselli e lenticchie	30 grammi	2 o più giorni per ciascun alimento
Frutta e verdura*	¼ di bicchiere di succo, ½ frutto o ¼ di piatto di verdura cotta	una o più volte al giorno
Cereali, pane, pasta e riso	½ fetta di pane, ¼ di tazza di cereali, ½ scodella di cereali da colazione	4 o più giorni per ciascun alimento
Latte e derivati	240 grammi	tutti giorni

* A giorni alterni, inserire una verdura a foglia verde o di colore giallo come fonte di vitamina A.

Un altro problema che si presenta nell'alimentazione a questa età è costituito dagli *additivi alimentari*. In casa possiamo tenerli un po' sotto controllo, perché siamo noi a scegliere quello che acquistiamo e che cuciniamo.

Il problema si presenta quando nostro figlio mangia fuori. Anche se decidiamo che cosa deve mangiare, non possiamo controllare gli additivi. Ma sono davvero così nocivi?

GLI ADDITIVI

Un additivo alimentare è una sostanza che non apporta nutrienti e si aggiunge volontariamente ai cibi e alle bevande, in quantità minime, per accentuarne l'aroma o il sapore e per facilitarne il processo di lavorazione o di conservazione.

Gli additivi che più spesso troviamo sulle etichette dei prodotti alimentari sono il sale (cloruro di sodio), che non viene considerato tale, anche se in molti alimenti, che già lo contengono di natura, non è necessario; i monogliceridi e i digliceridi (emulsionanti); il caramello (colorante); l'acido citrico (sequestrante dei metalli e acidificante); l'acido acetico (acidificante e conservante); il bicarbonato di sodio (per le lievitazioni chimiche); l'acido fosforico e il glutammato di sodio (esaltatori del sapore).

Gli additivi non sono né buoni né cattivi, ma se si consumano di continuo alimenti confezionati, il loro accumulo porterà delle reazioni nell'organismo.

Le classi di additivi più importanti sono:

- Coloranti naturali o artificiali.
- Conservanti: tra questi, nitriti e nitrati.
- Antiossidanti.
- Sequestranti dei metalli: per esempio i fosfati.
- Gelificanti e stabilizzanti.
- Esaltatori del sapore.
- Edulcoranti ipocalorici.
- Acidulanti, correttori dell'acidità, antiagglutinanti eccetera.

Se osserviamo attentamente gli ingredienti dei prodotti confezionati, potremo individuare quali sono gli additivi, perché in Europa si classificano con la lettera E seguita da un numero di tre o quattro cifre.

Alcuni bambini manifestano problemi o reazioni avverse agli additivi. In questo caso, e dopo esserci consultati con il pediatra, la dieta di nostro figlio dovrebbe essere il più naturale possibile (cosa difficile oggigiorno, a quanto pare).

I prodotti che causano più fastidi e sono maggiormente trattati con additivi sono:

- Conserve e prodotti congelati.
- Bibite, fatta eccezione per acqua e latte.
- Gelati, caramelle, chewingum.
- Prodotti di pasticceria, dolciumi e prodotti alimentari affini industriali (creme, budini...).
- Insaccati.
- Formaggi fermentati.
- Frutta e verdura trattata sulla superficie.
- Dentifrici che non siano di colore bianco.
- Farmaci che contengano acido acetilsalicilico o derivati e tutti i tipi di sciroppi.
- Aceto e salse confezionate.

Con la quantità minima di additivi alimentari che la nostra capacità culinaria ci consente, la dieta settimanale di un bimbo da sette a otto anni deve essere variata, equilibrata e comprendere tutti gli alimenti. Ecco alcuni suggerimenti:

Lunedì

Colazione

- Latte, biscotti, un frutto

A metà mattina

- Pane con burro e formaggio parmigiano

Pranzo

- Riso e lenticchie
- Pollo in umido con cipolla, pomodoro e funghi
- Pane, frutta, mandorle

Merenda

- Latte e pane tostato con marmellata

Cena

- Minestra di verdura
- Pesce azzurro con insalata (carote, pomodoro)
- Pane, frutta

Martedì

Colazione

- Cioccolata in tazza (con latte), pane e burro, un frutto

A metà mattina

- Pane e prosciutto

Pranzo

- Pasta al ragù di carne
- Vitello o agnello o pollo con insalata
- Pane, frutta

Merenda

- Latte e biscotti

Cena

- Frittata
- Insalata con verdure cotte o crude
- Pane, frutta

Mercoledì

Colazione

- Latte, biscotti, un frutto

A metà mattina

- Pane con prosciutto cotto

Pranzo

- Pasta con cavolfiore e formaggio gratinata al forno
- Costolette d'agnello con insalata
- Pane, frutta

Merenda

- Frullato di latte con fragole

Cena

- Pesce alla piastra (nasello, pesce spada, cernia, coda di rospo, sogliola, sgombro, orata, branzino, trota...)
- Piselli al prosciutto
- Pane, macedonia di frutta con yogurt

Giovedì

Colazione

- Latte, pane e marmellata, un frutto

A metà mattina

- Pane con burro e parmigiano

Pranzo

- Fettina di vitello di latte con insalata
- Ceci
- Panc, frutta

Merenda

- Yogurt con pere e biscotti

Cena

- Spinaci e patate
- Tonno o altro pesce azzurro con pomodori
- Pane, frutta

Venerdì

Colazione

- Latte, pane, burro e marmellata, un frutto

A metà mattina

- Pane con prosciutto cotto

Pranzo

- Riso condito con sugo di pomodoro o pesto
- Pollo
- Insalata mista
- Pane, spremuta di arancia

Merenda

- Pane con burro e formaggio tipo Edam

Cena

- Pesce con champignon
- Cavolo e patate
- Pane, frutta

Sabato

Colazione

- Latte, pane con miele, un frutto

A metà mattina

- Pane con prosciutto cotto

Pranzo

- Passato di verdure
- Carne di cavallo

Merenda

- Budino di riso e latte

Cena

- Merluzzo alla piastra con patate fritte e pomodori a fette
- Pane, frutta

Domenica

Il pasto a casa dei nonni o al ristorante... la domenica è un giorno libero nel quale noi genitori, che gli altri giorni ci trasformiamo in veri e propri specialisti dell'alimentazione dei nostri figli, dobbiamo tenere presente che si tratta di un giorno di festa e che non succede niente se saltiamo qualche regola: anche i bambini devono godere della festa.

PER RIASSUMERE...

- È un'età caratterizzata da una crescita lenta, un momento in cui si sviluppa maggiormente la maturità psicosociale.
- L'indipendenza è uno dei fattori più importanti e più presenti. Nostro figlio inizia a trascorrere molte ore fuori casa.
- Si preoccupa di seguire le regole sociali e di sapere che cosa sia giusto e che cosa sia sbagliato. Chiede tutto quello che desidera chiarire.
- Inizia l'età dell'amico del cuore. Condivide e paragona affinità e differenze con i suoi coetanei, specialmente a scuola.
- Deve rifarsi il letto, raccogliere gli indumenti, togliere il suo piatto dal tavolo...
- La grande epidemia del nostro secolo nel mondo sviluppato è l'obesità infantile. Per evitare questo problema si deve iniziare con lo stabilire abitudini alimentari sane fin da quando il bimbo è piccolo.
- È necessario evitare il consumo eccessivo di prodotti con additivi alimentari.

SEGNALI D'ALLARME

Abbiamo così visto com'è o come sarà nostro figlio tra i sette e gli otto anni. Si tratta, come sempre, di comportamenti che hanno un valore orientativo. Tuttavia, certe condotte o carenze richiedono un controllo medico. Per esempio, se la sintassi, la grammatica o il vocabolario che usa non sono appropriati alla sua età nel contesto del suo gruppo di amici; se è particolarmente aggressivo o ha un'aria triste; se è incapace di seguire delle direttive, sia degli insegnanti, sia nostre; se ha delle difficoltà a mantenere l'attenzione, se non ha imparato a stare seduto il tempo richiesto per un'attività abituale e ripetitiva, allora dovremo consultare il medico.

Si dovrà inoltre richiedere il parere di uno specialista se nostro figlio si rifiuta di andare a scuola, o se incontrerà delle difficoltà di relazione con i compagni o se ha uno scarso rendimento scolastico.

I PROBLEMI DI SALUTE PIÙ FREQUENTI DAI SEI AI DIECI ANNI

(descritti in dettaglio nella terza parte)

Nel 4 per cento dei controlli medici del bambino sano è normale riscontrare qualche piccola alterazione, in genere risolvibile e passeggera.

- Disturbi dei sensi.
- Occhi (sono necessari gli occhiali).
- Otite media sierosa.
- Infezioni, specialmente nell'area otorinolaringoiatrica (otite, tonsillite...).
- Crisi di broncospasmo.
- Lesioni tipiche dell'inizio delle attività sportive.
- Cattive abitudini alimentari.

13

DA DODICI A QUATTORDICI ANNI

Una seconda nascita

Il nostro bambino è ora un preadolescente. Mamma mia. Non è più il piccolo per il quale i genitori erano tutto, la voce che tutto sapeva e tutto poteva. Inizia una fase piuttosto difficile. Nostro figlio sta cambiando e non sappiamo come trattarlo. Ma le cose sono complicate soprattutto per lui. Quando era piccolo non pensava troppo al futuro. Invece un preadolescente comincia a farlo abbastanza di frequente e con grande preoccupazione. Non è più un bambino ma nemmeno un adulto: è una specie di ibrido, con caratteristiche da adulto e capricci da bambino. Se a questo aggiungiamo i cambiamenti ormonali, la costante ricerca della propria identità, e la terribile ossessione che questo problema riguardi solo lui e che nessuno al mondo lo può capire né sa come si sente, possiamo farci un'idea di quello che sta passando per la sua testa.

L'aspetto più evidente è l'ossessione per l'indipendenza. Nostro figlio ci chiede con insistenza di non ficcare il naso nelle sue faccende. Dobbiamo concedergli la libertà che pretende? Oppure sarebbe preferibile un controllo rigoroso, in modo che non commetta errori e non prenda una cattiva strada? In questo capitolo vedremo come adattarci alla nuova situazione familiare. Sarà come ricominciare da principio. Dovremo guardarlo con occhi diversi e iniziare a trattarlo come appare nella sua fisionomia e come lui si sente dentro: un adulto. Così, per esempio, dobbiamo abituarci a chiedere permesso per entrare nella sua stanza, che si è trasformata nel "suo" mondo, un luogo quasi proibito per gli altri membri della famiglia. È un punto e a capo nell'educazione, *una rinascita.*

Prima di tutto, chiariamo la differenza tra pubertà e adolescenza. La pubertà è il periodo in cui i ragazzi maturano dal punto di vista fisico e sessuale attraverso i cambiamenti ormonali. L'adolescenza è una fase della vita: il periodo che si situa tra la pubertà e la vita adulta.

Per comprendere la pubertà e tutte le sue conseguenze, facciamo un rapido ripasso degli importantissimi cambiamenti ai quali assisteremo.

Nell'avvio della pubertà la protagonista è la ghiandola pituitaria (una ghiandola a forma di pisello situata nella porzione inferiore del cervello), che comincia a secernere ormoni. A seconda che nostro figlio sia maschio o femmina, questi ormoni agiscono in differenti parti del corpo.

Nei maschietti, viaggiano nel sangue verso i testicoli, che producono per la prima volta testosterone e sperma. Il testosterone è l'ormone che causa la maggior parte dei cambiamenti nel corpo dei bambini durante la pubertà.

Nelle bambine gli ormoni si dirigono verso le due ovaie per produrre un altro ormone, l'estrogeno. Insieme, questi ormoni preparano il corpo della bimba per le mestruazioni e per poter restare incinta in futuro.

L'età in cui la pubertà si manifesta nei nostri figli dipende da numerosi fattori, come i geni, l'alimentazione e il sesso ma, in generale, questo periodo si presenta tra gli otto e i tredici anni nelle femmine e tra i dieci e i quindici anni nei maschi. Nella terza parte di questo libro descriviamo i dettagli della pubertà anomala, precoce o tardiva.

Il segnale principale che nostra figlia sta entrando nella pubertà è lo sviluppo del seno e della peluria sul pube e alle ascelle, seguito dalla prima mestruazione. Aumenta la statura (una crescita rapida) e i fianchi si arrotondano.

Anche se in questi anni di passaggio del corpo da bambina a donna i periodi mestruali possono essere piuttosto irregolari, il ciclo normale dura approssimativamente da venticinque a ventotto giorni. In molti casi, fino a due anni dopo la prima mestruazione (detta menarca) i cicli non diventano regolari.

Dopo la mestruazione, le ovaie iniziano a maturare e a liberare un ovulo. Questo scende fino all'utero dove, se si unisce a uno spermatozoo, può essere fecondato e, quindi ha inizio la gravidanza. Vale a dire che il corpo è quasi pronto per portare in grembo un bebè, ma con rischi che coinvolgono, ancora più del corpo, l'emotività, perché una bambina non è ancora pronta ad affrontare una maternità.

Se l'ovulo non viene fecondato viene espulso dal flusso mestruale. Qualche giorno prima delle mestruazioni, la ragazzina può sentirsi svogliata o a terra, avere dei dolori o dei gonfiori all'addome, alle gambe o al seno. Si tratta della cosiddetta sindrome premestruale, oggi riconosciuta dalla medicina come un fattore di squilibrio per la donna, che può essere accompagnata da alcuni cambiamenti temporanei nel ritmo del sonno.

Nelle bambine, la pubertà generalmente si completa a diciassette anni e quindi a partire da questa età la crescita in altezza è minima. Anche se la piccola ha raggiunto la maturità fisica completa, il processo di maturazione educativa ed emotiva deve continuare.

Concentriamoci ora sui maschietti. Nostro figlio è pubere a partire dall'aumento dei testicoli. Crescerà di statura di colpo, gli spunteranno i peli sulle braccia, sul viso, sulle gambe e sul pube, gli si allargheranno le spalle e diventerà più muscoloso. Il suo sistema riproduttivo si metterà a punto con le eiaculazioni durante il sonno, dette polluzioni notturne, che sono del tutto sane e normali. Inoltre sperimenterà poco a poco un cambiamento nel timbro vocale.

Dal punto di vista emotivo, i suoi sentimenti cambieranno continuamente, e si mostrerà instabile e pieno di inquietudini. È il momento di accettare che non è più un bambino e che la cosa migliore che possiamo fare è parlargli chiaro. Gli adolescenti reagiscono meglio alle istruzioni specifiche che ripetiamo loro con regolarità. Per esempio, se desideriamo che tenga in ordine la sua stanza, invece di dirgli: «Voglio che tu pulisca la tua camera», aspettiamo che sia pulita e diciamogli: «Così è come mi piace che sia la camera». In questo modo rafforzeremo la sua attitudine e gli faremo capire che anche lui riesce a fare le cose per bene. Il buonumore e la creatività nelle nostre azioni possono aiutarlo a fargli accettare le nostre decisioni o le nostre richieste.

I cambiamenti fisici spaventano ed emozionano i ragazzini. È il tempo dei paragoni e dei complessi, e l'adolescente si chiede se i suoi lineamenti irregolari resteranno così per sempre. Una buona opzione per tollerare i cambiamenti e influire positivamente sullo sviluppo armonioso del corpo è fargli fare sport o esercizio fisico leggero. I benefici saranno assicurati in questa fase di transizione.

MENS SANA IN CORPORE SANO

Perché praticare attività fisica?

- I muscoli e le ossa saranno più forti e resistenti.
- La sua autostima migliorerà e si sentirà più sicuro delle sue capacità.
- Godrà di buona salute.
- Miglioreranno il rendimento nello studio e le sue capacità di apprendimento.
- Sarà meno vulnerabile all'uso di sostanze dannose per l'organismo (alcol, fumo e droghe).
- Consumerà più energie, e quindi avrà un maggiore controllo sul suo peso.
- Anche la sua immagine corporea migliorerà.

Nostro figlio deve cercare di aumentare:

- Resistenza.
- Forza.
- Flessibilità.
- Velocità.

Svilupperà le sue capacità di:

- Coordinazione.
- Agilità.
- Equilibrio.

Che cosa si deve fare?

- Praticare uno sport.
- Giochi con gli amici.
- Attività all'aria aperta in famiglia o con gli amici.
- Partecipare a gruppi di danza o ballo.
- Salire e scendere le scale invece di usare l'ascensore.

ALIMENTAZIONE. ENERGIA, ENERGIA, PER FAVORE

Come abbiamo spiegato, la pubertà è una fase in cui si producono importanti cambiamenti emotivi, sociali e fisiologici. I cambiamenti fisiologi richiedono un'alimentazione molto equilibrata ed è necessario assicurare un adeguato apporto di energia e di nutrienti. È estremamente importante evitare possibili deficit nutrizionali che possano causare disturbi di salute.

Dobbiamo prestare attenzione all'alimentazione di nostro figlio scegliendo correttamente cibi che assicurino una dieta sufficiente e organizzando bene i pasti per tutta la giornata. La maggior tendenza del ragazzo all'indipendenza e la forte influenza dell'ambiente trasformerà l'obiettivo, ossia fare in modo che si nutra bene, in una gara a ostacoli. Spesso rifiuterà i pasti regolari e li sostituirà con merendine e fast food fuori casa.

L'immagine corporea è un altro dei punti chiave delle preoccupazioni dell'adolescente in erba. È possibile che nostro figlio, influenzato dai modelli sociali del momento, intraprenda diete restrittive per avvicinarsi all'"ideale di bellezza"; questo può dar luogo a seri disturbi di condotta alimentare, come l'anoressia, la bulimia o la virorexia (un disturbo ossessivo-compulsivo che porta alla ricerca del corpo perfetto). Il nostro compito è stimolarlo perché si piaccia e non sottometta il suo organismo a torture pericolose per la salute. Per essere sano, il nostro ragazzo dovrebbe aderire a questi parametri:

età: da 12 a 15 anni	peso (kg)	altezza (cm)	energia (kcal/giorno)
Maschio	45	157	2500
Femmina	46	157	2200

Il processo di cambiamento prevede anche un aumento di taglia e di peso e, quindi, è necessaria una grande quantità di energia e di certi nutrienti. Si deve tenere presente che in questa fase l'adolescente acquista il 20 per cento circa della massa e il 50 per cento del peso che avrà da adulto. Questi aumenti riguardano principalmente la massa muscolare e la massa ossea, che dipendono direttamente dall'alimentazione. Questa deve essere organizzata in modo da coprire il consumo energetico che ne deriva.

È molto importante seguire una dieta sana ed equilibrata. Per quanto riguarda i carboidrati e le proteine, le quantità necessarie sono le stesse di un adulto. L'apporto di grassi deve coprire adeguatamente il fabbisogno di acidi grassi essenziali, ossia quelli che l'organismo non può produrre da solo, e di vitamine liposolubili (A, D, E e K).

Le necessità variano molto tra gli adolescenti a seconda delle situazioni personali; non si può generalizzare, ma è possibile dare delle regole che servano come linee guida.

Ricordiamo che negli anni precedenti il bimbo non mangiava perché il suo corpo non glielo chiedeva? Bene, ora l'organismo in evoluzione richiede nutrienti, e lo stile di vita e le idee del ragazzo rispetto al cibo non riescono a fornirglieli. Nell'adolescenza, la situazione più frequente è che la bilancia nutritiva sia in deficit.

NUTRIRSI NELL'*ERA* ADOLESCENZIALE

- Alimentazione il più possibile variata: anche all'interno dei diversi gruppi alimentari. Diversi tipi di verdura, carne, frutta, e così via.
- Mantenere ogni giorno un orario regolare dei pasti.
- Mangiare lentamente, rilassati, in un ambiente tranquillo.
- Mangiare in modo ordinato: primo piatto, secondo e frutta o dolce.
- Gli alimenti come i prodotti da forno, gli snack, la pizza, gli hamburger e così via si possono consumare di quando in quando, ma si deve evitare che facciano la parte del leone nella dieta.

DEFICIT DI MINERALI I minerali che svolgono il ruolo più rilevante per lo sviluppo a questa età sono il calcio, il ferro e lo zinco. Il calcio si associa all'aumento della massa ossea. Il latte e tutti i suoi derivati sono ricchi di calcio, che però si può trovare anche in altri alimenti come il pesce conservato, la frutta secca e i derivati della soia.

Il ferro è fondamentale per la formazione di tutte le componenti del sangue che intervengono nel processo di ottenimento dell'energia. Possiamo trovare il ferro nei cibi di origine animale, come carne, pesce, uova e derivati, ma anche nei legumi e nella verdura, sia pure in quantità minore.

Lo zinco interviene nella sintesi delle proteine, ossia nella formazione dei tessuti. Collabora inoltre alla produzione di energia, al buon sviluppo del sistema immunitario (le difese dell'organismo) e svolge anche un'azione antiossidante. La fonte principale di zinco è costituita dalla carne, dal pesce, dai frutti di mare e dalle uova. Si trova anche nei cereali integrali, nella frutta secca, nei legumi e nei formaggi stagionati.

DEFICIT DI VITAMINE Le vitamine intervengono nella sintesi delle proteine, nella crescita e nello sviluppo. Le vitamine A e D si trovano nei latticini interi, nel burro, nella panna, nel tuorlo d'uovo, nelle interiora e sono indispensabili agli adolescenti, così come le vitamine del gruppo B, la B9 o acido folico (legumi e verdure a foglia verde, frutta, cereali da colazione arricchiti e fegato), B12 (carne, uova, pesce, latticini e prodotti della soia fermentati arricchiti...), B6 (cereali integrali, fegato, frutta secca, lievito di birra), B2 o riboflavina (fegato, uova, latticini, lievito di birra), B3 o niacina (interiora, carne, pesce, legumi e cereali integrali), e B1 o tiamina (cereali integrali, legumi e carne).

Rispetto alla distribuzione dei pasti durante la giornata, continueremo con la medesima routine che abbiamo seguito finora: da quattro a cinque pasti al giorno. Vediamo come deve essere ciascun pasto.

Colazione

Latticini e cereali, ossia pane tostato, cereali da prima colazione, biscotti, prodotti da forno semplici. Un completamento ideale della colazione potrebbe essere un frutto o un bicchiere di spremuta.

Metà mattina e merenda

Evitare i prodotti da forno industriali, gli snack, le bibite e i dolciumi che saziano senza però nutrire. Dobbiamo spingere al consumo di sani panini preparati a casa, frutta e latticini.

Pranzo

Il pasto deve essere variato e rispondere alle necessità di nostro figlio. Come primo piatto possiamo scegliere riso, legumi, pasta, insalate o verdure con patate. Il valore nutritivo del primo si deve ai carboidrati complessi. Il secondo piatto sarà composto da carne, derivati della carne, pesce o uova; la quantità dovrà essere moderata e sarà accompagnato da un contorno di verdure. Per concludere la scelta migliore è la frutta da alternare a dei latticini semplici.

Cena

La cena è sempre più il momento del giorno nel quale si riunisce tutta la famiglia, visto che molti genitori pranzano di solito fuori casa per motivi di lavoro. In ogni caso, per l'adolescente è necessario che ogni giorno ci sia un momento di riunione familiare intorno al tavolo. La cena deve essere più leggera rispetto al pranzo, e si deve consumare abbastanza presto perché ci sia il tempo per digerire e dormire bene. Se il pranzo si svolge alla mensa scolastica, è bene sapere di quali piatti è composto il menu per adattare la cena, in modo che la dieta sia equilibrata.

Una volta stabiliti i cinque pasti quotidiani, è importante ricordare l'importanza della prima colazione nell'alimentazione dei nostri ragazzi. È il primo pasto della giornata e, quindi, deve essere uno dei più completi, perché si affronta dopo otto-dodici ore di sonno senza aver ricevuto nessun tipo di cibo. Quindi la prima colazione deve apportare i nutrienti necessari per iniziare il giorno con energia.

Svegliamo il ragazzo in modo che abbia tempo sufficiente per fare con calma una colazione completa ed equilibrata. Certo, molti ragazzi quando si alzano sono incapaci di toccar cibo. In questo caso, si devono svegliare qualche minuto prima e dedicarsi prima all'igiene e a vestirsi. L'appetito arriverà in questo intervallo di tempo.

IL FAST FOOD: LA TENTAZIONE

Per quanto ci sforziamo di controllare l'alimentazione di nostro figlio, è inevitabile che mangi hamburger, patatine fritte, gelati o altri cibi tipici dei fast food. Se divorasse un menu di questo tipo in modo molto sporadico non ce ne importerebbe, ma sappiamo che non è così.

Il detto dice: «Se non puoi sconfiggerlo, alleati con lui». Bene, se nostro figlio va matto per il fast food, il meglio che possiamo fare è insegnargli a scegliere. Per fare centro nella scelta di un menu da fast food daremo la preferenza alle insalate, al pollo o al pesce grigliato, che sono più nutrienti delle patate fritte, del pollo fritto o del pesce impanato e fritto. Di preferenza, bere acqua e, come dolce, frutta o yogurt. Questo di quando in quando perché, non illudiamoci: a loro piace il menu patatine-hamburger-Coca Cola-gelato, e non resta altro che cercare di limitare al minimo il consumo.

PER RIASSUMERE...

- Pubertà e adolescenza non sono la stessa cosa, anche se strettamente collegate.
- I cambiamenti di solito si manifestano tra gli otto e i tredici anni nelle bambine, e tra i dieci e i quindici anni nei maschietti.
- La pubertà implica la maturazione genitale e l'aumento di statura e forme del corpo (il seno, la muscolatura); compare la peluria e cambia il timbro di voce.
- I sentimenti cambieranno, e dal punto di vista emotivo nostro figlio sarà instabile e pieno di dubbi.
- Gli adolescenti rispondono meglio alle istruzioni specifiche ripetute regolarmente.
- Il buonumore e la creatività nelle nostre azioni possono aiutare nostro figlio ad accettare le nostre decisioni o le nostre richieste.
- Un'altra buona raccomandazione per sopportare questo cambiamento e risolverlo nel miglior modo possibile è incoraggiare la pratica dell'attività fisica.
- Ci sono carenze di vitamine e minerali che devono essere risolte con un'alimentazione sana, equilibrata e suddivisa in cinque pasti al giorno.

- Alcuni adolescenti, influenzati dai modelli sociali del momento, seguono diete restrittive per avvicinarsi all'"ideale di bellezza".
- La colazione è il primo pasto della giornata e, quindi, deve essere completa dal punto di vista nutrizionale e capace di fornire tutta l'energia necessaria per studiare, stare con gli altri e muoversi.
- Per quanto cerchiamo di controllare l'alimentazione di nostro figlio, è inevitabile che vada nei fast food, però possiamo insegnargli a scegliere bene.

SEGNALI D'ALLARME

In questi anni, il fattore emotivo ha un peso importante nella salute del ragazzo. Se si osservano attitudini autodistruttive o complessi è necessario sostenere la sua autostima e parlargli. Presteremo attenzione se è agitato o inquieto, se cresce o cala di peso o se ottiene brutti voti a scuola. Dovremo preoccuparci anche se gli risulta difficile concentrarsi, sembra triste o non gli interessano né le persone, né le cose. Altri comportamenti che possono far sì che nostro figlio abbia bisogno dell'aiuto di un professionista possono essere la mancanza di motivazione, la stanchezza, la perdita di energia, la mancanza di interesse e la difficoltà a dormire. Durante l'adolescenza i ragazzi vivono ventiquattr'ore su ventiquattro. Perdono ore di sonno per recuperare quelle di studio, chattare, inviare SMS, leggere o svolgere altre attività ludiche. Ecco perché sono letteralmente distrutti dalla fatica durante la giornata e si sentono demotivati e anche inappetenti. Dobbiamo vigilare la perdita di ritmo del sonno, per evitare l'insonnia e altri disturbi.

14

DA SEDICI A DICIOTTO ANNI

La fine dell'adolescenza

Il cammino verso la vita adulta è di solito accompagnato da numerosi problemi che hanno a che vedere con i complessi, le incertezze e le inquietudini e l'accettazione sociale. A partire dai sedici anni, nostro figlio attraverserà la fase dell'*adolescenza tardiva*. È il periodo conclusivo della crescita fisica, mentale ed emotiva, durante il quale finalmente troverà il proprio spazio nel mondo e cercherà la propria indipendenza.

Si tratta di un periodo breve ma cruciale per stabilire i modelli del suo futuro, e quindi è di estrema importanza che siamo presenti e che lo aiutiamo con tutto ciò che sappiamo e possiamo.

Dobbiamo mantenere con lui una relazione positiva, di assoluta confidenza e di comunicazione aperta per poterlo aiutare incondizionatamente, visto che in questa fase affronterà molte sfide e subirà molte tentazioni. Ciò è possibile soltanto se abbiamo coltivato questa comunicazione e questa confidenza fin da quando era un bebè; non si può improvvisare, tantomeno quando l'adolescente tende, per la sua indole, a non darci ascolto. Non si è ancora concluso il processo di socializzazione e di apprendimento, e dobbiamo continuare a essergli d'esempio (questo è un impegno che prosegue per tutta la vita). Continuiamo a essere i suoi modelli, anche se in misura minore, benché lui cerchi di dimostrarci il contrario.

- Dobbiamo essere al corrente della formazione di nostro figlio, tanto in casa come a scuola.
- Dobbiamo guidarlo per aiutarlo a scegliere la carriera universitaria o il tipo di lavoro che gli piace di più.

Per poter superare con successo le sfide, è importante capire che cosa sta attraversando dal punto di vista fisico, cognitivo e sociale. Nostro figlio completerà la pubertà e comincerà ad abituarsi al suo nuovo corpo adulto. E svilupperà ancora di più la sua identità personale. Rifletterà sulle sue possibilità di studio e di lavoro per il futuro e si sarà già cimentato nelle relazioni amorose.

Diventerà sempre più indipendente e, sentendosi più sicuro di sé, aumenterà il senso dell'umorismo. Inoltre acquisirà sempre più la capacità di prendere delle decisioni importanti, mettendo alla prova la sua autonomia e certe condotte a rischio. Cominciano a definirsi i suoi atteggiamenti riguardo agli impegni ed è in grado di fissarsi degli obiettivi. Sa controllare la sua condotta, cosa che solo pochi anni fa sembrava impossibile. Inoltre aumenta la sua capacità di ragionamento astratto, e tende a concentrarsi con maggiore facilità. A diciassette anni ha modellato la sua intelligenza, ossia può capire tutto come un adulto. Per questa ragione, la scienza assicura che questo è l'inizio del pensiero: in questa fase è possibile sviluppare impostazioni complesse, dal punto di vista scientifico. In questo senso, vediamo che il ragazzo sviluppa la sua capacità di attenzione, oltre al ragionamento proporzionale (o operare con proporzioni matematiche).

Entra anche in una fase di *egocentrismo razionale*, ossia interpreta il mondo partendo da se stesso, secondo le sue capacità.

Riguardo allo sviluppo fisico, durante l'adolescenza tardiva raggiungerà il 95 per cento della sua statura definitiva. Si completano le caratteristiche sessuali secondarie, come la barba e la peluria sul corpo nei maschi e lo sviluppo del seno nelle ragazze. Il cervello invece continua a maturare.

Un aspetto molto importante è quello della sessualità. Avrà relazioni più serie e una sensibilità più acuta per la tenerezza e l'amore fisico. Oltre ad avere una identità sessuale chiara, perché conosce perfettamente il proprio corpo e quello che è in grado di fare, per l'adolescente è il momento di riaffermare il proprio orientamento sessuale. Il ragazzo e la ragazza confermeranno che provano sentimenti romantici e attrazione sessuale per persone del loro stesso sesso (omosessualità), di entrambi i sessi (bisessualità) o del sesso opposto (eterosessualità).

COME È DIFFICILE FARE COMING OUT

Le ragazze lesbiche e i ragazzi gay spesso si sentono colpevoli perché sull'omosessualità circolano idee molto negative. Di solito attraversano vari stadi emotivi che includono il rifiuto del proprio orientamento, il senso di colpa, la paura, fino all'orgoglio di essere omosessuali. Per le ragazze è un po' più difficile capire dove si dirige il desiderio. Le prese in giro e la paura del rifiuto dei genitori fanno sì che per loro sia difficile riaffermarsi e accettarsi. Ma uscire allo scoperto ha un effetto decisamente terapeutico e quasi necessario: è un passo da gigante verso la propria integrazione e contribuisce a mantenere una coscienza positiva della sessualità. Comunicarci che è gay o lesbica rinforzerà la sua autostima e il nostro legame. Tuttavia, perché valuti se gli o le conviene farlo oppure no, dovremmo aver fondato il dialogo e la comunicazione con nostro figlio fin dall'infanzia. Ogni volta che avremo rinforzato in lui l'idea che nella vita non è solo, che può fidarsi di noi, avremo aggiunto un mattone che rafforza la nostra relazione e che fa sì che cerchi il nostro appoggio al momento di vivere la sua sessualità senza angosce.

Noi desideriamo informarlo, ma di solito nostro figlio evita di seguire i nostri consigli. Nei suoi primi passi verso la sessualità matura sarà lui stesso a cercare le informazioni per poi, a poco a poco, condividerle con gli amici più stretti, quelli che "parlano il suo stesso linguaggio". In questo modo, tra amici, si scambiano informazioni sulle mestruazioni, l'eiaculazione, le relazioni sessuali e così via. Le amicizie intime con persone dello stesso sesso servono a nostro figlio per condividere aspetti di se stesso, dei suoi timori e delle sue fantasie sessuali. È un chiaro esempio di come si esercita il senso dell'intimità.

A poco a poco allargherà il suo cerchio di amicizie a persone del sesso opposto. Così si manifesteranno l'attrazione e gli incontri necessari per esplorare diversi livelli di intimità e continuerà ad approfondire la sessualità. In questo processo si vanno definendo le preferenze sessuali di nostro figlio. Egli scopre un nuovo concetto, una nuova sensazione: il piacere. La risposta fisiologica in seguito all'eccitazione sessuale si manifesta ogni volta più forte ed evidente. È il momento in cui molti adolescenti scoprono la masturbazione. O, per meglio dire, riscoprono la masturbazione come forma di sfogo della tensione sessuale e come modo per esplorare la propria sessualità, capire in che modo reagisce il corpo di fronte a certi stimoli.

Il ragazzo parlerà di sesso con gli amici più stretti, metterà alla prova condotte erotiche e seduttive e nel corso di questa sperimentazione è possibile anche che pratichi giochi erotici di carattere omosessuale.

Per nostro figlio la sessualità è diventata il centro dell'universo e quindi la sperimentazione e l'esplorazione sono le sue attività principali. L'adolescente, a differenza del bimbo nelle fasi precedenti, proverà sensazioni a cui attribuirà un significato puramente sessuale, e certi oggetti o stimoli esterni saranno una fonte di attrazione. Il desiderio sessuale arriva a essere molto potente e si trasforma nella necessità imperiosa di cercare soddisfazione o di sentirsi recettivo al piacere.

Ma in che modo è solito rispondere l'adolescente a tutto questo spiegamento di desiderio? Potrebbe farlo lottando contro i propri impulsi sessuali, oppure cercare di soddisfarli, in qualsiasi modo e in qualsiasi condizione. Questo potrebbe portare a condotte sessuali a rischio, come contrarre una malattia a trasmissione venerea o dover affrontare una gravidanza in età adolescenziale.

Le malattie a trasmissione sessuale (MTS) sono quelle che si contraggono per contatto dei genitali o dei fluidi corporei durante i rapporti sessuali. Esistono almeno venticinque malattie a trasmissione sessuale diverse e con sintomi molto vari. Possono essere trasmesse mediante la penetrazione vaginale, anale o durante i rapporti orali. Anche la scabbia e altre malattie appartengono al gruppo, perché il sesso è la via più comune di contagio, ma possono essere contratte anche in altri modi.

Molte malattie a trasmissione sessuale sono curabili, ma se non vengono trattate adeguatamente possono provocare disturbi spiacevoli e danni a lungo termine, come l'infertilità. Alcune possono essere trasmesse dalla madre al feto durante la gravidanza. Chiunque abbia avuto una diagnosi di MTS deve informare tutte le persone con le quali ha avuto rapporti sessuali nell'ultimo anno e chi li ha avuti con il partner che potrebbe averlo infettato. I sintomi delle MTS variano, ma i più frequenti sono irritazione, gonfiori o infezioni insolite, prurito, dolore durante la minzione o perdite vaginali insolite. Qui di seguito vediamo quali sono le malattie a trasmissione sessuale più comuni.

PIATTOLE Dette anche pidocchi pubici. Sono piccoli parassiti a forma di granchio che scavano nella pelle per cibarsi di sangue. Vivono nel pelo pubico, ma si possono trovare anche sulle ascelle, sul viso o anche sulle ciglia. Le piattole si passano facilmente durante i rapporti sessuali, ma il contagio può avvenire anche scambiandosi i vestiti o condividendo le lenzuola. Il trattamento contro le piattole è semplice: è sufficiente usare degli shampoo speciali, lozioni o creme che uccidono il parassita e le uova. Radersi il pelo pubico non serve perché anche nella pelle si possono nascondere degli insetti.

GONORREA È un'infezione a trasmissione sessuale che può riguardare l'uretra, il collo dell'utero, il retto, l'ano e la gola. I sintomi normalmente compaiono tra uno e quattordici giorni dopo l'esposizione al contagio, ma è possibile non averne affatto. I maschi di solito percepiscono il disturbo più delle donne. I sintomi sono: sensazione di bruciore durante la minzione, perdite bianche/gialle dal pene, cambiamenti nelle perdite vaginali, irritazione o perdite dall'ano, se è infettato.

EPATITE B È l'infiammazione del fegato. Il virus si trasmette durante il rapporto sessuale. Esistono vari tipi di virus, ma i più comuni sono A, B e C (l'epatite a trasmissione sessuale è di solito la B).

HERPES Ce ne sono di due tipi, ma quello che ci riguarda è l'HSV-2, che si manifesta sui genitali. È la malattia a trasmissione sessuale più comune. I sintomi dell'herpes di solito compaiono da due a sette giorni dopo la prima esposizione al virus e durano da due a quattro settimane. I sintomi sono: sensazione di pizzicore e formicolio nella zona genitale o anale, piccole bolle piene di liquido che si staccano e lasciano piccole piaghe, dolore quando l'urina passa sulle piaghe aperte, mal di testa e di schiena, sintomi simili a quelli dell'influenza, anche con nodi linfatici infiammati o febbre. Una volta che il primo ceppo di bolle è terminato, il virus dell'herpes si nasconde nelle fibre nervose vicino al punto dell'infezione, dove rimane latente senza causare sintomi. Questi si possono ripresentare (in particolare nei periodi di tensione e debolezza fisica), ma di solito in episodi meno gravi e più brevi.

SCABBIA È un'infezione della pelle che provoca un prurito intenso ed è contagiosa. Si deve all'acaro parassitario *Sarcoptes scabiei*: la femmina adulta misura circa 0,4 mm di lunghezza ed è appena visibile dall'occhio umano; il maschio è grande la metà. Le femmine dell'acaro scavano nello strato esterno della pelle per deporre le uova. I sintomi sono dei solchi che hanno l'aspetto di linee ondulate argentate o scure di circa 15 millimetri di lunghezza. I solchi possono comparire in una zona qualsiasi, ma di solito si manifestano tra le dita delle mani e dei piedi, sui genitali, attorno all'ano, o sulle natiche, i gomiti o i polsi. Si tratta di un eczema con gonfiori che sembrano peduncoli infiammati che prudono intensamente (papule/lesioni) per la reazione allergica agli acari, le loro uova e le loro feci. Il prurito si avverte soprattutto la notte o dopo il bagno, quando il corpo è più caldo. Si raccomanda che anche tutti coloro che vivono a contatto con la persona contagiata si sottopongano alle cure.

SIFILIDE Un tempo era nota come il "grande vaiolo". Di solito si trasmette con i rapporti sessuali, ma può essere trasmessa anche dalla madre al feto. I sintomi possono essere difficili da riconoscere e si manifestano fino a tre mesi dopo il contagio. Includono una o più ulcere non dolorose su pene, vagina, vulva, collo dell'utero, ano o bocca, piccoli gonfiori all'inguine dovuti all'infiammazione dei gangli linfatici, eritema senza prurito, febbre o sintomi simili all'influenza. Se non è curata, l'infezione progredisce fino a una latenza. Il seguito può essere la sifilide terziaria che può riguardare seriamente organi come il cuore, e può portare a volte alla morte.

HIV È importante stabilire la differenza tra il virus dell'immunodeficienza umana (HIV) e l'AIDS. Una persona non si contagia con l'AIDS, ma lo sviluppa quando è infettata dal virus. Non è detto che l'HIV si trasformi di AIDS. Una persona soffre di AIDS quando il suo organismo, a causa dell'immunodeficienza provocata dal virus HIV, non è in grado di opporre una risposta immunologica adeguata alle infezioni che lo hanno colpito. È importante sapere che il virus non può sopravvivere a lungo all'esterno dell'organismo umano, e quindi si può trasmettere soltanto da persona a persona e in questi modi: tramite rapporti sessuali senza preservativo con una persona che ha l'HIV o l'AIDS; ricevendo sangue, suoi derivati o organi da una persona con HIV o AIDS, e quindi anche con l'uso promiscuo di siringhe; una donna incinta che soffre di HIV o AIDS può trasmetterlo al figlio durante la gravidanza, il parto oppure l'allattamento al seno.

Un altro rischio che nostro figlio potrebbe trovarsi ad affrontare durante le sue sperimentazioni sessuali è la gravidanza, una faccenda complessa che desta molti motivi di preoccupazione. Gli adolescenti più giovani, da dodici a quattordici anni d'età, hanno maggiori probabilità di avere rapporti sessuali non pianificati e non desiderati.

I ragazzi da diciotto a diciannove anni sono tecnicamente adulti, ma la metà delle gravidanze nelle adolescenti si verifica in questa fascia d'età. I fattori di rischio per le gravidanze in età così precoce vanno dalla depressione all'ansia fino alla morte per la madre e il bimbo, che spesso nasce prematuro. Le adolescenti incinte, infatti, hanno un rischio molto superiore di soffrire di complicazioni mediche gravi durante la gravidanza come placenta previa, ipertensione gravidica, parto prematuro, anemia grave o preeclampsia e perfino anche di morire.

Inoltre, i bebè nati da madri adolescenti hanno probabilità da due a quattro volte superiori di nascere sottopeso rispetto a quelli di madri di venti o più anni.

Per tutte queste ragioni, dobbiamo educare i nostri figli a evitare questo evenienza.

Metodi contraccettivi efficaci		
Metodi ormonali	via orale	pillola
		minipillola
		pillola del giorno dopo
	via intravaginale	anello vaginale
		diaframma
	via percutanea	cerotto
		impianto di un bastoncino sottocutaneo
Spirale intrauterina (IUD)		di rame
		a rilascio ormonale
Metodi di barriera (raccomandabili per gli adolescenti)		preservativo
		diaframma

ALIMENTAZIONE. ATTENZIONE AI DISTURBI ALIMENTARI

Nostro figlio si trova al culmine della sua scoperta sessuale, e quindi il corpo occupa un ruolo molto importante. Per questo l'alimentazione è fondamentale. In questa fase per lui l'alimentazione sarà in relazione con la possibilità di avere un corpo più o meno bello e noi dobbiamo essere attenti al tipo di dieta che sceglie.

Nell'adolescenza si forma il concetto di individualità. Vale a dire che l'individuo, in questo caso nostro figlio, definisce se stesso e inizia a vedersi come un essere unico, diverso dagli altri. Si va avvicinando sempre di più alle responsabilità adulte e, a sua volta, si va formando un'opinione più vicina e definita della sua personalità; gli interessa conoscere i tratti che lo caratterizzano. L'immagine corporea, dall'inizio, segnerà le relazioni con i compagni di entrambi i sessi; il concetto della sua immagine fisica è una delle chiavi della sua integrazione sociale.

Noi genitori gli metteremo davanti esempi per aiutarlo essere soddisfatto del suo corpo e, a questo proposito, ci assicureremo che mangi in modo adeguato. Dobbiamo iniziare a spiegargli gli effetti della genetica sul corpo, in modo che comprenda che l'aumento di peso che subirà è del tutto normale nell'età dello sviluppo. Al momento di parlare di magrezza o di sovrappeso ci concentreremo sul concetto di salute per sviare l'attenzione dall'estetica e così riuscire a inculcare l'idea che la cosa più importante non è il corpo e la sua forma, bensì restare sani.

Se mangia bene e fa esercizio fisico, tutto andrà per il meglio. Anche elogiare i suoi successi è un buon metodo per rinforzare la sicurezza in se stesso. In definitiva, si tratta di far sì che abbia una buona immagine corporea di sé dal punto di vista della salute, per distoglierlo dai problemi che si possono presentare, visto che un'immagine corporea distorta può fare da miccia a numerose malattie e problemi di salute.

Nell'adolescenza il sovrappeso è quasi un marchio d'infamia sociale: può scatenare critiche e prese in giro tra i compagni e gli amici. Nostro figlio può deprimersi oppure reagire esagerando con il cibo, finendo così per ingrassare di più e per essere preso ancora più in giro.

Anche se molti adolescenti si mettono a *dieta* (soprattutto le ragazze), fortunatamente sono molto pochi quelli che sviluppano un disturbo di bulimia o di anoressia nervosa. Tuttavia, questi disturbi si verificheranno con maggiore probabilità se quelli che si sottopongono a una dieta restrittiva hanno una scarsa stima di sé, se sono sottoposti a uno stress o hanno avuto un problema di sovrappeso durante l'infanzia. Però se non giungono a questi estremi, le umiliazioni con gli anni saranno storia passata.

Per sapere se nostro figlio è in sovrappeso, vediamo innanzitutto che cosa si intende per obesità. Avere qualche chilo in più non significa essere obeso, anche se può indicare una tendenza a mettere su peso con facilità, e quindi l'alimentazione dovrà essere più limitata e accompagnata dall'esercizio fisico. Un adolescente si considera obeso quando pesa almeno il

10 per cento in più del peso medio per i ragazzi della sua statura e della sua età.

L'obesità si manifesta quando una persona ingerisce più calorie di quelle che l'organismo è in grado di consumare. Se uno dei genitori è obeso, il figlio ha il 50 per cento di probabilità di essere obeso quando arriva all'adolescenza. Se invece sono obesi entrambi i genitori, le probabilità aumentano fino all'80 per cento. L'obesità nell'adolescenza può essere messa in relazione a diversi fattori.

- Cattive abitudini alimentari.
- Mangiare troppo, o non essere capaci di smettere di farlo.
- Mancanza di esercizio fisico.
- Casi di obesità in famiglia.
- Problemi di salute, per esempio di endocrinologia o di neurologia.
- Uso di medicinali, soprattutto steroidi e psicofarmaci.
- Cambiamenti di vita che causano forte stress: separazioni, traslochi...
- Problemi familiari o dei genitori.
- Bassa autostima.
- Depressione o altri problemi emotivi.

Ma come possiamo alleviare il problema? Per essere considerato obeso un bambino deve essere valutato dal pediatra che stilerà la diagnosi. Nel caso in cui non sussistano cause fisiche che generano il problema, ma in cui semplicemente il ragazzo ingerisca più calorie di quante ne consumi, l'unico metodo per perdere peso è ridurre il numero di calorie e aumentare il livello di attività fisica.

La perdita di peso duratura si ottiene solo quando esiste una motivazione interiore. Dato che spesso l'obesità affligge più di un membro della famiglia, stabilire sane abitudini alimentari e associare un regolare esercizio fisico può aumentare le opportunità di riuscire a controllare il peso.

Parliamo ora del caso opposto. Che succede se nostro figlio è ossessionato dalla magrezza estrema? Durante l'adolescenza, raggiungere l'equilibrio emotivo è già abbastanza complicato. Quindi cadere negli estremi non è affatto difficile. È il caso della ricerca della forma più estrema di magrezza, ossia dell'anoressia.

Quando un adolescente inizia a essere ossessionato dal desiderio di essere sempre più magro, è fondamentale mantenere il controllo sulle sue abitudini e individuare possibili anomalie nella sua routine alimentare, per esempio saltare i pasti, mangiare male, separare i diversi cibi nel piatto o nascondere gli alimenti. Tutte queste anomalie, se non sono prese in tempo, possono trasformarsi in malattie come l'anoressia o la bulimia.

L'anoressia è la ricerca ossessiva del dimagrimento mediante una dieta molto restrittiva. I principali sintomi sono i seguenti.

- Rifiuto di mantenere il peso al di sopra del minimo adeguato alla statura e all'età, il che causa una situazione di magrezza estrema.
- Rifiuto di aumentare di peso, anche se questo è molto basso.
- Sensazione costante di essere grassi, specie in alcune parti del corpo, come cosce, natiche o addome. Gli anoressici hanno una percezione irrealistica del loro corpo, una specie di distorsione nella percezione della massa corporea: davanti allo specchio si vedono sempre grassi.
- Con la magrezza estrema appaiono altri problemi fisici, oltre alla denutrizione: nel caso delle ragazze, il sintomo più comune è la scomparsa o il ritardo delle mestruazioni.
- Fare sport in modo compulsivo per consumare calorie.
- Condotta alimentare insolita: mangiare stando in piedi, tagliare i cibi in pezzetti molto piccoli...

Diagnosticare l'anoressia non è difficile. Quello che è veramente difficile è la cura per far sì che questo disturbo alimentare sparisca, perché per riuscirci è necessaria la collaborazione della persona malata e di tutto il suo ambito familiare, professionale e sociale. Se sospettiamo che il problema sia in atto o che stia iniziando, dobbiamo chiedere la consulenza del medico.

D'altro canto, la bulimia è il desiderio incontrollabile di mangiare che si trasforma in senso di colpa e porta a provocarsi il vomito per eliminare quello che si è mangiato. Contrariamente all'anoressia, la bulimia non causa perdite di peso esagerate, ma porta a conseguenze simili.

Questi problemi sono il punto d'arrivo di una cattiva alimentazione e di un'ossessione per l'aspetto fisico. Tuttavia, ci sono altre condotte evitabili che implicano una cattiva alimentazione. Un chiaro esempio è l'abitudine, sempre più frequente, di mangiucchiare prima dei pasti o tra un pasto e l'altro, il che può far sì che nostro figlio non abbia fame a tavola e quindi non consumi i cibi fondamentali per la crescita e la salute. Un altro esempio, già accennato nel capitolo precedente, è il non fare una prima colazione abbastanza completa per affrontare la giornata. La colazione fornisce a nostro figlio l'apporto calorico sufficiente per far fronte al dispendio di energia delle prime ore del mattino.

METTERSI A DIETA?

Nella ricerca incessante del peso ideale è necessario evitare che nostro figlio adolescente si sottoponga a diete continue per dimagrire. Apparentemente sono inoffensive, ma in realtà comportano un rischio. La cosa migliore è rivolgersi a un professionista, un endocrinologo che ci dica qual è il suo peso corretto e sano. Nel caso in cui il ragazzo non raggiunga questo peso, l'endocrinologo ci indicherà cosa deve mangiare e in quali quantità.

PER RIASSUMERE...

- Accade spesso che questa ultima fase della vita verso l'età adulta comporti numerosi problemi che hanno a che vedere con i complessi, l'incertezza e la mancanza di accettazione sociale.
- Nostro figlio avanzerà verso l'indipendenza, svilupperà più chiaramente la sua identità e, sentendosi più sicuro di se stesso, aumenterà anche il suo senso dell'umorismo.
- Le abitudini di lavoro cominciano a essere ben definite ed è in grado di stabilire degli obiettivi. Può controllare il suo comportamento, cosa che solo pochi anni prima gli sembrava impossibile.
- Dobbiamo parlare con nostro figlio di sessualità, concentrandoci sulla prevenzione delle malattie a trasmissione sessuale, le gravidanze, le relazioni sane, e così via.
- Nostro figlio metterà l'alimentazione in relazione al miglioramento o al peggioramento dell'aspetto fisico, e quindi dobbiamo essere attenti al tipo di dieta che segue. La sua immagine sarà il suo corpo, e il suo modo di controllare la sua immagine sarà attraverso l'alimentazione.

- Dobbiamo aiutarlo a mettere a punto abitudini sane riguardo all'alimentazione e all'esercizio fisico, permettendo così che resti in salute e in armonia con il proprio aspetto fisico.
- Se mangiucchia tra i pasti, è molto probabile che a tavola non abbia fame e che, quindi, non consumi gli alimenti fondamentali per crescere e mantenersi sano.

SEGNALI D'ALLARME

Come abbiamo visto in questo capitolo, essere genitori di un adolescente comporta, tra l'altro, il rispetto della sua personalità e la sua indipendenza, ma al tempo stesso attenzione per individuare se si sta nutrendo correttamente.

Esiste una serie di condotte che non dobbiamo tollerare o che dobbiamo analizzare con precisione e, se fosse necessario, chiedere consiglio allo specialista. Ci riferiamo al consumo di droghe e alcol. Le sostanze che gli adolescenti consumano con maggior frequenza sono: alcol, marijuana, allucinogeni, cocaina, anfetamine, oppiacei e tabacco. Il loro uso può portare problemi gravi per nostro figlio, ma anche per noi e il resto della nostra famiglia. La droga legale di cui i giovani abusano con maggiore frequenza è l'alcol. È necessario, quindi, che li rendiamo consapevoli e li informiamo dei suoi effetti.

Il sovrappeso e l'obesità sono altri due problemi che potremo trovarci ad affrontare. La condizione di sovrappeso può essere corretta ed evitata grazie a una dieta adeguata e ad alcune abitudini sane. Se comunque nostro figlio tende a ingrassare, la cosa migliore che possiamo fare è rivolgerci a uno specialista.

Anche l'attitudine autodistruttiva è un problema dell'adolescenza. Non accettarsi, la difficoltà di integrazione o problemi di diversa natura possono portare il ragazzo ad atteggiamenti autodistruttivi. Un esempio è l'anoressia.

Sul piano sessuale, dobbiamo aiutarlo a orientarsi, anche se nella maggior parte dei casi non ci vorrà ascoltare e penserà che non sapremo di che cosa stiamo parlando. In questo modo eviteremo condotte sessuali a rischio che causano malattie a trasmissione sessuale o gravidanze indesiderate.

I PROBLEMI DI SALUTE PIÙ FREQUENTI DA DODICI A DICIOTTO ANNI
(descritti dettagliatamente nella Parte terza)

- Acne.
- Dolori mestruali e sindrome premestruale.
- Mal di testa.
- Mal di schiena.
- Incidenti domestici e fuori casa.
- Miopia e astigmatismo.
- Irregolarità nella dentizione. Dobbiamo controllare se lo sviluppo della dentatura è corretto (in caso contrario, rivolgiamoci al dentista) secondo questo schema:
  - da 9 a 11 anni: quattro premolari
  - da 10 a 12 anni: i secondi premolari
  - da 10 a 14 anni: i canini
  - da 11 a 13 anni: i secondi molari
  - da 14 a 18 anni: i cosiddetti denti del giudizio, che completano la dentatura adulta.

15

COME CONTROLLARE LA CRESCITA: I PERCENTILI

Durante i primi anni di vita del nostro piccolo, e in particolare durante i primi mesi, controllare la sua crescita è essenziale per sapere se si sta sviluppando correttamente o se accusa qualche problema per il quale dobbiamo rivolgerci a uno specialista. Durante i primi mesi di vita ogni settimana è importante per la crescita. Ma come possiamo controllare la statura e il peso del bebè e sapere se la sua crescita è corretta oppure no? Ebbene, per questo si ricorre ai cosiddetti percentili.

Le tabelle della media o percentili sono quadri indicativi che permettono di valutare e confrontare la crescita del nostro piccolo. Il medico stabilisce questo confronto prendendo come riferimento alcuni parametri standard di bambini e bambine dell'età di nostro figlio. I parametri che si utilizzano per definire i percentili sono la statura, il peso, il diametro della testa, l'indice di massa corporea, e così via.

I pediatri usano i percentili per misurare e valutare la crescita e l'evoluzione dei nostri figli. La statura e la circonferenza cefalica sono prese in centimetri e il peso in grammi e chilogrammi: questi parametri sono messi in relazione con le settimane, i mesi e gli anni. In questo modo il pediatra potrà tenere presente la curva evolutiva della crescita del bambino e individuare se esistono o vengono a crearsi dei problemi.

I bambini al di sotto dei due anni si misurano da distesi (per la lunghezza), mentre dopo i due anni si misurano tenendoli in piedi.

Con questi dati, i pediatri possono scoprire se nostro figlio si trova nella media normale o standard dei bambini della medesima età e dello stesso sesso. Sono i percentili medi. Tuttavia, quello che conta veramente non è la comparazione con il resto della popolazione, bensì il fatto che il bambino mantenga lo stesso livello di percentile durante tutto il suo sviluppo.

Spiegati così, i percentili possono sembrare un po' difficili da capire. Vediamo un esempio per sapere come si interpretano i dati passo a passo.

Se la statura di nostro figlio corrisponde al 75° percentile, significa che circa il 25 per cento dei bambini della sua età e del suo sesso ha una statura superiore alla sua e che il 75 per cento dei coetanei sono più bassi. Perciò, questo bimbo ha una statura superiore alla media, ossia la sua statura si sviluppa oltre il ritmo normale.

In base a questa spiegazione è facile dedurre che le tabelle dei percentili sono importanti, perché ci offrono l'opportunità di stabilire al momento opportuno qualsiasi problema medico nel nostro piccolo. Un esempio di come un percentile al di fuori della media possa mettere in guardia della presenza di un disturbo può essere il seguente: durante i primi diciotto mesi di vita, e in generale durante l'infanzia del piccolo, la crescita anomala del perimetro della testa può essere un indizio di idrocefalia (un accrescimento anomalo della testa che può essere conseguenza di alcune malattie, fra cui anche tumore). In questo caso vedremo che a ogni controllo la circonferenza della testa si trova a un percentile ogni volta superiore. Grazie al monitoraggio dei dati forniti dai percentili, è possibile agire in tempo per iniziare a stilare una diagnosi.

Anche una crescita della circonferenza cranica inferiore agli standard o addirittuta assente indica la presenza di problemi.

Se ci concentriamo sul peso e sulla statura, potremmo arrivare alle medesime conclusioni. L'aumento insufficiente di peso o statura ci indicherà che esiste un certo ritardo nello sviluppo del piccolo. Oppure potrebbe trattarsi di una malattia cronica o di altri problemi. L'importante è tenere sotto controllo le variazioni nel percentile di nostro figlio.

Teniamo ben presente tuttavia che di fronte ad anomalie rispetto alla media solo il pediatra stabilirà se tale problema rappresenta realmente un rischio medico concreto o se semplicemente dobbiamo seguire con maggiore attenzione il piccolo per evitare problemi maggiori.

Nelle tabelle vediamo anche che l'Indice di massa corporea (IMC) è una delle misure che si usano per valutare lo stato nutrizionale del bimbo. l'Indice di massa corporea si calcola dividendo il nostro peso in chilogrammi per la nostra altezza al quadrato (in metri, non in centimetri) o, detto al contrario, dobbiamo moltiplicare al quadrato la nostra altezza e quindi dividere il nostro peso per questo risultato. IMC = peso (kg)/statura $(m)^2$.

Qui di seguito possiamo consultare i grafici con i parametri della crescita infantile, elaborati dall'OMS (Organizzazione mondiale della sanità), riferiti agli indicatori per lunghezza/statura, peso, IMC e circonferenza cranica a seconda dell'età e del sesso.

LUNGHEZZA (percentili)

Dalla nascita ai sei mesi

Femmine

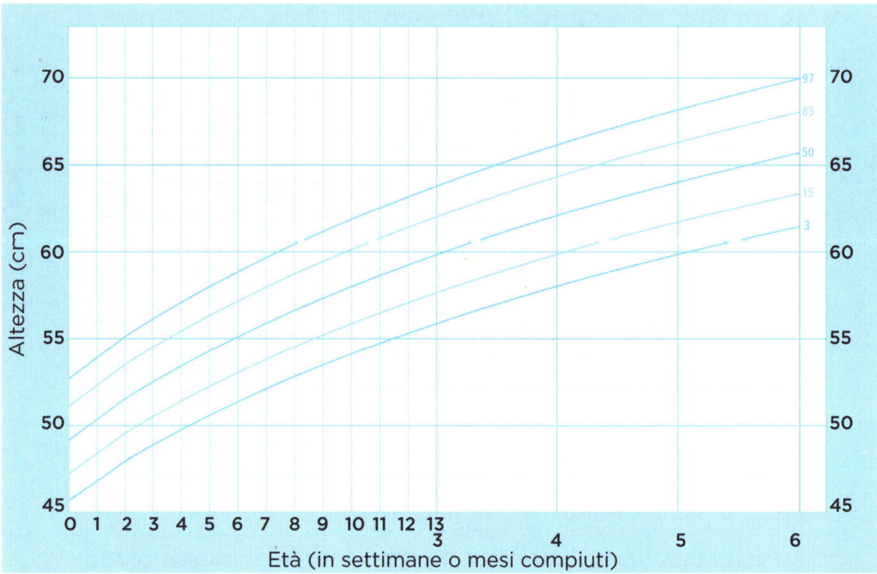

Sito ufficiale dell'OMS http://www.who.int/childgrowth/standards/height_for_age/es/index.html, 2011

Maschi

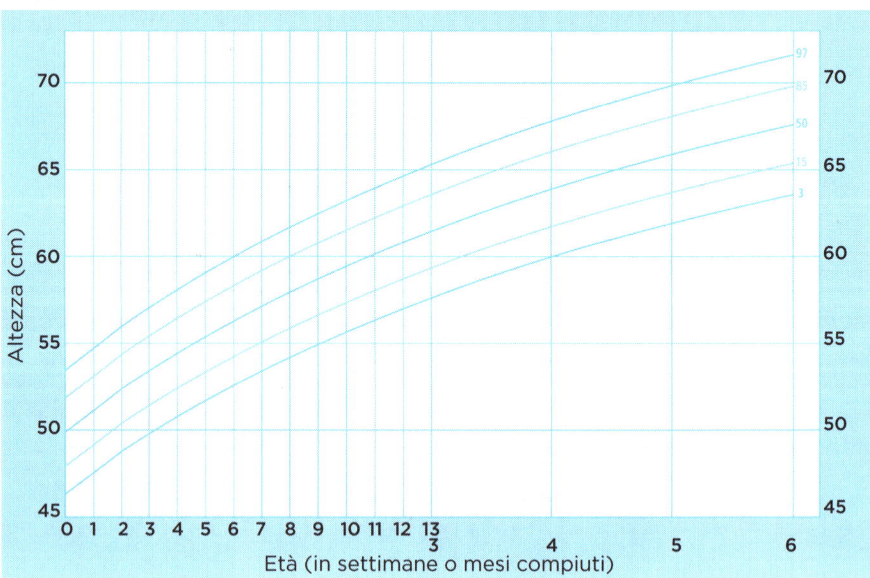

Sito ufficiale dell'OMS http://www.who.int/childgrowth/standards/height_for_age/es/index.html, 2011

Dalla nascita ai due anni

Femmine

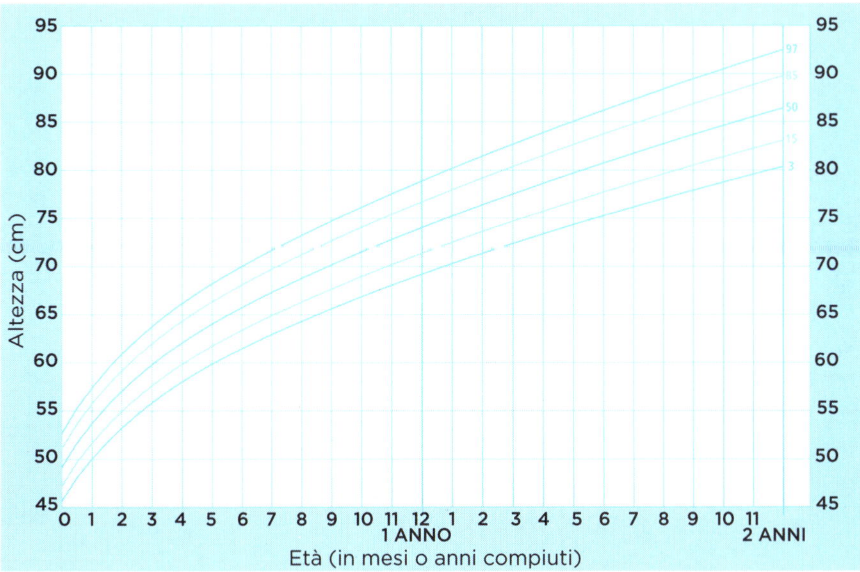

Sito ufficiale dell'OMS http://www.who.int/childgrowth/standards/height_for_age/es/index.html, 2011

Maschi

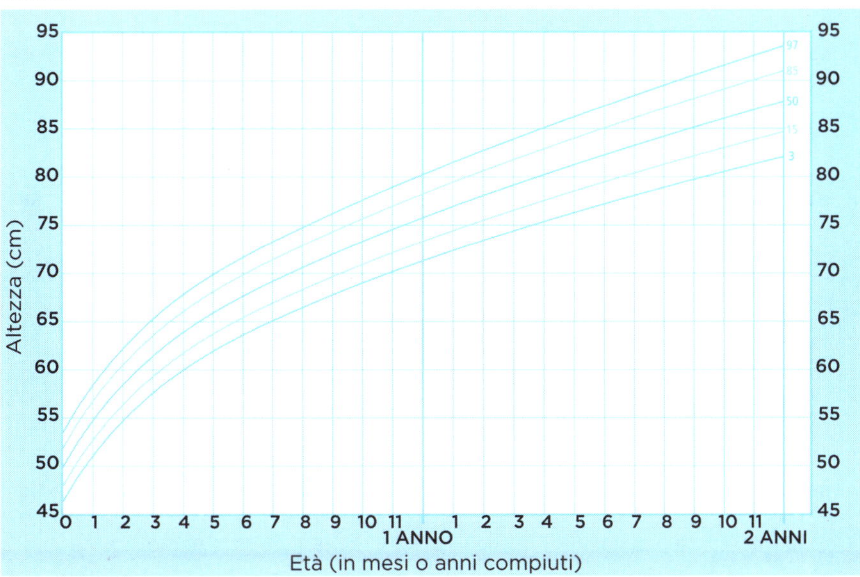

Sito ufficiale dell'OMS http://www.who.int/childgrowth/standards/height_for_age/es/index.html, 2011

Dai sei mesi ai due anni

Femmine

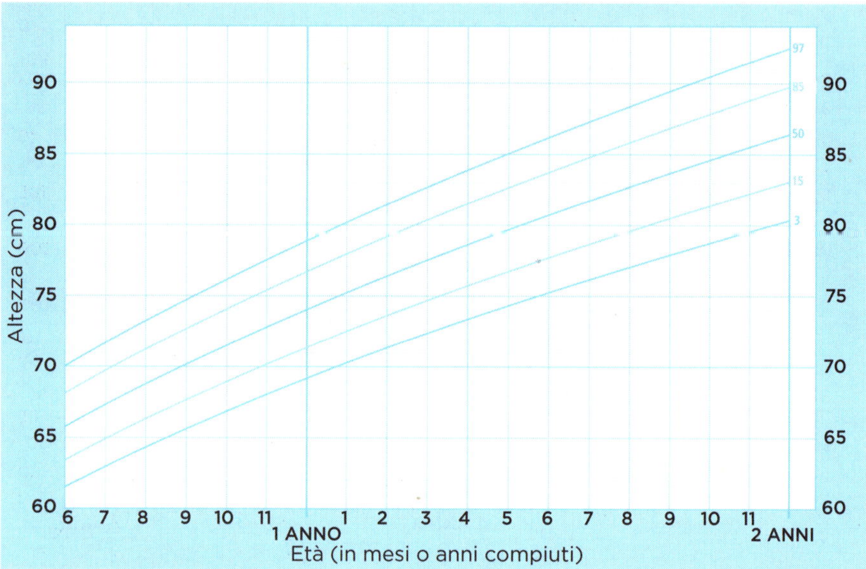

Sito ufficiale dell'OMS http://www.who.int/childgrowth/standards/height_for_age/es/index.html, 2011

Maschi

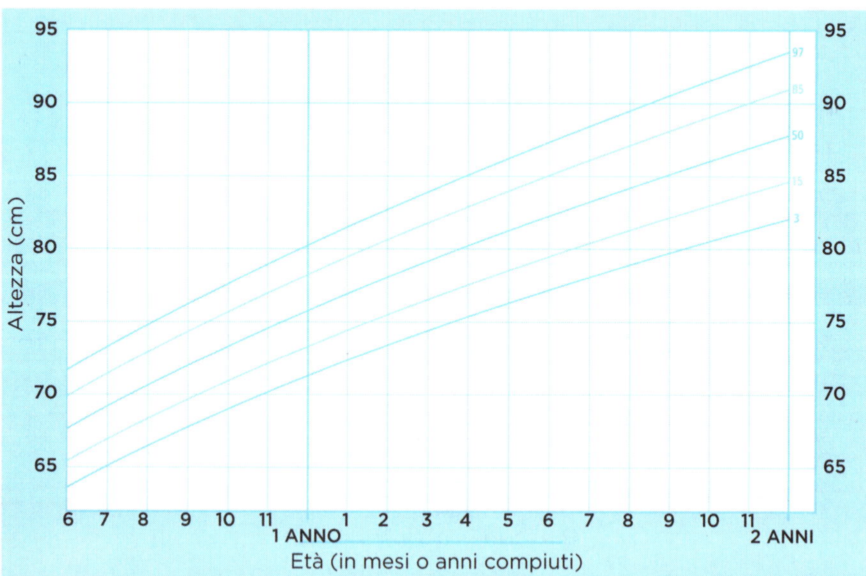

Sito ufficiale dell'OMS http://www.who.int/childgrowth/standards/height_for_age/es/index.html, 2011

STATURA (percentili)

Dai due ai cinque anni

Femmine

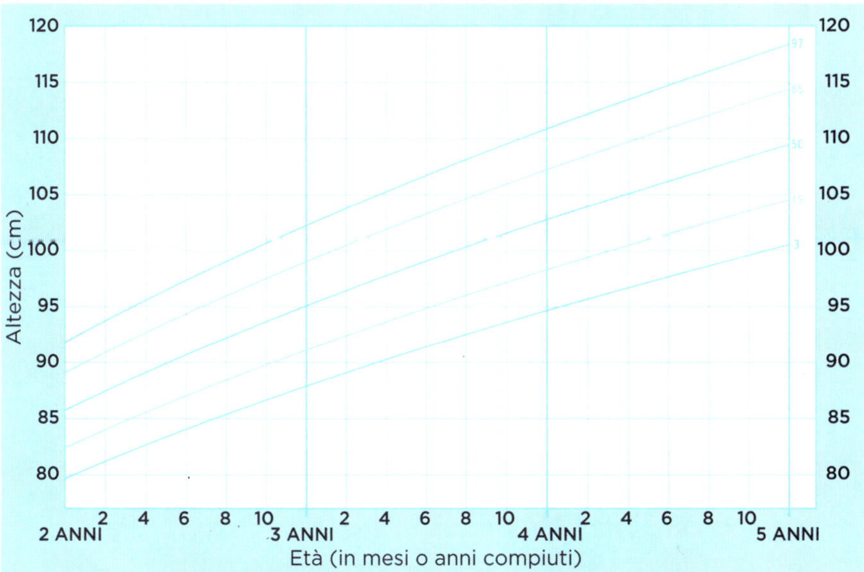

Sito ufficiale dell'OMS http://www.who.int/childgrowth/standards/height_for_age/es/index.html, 2011

Maschi

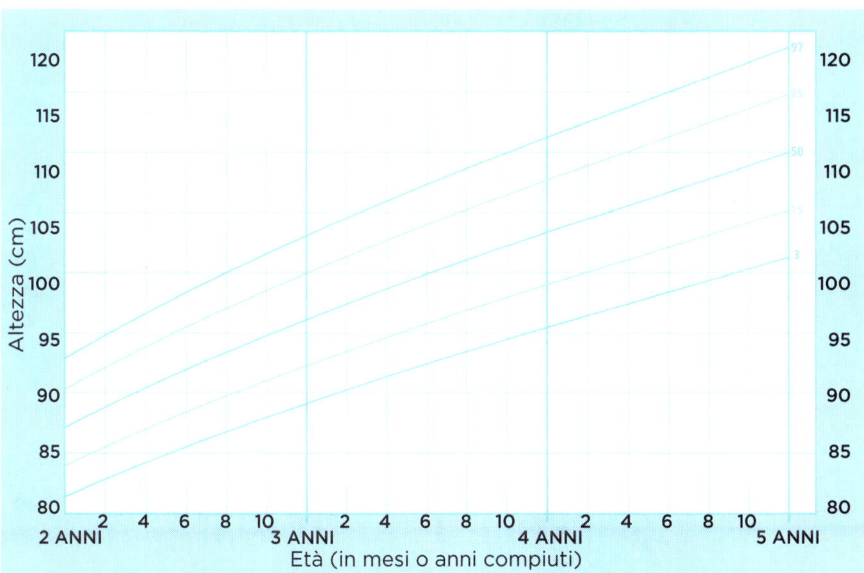

Sito ufficiale dell'OMS http://www.who.int/childgrowth/standards/height_for_age/es/index.html, 2011

LUNGHEZZA/STATURA (percentili)
Dalla nascita ai cinque anni

Femmine

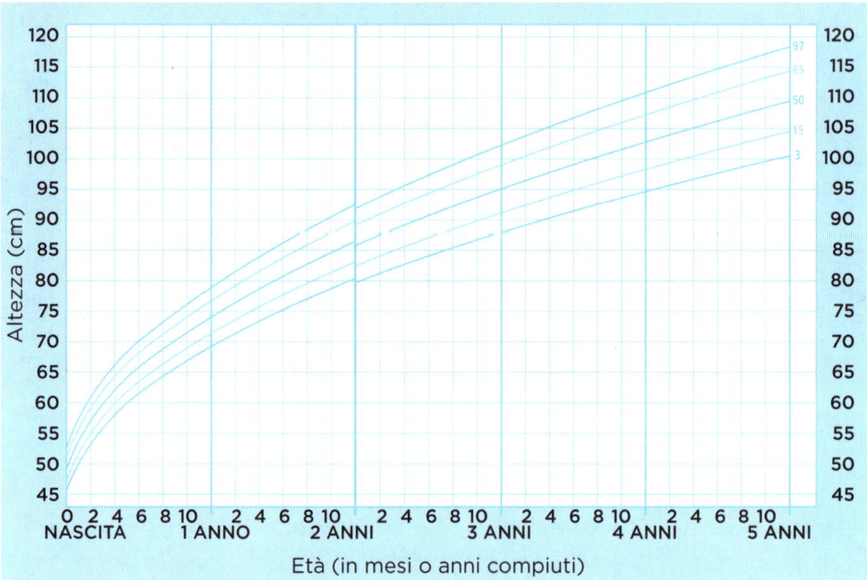

Sito ufficiale dell'OMS http://www.who.int/childgrowth/standards/height_for_age/es/index.html, 2011

Maschi

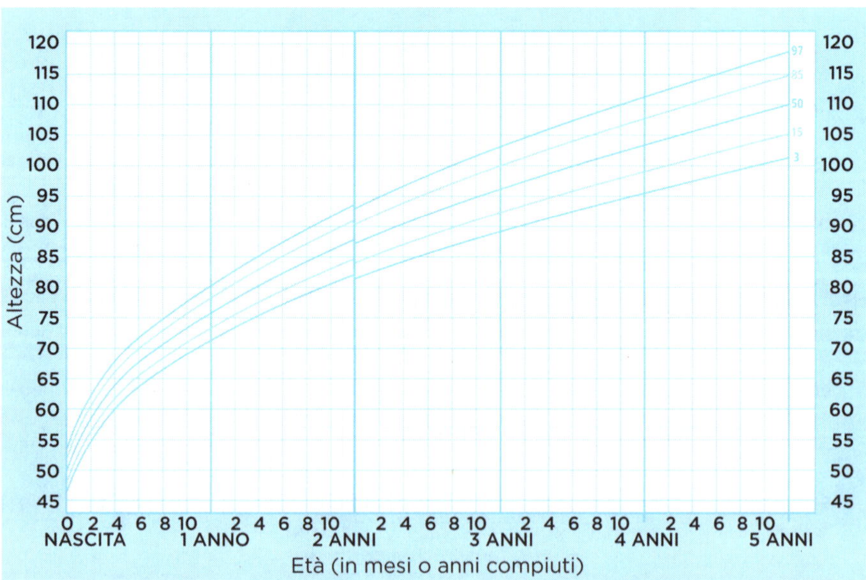

Sito ufficiale dell'OMS http://www.who.int/childgrowth/standards/height_for_age/es/index.html, 2011

PESO (percentili)

Dalla nascita ai sei mesi

Femmine

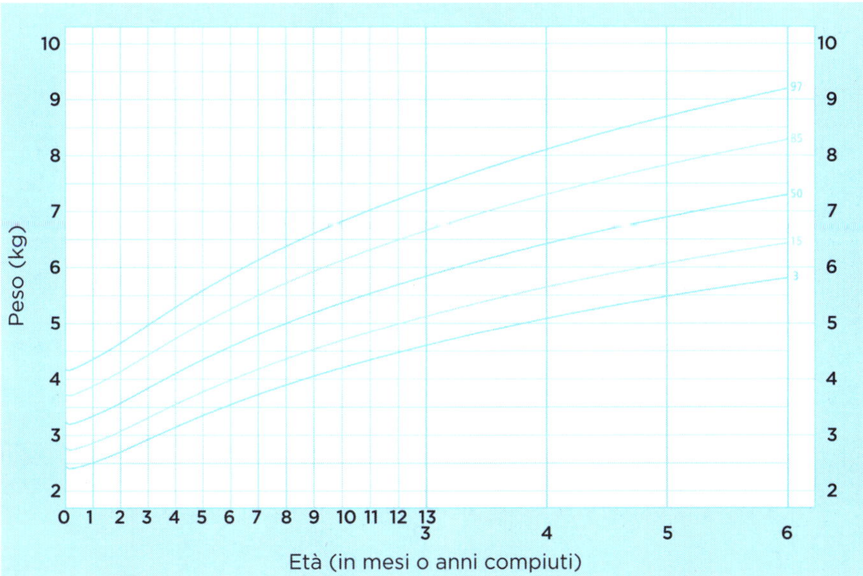

Sito ufficiale dell'OMS http://www.who.int/childgrowth/standards/height_for_age/es/index.html, 2011

Maschi

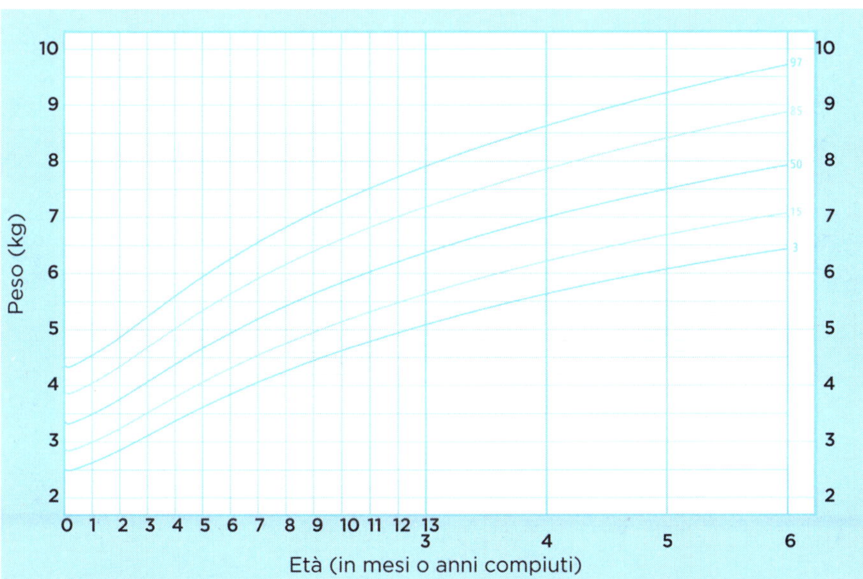

Sito ufficiale dell'OMS http://www.who.int/childgrowth/standards/height_for_age/es/index.html, 2011

Dalla nascita ai due anni

Femmine

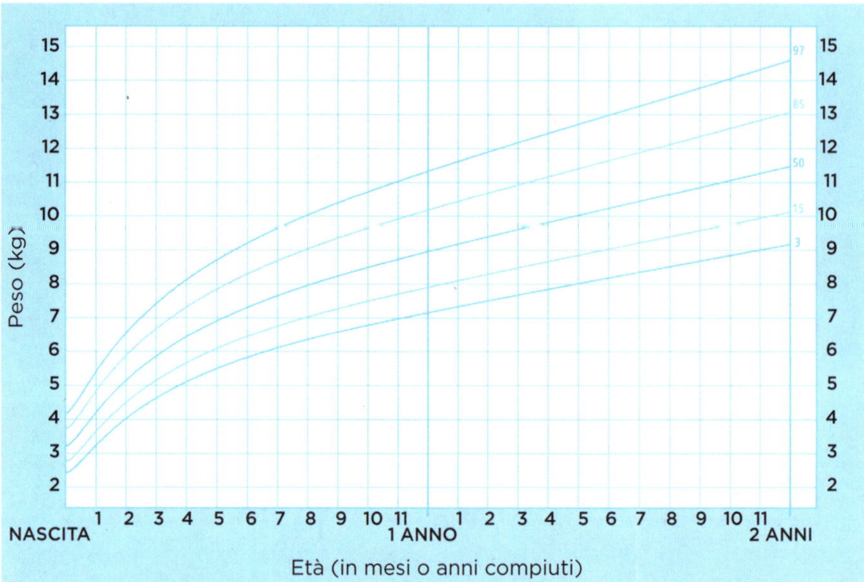

Sito ufficiale dell'OMS http://www.who.int/childgrowth/standards/height_for_age/es/index.html, 2011

Maschi

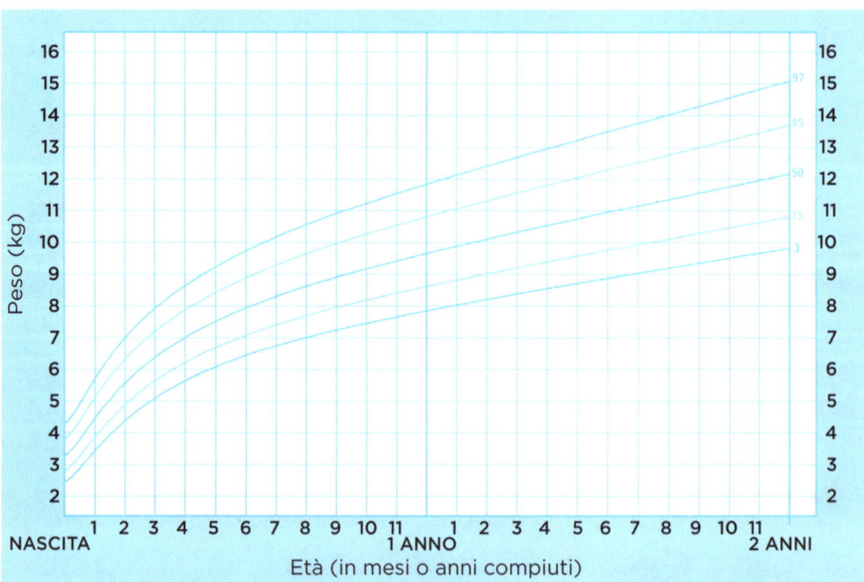

Sito ufficiale dell'OMS http://www.who.int/childgrowth/standards/height_for_age/es/index.html, 2011

Dai sei mesi ai due anni

Femmine

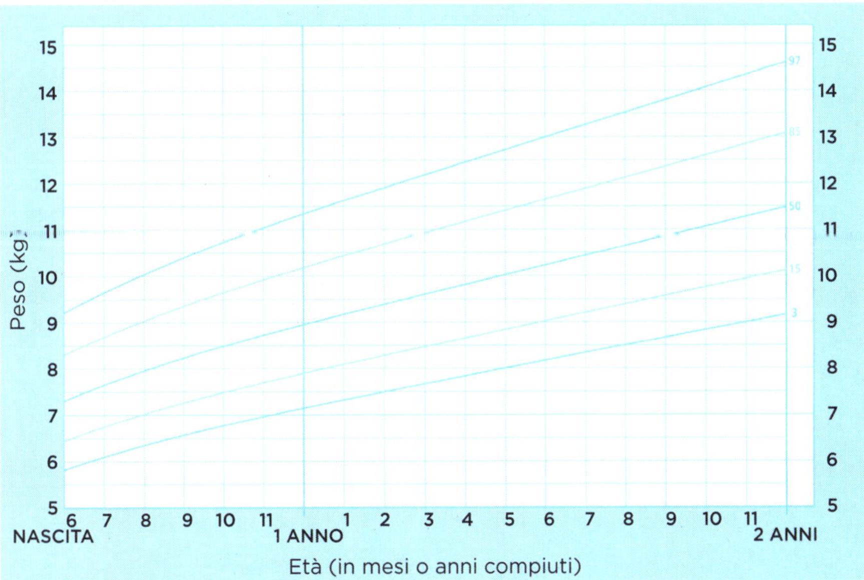

Sito ufficiale dell'OMS http://www.who.int/childgrowth/standards/height_for_age/es/index.html, 2011

Maschi

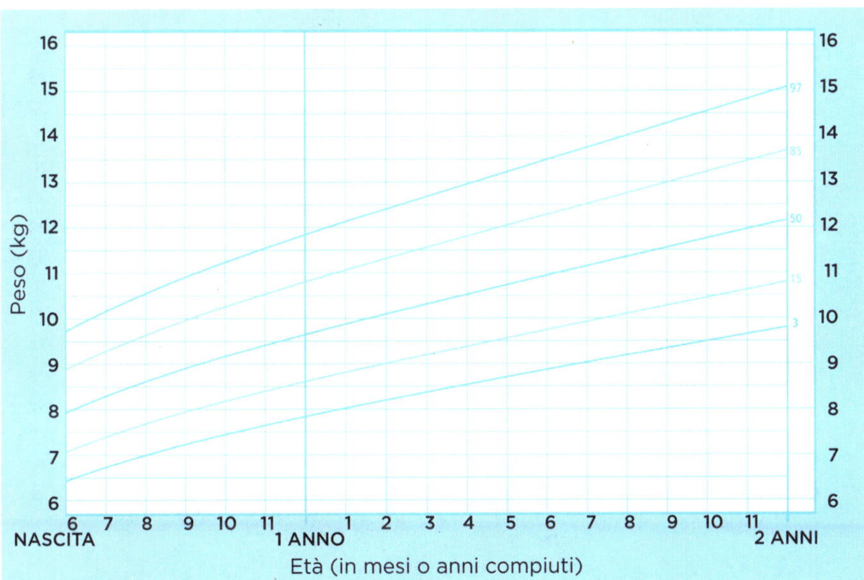

Sito ufficiale dell'OMS http://www.who.int/childgrowth/standards/height_for_age/es/index.html, 2011

Dai due ai cinque anni

Femmine

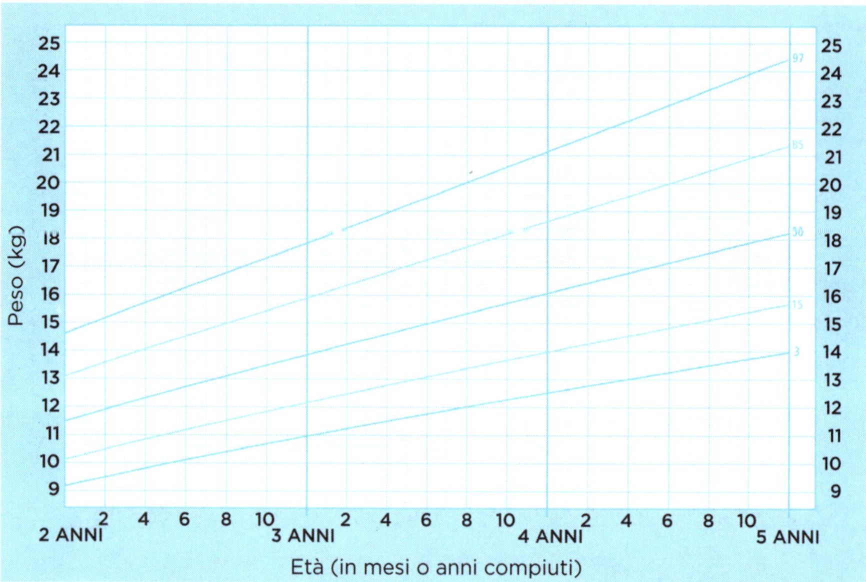

Sito ufficiale dell'OMS http://www.who.int/childgrowth/standards/height_for_age/es/index.html, 2011

Maschi

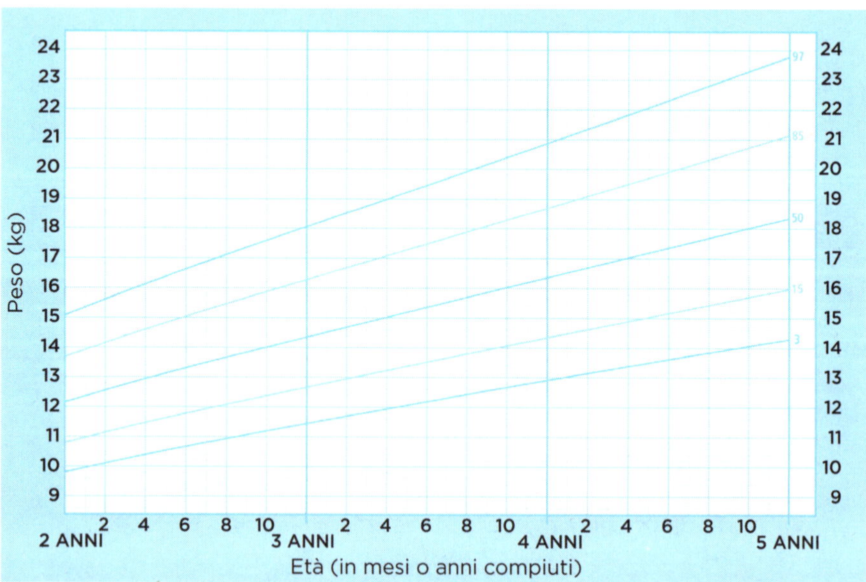

Sito ufficiale dell'OMS http://www.who.int/childgrowth/standards/height_for_age/es/index.html, 2011

Dalla nascita ai cinque anni

Femmine

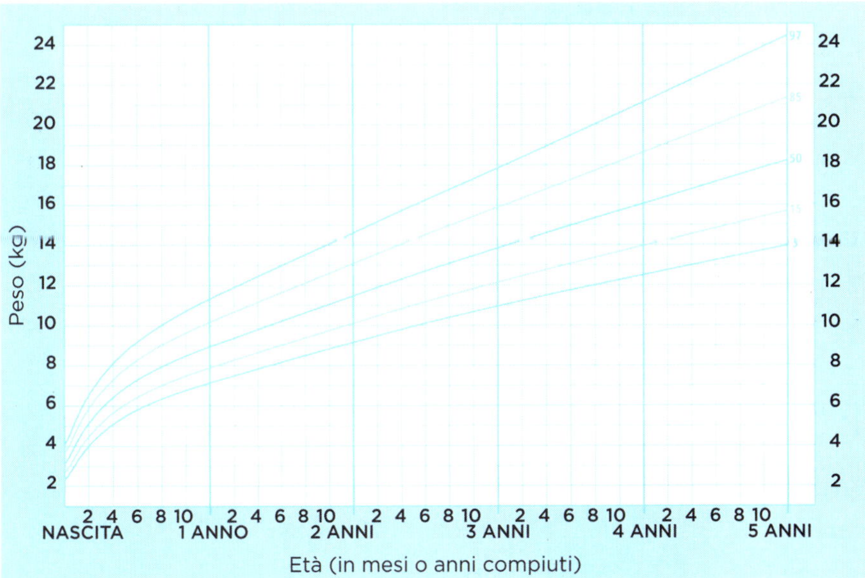

Sito ufficiale dell'OMS http://www.who.int/childgrowth/standards/height_for_age/es/index.html, 2011

Maschi

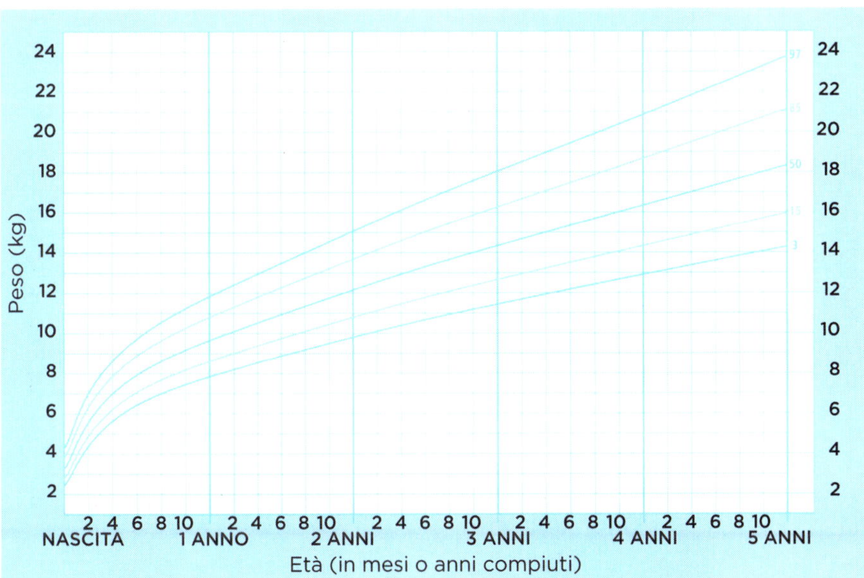

Sito ufficiale dell'OMS http://www.who.int/childgrowth/standards/height_for_age/es/index.html, 2011

INDICE DI MASSA CORPOREA - ICM (percentili)

Dalla nascita ai due anni

Femmine

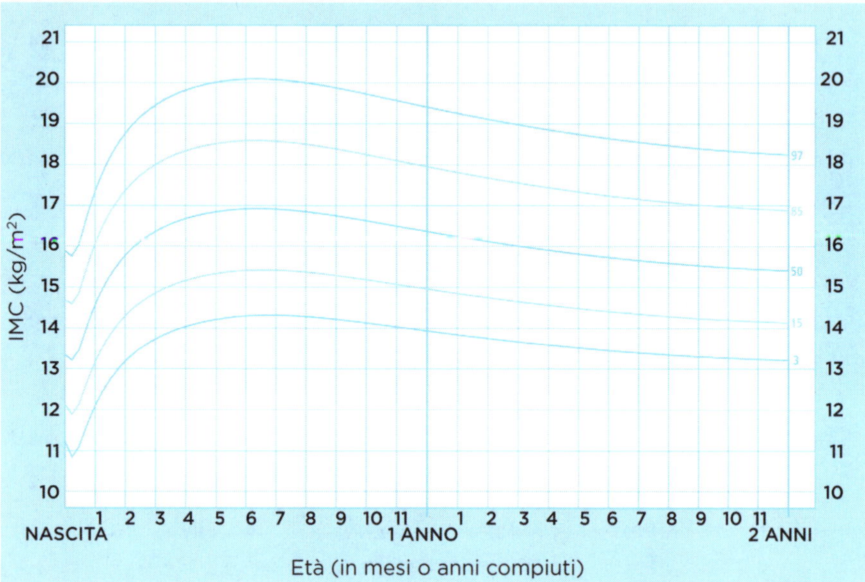

Sito ufficiale dell'OMS http://www.who.int/childgrowth/standards/height_for_age/es/index.html, 2011

Maschi

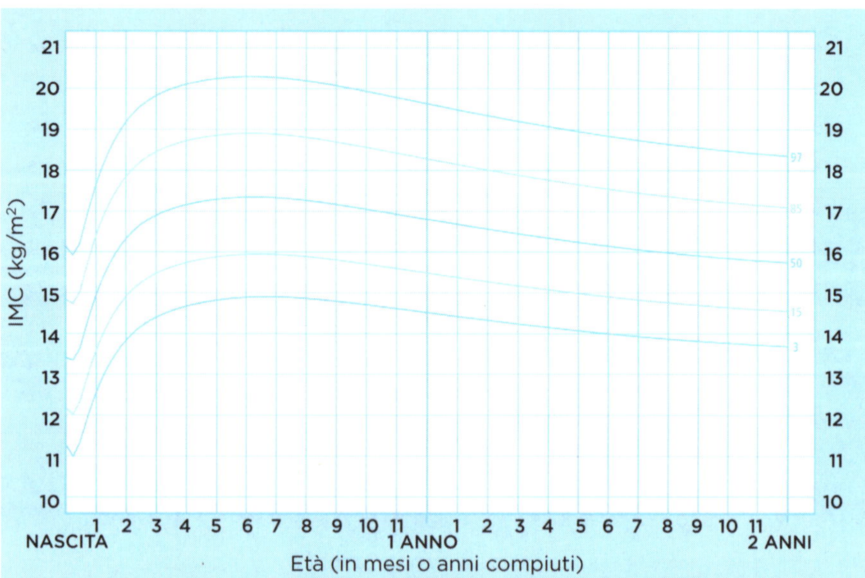

Sito ufficiale dell'OMS http://www.who.int/childgrowth/standards/height_for_age/es/index.html, 2011

Dai due ai cinque anni

Femmine

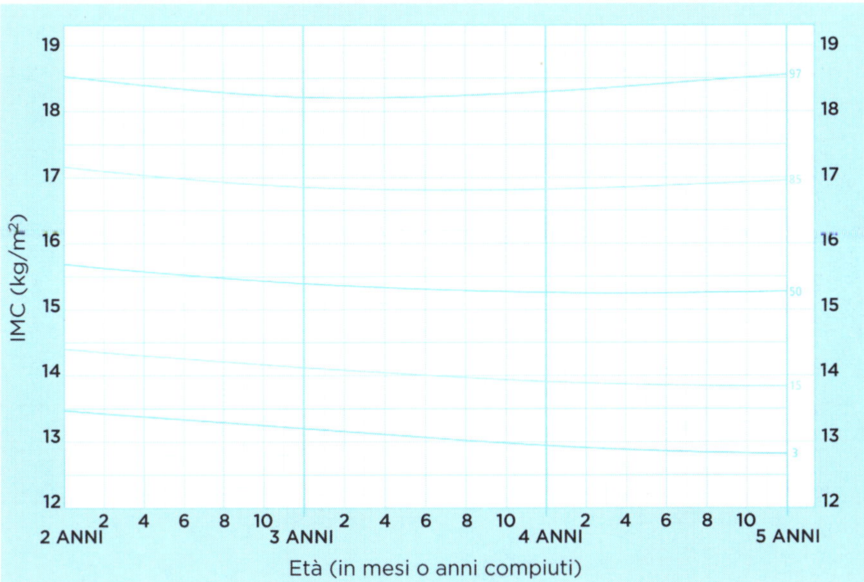

Sito ufficiale dell'OMS http://www.who.int/childgrowth/standards/height_for_age/es/index.html, 2011

Maschi

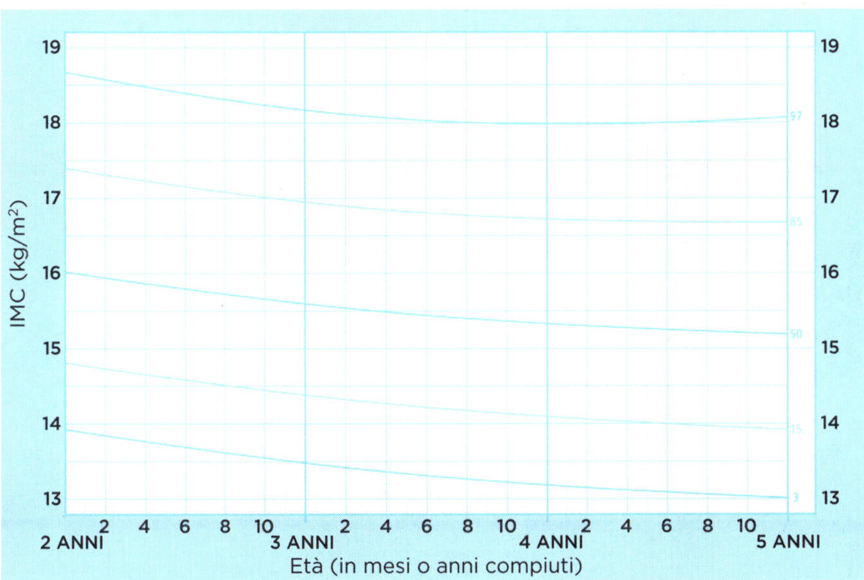

Sito ufficiale dell'OMS http://www.who.int/childgrowth/standards/height_for_age/es/index.html, 2011

Dalla nascita ai cinque anni

Femmine

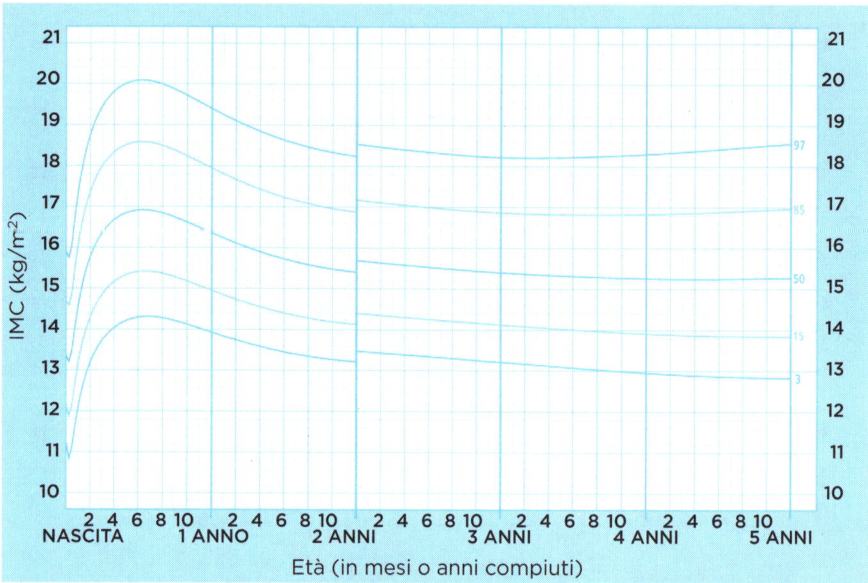

Sito ufficiale dell'OMS http://www.who.int/childgrowth/standards/height_for_age/es/index.html, 2011

Maschi

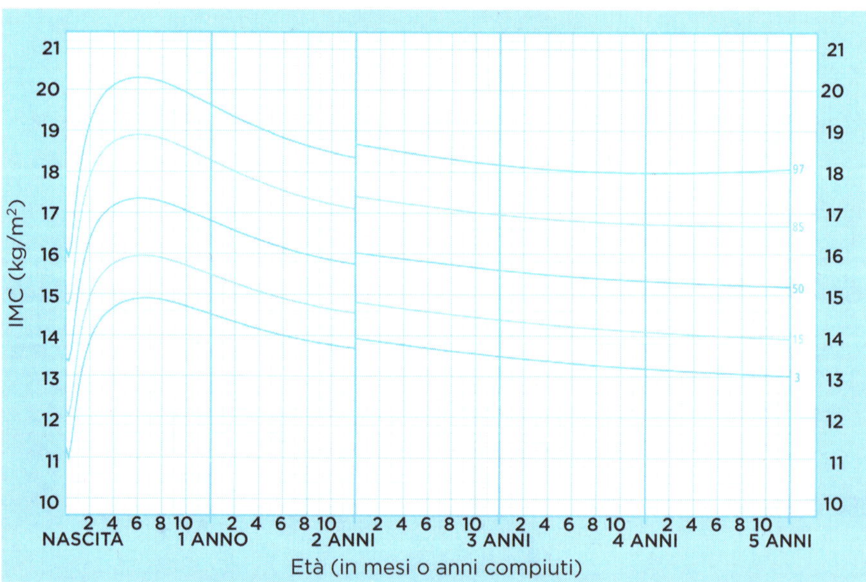

Sito ufficiale dell'OMS http://www.who.int/childgrowth/standards/height_for_age/es/index.html, 2011

CIRCONFERENZA CEFALICA (percentili)

Dalla nascita a tredici settimane

Femmine

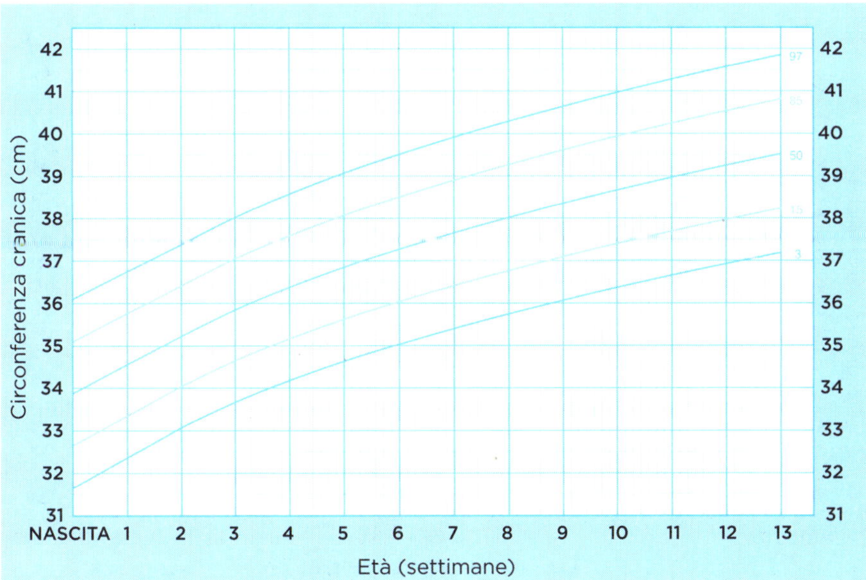

Sito ufficiale dell'OMS http://www.who.int/childgrowth/standards/height_for_age/es/index.html, 2011

Maschi

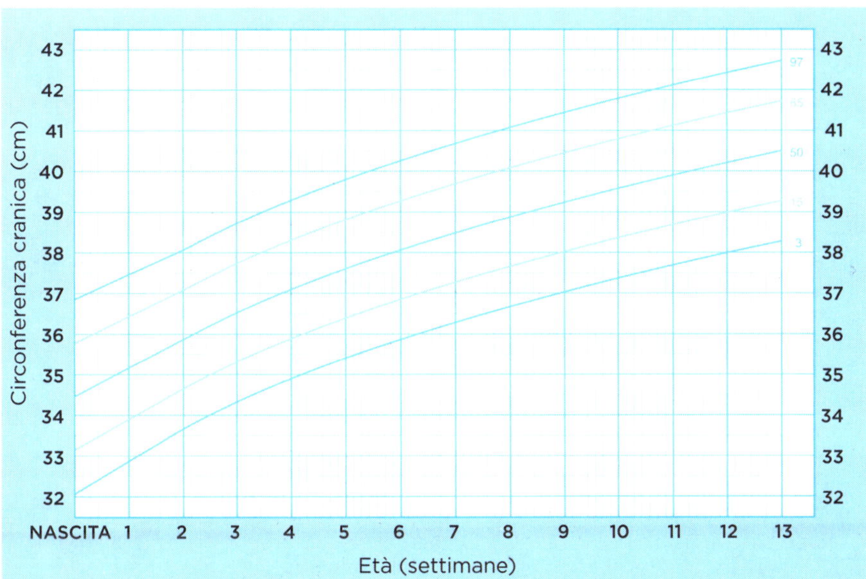

Sito ufficiale dell'OMS http://www.who.int/childgrowth/standards/height_for_age/es/index.html, 2011

Dalla nascita ai due anni

Femmine

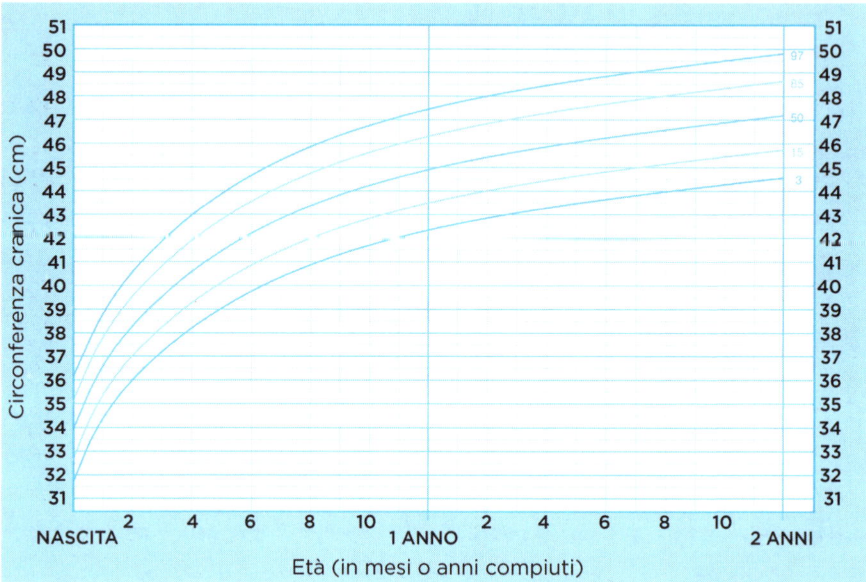

Sito ufficiale dell'OMS http://www.who.int/childgrowth/standards/height_for_age/es/index.html, 2011

Maschi

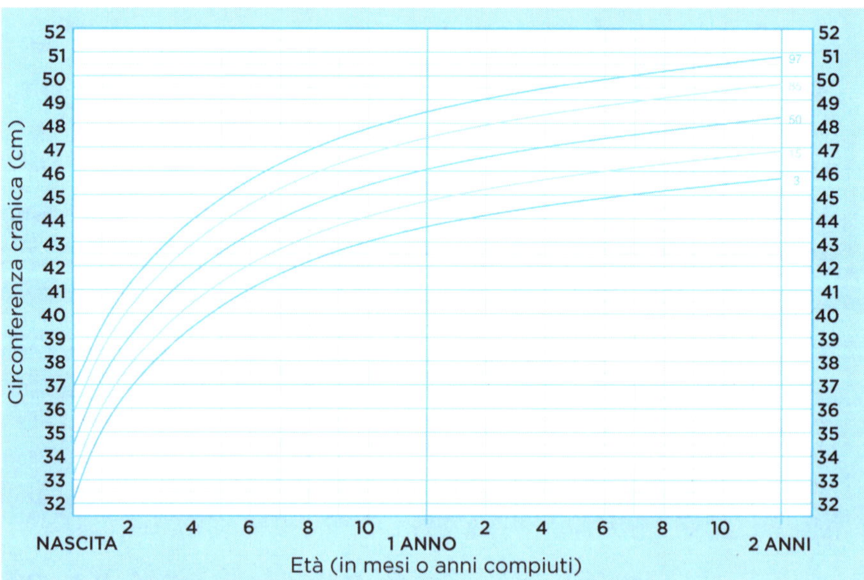

Sito ufficiale dell'OMS http://www.who.int/childgrowth/standards/height_for_age/es/index.html, 2011

Dalla nascita ai cinque anni

Femmine

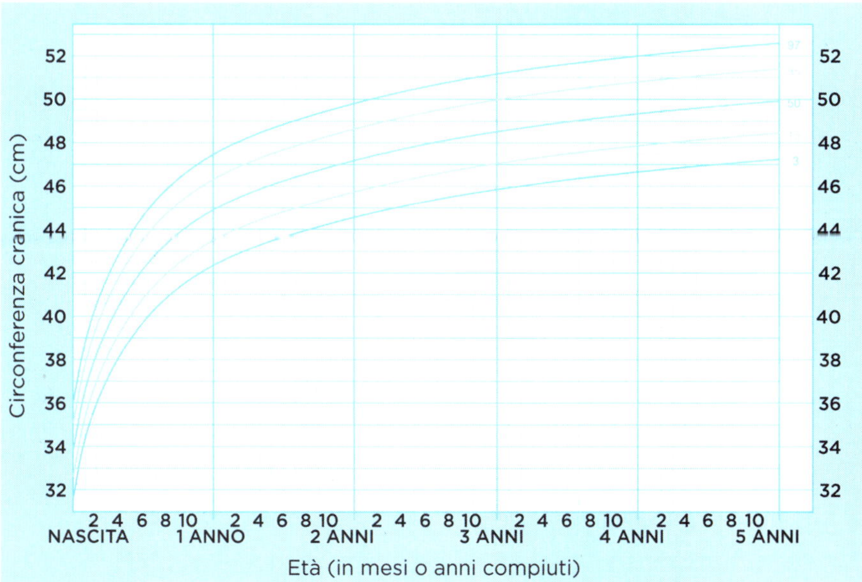

Sito ufficiale dell'OMS http://www.who.int/childgrowth/standards/height_for_age/es/index.html, 2011

Maschi

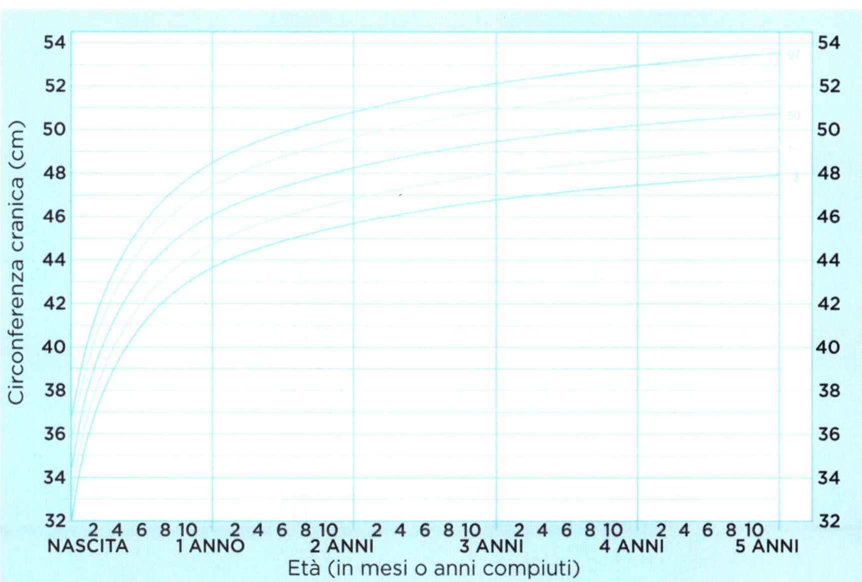

Sito ufficiale dell'OMS http://www.who.int/childgrowth/standards/height_for_age/es/index.html, 2011

PARTE SECONDA

LE COSE CHE NON CI HANNO INSEGNATO PRIMA CHE DIVENTASSIMO GENITORI

OVVERO

"CHE COSA FARE SE...?"

16

CHE COSA SIGNIFICA EDUCARE?

Questa sì che è una domanda

Ecco una delle tante domande che ci si presentano, a sorpresa o prevedibili, non è vero? Il fatto è che mentre attendiamo o anche quando finalmente accogliamo un figlio continuiamo a rivedere nella nostra mente tutta una serie di situazioni agrodolci che il nuovo membro della famiglia ci può regalare. Non è una cosa da poco: saremo i maggiori responsabili di una persona, e ci sentiamo prendere da una sensazione strana nella quale preoccupazioni e aspettative si danno la mano.

Il fatto è che il dubbio primordiale non si riassume in *che cosa* sia educare (una spiegazione comunque insufficiente), ma *come* farlo. Una sfida fondamentale perché non esiste una scuola che possa insegnarlo al cento per cento, anche se possiamo seguire interessanti indicazioni pedagogiche che ci aiuteranno a prendere di continuo le decisioni che servono a far crescere nostro figlio.

Ci piace la definizione fornita dalla pedagoga Isabel Orejales di che cosa sia la *buona educazione*: «Insegnare a conoscere le proprie possibilità, a desiderare di crescere, ad accettare i limiti e le virtù in modo sano... è insegnare a vivere». D'accordo? L'idea sembra esatta, ma è bene renderla più precisa, farla capire con commenti ed esempi: che cosa significa per noi, genitori, "insegnare a vivere"?

- È trasmettergli i precetti che ci hanno inculcato?
- È offrirgli tutto quello che noi non abbiamo potuto avere?
- È guidarlo nella disciplina?
- È evitargli qualsiasi sofferenza?

Abbiamo già visto l'influenza dell'ambiente che circonda il bebè a partire dai quattro mesi di vita, sappiamo che il piccolo ha bisogno del contatto con chi si cura di lui e che l'affetto che riceve è il fondamento dell'amore che esprimerà in futuro. Perciò non c'è niente di meglio che abbracciare, interagire e condividere con nostro figlio... Come in un letto di rose: bello e spinoso. La vita può essere essenzialmente bella, però la maturità personale significa sapersela cavare durante le crisi e uscirne rafforzati. Ecco perché una buona educazione implica insegnare ad adattarsi alle situazioni belle e anche a quelle brutte. Abbiamo successo quando non isoliamo nostro figlio dal dolore, quando gli spieghiamo le sue ragioni e lo aiutiamo a comprenderle e a trarne insegnamento. Quando non siamo iperprotettivi e non mentiamo a nostro figlio abbiamo in mano più strumenti per vedere un futuro adulto sicuro di sé e che sa farsi valere.

Le uniche maschere di cui un bambino ha bisogno sono quelle del carnevale. Una bugia porta alla mancanza di fiducia e, quindi, alla squalifica della nostra forza come educatori.

Educare è un compito assolutamente personale (non pensiamo che la scuola ci possa sostituire), dove il buon senso e i valori in cui noi stessi siamo stati educati risultano imprescindibili. Se da bambini qualcosa non ci è piaciuto, non mettiamolo in pratica sui nostri figli. Questo riguarda anche le nostre attitudini, il modo in cui ci comportiamo di fronte alle situazioni: il bimbo imita, osserva, impara da ciò che vede. Inoltre, dobbiamo essere consapevoli dell'epoca in cui nostro figlio vive, della sua personalità (non tutti i bambini si educano allo stesso modo), delle sue esigenze. Senza dubbio, quello che più desidera è che gli prestiamo attenzione. Se ci limitiamo ad ascoltare noi stessi, le nostre intenzioni come genitori-educatori, potremmo perdere il filo di ciò che nostro figlio vuole essere. Spieghiamogli le cose brevemente e standogli vicino. È quello che si chiama "comunicazione" e che si usa poco ed è la migliore risorsa sulla quale contano i papà e le mamme. Così si trasmettono i valori che sviluppiamo nei diversi capitoli di questa parte del libro: comunicando continuamente, insegnando con l'esempio ed essendo coerenti con le nostre opinioni e le nostre decisioni. E anche essendo divertenti, perché la rigidità annoia: se mettiamo da parte le prediche e usiamo la fantasia delle favole, il commento alle situazioni quotidiane o una vicenda televisiva per trasmettere un certo messaggio, il bimbo sarà più ricettivo.

La grande differenza tra educare e indottrinare sta nel rivelare a nostro figlio questi concetti che non solo lo aiuteranno a sentirsi più sicuro di sé, ma che gli permetteranno anche di relazionarsi con il suo ambiente in forma soddisfacente. Di fatto, l'autostima, il comportamento e la corretta socializzazione di un bambino, che poi diventerà un adolescente, si fondano su alcune nozioni molto poco materiali che a volte crediamo che siano passate di moda ma che invece sono assolutamente necessarie: i *valori*. Il rispetto, la solidarietà, la gentilezza, la generosità e l'impegno si contrappongono alla negligenza, al consumismo gratuito o all'egoismo. Un bambino (ben) educato è un bambino che sa che cosa siano i valori che ci rendono umani. È vivace e ben disposto a portare a termine i suoi impegni scolastici o la sua parte di incombenze domestiche, tratta con gentilezza la famiglia e gli amici, sa cavarsela da solo ed è capace di stare e giocare da solo, non ha bisogno di ribellarsi per richiamare l'attenzione perché si sente in grado di soddisfare qualsiasi richiesta. Riconoscere quali sono le sue abilità emotive e quali sono i valori che intendiamo insegnargli e trasmettergli in ogni momento non sembra cosa semplice, ma la convivenza, l'affetto e la comunicazione in famiglia stabiliranno i modelli di condotta che noi genitori cerchiamo e che faciliteranno la completa integrazione del bambino nella cultura e nella società nelle quali vive. È importante far notare che, in generale, i bambini imparano da ciò che osservano nelle persone che assumono come loro modelli di vita.

E quindi, per cominciare, abbiamo ben chiaro quali sono questi valori, queste competenze che distinguono la maggior parte di noi e sulle quali dobbiamo lavorare attivamente con nostro figlio? Ecco qui di seguito un'idea di massima delle competenze emotive fondamentali:

- Socievolezza, capacità di comunicare, dialogare, saper ascoltare, essere solidale, saper distinguere ciò che è vantaggioso da ciò che è dannoso, gentilezza, essere riflessivo, rispettoso e onesto.
- Amicizia, sincerità, generosità, semplicità, bontà, impegno, umiltà, ottimismo, cordialità, lealtà, saper chiedere scusa, saper ringraziare e avere pazienza.
- Impegno, obbedienza, autocontrollo, autodisciplina, adattabilità, responsabilità e dignità.

Oggi molte di queste risorse personali finiscono per sfumare a causa della fretta, del famigerato stress e di uno stile di vita in cui il materialismo vince sul sentimento. Stiamo perdendo i valori, e per questo finiamo per dire che i bambini sono sempre più maleducati e irrispettosi nei confronti dei genitori, degli educatori e di tutte le persone con cui hanno a che fare in generale. L'autorità li lascia indifferenti e a volte si comportano persino con aggressività. Ma noi continuiamo a non insultare, a trattare con gentilezza gli altri e ad accettare un ordine? Nostro figlio può prendere a esempio i nostri criteri di condotta? In famiglia trova lo spazio per sviluppare in libertà le sue qualità personali? Prima di dare la responsabilità dell'atteggiamento del bambino alle altre compagnie o al suo "carattere nervoso" dobbiamo porci delle domande. Come genitori è fondamentale mostrare rispetto verso i figli, dar loro fiducia e considerazione perché imparino ad avere stima di se stessi e, di conseguenza, a rispettarsi. Inoltre, mostrando apprezzamento verso gli altri, anche loro riceveranno in risposta da chi li circonda generosità, gentilezza o rispetto (un *feedback*). Tutti i bambini, indipendentemente dal loro carattere, sono capaci di imparare: che siano tranquilli, vivaci, ribelli o timidi, imparano a comportarsi vivendo con la loro famiglia. In base alla nostra presenza fisica e mentale o in base al nostro impegno, imparano a mangiare con le posate oppure con le mani sdraiati sul divano; imparano a esprimersi in un modo o in un altro con i superiori o con gli amici; assimilano usanze, tradizioni e abitudini di igiene e affetto che poi porteranno anche a scuola e fuori casa. Quindi i valori non sono innati (no, non esistono bambini buoni e bambini cattivi perché sono nati così), e una buona educazione è, semplicemente, un'educazione con dei valori.

Quando potenziamo le qualità del bambino e lo aiutiamo a interiorizzarne altre, aumenta il benessere di tutta la famiglia. Per esempio, se nostro figlio si rende conto di quanto sia vantaggioso mantenere una buona comunicazione con gli amici della sua squadra di calcio, sa giungere a un compromesso e segue le regole del gruppo per vincere, finisce con lo stare bene e per interiorizzare questi valori facendoli entrare nella sua vita quotidiana. Al contrario, obbligandolo a comportarsi in un certo modo senza riconoscimenti personali e soltanto con la minaccia di un castigo, il bambino rifiuterà completamente di applicare questi valori al suo modo di essere. In questo passaggio naturale e spontaneo noi genitori siamo un esempio di come siamo, come vediamo il mondo e di come ci piace essere trattati. Nell'educazione contano le emozioni, la sensibilità, i sentimenti, la comunicazione chiara di quali valori sono importanti e quali no.

Certo, molte volte sbaglieremo. Che gli errori siano benvenuti, perché si impara anche da essi. Nessuna relazione tra genitori e figli è perfetta, e chi afferma il contrario mente. Non c'è spazio per l'ansia, ma per la rettifica, per arrivare a una visione più oggettiva, anche professionale. Non perdiamoci negli equivoci, né nell'autocritica e non nascondiamoci dietro un "non ho tempo"!

Ovviamente in certi casi i problemi, i conflitti si affrontano con un "perché lo dico io" e con punizioni e limiti logici che insegnino al bambino che il suo comportamento porta a delle conseguenze. Chi non ha subito le conseguenze dei propri atti si trasforma in una persona irresponsabile che non sopporta la frustrazione. Però il grande obiettivo e, al tempo stesso, la grande sfida, è cercare il dialogo, spingere nostro figlio a prendere in ciascuna situazione le decisioni più giuste per lui.

In definitiva, lasciamo gli orchi alle favole e concentriamoci su regole di comportamento espresse con chiarezza e sicurezza, anche se senza pressioni controproducenti né ordini. Quando nostro figlio assimila una norma, congratuliamoci con lui con affetto o con una qualche forma di compenso; se non riesce a rispettarla, cercheremo di rafforzarla in altri modi, senza diventare ossessivi. Ma se reagisce in modo molto negativo possiamo arrivare a privarlo di qualche privilegio. Far giungere nostro figlio a una sana libertà passa per la capacità di mantenerci *positivi e sicuri*; non dobbiamo essere ossessionati da tutto quello che sbaglia rimproverandolo continuamente, ma dobbiamo anche lodarlo quando lo fa bene: non pretendere di risolvere con le punizioni la situazione quando il bambino ha sbagliato, ma orientarlo fin dal principio con il nostro esempio. Ringraziamolo quando si comporta da adulto e scusiamoci quando commettiamo degli errori. Essere orgogliosi dei nostri figli è la base della loro autostima, ciò che li spinge a essere brave persone. Non dobbiamo mai smettere di essere dei modelli di comportamento in casa. Non dimentichiamo di dire "per favore" e "grazie". Non permettiamo nemmeno la violenza. Siamo il loro specchio e ci ringrazieranno. Perché, come recita un detto: «È difficile essere genitore, ma è difficile anche essere figlio».

In questi alti e bassi di affetto e disciplina, dove si situa il punto intermedio? Educare significa avere il pugno di ferro o essere presenti, qualsiasi cosa accada, perché sono i nostri figli e li accettiamo come tali? Oggi, soprattutto tra i genitori che trascorrono molto tempo fuori casa, la questione dell'attaccamento tra genitori e figli ha acquisito importanza nell'ambito dell'educazione. Molti genitori confondono affetto, iperprotettività e permissivismo, e li trasformano nella base della relazione familiare. Tuttavia, è possibile esprimere sentimenti positivi e amore anche quando diciamo "no" e stabiliamo una regola di comportamento. Un bambino che si sente amato e capisce le ragioni di un "no" e di un "sì" gode di una buona autostima e si integra meglio perché è sicuro di sé. Al contrario, il bambino a cui si presta un'attenzione eccessiva non ha opportunità di fare niente né di sbagliare, e quindi è insicuro e ha poca stima di sé. Noi genitori dobbiamo costruire, senza tirarci indietro né addurre scuse, una sicurezza affettiva per i bambini. Devono sentire che siamo al loro fianco per aiutarli e amarli, non soltanto per soddisfare i loro capricci e giustificare i loro attacchi di rabbia. Ascoltando un bimbo, guidandolo, trascorrendo con lui del tempo di qualità, poniamo i mattoni necessari per stabilire una relazione solida con lui quando arriverà all'adolescenza e dovrà affrontarne le contraddizioni. Questa confidenza fin da quando i figli sono piccoli ci faciliterà un po' le cose quando sorgeranno problemi come l'inizio dell'istinto sessuale, di cui parliamo nel capitolo 22. Questa singolare costruzione della relazione tra genitori e figli si definisce attaccamento e va oltre l'istinto di protezione e l'amore.

Tutti noi abbiamo bisogno di alcuni punti di riferimento per evolverci come persone; l'attaccamento è fondamentale per crescere ed educarci. I bebè e i bimbi in età scolare si fidano e dipendono dai genitori e dai familiari più vicini. Per questo le separazioni, come i primi giorni all'asilo o a scuola, sono un trauma... Se papà e mamma spariscono, chi li amerà, chi si prenderà cura di loro? Con il tempo, i figli acquisiscono autonomia e sopportano la lontananza da noi, oltre a provare la curiosità di esplorare altri orizzonti. È normale. Ma quando si sentono tristi o preoccupati, tornano ad avvicinarsi alle figure d'attaccamento di quando erano piccoli. Perché, come afferma la saggezza popolare, non c'è niente che una madre non possa guarire.

In effetti, la madre o il padre continueranno a essere il referente principale per tutta la vita, anche se con gli anni al gruppo di attaccamento si aggiungeranno gli amici e il partner. Noteremo una breve parentesi quando nostro figlio, arrivato all'adolescenza, rifiuterà questo attaccamento mentre è alla ricerca della propria identità. Tuttavia non dobbiamo prenderla come una specie di fuga o di mancanza d'amore. Il fatto che allarghi la sua rete emotiva e che sappia farsi degli amici, amare ed essere amato significa che abbiamo fatto bene il nostro lavoro. Il nostro vincolo è stabile e nostro figlio diventerà un adulto indipendente e capace di relazionarsi con tutti. Se il legame affettivo tra genitori e figli è equilibrato, senza eccessi né carenze, ne godremo per tutta la vita.

Ancora una volta, per allacciare un vincolo equilibrato il segreto è la *comunicazione*. Un bambino va per il mondo tenendoci per mano. Si vede piccolo e inesperto e ha bisogno di sapere che noi condivideremo con lui ogni scoperta, e non perché siamo obbligati a farlo, ma per amore. Perché ne abbiamo voglia e perché ci piace. Siamo la migliore fonte di informazione. Con noi, se gli raccontiamo con naturalezza come ci sentiamo, chi sono i nostri amici, come ci divertiamo e qual è il nostro lavoro, il piccolo imparerà che cosa siano l'allegria, la tristezza, l'amicizia, il lavoro, il divertimento. L'attaccamento si costruisce tramite lo scambio: il bimbo si esprime e si confida con i genitori perché anche loro lo fanno con lui. Non possiamo sperare o esigere che i bambini ci raccontino le loro piccole battaglie e le loro preoccupazioni se noi non condividiamo le nostre con loro. Qualcuno dirà che quasi non ha tempo per farlo, ma non si tratta di trascorrere ore e ore con nostro figlio: è importante che il tempo che passiamo insieme sia di qualità, che lo ascoltiamo e parliamo anche se pensiamo che il piccolo "non ci capisce". Un po' di conversazione ogni giorno, un dialogo semplice e diretto (anche un monologo, quando abbiamo un bebè che non può essere ancora un interlocutore attivo), stabilirà le basi di una relazione piena di confidenza e attenzione. Iniziamo dando risposte semplici e coerenti alle sue domande o dubbi e non aspettiamoci reazioni immediate. Mettiamoci nei suoi panni e cerchiamo di semplificare la comunicazione in modo che ci comprenda. In questo modo, il bimbo di volta in volta userà il linguaggio con maggiore scioltezza. Non c'è dubbio che trarremo il meglio dalla reciproca compagnia, e noi genitori ricorderemo come si vede il mondo con gli occhi di un bambino.

METTIAMOCI IN RELAZIONE CON I NOSTRI FIGLI

Riserviamo loro del tempo. Per esempio, all'ora di cena, senza il ronzio della televisione.

Ascoltiamoli con attenzione e forniamo loro risposte semplici, complete di riferimenti e concetti che possano comprendere. Questo non significa che dobbiamo trattarli come se fossero sciocchi: se utilizziamo un linguaggio adulto e privo di ambiguità, saremo più credibili. Tra i tre e i cinque anni i piccoli entrano nella *fase delle domande*. Sono investigatori nati che in molte occasioni ci mettono alla prova con questioni difficili da risolvere. Dobbiamo seguire il nostro intuito e trovare il momento adatto per risolvere i loro dubbi in modo chiaro ma, al tempo stesso, dosando l'informazione. È preferibile interrompere l'interrogatorio e proporre un altro momento per continuare invece di spiattellargli un "chiudi il becco" o " come sei pesante".

Affrontiamo con molto tatto gli argomenti complicati. Sbagliamo credendo che per poter affrontare la vita il bambino debba sapere il prima possibile che è dura. I nostri figli vedono e sentono cose che li inquietano e ci chiedono risposte che li tranquillizzino. Temono i mostri, i ladri... e vogliono sapere di essere al sicuro. Il meglio che possiamo fare in questi casi è non mentire; spieghiamo loro queste realtà tramite favole o metafore che evitino traumi non necessari. Anche se i bambini non dispongono di meccanismi per comprendere i lati negativi della vita, il nostro ruolo è di garantire la loro tranquillità e la loro felicità. Con il tempo potremo presentare in modo dolce e piacevole una visione più realistica dei problemi. Lasciamo che i bambini siano bambini!

Siamo i suoi genitori e i suoi educatori e *non i suoi amici.* Come genitori abbiamo n ruolo affettivo diverso da quello dell'amicizia. Tra amici stabiliamo delle relazioni da pari a pari, ma questo non può succedere con nostro figlio. Siamo suoi complici, ci prendiamo cura di lui, siamo i suoi referenti più importanti, ma non abbiamo le qualità che gli offre un amico, una persona che esplora la vita dalla sua stessa prospettiva.

L'AUTOSTIMA

Fino a ora abbiamo visto che parliamo con i nostri figli per trasmettere loro conoscenze e affetto, che li aiuteranno a liberarsi dalle paure e dall'isolamento sociale. In altri termini, stimoliamo la comunicazione per rinforzare l'unione con loro e, soprattutto, per favorire la loro autostima. I libri sull'intelligenza emotiva situano l'autostima al primo posto tra le competenze che portano a essere più felici. E quindi, a che cosa ci riferiamo esattamente quando parliamo di alta autostima o bassa autostima? Definiamo l'autostima come la consapevolezza che ogni persona ha di avere un valore, della sua percezione intima di meritare di essere amata. Un bambino con una bassa autostima non osa affrontare le sfide, essere coinvolto in relazioni affettive o difendersi da quello che non gli piace. Crede che non sarà in grado di superare le sfide vitali o emotive. Da parte sua, un bambino con una buona autostima saprà farsi valere e farsi rispettare, supererà certi atteggiamenti egocentrici caratteristici di alcune fasi della crescita e comunicherà senza problemi con gli altri. Lo ascolteranno, come lui ha imparato ad ascoltare.

Sentire che gli altri ci possono stimare parte dagli stimoli positivi che ci hanno trasmesso le persone che si sono curate di noi e ci hanno voluto bene fin da piccoli: i genitori. Il messaggio: "tu sei importante nella nostra famiglia" arriva a nostro figlio attraverso le nostre parole, le carezze, gli abbracci, i baci e tutti i gesti d'affetto. Per questo, la cosa migliore che possiamo fare è mostrargli positività e coraggio di fronte alle difficoltà. Espressioni come "Sbagli tutto", "Sei un disastro" o "Non ascolti" instillano nella testa di nostro figlio l'idea che non sia in grado di fare meglio. Un bambino che non afferma se stesso finisce per inibirsi o per diventare aggressivo. Ha paura perché non ha fiducia nelle proprie possibilità. Sono bambini dipendenti o chiusi; non prendono l'iniziativa, non si mescolano con i coetanei e sono manipolabili perché evitano il confronto. Oppure sono bambini che reagiscono negativamente, in modo aggressivo e sproporzionato di fronte alle richieste e alle opinioni dei loro compagni. Tuttavia, tutti i piccoli mostrano in qualche fase del loro adattamento alle relazioni un atteggiamento di difesa o di attacco. È naturale, sempre che né la difesa né l'attacco si trasformino nella forma predominante della loro interazione con gli altri. Un'attitudine alle reazioni esagerate deve preoccuparci perché è un indizio che non il bambino o il ragazzo non sono felici e perché in questa modo non riusciranno a farsi degli amici.

E gli amici, così come papà e mamma, sono essenziali perché il bambino definisca le sue capacità fisiche, intellettuali, sentimentali e sociali. Tutte le persone che fanno parte del suo mondo gli fanno da specchio, e in questo modo può paragonarsi agli altri e scoprire che cosa lo rende differente e unico. La formazione dell'identità e la necessità di riconoscersi in un gruppo di amici sono due processi paralleli che apportano grandi benefici. Nostro figlio riconosce i suoi pregi e i suoi difetti e impara ad andare d'accordo con gli altri, capisce che cosa significa cooperare e collaborare e impara a risolvere con successo i problemi. È un circolo virtuoso: stimolare positivamente nostro figlio lo aiuta ad affermare se stesso, e quindi a ottenere l'apprezzamento delle altre persone, il che a sua volta aumenta la sua autostima.

IL RUOLO DEI NONNI

Nell'ambito familiare, altre fonti di stimolo e informazione sono "altri genitori": i nostri. Forse pensiamo, consapevolmente oppure no, che le loro idee a proposito di educazione siano cose del passato e che sicuramente non possano portare alcun vantaggio allo sviluppo dei nipoti, ma non esiste nessuno migliore delle persone anziane per regalarci due valori favolosi: l'esperienza e la pazienza.

Sono i genitori a stabilire i modelli di formazione dei figli, ma poter contare sulle cure e la dedizione dei nonni è un vero e proprio privilegio. Hanno tempo a disposizione e sanno molto bene che cosa significhi essere genitori. Mentre per le mamme e i papà il figlio cresce a tutta velocità e i problemi si affrontano senza poter ricorrere all'esperienza, i nonni si dimostrano più preparati di fronte a situazioni che probabilmente hanno già vissuto. Inoltre le vivono con tale intensità che possono sentirsi in colpa se i bambini si fanno male, anche se si tratta di un danno insignificante. La loro pazienza e le loro cure sono meravigliose, al punto che i bambini possono chiedere loro meno prudenza e più dinamismo. D'altro canto, la loro esperienza di vita è più ampia e trasmettono al piccolo visioni e ricordi che aggiungono valori alla sua educazione, come il rispetto, la tolleranza, la pazienza, il saper ascoltare...

I nonni, al tempo stesso, sono contagiati dalla spontaneità

e dalla vitalità dei piccoli. E allora evviva questa unione di generazioni diverse!

Forse ricordiamo i nostri nonni come affettuosissimi permissivi. Affettuosissimi perché acconsentire non equivale sempre a diseducare. I bimbi capiscono bene che i nonni concedono loro certi privilegi che i genitori tarderanno ad accettare. Questo è ragionevole nel caso in cui i nonni vengano in visita di quando in quando, o che noi andiamo a trovarli a casa loro. Il cioccolato e i biscotti per merenda, i dolciumi dopo il cinema... questi sono ricordi che fanno dei nonni persone speciali. Per contro, esiste un altro tipo di contatto tra nipoti e nonni: quando le persone anziane vivono con noi o si prendono cura dei bambini mentre noi siamo al lavoro. Nel capitolo 18 approfondiamo l'inestimabile compito dei nonni-babysitter. Ma qui anticipiamo che i nonni che trascorrono molto tempo con i nipoti hanno un ruolo importante nella loro educazione. Per questo è fondamentale che ci accordiamo con loro sui modelli che desideriamo trasmettere a nostro figlio, sia che siano d'accordo, sia che non lo siano.

Diciamo che i genitori sono i direttori d'orchestra e i nonni fanno parte del gruppo dei musicisti. Se ognuno ha una sua idea su quel che è bene e quel che è male, si corre il rischio che il bambino non capisca più niente e non sia sicuro su come si deve comportare. Ma all'interno di un comportamento coerente possono essere tollerate le merende e le coccole dei nonni che spezzano senza danni la monotonia della vita del piccolo. A volte noi genitori dobbiamo lasciarci trasportare dall'entusiasmo e mettere da parte alcuni precetti educativi. Inoltre, il rispetto, sia per i genitori, sia per i nonni, non si costruisce a partire dall'autorità severa o dall'intransigenza. I genitori non sono i cattivi del film, e i nonni non sono i buoni che si possono manipolare. Noi genitori dobbiamo insegnare ai nostri figli a obbedire ai nonni come noi abbiamo obbedito ai nostri e dobbiamo fare in modo di non squalificare le azioni delle persone più anziane davanti ai piccoli. I nonni, dal canto loro, devono accettare e applicare le idee educative che i genitori desiderano. In conclusione, si deve fare in modo che tutte le persone che fanno da referenti lavorino in accordo. Per quanto riguarda i bambini... loro imparano dai genitori e dalla storia dei nonni, e devono comprendere molto bene che i regalini dei nonni non sono la norma, ma una fantastica eccezione.

Terminiamo con un'altra eccezione, questa volta triste: quando i nonni diventano genitori per forza, sia per la morte dei loro figli, sia perché c'è un divorzio in vista. La morte di un figlio è, senza dubbio alcuno, uno dei dolori più grandi che possiamo affrontare. Per i nonni, a questo dolore si somma la necessità di assumersi la custodia dei nipotini e di compensare il vuoto affettivo che i genitori hanno lasciato. Ai nonni tocca svolgere il ruolo di mamma e papà anche se non possono soppiantare la figura dei veri genitori. Devono superare il loro dolore e mostrarsi positivi, affettuosi e disponibili, e al tempo stesso mantenere vivo il ricordo dei genitori. Certo, non è facile, ed è possibile che il bimbo non riceva la medesima educazione che avrebbero impostato la mamma e il papà, ma quel che conta è che si senta amato.

Anche la separazione dei figli moltiplica l'importanza dei nonni nella vita e nell'educazione del nipote. In questo senso, ci sono due atteggiamenti piuttosto comuni che dobbiamo evitare. Da un lato, i nonni spesso si pongono dalla parte del figlio o della figlia e danno all'altro coniuge la colpa del fallimento della relazione. Di conseguenza è possibile che svalutino, di fronte al nipote, il padre o la madre del bambino, influendo così sulla sua visione di uno dei principali referenti, causandogli dolore e angoscia. Il bimbo sta già soffrendo abbastanza e non è il caso di accentuare la sua tristezza, mentre è invece il momento che sia i nonni, sia i genitori si propongano di essere il più possibile oggettivi e rispettosi di fronte a una decisione grave come quella di separarsi, pensando che sul lungo periodo sarà meglio per tutti.

Al lato opposto, ci sono nonni che privano i figli delle funzioni genitoriali, perché li ritengono incapaci di farsi carico dei loro propri figli. È un atteggiamento più comune nei nonni paterni, che per ragioni culturali pensano che un bimbo non possa essere educato solo dal padre e che è la madre a sapersi occupare di lui. Ancora una volta, i nonni non possono e non devono sostituirsi al padre e/o alla madre, perché si creerebbe una distanza tra i bambini e i loro referenti immediati, i genitori. I bimbi non hanno colpa se genitori e nonni non vanno d'accordo, né dei conflitti familiari che altri caricano su di loro. Le faccende degli adulti sono faccende da adulti; ai bambini interessa soltanto l'affetto e la comprensione.

IL PUNTO

GELOSIE E CAPRICCI

Dedizione, stimoli, attaccamento, comunicazione... sono termini che in questo capitolo abbiamo ripetuto e che associamo all'educazione. Riuscire a metterli in pratica con un figlio unico è già laborioso e quindi, quando la famiglia cresce, come possiamo mostrarci equanimi con tutti i nostri figli? Come gestire bizze e arrabbiature? Un fratellino, biologico o adottato, può risvegliare invidia, gelosie o paure nel piccolo (o non tanto piccolo) della casa. Anche durate la gravidanza nostro figlio, specie se si trova fra uno e sei anni, può cambiare il modo di comportarsi ed essere disobbediente o più testardo perché percepisce l'arrivo di un altro bimbo come una minaccia. Può anche arrivare a somatizzare la paura in dolori di stomaco, vomito o disturbi dell'appetito o del sonno. Inoltre possono manifestarsi anche condotte regressive: alcuni ricominciano a bere dal biberon, a fare la pipì a letto o non parlano con chiarezza. A sette o otto anni, le gelosie si manifestano in ricatti emotivi nei confronti dei genitori. Nostro figlio intuisce che per colpa del fratello perderà l'esclusività e parte della nostra attenzione. Non riesce a esprimerlo a parole, e quindi saranno le sue azioni a rivelarci questa insicurezza.

Ma da dove affiorano le gelosie? L'istinto di possesso del territorio è un modello di comportamento innato in molte specie. Il capofamiglia difende il territorio che ha precedentemente delimitato e reagisce in modo violento se si palesa un intruso. Le gelosie dei bambini di solito sono funzionali, ossia perseguono un obiettivo o un beneficio rispetto ad altri, di solito rispetto ai fratelli. Questo "territorio" non è altro che attenzione, affetto, spazio fisico e psicologico e così via.

Al principio le gelosie funzionali o di beneficio non si traducono in aggressività tra fratelli ma in una specie di lotta per ottenere attenzione, affetto o altri vantaggi. In generale, inoltre, sono inconsapevoli: i bambini non si rendono conto del processo in atto. Ci sono bambini che protestano se si compra qualcosa ai fratelli (anche se si tratta di oggetti di cui loro non hanno bisogno). Se i genitori, per evitare le gelosie, gli comprano lo stesso oggetto del fratello o qualcosa per compensarlo, stanno premiando le sue gelosie. Ci sono anche famiglie nelle quali il giorno del compleanno di uno, tutti spengono le candeline della torta, "perché non si sentano gelosi". Ancora una volta, senza saperlo premiano un atteggiamento sbagliato. In questo modo i bambini interiorizzano che sfruttare le gelosie è molto utile perché permette loro di ricavare un vantaggio dalla situazione e di dominare gli altri (soprattutto i genitori).

Questo, invece, è il momento in cui dobbiamo convincerlo che l'amore e l'attenzione per lui non cambieranno anche se arriverà un nuovo fratellino. Ecco alcuni consigli per evitare che ci tiranneggi.

- Distraiamo il piccolo con attività che gli piacciono e scambiamoci storie, abbracci e tutto quello che dimostri nuovamente il nostro interesse.
- Non ignoriamolo. Parliamo dei nostri sentimenti rispetto al nuovo membro della famiglia, dei suoi aspetti positivi, di quante cose belle otterranno e apprezzeranno come fra-

telli; diciamogli che sarà un ottimo compagno di giochi. Se il fratello maggiore capisce già bene le argomentazioni, possiamo intavolare conversazioni più profonde e assicurarci che ci capisca.

- Il bimbo deve sentire che nelle sue abitudini non cambierà nulla. Se lo aiutiamo ancora a vestirsi o se gli permettiamo di usare il ciuccio, non è questo il momento di farlo diventare grande di colpo o di interrompere queste consuetudini e queste attenzioni. Non è una buona idea nemmeno cambiargli, per esempio, la scuola o la babysitter.
- Cerchiamo di vedere la situazione dal suo punto di vista e spieghiamogli con pazienza qualsiasi dettaglio che possiamo immaginare gli crei angoscia.
- È consigliabile che il bimbo non sia escluso dalle cure al fratellino, ma che ci dia una mano a fargli il bagnetto, a dargli la pappa, a vestirlo. Tuttavia, se notiamo atteggiamenti aggressivi non permettiamo che resti da solo con il piccolo. È bene sottolineare che essere il fratello maggiore non comporta essere il responsabile o lo "schiavo" del piccolo.
- Una faccenda difficile: cercare di essere equanimi con i nostri figli e dedicare al primo lo stesso tempo per giocare, dialogare e abbracciarlo che gli davamo prima che arrivasse un altro in famiglia. Non si deve fingere che tutti i fratelli siano uguali: ciascuno è differente e ha le sue necessità.
- È probabile che al principio il bimbo pianga o faccia scenate, ma è importante non cedere. Se vuole piangere, che pianga. Deve imparare che a questo mondo frignando non si ottiene nulla. Poco a poco comincerà a vedere che in altre occasioni le cose andranno in altro modo: quando sarà il caso (perché ne ha bisogno, quando arriva il suo compleanno...) sarà lui il fratello privilegiato.

INVIDIA TRA GEMELLI, PROBLEMA DOPPIO?

La vicinanza tra fratelli gemelli può far sì che le gelosie fra loro siano più intense. Sono due persone che dobbiamo aiutare a sviluppare le proprie personalità. Non vestiamoli in modo identico, non regaliamogli le stesse cose e cerchiamo di non farli seguire lo stesso giro di amicizie o di attività. Sono due persone e ciascuna ha bisogno dei propri stimoli. In definitiva, l'educazione e la comunicazione divisa. Parleremo al singolare per dare retta ai loro timori e alle loro richieste e ci comporteremo rispettando quello che sono: due persone distinte.

17

LA GIUSTA SOCIALIZZAZIONE

Comportarsi bene e condividere

Ci piace che i nostri figli siano simpatici, che possiamo sentirci orgogliosi e a nostro agio quando usciamo a fare una passeggiata con loro, li portiamo a giocare al parco o con altri bambini, oppure quando organizziamo attività e viaggi con gli amici. Ci piace, certo che sì, che si divertano molto quando stanno con altre persone fuori casa. Chiediamo ai nonni o ai genitori dei loro amichetti se "si sono comportati bene" e ogni volta che i nostri figli vanno a giocare o escono con il loro gruppo di amici raccomandiamo lo stesso, che si comportino bene. L'espressione riassume, né più né meno, tutto ciò che abbiamo scritto in precedenza a proposito dell'educazione: dicendo "comportati bene" vogliamo dire: "sii paziente, amabile, generoso, rispettoso, flessibile... Metti in pratica i valori che ti abbiamo insegnato. Sii *educato*".

Useremo una metafora per spiegare che cosa significhi socializzare. Relazionarsi con il mondo è l'onda espansiva delle relazioni che stabiliamo in casa, nel nostro nucleo familiare. Certo, la scuola materna, la scuola, la cerchia di amici, le esperienze... apportano nuovi stimoli e influenze all'educazione dei nostri figli, però i pilastri della loro condotta li abbiamo consolidati fin dal momento della nascita. Pilastri stabili e robusti li porteranno ad avere relazioni più fluide e soddisfacenti. Lo sappiamo già: più prova autostima, meglio si comporterà. Bambini che si prendono cura delle persone più anziane e le ammirano, bambini che sanno perdere e vedono le cose da più punti di vista, bambini che osservano gli altri e imitano il migliore dei loro amici. Bambini che apprezzano il loro ambiente perché apprezzano loro stessi. Sono bambini che desiderano essere persone migliori e si preoccupano delle disuguaglianze, dell'ingiustizia e di superare i conflitti. Certo, anche l'educazione formale fa parte del buon comportamento, ma deve essere il risultato del lavoro ben fatto con la trasmissione di valori umani, non un modo per dare una buona immagine di sé all'esterno. Educazione e apparenze sono due concetti distinti.

Le trasmissioni televisive-spazzatura, tutto quello che il bambino assorbe e imita, e la scarsa enfasi sui valori, alimentano la maleducazione. Se in passato regole severe limitavano la libertà del bambino, oggigiorno la bilancia pende dal lato opposto e sembra che non esistano limiti. Per non lamentarci della maleducazione, è necessario riequilibrare la bilancia. È vero che ciascuna famiglia presenta un proprio livello di tolleranza e ha un personale concetto di ciò che sia la buona educazione e che cosa sia la maleducazione. Ogni genitore deve valutare quello che desidera inculcare al figlio in modo che si integri il meglio possibile nella società. Il punto di partenza sarà dimostrargli che abbiamo fiducia in lui e che tutto quello che gli insegniamo gli servirà in futuro, anche se in questo momento crede che sia una sciocchezza o un peso. A poco a poco, e grazie alla comunicazione continua, capirà che i nostri insegnamenti gli aprono la porta delle cose buone della vita: avere degli amici, conoscere l'amore e la soddisfazione del riconoscimento. In questo processo quotidiano, il castigo o l'autorità intesa in modo scorretto devono essere l'ultima spiaggia. Lasciamo che si spieghi e che analizzi il suo errore, mentre impara da noi a saper ascoltare. Perché, in fondo, il bello dell'educare nostro figlio sta nel fatto che è un continuo dare e avere. Modellando i bambini, riscopriamo noi stessi come persone: rivediamo le nostre credenze, virtù e difetti e quello che per noi ha assunto valore perché ci ha spinto ad avanzare nella vita. Questo piacere doppio, crescere una persona e riflettere sulle nostre capacità, è un tesoro. Non perdiamoci la gioia di maturare insieme come persone.

I bambini sono come un libro con le pagine bianche che ha bisogno di frasi perché possano scrivere la loro storia. D'altronde, quello che a noi sembra logico loro lo vedono come un fastidio o un'incongruenza perché... "se gli spinaci sono amari e preferisco giocare, non è forse meglio non mangiare"? Oppure, "perché studiare, visto che è una gran barba"? Le risposte profonde e trascendentali a questo riguardo cadranno nel vuoto, e quindi è preferibile concentrarsi per stabilire delle condotte che portino benefici. Per esempio, che l'ora del pasto sia piacevole e non un'interruzione del gioco, e che studiare si trasformi in un momento di apprendimento reale, al quale partecipiamo direttamente ascoltando e rispondendo ai suoi dubbi. Di fatto, comportarsi bene consiste nel seguire le regole di educazione che si considerano oggettive e universali e che seguiamo noi genitori e gli altri educatori. I bambini che le assimilano hanno più probabilità di essere accettati e di adattarsi con maggiore facilità a tutti i contesti. E la prova di quello che andiamo ottenendo è che nostro figlio ha belle maniere in qualsiasi circostanza perché si sente soddisfatto di quello che impara in casa e conosce i limiti. Il nostro obiettivo come genitori è che il bambino capisca e accetti che la buona educazione non è una semplice limitazione delle sue libertà, ma che amplia le sue possibilità.

Detto questo, ci viene alla mente una questione interessante: per quale motivo i nostri figli si comportano in modo diverso anche se li educhiamo allo stesso modo? Molti genitori con più di un figlio qualche volta se lo sono chiesto, e quello che è certo è che, anche se la componente genetica definisce parte della personalità, dobbiamo cedere all'evidenza che si tratta di piccola cosa, se la paragoniamo al peso che riveste l'apprendimento dei modelli di comportamento. Il fatto è che le circostanze della nostra vita e la nostra visione del mondo non sono identiche alla nascita di ogni figlio. Il semplice fatto di cambiare lavoro, casa o anche partner incide sul modo di porci di fronte alla vita e sullo stato d'animo. A queste variazioni si uniscono quelle dell'ambiente di nostro figlio e il modo in cui ciascun fratello interpreta le idee che gli trasmettiamo, per costruire la sua personalità. Ecco perché sarebbe molto importante che assumessimo un atteggiamento da osservatori, quasi da spie, per individuare un qualsiasi segnale di malessere. Un bambino bugiardo, un bambino che tende a imbrogliare, un bambino ribelle, un bambino solitario... non nasce così, lo diventa. Le menzogne e la violenza ci avvertono che nostro figlio non si accetta così com'è e non si sente a suo agio insieme agli altri. Vuole richiamare l'attenzione e non ha imparato il valore della verità o del compromesso e del dialogo. Sta a noi stimolarlo e cercare di aumentare la sua sicurezza mostrandogli i suoi successi e facendogli capire che se migliorerà il suo comportamento, si sentirà più contento e tranquillo. D'altro canto, se siamo iperprotettivi o non lo spingiamo a interagire con gli altri bambini, impediremo lo sviluppo delle sue competenze sociali o lo spingeremo a mostrare scarsa tolleranza verso i fallimenti oppure a imbrogliare pur di vincere, costi quel che costi.

Desiderare che nostro figlio si comporti bene ci riporta a due condotte fondamentali: mostrare rispetto ed educare con l'esempio. A questo riguardo il massimo valore che dobbiamo trasmettere ai nostri figli è il rispetto. I bambini ci devono rispetto perché li rispettiamo e riescono a provare lo stesso rispetto anche con gli altri adulti, gli anziani e i bimbi più piccoli. I primi che impareranno a rispettare saranno le figure autorevoli, che riflettono quello che noi siamo, ma non soltanto loro, perché devono associare il buon comportamento alla considerazione per gli altri. In questo senso, noi genitori non dobbiamo avere dubbi su quello che è permesso e quello che non lo è. Come sempre, la fermezza (che non è rigidità) è importante, e se qualche volta facciamo un'eccezione e permettiamo che il bimbo faccia di testa propria, insisteremo nel fargli notare che non sarà sempre così "fortunato". Una volta e basta, altrimenti finiremo per perdere autorevolezza e non saremo più rispettati sotto questo punto di vista. Stiamo parlando anche di mangiare dolciumi ogni giorno, vedere la televisione per un numero di ore superiore al solito o dormire nel nostro letto. Tra il rigore e la libertà delimiteremo la zona dove ci sentiamo a nostro agio, sempre tenendo presente che siamo noi genitori a decidere e a dare le direttive. I ricatti emotivi si risolvono meglio negoziando. Se nostro figlio ci dice: «Voglio la cioccolata ogni giorno altrimenti non ceno», è bene considerarlo un capriccio una tanto; in caso contrario il ricatto si gonfierà a dismisura, fino a quando la cioccolata non si sarà trasformata in un "dolce" incubo.

Non possiamo lamentarci se nostro figlio cerca di controllare la situazione quando noi, per il solo fatto di essere genitori e quindi di poter decidere, trascuriamo tutti i principi che insegniamo. I bambini sono come spugne e si servono di qualsiasi pretesto per ottenere quello che desiderano. L'educazione parte da noi stessi, sia in casa, sia fuori, senza sosta! Un altro punto notevole nella trasmissione di modelli e di valori è in relazione con i cambiamenti di attitudine di certi genitori quando si trovano con altre famiglie o con amici. Parlare usando parolacce, comportamenti che si contraddicono con ciò che spieghiamo ai nostri figli e modi di comportarsi eccessivamente "disinvolti" danno a intendere al bambino che, a volte, il rispetto è qualcosa che si pratica in casa e che con le altre persone tutto è concesso. Socializzare è molto positivo perché nostro figlio si renda conto che esistono atteggiamenti e caratteri differenti e impari, partendo dai suoi valori, ad avere a che fare con queste differenze; ma i genitori non appartengono al gruppo dei "differenti": noi siamo il loro punto di riferimento costante ogni giorno per sette giorni la settimana. Il nostro esempio è definitivo, e la coerenza è il segreto di una buona educazione.

Per educare in modo divertente e come sistema di socializzazione, non c'è niente di meglio del gioco. Bambini e giochi sono due concetti inseparabili. In ogni fase della vita, scegliere determinati giochi contribuisce a sviluppare l'intelligenza, perché le attività mettono in moto la creatività, la psicomotricità e la comunicazione. Giocando possiamo rafforzare il legame con nostro figlio, modificare i comportamenti, conoscere i suoi interessi e condividere o creare abitudini di ordine o di igiene. Perché se è vero che il gioco è una faccenda da bambini, riguarda anche noi genitori ed educatori, che desideriamo comunicare con loro. I giocattoli sono soltanto la ciliegina sulla torta, anche se oggi molti genitori identificano il giocare con i regali.

Fin dall'antichità, i bambini mescolano fantasia e realtà giocando, e fino a pochi anni fa non hanno avuto bisogno di ricorrere a giocattoli sofisticati e costosi per alimentare la loro immaginazione. Oggi il consumismo ha fatto irruzione anche nell'ambito dell'educazione dei bambini: crediamo di farli felici ogni volta che arriva un nuovo giocattolo. Non mettiamo in dubbio questa illusione, ma l'eccesso di oggetti ci spaventa. I regali e i giocattoli devono essere riservati alle ricorrenze e alle occasioni speciali: il compleanno, Natale, la fine della scuola... Regalando senza una ragione, creiamo aspettative e necessità che con l'andare del tempo trasformeranno nostro figlio in un insoddisfatto cronico che non attribuisce valore a nulla di ciò che possiede e che ha bisogno di acquistare e ricevere sempre più doni. I nostri tesori più preziosi sono quelli che ci hanno richiesto uno sforzo! Meno quantità, più qualità. Il gioco del meccano, i puzzle, le bambole con i vestitini di carta da ritagliare appartengono alla categoria dei giocattoli che stimolano a usare l'inventiva e la fantasia, opposti alla categoria dei giochi elettronici che, essendo automatici, possono favorire la passività del bimbo.

Esiste anche una tendenza a sostituire la nostra presenza e la nostra attenzione con i regali, perché così ci sentiamo meno colpevoli, ma in questo modo non soddisfiamo le necessità autentiche di comunicazione e affetto di nostro figlio. Regalare si traduce in riconoscere, festeggiare, premiare un atteggiamento che abbiamo inculcato, non in un atto automatico che significa: "ti voglio bene".

Il bello del giocare è che le possibilità sono infinite quanto la nostra immaginazione. In casa, a scuola o negli spazi destinati a questa attività, ricreiamo scene di fantasia o d'azione, raccontiamo favole, corriamo e saltiamo, disegniamo, cantiamo, balliamo... e partecipiamo anche a giochi con delle regole, gli sport, dei quali parleremo in seguito. Per iniziare, l'ideale sarebbe che il bambino disponesse di una stanza da gioco in casa, separata da quella dedicata allo studio e da quella riservata al sonno, ma molte volte le dimensioni delle abitazioni non lo consentono. È una buona idea organizzare un angolo fisso della sua stanza dove tenere i giocattoli e dove il bambino possa divertirsi dipingendo, pasticciando, modellando, sporcandosi senza che gli facciamo storie perché il pavimento, la parete o la maglietta sono tutti un arcobaleno. Questa è l'espressione primaria e originale del bambino, e ha bisogno di una libertà assoluta. I piccoli non hanno cognizione, riferimenti, complessi o stereotipi che restringano la loro fantasia, tutto quello che hanno dentro sorge spontaneamente grazie al gioco: la malizia, la tristezza, la rabbia, l'allegria. Se il bimbo desidera condividere la sua creatività con fratelli e amici, lo spazio del gioco sarà trasferito in soggiorno e spiegheremo che devono rispettarlo e che, una volta terminato, dovranno raccogliere i giocattoli e rimettere in ordine. È bene insegnare che esiste una differenza tra lo spazio di fantasia dell'angolo gioco, dove tutto è permesso, e il resto della casa (la realtà), dove non si può dipingere le porte né tagliuzzare il divano, perché esistono delle norme di convivenza. Un modo per riuscirci consiste, giustamente, nel proporre un gioco: quella è la sua zona e deve esserne responsabile: è lui il capo della zona-gioco!

Giocare aumenta l'autonomia e arricchisce il mondo interiore del bambino, lo aiuta a dispiegare la sua sensibilità e a formare le strutture del pensiero. Non dobbiamo preoccuparci che passi del tempo divertendosi da solo, a meno che non si isoli e che non sia disinteressato a giocare con noi o con altri bambini. In questo caso dovremo cercare di scoprire come si sente e di condividere i suoi giochi per stargli più vicino.

La curiosità e la creatività sono la benzina del futuro. Non sono cose inutili, tutte le grandi invenzioni dell'umanità sono nate dalla necessità di sapere e in seguito dal lavoro necessario per trovare la risposta. Gli scienziati affermano che la grande differenza tra noi e gli altri animali è che loro curiosano soltanto da cuccioli, mentre noi possiamo continuare a immaginare e a creare per tutta la vita. Questo presuppone che nel gioco non esista grande distanza tra genitori e figli. Noi genitori ci troviamo a un altro livello di conoscenza e porgiamo domande di altro genere, ma possiamo scambiare informazioni e fantasie, lasciarci trasportare e divertirci. In realtà, educare i nostri figli è un gioco continuo. Il nostro intervento è decisivo perché sviluppino la loro creatività, il che presuppone, come abbiamo già detto, che sperimentino con tutto ciò che li circonda, che scoprano emozioni e che imparino. Giocare è una prova perché sappiano come reagire di fronte alle avversità, alle sfide e ai piaceri che li attendono nel corso della vita. Quanto più nostro figlio sarà creativo, tanto maggiore sarà la sua capacità di apprendimento; se ha giocato, continuerà ad applicare la sua curiosità e i meccanismi di esplorazione di ciò che lo circonda, alle materie scolastiche e a tutte le sue attività. Educare è un gioco continuo: il modo migliore di stimolare nostro figlio e di trasmettere le regole ci rimanda alle favole, alle arti plastiche, a mascherare e a giocare al teatro, a organizzare laboratori e gite perché conosca la natura o altri ambienti... quando pianifichiamo la vita di un bambino perché disturbi il meno possibile e lo parcheggiamo per ore davanti alle tele o a giocattoli poco attraenti, lui sente di essere d'intralcio, gli mancano gli stimoli e, di conseguenza, è carente di immaginazione, autostima e stabilità emotiva. I genitori passivi creano figli passivi. All'estremo opposto, i genitori competitivi e perfezionisti, quelli che si impegnano perché i figli siano assi della matematica o che tacciano di stupidità i commenti fantasiosi, limitano la creatività e contribuiscono a far sì che il bimbo, per evitare le critiche, finisca per ritrarsi, abbandoni qualsiasi attività e, in definitiva, cada nella passività. La cosa più importante della creatività non è il risultato, ma il cammino che si percorre per giungervi, che comprende successi e insuccessi che impariamo a gestire giocando.

E allora come possiamo incoraggiare i bambini a usare la loro creatività? Fino a quando non compiono sei o sette anni, per loro è difficile focalizzare l'attenzione su una sola attività per più di venti minuti, e quindi prima che si stanchino o che perdano interesse passeremo a diverse opzioni: così, per esempio, dal dipingere passeremo a spiegare con una favola quello che ha disegnato; dal ballare passeremo al sederci in gruppo per cantare insieme, e così via. La diversità è benvenuta; lui sceglie, ma noi possiamo accendere costantemente la sua immaginazione con le nostre idee. Un bimbo più piccolo può trasformare un dito in una giraffa, tanto più se noi gli diamo dei consigli perché l'immaginazione si diriga verso un mondo nuovo. La nostra creatività lo farà felice e si rifletterà nel modo in cui costruisce la sua, senza limiti, se...

- Lo ascoltiamo e siamo complici delle sue fantasie; le espressioni "non posso!" oppure "ma questo non esiste" sono proibite.
- Cerchiamo di fargli capire che con l'immaginazione non abbiamo bisogno di macchinine o di bambole per giocare, per esempio, alle corse o a papà e mamma.
- Non preoccupiamoci che nostro figlio abbia un'immaginazione debordante, al contrario! Tuttavia è necessario che sappia riconoscere il limite con la realtà.

- Facciamo sì che usi l'immaginazione in ogni momento e non soltanto durante il gioco; adottiamo un vocabolario ricco per descrivere mondi nuovi o proponiamo molte soluzioni a uno stesso problema; il bimbo percepirà che esistono molte possibilità, in tutti i sensi.

UN GIOCO, TANTI VANTAGGI

RACCONTARE FAVOLE. Facciamo entrare nostro figlio in un mondo pieno di personaggi e situazioni multiple, come accade nella vita. Raccontiamo e chiediamogli di raccontarci delle storie, di inventare finali alternativi o che richiedano chiarimenti su quello che solletica la sua curiosità. In questo modo migliorerà il linguaggio e la capacità di comprendere concetti astratti.

GIOCHI SIMBOLICI. Interpretare personaggi, travestiti oppure no, provare reazioni ed emozioni assumendo ruoli distinti (padri e madri, poliziotti e ladri, animali, supereroi...) accresce la sua immaginazione e la sua capacità espressiva.

ESCURSIONI E GITE. In città, a un museo, nella natura, allo zoo... quanti interessi, quante competenze e sorprese da scoprire!

ANDARE A TEATRO. Vedere attori e attrici sul palcoscenico, dando vita alla fantasia, insieme alla musica, rafforza la certezza che immaginare e giocare sia molto positivo.

LABORATORI E CORSI. A partire dai tre o quattro anni, se ci fa piacere, possiamo far partecipare il bambino a laboratori specializzati in attività manuali o artistiche, danza o espressione corporea, o canto corale e musica. Al momento di scegliere, gli insegnanti possono guidarci a seconda delle capacità che osservano in nostro figlio. Una volta iniziata l'attività, è fondamentale che non la abbandoni fino al termine del corso, anche se si lamenta e dice che non gli piace. Ci vuole tempo per "inzupparsi" di stimoli, e magari l'istruttore riuscirà a rimotivarlo.

LO SPORT

Lo sport potrebbe rientrare nella categoria dei giochi. Tuttavia, si deve fare una distinzione tra giocare, un'attività puramente ludica senza uno scopo concreto, e praticare uno sport allo scopo di competere e vincere. Il lato competitivo risulta molto positivo nella relazione di nostro figlio con altri bambini, perché lo aiuta a essere più generoso, solidale, altruista e capace di collaborare. L'esercizio fisico è il mezzo di sviluppo psicomotorio più salutare, oltre a essere un magnifico strumento di socializzazione. Tramite lo sport, sia che lo si pratichi individualmente sia in squadra, il bimbo prende coscienza di come funziona il suo corpo e di una serie di valori e norme che lo mettono a contatto con altre persone e che può sviluppare poi nelle attività quotidiane.

Fin da piccolissimi, quando cominciamo a "giocare a fare sport" passandoci la palla senza troppe regole, solo per divertirci, miglioriamo fino a giocare a pallone seguendo delle norme. Nei primi contatti con il pallone ci rendiamo conto di quanto ci divertiamo e di quanto il nostro corpo tragga beneficio dall'esercizio fisico. E ci piace ancora di più perché ci divertiamo con mamma e papà, e quindi desideriamo continuare a farlo gareggiando in famiglia, a scuola, con gli amici in una partitella improvvisata al parco, oppure in un centro sportivo. Prima dei sei anni ci piace giocare da soli, ma a partire da questa età desideriamo già condividere i giochi perché comunichiamo, cooperiamo e otteniamo una gratificazione: il divertimento e il contatto con gli altri. Ecco perché fare sport è uno stimolo per l'autostima e per mettere a punto la nostra personalità, fin da piccoli. Lo sport è perfetto per i bambini che ogni giorno affrontano molte sfide che influiscono sulla sicurezza in se stessi, perché raggiungere gli obiettivi in un'attività adeguata alle loro possibilità li gratifica. Lo sport va bene per tutti i bambini, che vivono l'esperienza di aprirsi alla disciplina positiva e alla possibilità di farsi degli amici. Oltre a nuovi volti, nuovi legami e maggiori occasioni di sentirsi stimolati e apprezzati in vari ambiti, lo sport offre altri benefici emotivi, come superare problemi di timidezza, e favorisce la crescita e il buon funzionamento cardiovascolare e motorio.

I genitori sportivi trasmettono con maggiore efficacia l'importanza dell'esercizio fisico. Se i nostri figli ci vedono impegnati, per loro sarà naturale prendere questa abitudine così sana. Tuttavia, ci sono bambini che si rifiutano di fare sport. In questo caso, non dobbiamo obbligarli, anche se possiamo insistere perché diano un'opportunità a una disciplina e ne sperimentino in prima persona i vantaggi. Possiamo trattare perché si appassionino offrendo una compensazione ragionevole, come andare al cinema una volta la settimana. È importante che nostro figlio non conduca una vita sedentaria.

A CHE ETÀ POSSONO PRATICARE QUESTO SPORT?

ARTI MARZIALI. Il karate, il judo e altre discipline orientali stimolano la concentrazione, l'autocontrollo e la sicurezza, migliorano forza e agilità. A partire dai sei-sette anni.

ATLETICA. Si lavora con tutto il corpo e si punta sulla concentrazione. Non prima dei dieci anni.

CALCIO. È un passo avanti nello sviluppo psicomotorio che i bambini imparano fin da piccolissimi e migliora la flessibilità, la resistenza e la velocità. Fino agli undici anni è preferibile che si prospetti come gioco, evitando che si situi nell'ambito di una competizione organizzata.

CICLISMO. Esige disciplina e costanza. Fino ai diciassette anni, quando il corpo è arrivato a un punto di sviluppo significativo, non conviene dedicarsi al ciclismo in modo intensivo.

HOCKEY. Implica destrezza nell'uso del bastone e del pattinaggio e offre benefici fisici simili a quelli del calcio e della pallacanestro. A partire dai sei anni.

NUOTO. Motiva a superare i propri limiti e coinvolge tutti i gruppi muscolari; è uno sport molto completo e divertente per il fatto che si svolge in acqua. A partire da piccolissimi, come gioco; l'allenamento più intenso può cominciare tra i dieci e i dodici anni.

PALLACANESTRO. Favorisce coordinazione, potenza, agilità, velocità... A partire dagli otto anni.

PALLAVOLO. Potenzia la coordinazione vista-movimento di mani e braccia, i riflessi, la resistenza, l'agilità. A partire dagli otto-undici anni.

PATTINAGGIO. Sia a rotelle sia su ghiaccio, aumenta la muscolatura delle gambe e aiuta la circolazione e il senso dell'equilibrio. A partire dai quattro-sei anni, insegnando al bambino a usare le protezioni necessarie.

SCI. Favorisce l'equilibrio, la coordinazione e lo sviluppo muscolare. I più piccoli possono fare le loro prime discesine, ma è meglio che non inizino ad allenarsi prima dei dodici anni.

TENNIS. Richiede disciplina e responsabilità. È utile per la coordinazione e l'agilità. A partire dai sei-sette anni con allenamenti leggeri.

Il ventaglio di pratiche sportive è molto ampio e ricco di attrattive. Lasciamo che provino quelle che colpiscono la loro attenzione, tenendo in considerazione le caratteristiche dell'attività e l'età del bambino. Se simpatizzano per un'attività individuale, non è una cattiva idea che partecipino anche a uno sport di gruppo che assicura altri vantaggi. Dipende da loro: noi li orientiamo e, soprattutto, dobbiamo fare in modo di non sovraccaricarli di attività. Oltre allo sport, i bambini hanno bisogno di altre pratiche e intrattenimenti complementari (che di solito fanno parte delle attività extrascolastiche, spiegate nel capitolo 19) che contribuiscono al buon sviluppo fisico e emotivo.

I GIOCHI ELETTRONICI

Esaminando i benefici e gli svantaggi dei giochi e dei giocattoli, non si possono trascurare le *nuove tecnologie*. Dobbiamo arrenderci al fatto che i nostri figli appartengono alla generazione tecnologica. Noi ci siamo adattati ai progressi della materia; per loro la scienza non ha segreti. Tastiere, computer, telecomandi, videogiochi, cellulari... sono indispensabili e normali come l'aria che respirano. Tuttavia, anche se tutta la tecnologia ha un aspetto ludico, né la televisione né Internet sono giocattoli, ed è indispensabile che ne evitiamo l'uso indiscriminato ed eccessivo. Oppure prendiamo la questione da un altro lato: uniamo le forze con i nostri figli per trarre vantaggio da ciò che questi strumenti possono darci.

Gli svantaggi della tecnologia vanno dall'isolamento sociale e dalla mancanza di comunicazione, fino all'iperattività, al deficit dell'attenzione, ai problemi di ricezione uditiva arrivando anche alla dipendenza. I bambini che non riescono a staccarsi dalla televisione inghiottono tutto quello che viene propinato loro per pura noia. È probabile che a casa dei genitori si consumi troppa televisione e/o che i bambini non vengano spinti a dedicarsi ad altre attività più costruttive. La chiave per non creare bambini teledipendenti è decidere quando, quanto e che cosa nostro figli vedrà sullo schermo. Dobbiamo dosarla, anche presentandola come premio quando porta a termine i suoi doveri, quando mangia bene a tavola, quando tiene in ordine, o nei momenti in cui preferisca un programma (adeguato alla sua età) ad altri giochi. Dobbiamo instradare questa condotta quando i bimbi sono piccoli. In seguito risulterebbe molto più difficile.

Né la televisione né i videogiochi o altre tecnologie sono pericolosi in sé: se li usiamo come strumenti educativi e con moderazione sono una fonte di intrattenimento molto valida. Però dipende da noi che sia così.

Non installiamo mai un televisore o un computer nella camera da letto del bambino, altrimenti lui penserà che può usarli da solo; le ore e la qualità del sonno sono messi in grave pericolo dalla presenza di apparecchi tecnologici nella stanza dei figli. Quando sono più piccoli, faremo in modo di accompagnarli mentre navigano in Internet o vedono la televisione e adatteremo i contenuti a quello che desideriamo che imparino, in modo che siamo sempre noi a educare, e non la televisione. Attenzione ai programmi e alle pagine web che possono ferire la sua sensibilità. Precisiamo inoltre che non possono inviare in rete foto, dati o dettagli personali, perché potrebbe essere pericoloso.

Oggigiorno in casa coesistono i giochi tradizionali e i videogiochi/consolle. I giochi tecnologici di per sé non sono né buoni né cattivi, ma dobbiamo controllarli, stare molto attenti ai contenuti violenti e razionare con fermezza il loro uso: se nostro figlio non rispetta le norme che gli imponiamo, togliamogli l'apparecchio, per un certo periodo o per sempre. La stessa misura si può applicare al cellulare. È stato accertato che alcuni videogiochi favoriscono la rapidità mentale, ma un uso eccessivo porta anche alla dipendenza. Se scorgiamo nel bambino un qualsiasi atteggiamento che riveli dipendenza, è consigliabile rivolgersi a uno psicologo.

I bambini e, soprattutto, i preadolescenti desiderano quello che gli altri hanno, e quindi non deve stupirci se a dodici o tredici anni, o anche prima, ci chiedono un cellulare. Visto che noi genitori ci sentiamo più tranquilli se possiamo sapere sempre dove sono, non ci sembra un gran male che portino con sé un cellulare quando cominciano a uscire da soli. Tuttavia, devono essere consapevoli che il telefonino ha un costo e che devono adattarsi ai limiti di spesa che abbiamo stabilito. Inoltre, non devono portarlo in classe o in luoghi dove sono rintracciabili, né spegnerlo quando sono soli. Queste norme possono evitare la dipendenza dal cellulare e far sì che nostro figlio sia più consapevole del consumo tecnologico.

IL MONDO ESTERNO E LA LORO SICUREZZA

L'*attaccamento* che abbiamo descritto nel capitolo precedente, il nesso genitori-figlio, nell'infanzia registra tre delle sue quattro fasi. La nostra vicinanza e il contatto danno al bambino sicurezza, fiducia in se stesso e tutti gli stimoli per crescere. Mentre nei primi tre mesi di vita la sua risposta sociale è indiscriminata e riguarda tutte le persone che lo stimolano, a partire da questa età e fino ai sette mesi il bebè mostra già una chiara predilezione verso certe persone. Da ora fino ai tre anni, nostro figlio può scegliere a chi avvicinarsi volontariamente nell'ambito delle persone che lo circondano o, per esempio, all'asilo o in un altro luogo dove non ci sono i genitori o i fratelli. In questi casi può sentirsi più vulnerabile o avere paura o rifiutare chi non conosce.

Verso gli otto mesi e fino più o meno ai due anni, molti bambini piangono quando non ci sono volti conosciuti pronti a proteggerli. Il carattere del piccolo e le sue esperienze influiscono su questo contatto con gli sconosciuti. Quelli che fin da piccoli sono abituati a vedere altre persone estranee alla loro cerchia familiare, hanno avuto babysitter, hanno frequentato il nido, o sono rimasti con i nonni nel loro ambito, di solito vivono le uscite nel mondo con meno timore. In ogni modo, ancora una volta il nostro affetto e la nostra comprensione sono i grandi segreti per far attraversare al bambino questo periodo con la minor sofferenza possibile. Prima di tutto, non obblighiamolo a socializzare. Se ci accorgiamo che il bimbo non ha voglia di giocare o di stare in braccio a qualcuno, è meglio non forzarlo. Chiediamo inoltre agli amici che, al momento di avvicinarsi al bambino, tengano in considerazione la sua diffidenza e il suo timore. Poco a poco, con pazienza e sapendo che non dobbiamo affrettare le cose, nostro figlio si adatterà alle novità.

Il trattamento-shock (sparire in modo che si abitui alla nostra assenza) aumenterà la sua angoscia e renderà il processo ancora più lungo. Sarà molto più piacevole se lo accompagneremo quando gioca con persone nuove, facendogli vedere che ci troviamo a nostro agio con loro; se usciamo spesso e salutiamo le persone che conosciamo quando le incontriamo al parco o al supermercato; se di quando in quando lo lasciamo in carico a dei parenti e se restiamo in casa i primi giorni in cui arriva la babysitter... Come sempre, loro accedono al mondo nuovo tenendoci per mano. E in effetti, la paura di fronte agli estranei rimanda a un'ansia perché si separa da noi, fino a quando non si rende conto che la perdita non è permanente, che non lo abbiamo abbandonato alla sua sorte. E, inoltre, in questa fase inizia ad andare a scuola e il suo timore può essere più che giustificato. Amplieremo il tema nel capitolo seguente, parlando dell'ingresso all'asilo nido e alla scuola materna.

Un'altra questione legata alla socializzazione, in questa fase e nelle seguenti, da bambino e da adolescente, è la *timidezza.* Gli specialisti in comportamento umano sostengono che circa il 20 per cento dei bambini nasce con una predisposizione genetica alla timidezza, anche se la situazione in cui crescono e l'educazione sono determinanti per cambiare o rafforzare questa tendenza. Ancora una volta, gli stimoli che arrivano da papà e mamma ricoprono un ruolo importante. La timidezza è, in realtà, timore di non sapersela cavare di fronte alle situazioni sconosciute. I genitori dominanti e iperprotettivi favoriscono l'insicurezza. Il bimbo timido di solito teme le critiche e il ridicolo, a causa della mancanza di riconoscimento e di affetto. Risulta molto difficoltoso invitare a casa dei coetanei perché giochino con lui, così come spingerlo a interagire con altre persone (e con noi!) in attività creative (la pittura, il teatro...) e giochi spontanei nei quali possa esprimere i suoi sentimenti. Un genitore deve evitare a tutti i costi le critiche costanti e paragonare i risultati del figlio con i successi degli altri. Incitiamolo, ma senza obbligarlo. Nostro figlio deve sapere che può superare questa sensazione spiacevole di oppressione e che possiamo farcela insieme, con il tempo e la pazienza, che è la madre della scienza... e della fiducia in se stessi.

Al polo opposto rispetto ai bambini timidi ci sono quelli *temerari*. Non conoscono limiti e non sono consapevoli che alcuni dei loro gesti possono avere conseguenze negative. Desiderano richiamare l'attenzione e sono sicuri che niente può succedere loro perché i genitori vigilano su di loro senza sosta. La prudenza è un altro dei valori importanti nell'educazione, e con un bambino del genere sale ai livelli massimi. Dobbiamo fargli capire che essere prudenti è essenziale senza troppi allarmismi. Difficile, certamente, ma utile nel medio termine. Quando manifesta un comportamento incosciente e pericoloso, prima di rimproverarlo, dobbiamo distrarlo in modo che l'interruzione non lo indisponga e spiegargli quello che sarebbe potuto succedergli. Se inizia a comportarsi meglio, ci congratuleremo con lui. Ancora una volta, è questo il modo di consolidare le norme di comportamento.

Un bambino *prudente*, inoltre, reagisce meglio di fronte agli estranei e alle situazioni che lo lasciano confuso, come perdersi o avere a che fare con persone che cercano di manipolarlo, ingannarlo o abusare della sua ingenuità, sia ragazzi sia adulti (che potrebbero suggerirgli, per esempio, di fare uso di droghe o di recarsi in un luogo con una persona sconosciuta). I bambini e gli adolescenti hanno bisogno di imparare delle regole di buon senso e di seguire certi consigli per nutrire una fiducia ragionevole nella gente.

- Devono sapere il nome e il cognome, il loro indirizzo e un telefono di riferimento.
- Insistiamo perché non salgano mai su un'auto, non accettino proposte o regali da estranei, non aprano la porta senza sapere con certezza chi ha suonato. Diamogli un esempio dell'importanza della sicurezza chiudendo bene porte e finestre e spiegandogli perché lo facciamo.

- Se si dovessero perdere, gli avremo insegnato, giocando, come comporre il nostro numero di telefono o come chiedere a un commesso di un negozio o a un poliziotto in che modo ritrovarci.
- Consigliamogli di restare sempre con i suoi amici e di non frequentare luoghi solitari o pericolosi.
- Mostriamogli la strada più sicura per tornare a casa, per esempio, dalla scuola, e insegniamogli dove devono chiedere aiuto se ne hanno bisogno.
- Insegniamogli che nessuno lo deve toccare se questo lo fa sentire a disagio e che se ciò accade possono dire "no" e raccontarcelo.

Insieme alla sicurezza e alla socializzazione, ci interessa anche sottolineare la relazione con l'ambiente: come uscire di casa da solo e senza problemi. Istruendo i più piccoli alla sicurezza stradale, dobbiamo tenere presente che non capiscono ancora bene i parametri di distanza, direzione o velocità. Per loro, lontano-vicino, sinistra-destra o lento-veloce sono nozioni troppo astratte. Inoltre, le loro capacità di coordinare vista e movimento sono minori rispetto a quelle di un adulto, non sono in grado di guardare un semaforo e controllare il traffico che si avvicina al momento di attraversare la strada. Tenendo in considerazione questi limiti, impareranno a essere pedoni prudenti con genitori che lo sono e che giocano a esserlo con loro. Come una scena a teatro, ogni volta che attraversiamo la strada, ci fermiamo, aspettiamo che il semaforo diventi verde, guardiamo a destra e a sinistra e passiamo sulle strisce. Ogni volta, inoltre, ripeteremo i nomi di tutti gli elementi che ci circondano: cordolo, strisce zebrate, semaforo, rosso-giallo-verde, proibito, automobile, motocicletta, eccetera. In casa, possiamo disegnare segnali stradali e utilizzarli come un gioco per entrare e uscire dalla cucina, dal bagno o dalle stanze. Sarà divertente, specie se potremo fare anche delle multe finte per comprendere i pericoli e gli errori.

L'EDUCAZIONE "VERDE": INSEGNARE A RISPETTARE L'AMBIENTE E A RICICLARE

Continuiamo parlando dell'ambiente in termini più ampi e più importanti. Nostro figlio è nato nell'era tecnologica, ma anche nella consapevolezza di mantenere il benessere del pianeta, minacciato dall'urbanizzazione e dal progresso industriale. Oggi più che mai niente conta di più che sollecitare atteggiamenti di rispetto verso gli animali e la natura in generale. La sua salute e la qualità della sua vita dipendono da questo. E anche le nostre, ovviamente. È un compito che dobbiamo svolgere insieme, ma deve nascere da noi, gli adulti, dalla nostra convinzione e dai nostri gesti. La Terra ha un senso perché è basata su una catena di ecosistemi che dipendono gli uni dagli altri e alla quale padri e figli apparteniamo non come dirigenti privilegiati ma come semplici anelli della catena. Ma sapere che ciascuno di noi ha un grande impatto sui nostri compagni di viaggio su questo pianeta dovrebbe farci reagire e rivedere il nostro modo di vivere. Abbiamo bisogno della biodiversità per giungere a questo fine, così come di fonti di energia, rinnovabili oppure no; dobbiamo potenziare il riciclaggio e un consumo sostenibile; abbiamo bisogno di tenere sotto controllo l'inquinamento, la deforestazione e la desertificazione. Genitori e figli, insieme, dobbiamo contribuire a ridurre le emissioni di gas che danneggiano l'atmosfera che ci protegge e ci permette di respirare. Ora è il momento di accogliere la sfida: essere ecologici in casa, a scuola, al lavoro, per strada, in campagna, al mare e in montagna. Prestiamo attenzione a quei piccoli gesti che si possono compiere in casa e che portano a grandi risultati.

RIUTILIZZARE Dobbiamo prenderci cura dei nostri giochi e degli oggetti di nostra proprietà, invece di pensare che li possiamo rimpiazzare sempre con oggetti nuovi solo per l'emozione della novità. È utile e produttivo dare valore a ciò che possediamo e che ci è costato ottenere, oltre ad attribuirgli un valore ulteriore perché così preserviamo il pianeta. La plastica, i vestiti, i mobili e gli elettrodomestici, la carta, il vetro, i giocattoli, il materiale scolastico... possiamo regalarli a persone che ne hanno bisogno o a enti che utilizzino i vari pezzi per produrre altri oggetti. Ossia, possiamo riciclarli.

RICICLARE Visto che esistono aziende che trasformano la nostra spazzatura in altri oggetti, dobbiamo separare molto bene quello che eliminiamo o che scartiamo. Mettiamo in diversi sacchetti e contenitori di colori diversi plastica, tetrapack, alluminio, lattine, vetro, cartone e carta, materiale organico e inorganico. Un esercizio divertente e adatto anche ai bambini!

RIDURRE Ovverosia consumare meno per produrre meno e sporcare meno l'ambiente. A questo proposito, possiamo suggerire vari comportamenti.

- Fare la doccia invece del bagno.
- Caricare bene la lavatrice e la lavastoviglie, per riuscire ad abbassare il consumo di acqua e detersivi.
- Chiudere il rubinetto quando ci spazzoliamo i denti e laviamo i piatti.
- Installare economizzatori di acqua ai rubinetti di casa e alla cassetta del water.
- Annaffiare le piante la mattina o la sera, perché l'acqua non evapori troppo rapidamente.
- Conservare l'acqua che usiamo per lavare le verdure dei pasti, e con questa annaffiare le piante.
- Regolare i termostati degli elettrodomestici, dell'aria condizionata e del riscaldamento per risparmiare elettricità ed evitare l'emissione di CO2.
- Spegnere le luci quando non siamo in una stanza.

- Non lasciare in stand by gli apparecchi elettronici né il televisore acceso come sottofondo alle nostre attività.
- Cercare di acquistare giocattoli e attrezzi che non funzionino a pile, che sono molto inquinanti e difficilmente riciclabili.
- Non buttare nulla per terra e non sporcare i luoghi dove andiamo a fare una gita o in vacanza.
- Dopo un giorno in spiaggia o in campagna raccogliere tutta la nostra spazzatura, e non disturbare gli animali o danneggiare le piante selvatiche.

Per coinvolgere i bambini e i ragazzini più giovani in questa responsabilità è opportuno stabilire abitudini mediante i giochi: dividere in sacchetti di colori diversi per il riciclaggio, premiarli quando dimostrano di saper risparmiare energia, fare lavoretti manuali con materiali riciclabili, riconoscere e premiare le "condotte verdi" dei nostri figli in modo che si sentano fieri di loro stessi. Ci sono mille modi di vivere meglio, che ci richiedono soltanto un po' di costanza.

E, naturalmente, ricorriamo agli acquisti responsabili. Acquistiamo soltanto quello di cui abbiamo bisogno. L'economia familiare ne beneficerà e l'esempio sarà di grande aiuto per far capire che non c'è niente di positivo nel consumismo. Anche se la pubblicità sostiene il contrario e potrebbe essere complicato convincere i nostri ragazzi che meno sia di più, loro potranno seguirci in questa condotta soltanto se noi stessi rinunciamo a regali superflui e a capricci continui. Senza dubbio, genitori consumisti crescono figli che consumano in modo irresponsabile. E non fanno un favore né all'ambiente, né a se stessi. Attribuire un valore alle cose stimola in loro la solidarietà, la generosità e la capacità di controllare i propri impulsi e di sopportare ogni rovescio di fortuna o mancanza. Al contrario, comprare e avere, e basta, li stanca e li spinge all'insoddisfazione.

È possibile che comprare non ci sembri niente di eccezionale perché noi condividiamo lo stesso stile di vita; in questo modo non vediamo nessuna minaccia nel comprare al bambino un dolciume, una bambolina o una penna che costano non più di due euro. Forse nella nostra infanzia non abbiamo avuto niente e desideriamo che nostro figlio sia felice. Tuttavia, queste concessioni non lo portano automaticamente a essere felice. Essere schiavi dell'avere, coltivare la vanità, la finzione, l'invidia per chi ha di più, la rivalità, non sapersi amministrare, spendere al di sopra delle proprie possibilità e accumulare cose senza senso va nella direzione contraria dell'essere, del credere in se stessi, dell'attivare la propria creatività, entusiasmarsi per ogni piccolo dettaglio. Non permettiamo che abbiano la casa piena di oggetti e la mente vuota di obiettivi, emozioni e valori.

Dai due anni, il bambino chiede tutto quello che richiama la sua attenzione, e se ci rifiutiamo di comprarlo arriva a fare di tutto per manipolarci con scene di pianto e di ribellione. Non dobbiamo cedere ai capricci del momento. Se lo facciamo una prima volta, in seguito avremo poche scuse per dire "no". È vero, non avremo altra soluzione che armarci di pazienza e sopportare l'uragano di urla e lacrime, a volte in pubblico; finiranno quando capirà che così non ottiene nulla. I suoi desideri non sono ordini e i regali non sono un sostituto del tempo che non trascorriamo con il bimbo.

Dobbiamo trasmettere a nostro figlio, fin da piccolo, la nozione che il denaro non cade dagli alberi e che le monete, le banconote e le carte di credito non si moltiplicano magicamente, ma sono la conseguenza del fatto che papà e mamma trascorrono ore al lavoro, il che presuppone una fatica. Un'altra idea è che il fine unico del denaro non sia sempre quello di spenderlo. Possiamo risparmiarlo e amministrarlo per coprire delle necessità o pianificare l'acquisto di una casa, andare in vacanza, studiare o aiutare altre persone. Se i bambini collaborano al momento di compilare la lista della spesa, acquisiranno consapevolezza del valore del denaro.

Un po' di austerità preserva la nostra speranza di raggiungere degli obiettivi e poter conquistare qualcosa che desideriamo. Possiamo spiegarlo tramite giochi simbolici o raccontando una favola su dei bambini i cui giocattoli diventano tristi perché sono stati abbandonati per altri giocattoli nuovi...

L'azione più responsabile da parte nostra è lasciare che siano la Fata dei dentini, Babbo Natale e la Befana e il giorno del compleanno a portare i doni in date e occasioni speciali. Regali che divertano e favoriscano l'immaginazione, e non oggetti carissimi e inutili che sono di moda e che tutti i loro amici possiedono. Quando nostro figlio sarà un po' più grande e capirà il valore delle cose, potremo insistere sulla differenza tra consumo e consumismo: tra saper comprare il necessario e avere un criterio per distinguere un buon rapporto qualità-prezzo e comprare d'impulso e senza coerenza. Tenendo presente che fino a dodici anni non sarà in grado di svolgere con scioltezza le funzioni aritmetiche (sommare, sottrarre, moltiplicare e dividere) è preferibile che metta in un salvadanaio ogni somma di denaro che gli diamo o che gli regalano. Quando uscirà da solo e avrà bisogno di soldi per i trasporti o il materiale scolastico, possiamo pattuire una paghetta settimanale che imparerà ad amministrare. Attenzione, niente extra a chi ha le mani bucate. È una grande opportunità per far sì che si organizzi e che sappia cavarsela con quello che ha. Se, tuttavia, desideriamo mostrare il valore della fatica, possiamo suggerire che svolga qualche incarico che vada oltre i suoi obblighi di collaborare in casa e che retribuiremo con una paghetta.

GLI ANIMALI DOMESTICI: ASSUMERSI UNA RESPONSABILITÀ

È una delle tante responsabilità che implica integrarsi nella società e rispettare l'ambiente che ci accoglie. E, d'altronde, non si tratta solo di assumersi l'impegno di prendersene cura: amare un animale è una delle fonti di allegria e autostima più meravigliose di cui un bimbo può godere. I più piccini hanno un legame tutto speciale con gli animali. Sono istintivamente attratti e confortati dalla loro compagnia, e insieme a loro maturano certe abilità per socializzare e mostrare affetto che si ripercuotono molto positivamente sulla loro crescita. In definitiva, portare a casa un animale domestico aumenta l'autostima dei nostri figli e offre loro l'opportunità di verificare come funzionano i cicli della vita: la nascita e la morte, le caratteristiche proprie di una specie, l'importanza di una buona alimentazione, la riproduzione, che cosa significhi essere malati... Grazie al contatto diretto con un animale, i bambini imparano ad ammirare, a rispettare e a non temere gli esseri viventi, i quali entrano nel suo mondo come veri e propri amici, con i quali interagiscono emotivamente.

Con una "mascotte", nostro figlio accetta anche altri aspetti di questo legame affettivo che, di principio, in un altro contesto lo annoierebbero. Sa che il suo animale da compagnia dipende da lui, che ha bisogno di mangiare, di essere pulito, delle visite dal veterinario e che ha una serie di bisogni non negoziabili che si traducono in responsabilità. Il bambino deve fare in modo che il suo animale domestico si senta accolto e accudito, e questo lo porterà a osservare, a collaborare e a prendersi carico di compiti importanti. Quando capirà di essere in grado di essere una specie di genitore-maestro per il suo animaletto, proverà un'enorme soddisfazione. Inoltre, un animale si mostra immediatamente ricettivo e attento alle cure del bambino, e sarà sempre disposto a giocare con lui e ad accompagnarlo fedelmente. Per un piccolo con una bassa autostima, questa reazione amichevole e fiduciosa è fonte di grande soddisfazione. Convivendo con un animale domestico, nostro figlio cresce e dobbiamo sfruttare la sua felicità e la sua dedizione per discutere di ogni piccola scoperta sul nuovo membro della famiglia. È un modo per farlo crescere e al tempo stesso far crescere anche la comunicazione tra genitori e figli, la generosità, lo spirito di collaborazione e l'affetto.

La presenza in casa di un animale è legata all'idea di amicizia sana e semplice e, cosa ancora più importante, ci insegna a coltivarla, a conservarla: né le persone né gli animali sono oggetti da usare e gettare via. Quando conquistiamo un amico, la nostra gioia è grande, ma dobbiamo anche sforzarci perché lui sia felice. E nel caso di un animale domestico, che non conosce l'autosufficienza, ancora di più: un gatto o un cane non è un giocattolo!

Al contrario. Un animale richiede attenzione e cure, e quindi è preferibile che non sia preso in casa d'impulso. Dobbiamo valutare con grande attenzione quale specie possa acclimatarsi in casa nostra, la razza, se è maschio o femmina, l'età... Prima di sceglierlo informiamoci e rivolgiamoci agli specialisti. Gli animali da compagnia più comuni sono cani e gatti, seguiti dai piccoli roditori come conigli, criceti e porcellini d'India. I bambini apprezzano la piccola taglia perché li possono proteggere, ma dobbiamo insegnare loro a non tenerli in braccio per tutto il tempo. D'altro canto, i canarini o i pappagallini non consentono tanta vicinanza o tante cure infantili. Rettili, anfibi e artropodi (per esempio ragni, insetti, crostacei, scorpioni) affascinano i bambini e gli adolescenti, ma si deve tenere presente che possono rappresentare un pericolo per i ragazzi e che alcuni possono essere portatori di malattie. Gli animaletti acquatici sono delicati e richiedono condizioni e norme che i bambini devono seguire. Tutti gli animali, in realtà, vivono meglio nel loro habitat, perciò dobbiamo valutare se la nostra abitazione è adatta alle loro necessità. Si deve considerare anche l'investimento economico che ci possiamo permettere per pagare le visite veterinarie, il cibo e l'adattamento dello spazio domestico, come un terrario, una gabbia o una cesta per dormire. Sono faccende che non possiamo lasciare al caso. Trattiamoli come vorremmo essere trattati noi, come si meritano. Questa attitudine entrerà a far parte dell'idea di socializzazione di nostro figlio. Dobbiamo renderlo consapevole di tutte queste premesse se desideriamo che capisca che cosa significa la responsabilità.

Infine ricordiamo che noi genitori dobbiamo essere preparati per sopperire a questa responsabilità se il bambino, per un qualsiasi motivo, smette di occuparsi del suo animaletto. La frase: «Tu l'hai voluto, adesso te ne occupi tu» è ingiusta, perché l'adozione è stata una decisione familiare.

IL PUNTO

LA DISCIPLINA

Educare con la disciplina significa stabilire dei limiti, non picchiare o punire il bambino. Quando nostro figlio conosce le regole, sa che cosa può fare e che cosa può ottenere, e si comporta in modo coerente e sicuro. All'opposto, un bimbo che obbedisce per paura della punizione, è esitante e reagisce rintanandosi in se stesso e con l'aggressività. La disciplina è un valore positivo, sta alla base della fatica, dell'apprendimento costante e sereno e della responsabilità. La disciplina ci insegna a tollerare la frustrazione, ci dà costanza e forza per adattarci ai cambiamenti.

Siamo genitori disciplinati? Possiamo predicare con l'esempio? Sotto questo aspetto il nostro comportamento risulta essenziale. Il fatto che entrambi i genitori rimangano di comune accordo entro questi limiti, senza adottare il ruolo del "buono tollerante" e del "cattivo che punisce", facilita le cose. Come possiamo rimproverargli di essere disobbediente e di dire le parolacce se papà e mamma non rispettano i loro obblighi e imprecano? Nell'educazione dei figli, la disobbedienza si presenta come argomento topico e punto chiave. Dobbiamo capire che il bambino pretende di essere sempre al centro dell'attenzione e svicola dalle regole imposte dai genitori in modo che le ripetiamo ancora una volta. Se cadiamo nella piccola grande trappola di arrabbiarci quando ci provoca, facciamo il suo gioco. Se desideriamo correggere la sua condotta in modo naturale, ci conviene mantenere la calma, fornire indicazioni precise e dirette, ignorarlo quando non le segue e complimentarci con lui quando le esegue bene. Nostro figlio alla fine si renderà conto che ottiene l'attenzione che cerca quando accetta la disciplina. Quando disobbedisce, si ottiene di più togliendogli alcuni permessi, che non impartendogli un castigo fisico, il quale non fa che esprimere la nostra impotenza e non risolve *nulla*. Deve capire che non si devono oltrepassare i limiti per paura, ma perché non otterrebbe una gratificazione. La disciplina è pazienza, non violenza né aggressività. Essere severi con cervello e misura sostiene in nostro figlio la volontà di superarsi (ciò significa che un occasionale «Perché lo dico io» per rafforzare la nostra autorità funziona meglio che un «Se ti comporti male, ti castigo»).

TRUCCHI CONTRO LE PAROLACCE

Naturalmente noi genitori cominceremo ad ascoltarci attentamente e a rieducarci a usare un linguaggio corretto. Ricordiamo che il bambino impara a parlare con noi e ci imita.

Anche a scuola mutua dai compagni le parole o le frasi che gli sembrano scioccanti o che suscitano reazioni negli altri. Cercheremo di non sorprenderci e di dare invece un suggerimento: se inizia a riempirsi la testa con questo tipo di termini, non resterà spazio per impararne altri e migliori.

Chiediamogli di non usare parolacce fino a quando non avrò imparato un determinato numero di termini: la sfida è essere in grado di esprimersi bene e male, non soltanto male.

Non dobbiamo confondere le parolacce con un'attrazione naturale, tipica dei bambini tra i tre e i cinque anni, a pronunciare termini relativi al sesso o agli escrementi. È meglio non dare importanza alla cosa e proporre al bambino di imparare altre parole che suonino meglio.

18

L'ASILO NIDO E LA SCUOLA MATERNA

Prime separazioni; aumentano le esperienze

Il nostro bambino sta per iniziare la sua avventura in nuovi universi, diversi dal calore del nucleo familiare. Sia perché noi rientriamo al lavoro, sia perché desideriamo che conosca nuove persone e altri stimoli, è arrivato il momento di portarlo all'asilo nido. E lì che cosa accade? È semplicemente il luogo dove si prendono cura di nostro figlio mentre noi siamo occupati? È una situazione prescolare dove familiarizza con le direttive dell'apprendimento? Be', è entrambe le cose: è un'altra *scuola di vita* che si aggiunge agli insegnamenti dell'ambiente familiare.

Certi genitori nutrono il pregiudizio che lasciare il bambino all'asilo significhi che desiderano sbarazzarsene subito. Ci permettiamo di smentire questa credenza con un'affermazione: l'obiettivo principale per il quale è bene che il piccolo vada all'asilo è che così accumula delle esperienze. Si abituerà a entrare in relazione con altri bambini e con gli educatori; acquisirà abilità e creatività, grazie alle attività e ai giochi; si muoverà e si svilupperà fisicamente e assimilerà alcune norme della convivenza. Imparerà a condividere in un ambiente dove non è lui al centro dell'attenzione. Muoverà i suoi primi passi per diventare una personcina indipendente e con delle proprie iniziative in questo microcosmo di novità e stimoli. Imparerà a imparare.

Tuttavia, abituarlo (e abituarci, bisogna ammetterlo) porta con sé un altro periodo di adattamento alla socializzazione. I bebè tra i sette e i nove mesi di solito accettano la nuova routine con minore difficoltà rispetto ai più grandicelli, soprattutto se in precedenza hanno frequentato altre persone (vedi il paragrafo su come prepararlo all'incontro con gli estranei nel capitolo 17). Finché non conoscono il nuovo ambiente, i bambini più grandicelli, invece, fanno resistenza ad andare all'asilo, piangono, si arrabbiano e ostentano condotte contraddittorie. È normale. Dopo qualche giorno (o qualche settimana, in certi casi), dopo avergli mostrato che abbiamo fiducia nelle persone che si prendono cura di lui e che lui si sarà reso conto che è divertente scoprire nuove cose con gli altri piccoli, i suoi timori a poco a poco si ridurranno. In ogni caso, se abbiamo paura di sbagliare, ci sarà d'aiuto leggere, qui di seguito, le risposte ai dubbi più comuni correlati a questa fase della vita.

QUANDO?

Una maestra di asilo nido o di scuola dell'infanzia con esperienza è in grado sia di prendersi cura di un bebè, sia di educare un bimbo che ha già compiuto due o tre anni. Essa è in grado di istruire i piccoli nei metodi di apprendimento e di orientarli in attività manuali e creative adatte alla sua età. Perciò, non è necessario che il bimbo padroneggi tutte le competenze sociali, come parlare, mangiare e andare in bagno da solo. Per andare all'asilo nido, il piccolo non ha bisogno di essere un perfetto cittadino; lo portiamo lì proprio perché lo aiutino a diventarlo. In effetti, nei primi tempi i piccoli usano soltanto frasi brevi e non conoscono molti parametri di spazio e tempo. È anche possibile che non pronuncino bene le parole o che balbettino un po', ma certamente sanno ascoltare con attenzione. Le educatrici, pazienti e dedite ai bambini, possono contribuire in modo decisamente prezioso a far sì che i piccoli migliorino il loro modo di esprimersi, verbale e fisico, oltre a completare l'apprendimento, tra l'altro, nell'uso delle posate e del bicchiere a tavola, andare al bagno, togliersi e infilarsi la giacca o le scarpe. In conclusione, non c'è un'età determinata per mandare nostro figlio all'asilo. Possiamo osservare il suo comportamento e decidere se desideriamo che altre persone specializzate partecipino, da un certo momento in poi, alla sua educazione. Tuttavia, la necessità di socializzazione o di entrare in una collettività per la personalità del bimbo è una fase che in genere si situa tra i due anni e mezzo e i tre.

CHE COSA PROVANO E COME REAGISCONO I BAMBINI

Abbiamo già spiegato che fino ai due anni il grado di attaccamento del bambino può far sì che protesti moltissimo quando si trova tra persone estranee, ed è quello che accade sia all'asilo nido sia alla scuola materna. Bambini e genitori vivono questi primi giorni di separazione come un autentico supplizio. A volte ci sentiamo un po' in colpa vedendoli così "abbandonati", vero? È una sfida importante non priva di ansie: il bambino esce dal suo ambito familiare, deve obbedire e seguire un'educatrice che non conosce e mantenere un comportamento da pari a pari con i suoi compagni (i quali sono disorientati e preoccupati tanto quanto lui). Chiunque perderebbe la calma. Nostro figlio non dispone degli schemi cognitivi per comprendere che questa separazione è temporanea e la teme, considerandola una perdita tanto terribile che lo porta a mettere in atto i suoi meccanismi di sopravvivenza: lamentele e pianto. Può anche somatizzare l'ansia con dolori di stomaco, perdita di appetito, febbre e vomito.

In queste circostanze, è meglio non drammatizzare e cercare di calmare il bimbo insistendo nel dirgli che non lo abbandoniamo. In questo senso, è bene lasciarlo all'asilo seguendo il programma di inserimento progressivo, aumentando il tempo di permanenza di giorno in giorno. E facciamo in modo di essere sempre noi ad accompagnarlo e ad andarlo a prendere. Se questo non fosse possibile, saranno le sue figure di attaccamento secondarie a incaricarsi di farlo (nonni, babysitter abituale, zii...). Il nostro scopo è rafforzare la sua sicurezza.

Ogni bambino reagisce in modo diverso, secondo le sue abitudini e il suo carattere, ma noi ci risparmieremo molti fastidi se prima di portarlo all'asilo per la prima volta lo guideremo per qualche tempo in un processo di transizione. Possiamo trascorrere un po' di tempo all'asilo a giorni alterni e presentargli le educatrici, fargli vedere il luogo e spiegargli tutti i giochi che potrà fare lì insieme agli altri bambini. Possiamo anche mettergli nello zainetto un giocattolo o una bambola che sia il suo rinforzo emotivo e che sia legato all'ambiente familiare.

Noi siamo le sue figure di riferimento e, anche se ci dispiace che soffra, la nostra missione consiste nel trasformare la situazione in un'esperienza positiva. Possiamo lasciarlo dormire di più o metterlo a letto un po' prima in modo che possa adattarsi ai nuovi orari e, soprattutto, spingerlo a esprimere le sue impressioni e i suoi sentimenti, facendogli raccontare quello che sperimenta di giorno in giorno, le canzoni che canta e balla, che cosa gli piace delle maestre e degli altri bambini... senza però sovraccaricarlo di richieste o pretendere che ce lo dica.

Allo stesso modo, dobbiamo comunicare regolarmente con le educatrici, per proseguire al meglio l'adattamento e riuscire così a individuare eventuali condotte insolite del bambino.

Non lesiniamo i gesti d'affetto: un bacio e un abbraccio segneranno l'ingresso e l'uscita dall'asilo. Noi andiamo, ma il nostro amore resta con lui.

COME DEVE ESSERE LA STRUTTURA?

Un luogo per giocare, per riposare, per muoversi in libertà. Uno spazio adatto e che garantisca la sicurezza fisica dei bambini. Un luogo che possiamo visitare e supervisionare e nel quale le educatrici devono agire con trasparenza. Queste sono le caratteristiche di base dell'asilo nido e della scuola materna di nostro figlio, ma è bene verificarne anche altre:

- È in possesso di tutte le certificazioni e i permessi di legge?
- La sua politica di ammissione e di prezzo della retta è chiara?
- È un luogo pulito e studiato per la sicurezza e le necessità infantili?
- Possiamo visitarlo e andare a vedere nostro figlio quando lo riteniamo opportuno, oppure ci impediranno l'accesso?
- Hanno organizzato un programma di attività ludiche ed educative?
- I giocattoli rispondono a tutti i requisiti di legge (in modo che non esista il pericolo che i bambini li inghiottano o si facciano del male)?
- I bambini sono controllati in ogni momento?
- C'è un televisore? Si permette ai bambini di guardarlo?
- Si programmano incontri a scadenza regolare tra genitori ed educatori?
- In che modo si applicano la disciplina e i castighi (ci deve essere un regolamento scritto)?
- Il personale è preparato per dare i primi soccorsi o per agire in caso di malattia del bambino (ci deve essere un regolamento scritto)?

- I bambini dispongono di uno spazio silenzioso e comodo per fare il riposino?
- È prevista la presenza di un pediatra?
- C'è un numero di educatori sufficiente? Sono persone dedite ai bambini e affettuose?
- I bambini mangiano seduti?
- Si favorisce l'interazione tra i bambini?
- L'asilo gode di una buona reputazione?

LE ALTERNATIVE: I NONNI E LE TATE

Non tutti i genitori si separano dai figli all'ingresso dell'asilo. Molti preferiscono avere un maggiore controllo sulle cure del bimbo e assumono una persona che se ne occupi in casa, quella che chiamiamo tata o babysitter. Altri affidano ai loro genitori, i nonni, la cura del bambino. In realtà, in questi casi la domanda sarebbe se tate e nonni costituiscano una reale alternativa all'asilo. E la risposta è sì, ma non del tutto. Siamo consapevoli che molti genitori non possono aggiungere il costo di un asilo al preventivo di spese mensile, e che i nonni sono una soluzione affidabile, vicina ed economica (e senza contare che loro sono più che felici di occuparsi dei nipotini, anche se non è una situazione che dobbiamo dare per scontata). Tuttavia, malgrado l'affetto, e gli stimoli a offrire una buona educazione in termini di valori, c'è un fattore molto importante che i bambini non sperimentano: l'ingresso nella società, lo scambio relazionale con altre persone che non appartengono all'ambito familiare ristretto o allo spazio vitale. Senza dubbio, ogni soluzione ha dei pro e dei contro.

La tata e i nonni ci assicurano che in nostra assenza il bambino viene educato secondo le nostre indicazioni e le nostre idee. Il modello di comportamento che nostro figlio impara è quello che noi chiediamo a loro di seguire, perché al momento di trasmettere delle regole ai piccoli pretendiamo la coerenza. Le tate possono essere più o meno affettuose o creative, ma non devono mai deviare dalle norme che abbiamo stabilito, così come i nonni, tanto più se si occupano di nostro figlio in modo continuativo. È molto importante che i nonni non contraddicano quello che noi insegniamo, né che concedano autorità al bambino, altrimenti niente di ciò che intendiamo comunicargli con fermezza si rifletterà nel suo comportamento. Tuttavia, è importante ricordare che il ruolo educativo dei nonni è quello di essere permissivi: loro possono permettere o consentire richieste o situazioni che i genitori non possono consentire o permettere.

Quando si presenta il problema "a chi affidare il bambino", non possiamo evitare di pensare ai nonni, anche se dovremmo lasciar loro un po' di respiro e, se possiamo permettercelo, passare il testimone a una persona estranea alla famiglia: una tata professionista. Prendendo in casa una persona che si curi del bambino, sappiamo che applica le nostre regole con ragionevolezza, e liberiamo i nostri genitori da numerosi obblighi faticosi. I ragazzi e le ragazze sono più dinamici, meno iperprotettivi, e sono più vicini negli interessi generazionali ai nostri figli. I bambini giocano e conoscono nuove prospettive che non hanno a che vedere con la famiglia ristretta.

In conclusione, nonni e tate sono due opzioni magnifiche se li combiniamo insieme: in questo modo non sovraccarichiamo i nostri genitori e non li consideriamo soltanto dei babysitter scelti perché non ci sono alternative. I nonni si meritano di occupare un posto principale nel nucleo affettivo dei bambini, molto al di sopra delle semplici tate occasionali.

19

A SCUOLA!

Ogni giorno sempre più autonomo

Un altro grande spazio di socializzazione di nostro figlio nei primi anni di vita è la scuola. Per un bambino che non ha frequentato la scuola materna, il processo di integrazione e di separazione dal suo ambiente parte da qui, con i suoi aspetti positivi e quelli negativi (se non è abituato a interagire con più bambini, il cambiamento di ambiente può presentarsi piuttosto difficoltoso). Inizia inoltre una fase in cui il bimbo riceverà una formazione didattica e in cui i valori che gli abbiamo insegnato avranno una ragione d'essere nelle sue diverse attività ed esperienze. Insistiamo: la scuola non ci esime dall'essere un punto centrale nell'educazione di nostro figlio. Abbiamo noi la responsabilità di dargli le risorse con cui possa avanzare sicuro nella vita, e gli insegnanti completeranno l'opera con le conoscenze scolastiche. È ingiusto attribuire tutta la colpa alla scuola quando nostro figlio si comporta male: se lo fa è perché non ha ben chiari i concetti che desideravamo fargli apprendere a casa. Da ora in poi tutti tiriamo lo stesso carretto, genitori e insegnanti, ma la prima e l'ultima parola su come vorremmo che nostro figlio reagisca di fronte alle sue esperienze personali è nostra. In fondo siamo noi gli unici e i soli che possono e devono stabilire da quale fonte vogliamo che nostro figlio impari, no?

L'istituto scolastico ha la funzione di offrire e facilitare l'apprendimento di alcune materie relative alla scienza, alle discipline umanistiche, all'ambiente, all'esercizio fisico, e così via. È il luogo dove si trasmettono le conoscenze universali e culturali, e inoltre lo spazio adatto per mettere in pratica le attitudini e le norme educative imparate nell'ambiente familiare nel quale i bambini sono nati. Nostro figlio impara a condividere e a mettersi in relazione con persone nuove e forse molto diverse da lui, e quindi mette in pratica anche la tolleranza, la flessibilità, il senso dell'amicizia e la disciplina personale e all'interno del gruppo. Nella società, sapere molte cose non serve a nulla se non siamo felici. In psicologia, questa idea coincide con il fatto che l'intelligenza emotiva è decisamente importante per riuscire a ottenere quel che desideriamo. I bei voti devono essere completati da un'eccellente socializzazione.

Per queste ragioni, per scegliere la scuola di nostro figlio non dobbiamo informarci soltanto sulle materie che compongono il piano formativo, ma anche sui valori che porta avanti, e se sono affini al nostro punto di vista educativo. A scuola, il bambino deve trovare la motivazione necessaria per assimilare le informazioni che impostano il suo futuro e avere voglia di farle entrare nel suo progetto di vita. Un educatore deve far valere il suo metodo per risultare interessante e credibile agli occhi di una persona che si affaccia al mondo tramite la sua visione della vita e che porta con sé il suo bagaglio educativo principale: quello impostato dai suoi genitori. L'obiettivo di un insegnante è che l'alunno sia capace di mettere in relazione quello che gli sta spiegando con il mondo reale.

Per quanto riguarda i motivi più pratici per scegliere una scuola in particolare, potremmo esaminare alcuni fattori.

- Se esistono i mezzi necessari per coprire le necessità di nostro figlio: sia nel numero di alunni per insegnante sia in infrastrutture e sistemi di sicurezza.

- Le referenze. Abbiamo fiducia nell'istituto dove noi stessi abbiamo studiato o diamo fiducia ai pareri di altri genitori a proposito di una determinata scuola. In realtà, di solito al momento di scegliere un istituto prevale il passaparola.
- L'ideologia e i valori sui quali la scuola si fonda, secondo le nostre credenze.
- La multiculturalità. Mescolarsi a bambini di altre etnie e con abitudini diverse è un vantaggio educativo personale di grande valore. Inoltre, è in sintonia con la situazione che si vive nella società odierna.
- Il modo in cui i responsabili della scuola seguono nostro figlio, sia nei suoi risultati come studente, sia riguardo il suo atteggiamento per integrarsi e partecipare alle attività. In effetti in alcuni casi, se il bambino è spaventato o ha un rifiuto nei confronti di un insegnante, di un altro bambino o anche del cibo, sviluppa una fobia alla scuola. Si vede indifeso di fronte alle novità e può somatizzare la paura sotto forma di vomito, diarrea, pallore e ansia. Resta imprigionato in questa visione traumatica e nostro dovere è motivarlo, senza costringerlo, mostrandogli gli aspetti positivi dell'andare a scuola: imparare cose interessanti, farsi nuovi amici, giocare...
- Il curriculum educativo. Ci interessa sapere qual è il livello di apprendimento dei bambini che frequentano l'istituto, perché vogliamo valutare se l'istruzione che offre è competitiva e di qualità. A questo scopo vedremo se propone l'insegnamento di lingue straniere e nuove tecnologie, e quali sport si praticano.
- La sua offerta di attività extrascolastiche e per il tempo libero.
- Se dispone di un servizio mensa interno e se il menu può contare sulla supervisione di un nutrizionista.
- La distanza da casa, considerando che a un certo punto il bambino potrebbe anche iniziare ad andare a scuola da solo.

Nelle generazioni precedenti si credeva che educare (nella sua accezione di "insegnare") fosse un lavoro destinato agli insegnanti, specialisti nella materia. In casa si trasmettevano le buone maniere e le regole; a scuola, materie e ulteriore disciplina. Così, il professore aveva il diritto e l'obbligo di rimproverare l'alunno.

Oggi, per fortuna, intendiamo le cose in modo più conforme allo sviluppo personale dei bambini e degli adolescenti. Quando va a scuola, nostro figlio ha alle spalle anni di apprendimento a essere "una persona", un "apprendistato" che risulterà fondamentale perché si relazioni con gli altri e perché conoscano i meccanismi necessari per assimilare altre conoscenze stabilite dai programmi scolastici. Se a casa il bambino ha imparato valori come la capacità di resistere agli sforzi, il superamento delle difficoltà, l'impegno e l'empatia, si integrerà più facilmente nella scuola.

- *Sforzarsi.* Gli eroi e le eroine delle favole devono superare numerosi ostacoli e per avere successo devono trasformare gli imprevisti in occasioni. Sono modelli di pazienza e di volontà.
- *Superamento.* Gli sportivi si allenano per ore e non si arrendono di fronte al dolore e ai fallimenti. Desiderano alzare il trofeo della vittoria e questo li spinge a lottare per superare se stessi. Non è necessario essere un numero uno se non per se stessi. Cercheremo di far sì che nostro figlio non si accontenti, ma anche che la competizione non diventi un'ossessione. Essere troppo competitivi non consente di trarre vantaggio dalla situazione.
- *Impegno.* I leader sono tali perché si conquistano il rispetto e la fiducia delle persone che stanno loro accanto, e perché fanno sempre quello che hanno promesso. Sono persone di parola e di fatti.

- *Empatia.* Cercare di capire come si senta l'altro esercitandosi a interpretare il mondo secondo i suoi valori. Ascoltare, essere costruttivo e dire la propria opinione senza ferire l'altro.

I bambini che si sforzano, che cercano di superare se stessi, che si impegnano e che ascoltano gli altri, hanno dei vantaggi al momento di studiare e di farsi degli amici. I bimbi non nascono pigri, dipendono da noi perché li spingiamo a lottare per ciò che vogliono, e non soltanto dal punto di vista materiale, ma anche da quello emotivo e spirituale. In effetti, la capacità di sforzarsi è una delle chiavi dell'avanzamento dell'umanità. Fin da quando è molto piccolo, noi genitori dobbiamo educare nostro figlio alla cultura del darsi da fare per superare i propri limiti. A poco a poco deve assumersi delle piccole responsabilità che può portare a termine (altrimenti la frustrazione potrebbe far sì che si disinteressi e far fallire le nostre buone intenzioni). Al raggiungimento di ogni piccolo obiettivo, lo gratificheremo, spingendolo ad avanzare un po' di più. In questo modo scoprirà quanto sia importante sforzarsi. Se gli facciamo trovare sempre la pappa pronta, si sentirà incapace di affrontare gli esami, le prove e le difficoltà della vita nel suo insieme.

Quando nostro figlio va a scuola, noi genitori dobbiamo continuare a stimolare queste capacità e a stargli accanto quando torna a casa con i compiti e ha bisogno di essere guidato per organizzarsi e portare a termine le sue nuove responsabilità. In conclusione, dobbiamo essere presenti nella vita scolastica del bambino: tenerci al corrente su come vanno le cose, parlando con lui e con i suoi insegnanti, e creare in casa un ambiente particolarmente adatto allo studio. Siamo il suo rinforzo emotivo. Il fatto che studi in modo produttivo dipende dalle strategie che impostiamo. Tuttavia, il miglior aiuto che possiamo prestare non ha a che vedere con la possibilità di aiutarlo nelle materie di studio, ma con la motivazione. E di questa, di certo, ne abbiamo in abbondanza.

Spronìamo il bambino a fare i compiti a casa e a preparare le materie. Anche quando è ancora troppo piccolo per avere dei compiti a casa, possiamo incitarlo a leggere un po' o a spiegarci quello che ha imparato a scuola quel giorno. Osserviamo come studia fin da piccolo, così potremo modificare ogni cattiva abitudine che in seguito ostacoli l'apprendimento. Non occorre che ci sediamo accanto a lui, ma se diamo un'occhiata a come si occupa del materiale scolastico e a come organizza quaderni e appunti, ci faremo un'idea. La grande sfida sta nel far sì che lo studio sia un divertimento.

IL CONTATTO CON I PROFESSORI: INSEGNARE INSIEME

In aula, il pericolo è che il bambino si annoi. In questo senso, i professionisti dell'insegnamento condividono la sfida con i genitori. I bravi insegnanti mettono in pratica tutte le direttive pedagogiche possibili perché il bambino desideri approfondire le conoscenze. O, in altre parole: perché abbia voglia di studiare. Chi non ha mai pensato, almeno una volta, mentre stava seduto sul banco, "Ma questo, a che cosa mi serve?". Le conoscenze devono essere collegate con il mondo esterno: trovare un'applicazione nel quotidiano del bambino e del ragazzo. Altrimenti, metà battaglia è già persa.

Inoltre, la realtà dei bambini e dei ragazzi di oggi è molto diversa da quella di qualche decennio fa, dove predominavano lo scambio personale e la socializzazione. La tecnologia ha diminuito e, spesso, sostituito le possibilità di incontro; oggi i ragazzi possono viaggiare, chattare, giocare ai videogiochi interattivi... Gli stimoli esterni sono i grandi rivali dello studio. La scuola non può offrire occasioni di divertimento nemmeno lontanamente paragonabili a tanta meraviglia elettronica. Per i ragazzi la scuola è una barba.

Per questo dobbiamo caricare di frecce il nostro arco. Genitori e insegnanti devono mantenere un atteggiamento molto positivo fin dal primo giorno di scuola. È quello che entrambi gli educatori hanno in comune, visto che, spesso, il metodo scolastico non include le regole che applichiamo in casa. A scuola, per esempio, si usa tanto il rinforzo positivo (congratularsi con il bambino per i suoi successi e la sua motivazione, magari anche tramite i voti), come il rinforzo negativo (penalizzarlo, anche mediante brutti voti). Molti bambini si arrabbiano con il professore e insistono nel dire che "li ha in antipatia". È naturale, ma non dobbiamo dar loro ragione e togliere autorità all'insegnante. Sia quando nostro figlio va male, sia quando le cose migliorano, chiediamo un colloquio agli insegnanti per cercare di stabilire un piano comune. Insegniamo insieme e il ritmo di apprendimento in casa e a scuola deve essere sincronizzato. I genitori insegnano a essere e a stare in società; i maestri aggiungono le conoscenze, e noi genitori non ci tiriamo indietro, rinforzando il lavoro fatto a scuola.

IMPARARE A LEGGERE. COME STUDIARE E COME AFFRONTARE LE DIFFICOLTÀ DI APPRENDIMENTO

Il grande pilastro di uno studio divertente e di profitto è la passione sviluppata per la lettura. È fondamentale che il bambino abbia imparato a leggere correttamente e con piacere. Infatti assimilerà tutte le conoscenze future grazie alla lettura. Più avanti analizzeremo come, appunto, i problemi nel leggere e nello scrivere siano una delle cause più frequenti dell'insuccesso scolastico.

Noi, con il nostro esempio e la nostra motivazione a leggere e a presentare i libri come piccoli tesori pieni di avventure, possiamo far sì che il bambino impari che la lettura ha un grandissimo valore. E che è un valore in se stessa. La propensione a leggere si trasmette, si contagia. Per i bambini è divertente perché condividono molti dei loro insegnamenti attraverso le favole che gli raccontiamo o che inventiamo tra genitori e figli. Il momento della favola contribuisce a insegnare a nostro figlio nuove parole, perché lo porta a immaginare personaggi, situazioni e a esprimere emozioni e dubbi. Con i genitori, da pari a pari.

Leggere ha molti vantaggi.

- Attiva la mente e amplia immaginazione e curiosità.
- Aiuta a pensare e a verificare le opinioni.
- Migliora la concentrazione, l'attenzione e la capacità di osservazione.
- Aiuta a ragionare con schemi ed esempi.
- Amplia il vocabolario.
- Mostra come funziona il linguaggio, la sua struttura, l'ortografia.
- Facilita la scrittura e sviluppa il senso dell'estetica.

Insegnare a leggere significa insegnare a pensare. E possiamo trasformare la lettura in un'abitudine, come i pasti o il sonno: scegliere un'ora al giorno per leggere insieme (o da solo, quando ne avrà la capacità) un libro, un giornale, un fumetto. L'ora della favola, la sera, è sempre un classico, ma va benissimo qualsiasi altro momento di calma. E, certo, non proibiremo mai a nostro figlio di aprire un libro; se riteniamo che non sia adatto a lui, glielo spiegheremo senza arrabbiarci e senza mostrarci contrariati. In questo senso, quale genere di libri possiamo acquistare nelle diverse fasi della vita del bambino e dell'adolescente? Questo elenco ci può aiutare a scegliere.

- *Favole per bebè.* Libri di stoffa, con elementi che si possano togliere e mettere, per il momento del bagnetto...
- *Prime letture.* A partire dai due anni possiamo proporre la lettura per immagini. I bambini le riconoscono già e reagiscono, associano figure e parole e quindi possiamo elaborare storie basate su fotografie o illustrazioni, con figure in primo piano su uno sfondo neutro. In genere si tratta di animali, automobili, strumenti musicali, parti del corpo, cibi...

- *Immagini e lettere.* Tra i tre e i cinque anni sono affascinati dai libri con un'immagine con un titolo o alla quale si aggiunge il nome (papà, mamma, palla, gatto, sole...). A cinque anni possono già leggere qualche parola di una frase che iniziamo noi e partecipare attivamente alla lettura.
- *Lettori capaci.* A sette anni un bambino deve essere in grado di leggere da solo, e di volta in volta i suoi libri avranno sempre più testo e meno illustrazioni.
- *Altri strumenti.* Le riviste per bambini e per ragazzi, i fumetti, i giocattoli che parlano, ripetendo parole, numeri o lettere, i computer didattici adatti ai bambini e gli e-book sono la prova lampante che leggere va molto al di là di un libro.

Lasciamo, poi, che i bambini tocchino i libri, che li *vivano* e li usino al meglio (non li rimproveriamo se ne rompono qualcuno o non oseranno più prenderli in mano); nel corso di una passeggiata, portiamoli a scoprire la biblioteca o le librerie, alle mostre di libri per bambini e per ragazzi o alle letture pubbliche di libri e favole. E se non l'abbiamo ancora, noi stessi scopriremo la passione per la lettura.

Non si può dubitare che leggere bene abbia una relazione diretta con il buon *rendimento scolastico*. La lettura rinforza le capacità di comprendere, di mettere in relazione i concetti e di risolvere i problemi. Ecco perché quando, verso i sei anni, il bambino impara a leggere a scuola, è bene che ci assicuriamo che, oltre a farlo con l'intonazione e la pronuncia corrette, comprenda quello che legge, sappia di che cosa parla il testo.

Il fatto è che studiare, oltre a essere meno attraente rispetto ad altre attività più ludiche, non è facile. Richiede una buona organizzazione, pazienza, concentrazione, capacità critica, autonomia... Studiare ci trasforma in persone adulte perché ci fa maturare nel pensiero e nelle emozioni. Per il ruolo che spetta a noi genitori, non si tratta di ripetere duecento volte: «Se non studi nella vita non combinerai mai niente» (grande errore, che mina l'autostima del bambino e gli fa detestare ancora di più lo studio), né insistere perché prenda bei voti senza poi chiedergli se la materia gli piace o se gli ispira qualcosa che può applicare alla sua vita quotidiana. Il nostro compito è che far sì che si diverta imparando e che possa rendersi conto di quanto sia utile.

Se un bambino si rifiuta di studiare dobbiamo presentargli lo studio come una sfida personale e accompagnarlo nel cammino. Il modo di creare un'abitudine allo studio presuppone che il bambino dedichi un tempo stabilito a studiare e a fare i compiti. Per i più piccoli basteranno dieci o quindici minuti, tempo che aumenteremo a mano a mano che le materie diventano più complesse:

- Da sei a otto anni: trenta-quaranta minuti di studio. Con degli intervalli.
- Da otto a nove anni: quarantacinque-cinquanta minuti. Con degli intervalli.
- Da dieci a undici anni: un'ora.
- Da dodici a tredici anni: novanta minuti, con un intervallo dopo quarantacinque minuti.

Se, per esempio, nostro figlio esce da scuola alle quattro e mezzo del pomeriggio, dovrà avere tempo per svolgere un'attività extrascolastica un paio di volte la settimana, fare merenda, riposarsi, giocare, studiare, vedere un po' di tv, cenare e chiacchierare con la famiglia prima di andare a letto. È nostra responsabilità che la sua routine non lo schiavizzi né lo porti a disinteressarsi ai suoi obblighi. Bambini e adolescenti devono disporre di una o due ore di riposo durante le quali staccarsi completamente da tutte le attività relative allo studio. Devono studiare per vivere, non vivere per studiare.

Inoltre devono dormire le ore necessarie in funzione alla loro età, perché durante il sonno le nozioni si fissano nel cervello e ci si ricarica di energia. In questo senso, fino a cinque anni il bambino deve dormire tra undici e dodici ore; tra i cinque e i dieci anni, circa dieci ore; fino a tredici anni, circa nove ore.

È molto importante, inoltre, che possa avere uno spazio per studiare. Un posto vero e proprio dove possa concentrarsi, silenzioso, ben illuminato e senza le distrazioni di televisione, musica o computer. Il computer dovrebbe essere situato in uno spazio per l'uso familiare e controllato dai genitori.

Noi possiamo procurare ai nostri figli le condizioni migliori, ma quello che non possiamo fare è imparare al posto loro. La fatica è tutta loro. Tuttavia, ci sono delle tecniche di studio che possono dare loro dei suggerimenti. Gli insegnanti possono fornirci informazioni più tecniche e specifiche, ma alcuni concetti elementari su come studiare meglio sono fondamentali.

- Per risolvere problemi di logica, è utile ripassare prima la teoria per poi metterla in relazione con la pratica.
- Prima di rispondere ai questionari, è molto consigliabile fare una lettura di comprensione e sottolineare le idee fondamentali, per poi inserirle in uno schema del contenuto che aiuti il bambino a comprendere il tema.
- Una volta eseguito il compito, è bene rivederlo e ripassarlo, per assimilare meglio i concetti.

E che succede quando, nonostante gli sforzi, nostro figlio prende dei brutti voti?

Abbiamo anticipato che una delle ragioni più comuni del fallimento scolastico che tanto preoccupa gli educatori sono le *difficoltà di apprendimento*. Circa il 15 per cento dei bambini in età scolare soffre di una disfunzione nel sistema nervoso centrale che interferisce con l'assimilazione dei concetti, l'elaborazione o l'espressione. La dislessia (confondere le lettere quando si legge o si scrive; parliamo di questo disturbo nelle schede del capitolo 23) e il Disturbo da deficit dell'attenzione con iperattività (ADHD, Attention-Deficit/Hyperactivity Disorder, vedi capitolo 21) incidono sul normale apprendimento. Per quanto ci provi, il bambino non riesce a memorizzare le informazioni, è frustrato e quindi soffre di problemi emotivi. A scuola le cose vanno male perché gli insegnanti pensano che questi bambini sono siano stupidi, ma svogliati. Le prove dell'esistenza di questi problemi sono:

- Difficoltà a capire, seguire e ricordare istruzioni. Il ragazzo è apatico, si distrae, parla a voce alta (*problemi uditivi e verbali*).
- Confonde lettere e numeri (*problemi di scrittura, matematica e lettura*).
- Non distingue le direzioni, non ha coordinazione nello sport, quando cammina o quando deve prendere una penna. Non sa se è mancino o destrorso (*problemi di lateralizzazione).*
- Perde o dimentica tutto (*bassa autostima e problemi di socializzazione*).

Questi schemi di condotta richiedono quanto prima la valutazione dello specialista. Se curiamo e correggiamo queste disfunzioni fin da quando il bambino è piccolo, potremo migliorare la sua integrazione e le sua capacità di imparare in modo fluente.

ANCHE ESSERE IPERDOTATO PUÒ DIVENTARE UN PROBLEMA

Quando nostro figlio si trova al di fuori della media perché è estremamente intelligente, può soffrire dei medesimi problemi di un bambino con un ritardo cognitivo. In classe si annoia perché ha bisogno di più stimoli e gli costa fatica relazionarsi con i suoi compagni. È un bambino che ha bisogno di compiti più impegnativi, che mantengano desta la sua attenzione e la sua motivazione.

Non è necessario che frequenti una scuola speciale. A parte il fatto che sentirsi superiore gli impedirebbe di socializzare, in una scuola normale può aiutare gli altri bambini a studiare o partecipare ad attività nelle quali può dimostrare e condividere le sua capacità e le sue abilità. Dobbiamo favorire la sua integrazione.

INTEGRAZIONE E BULLISMO

A scuola, farsi degli amici e imparare ad avere a che fare con persone diverse, sia adulti sia bambini e ragazzi di altre età, è importante tanto quanto studiare. La scuola della vita si svolge in gran parte nei luoghi preposti alla formazione, questo è certo. Si dice che non esista nulla di più prezioso dell'amicizia, che i beni materiali e persino la passione contino meno, perché un buon amico è il più grande tesoro che possiamo avere.

Tutti abbiamo bisogno dell'amicizia, e nel caso di un bambino questa necessità trova la sua giustificazione perché è il suo modo di sviluppare competenze affettive al di fuori dell'ambito familiare. Condividere e confrontare interessi e affinità con altre persone lo fa sentire più forte, apprezzato, e motiva in lui la volontà di partecipare alle attività e di scoprire altri mondi. Nostro figlio deve avere il suo gruppo di amici, di cui fidarsi, con i quali giocare e, alla fin fine, nei quali rispecchiarsi, come un referente diverso dai genitori. Nell'amicizia ci si scambiano impressioni, affetti e pareri che mostrano ai ragazzi che non tutti pensiamo e sentiamo nello stesso modo, e che non per questo siamo migliori o peggiori del vicino. Grazie all'amicizia, il bambino canalizza le sue emozioni e impara e gestire le situazioni di conflitto, competenze che risultano fondamentali per l'adolescente. Di fatto, durante l'adolescenza gli amici rappresentano il fattore principale per la stabilità emotiva. Con l'avvicinarsi dei cambiamenti fisici e dei dubbi esistenziali, coloro che stanno vivendo le stesse difficoltà sono i nostri compagni più cari.

La parola "amico" deve far parte del nostro vocabolario e del suo. Dobbiamo spiegargli come ci fanno sentire i nostri amici e chiedergli che ci parli dei suoi. Il bambino deve assimilare il concetto di quanto sia importante prendersi cura delle persone a cui vogliamo bene. Per avere degli amici, cominciamo a essere un buon amico, a essere gentile, rispettoso, a saper trasmettere i nostri messaggi e i nostri desideri senza pretendere, senza minacciare o al contrario, seguire la corrente (in psicologia è quello che chiamiamo assertività). Dobbiamo accettare e comprendere che ciascuna persona ha i suoi pregi e i suoi difetti e che le vogliamo bene per quello che è, non per quello che vorremmo che fosse. Questa è la magia della situazione: se siamo diversi, possiamo imparare molto uno dall'altro.

Abbiamo già detto che inculcare l'empatia a nostro figlio lo aiuterà a rapportarsi in modo più efficace e intimo con gli amici: saprà ascoltare e aiutare senza giudicare. Tutti questi valori da buon amico, certamente gli guadagneranno il rispetto, l'ammirazione degli altri e, come conseguenza diretta, rafforzeranno la sua autostima.

Eppure a volte le cose si complicano. Nostro figlio è una persona stupenda ma, forse proprio per questo, c'è un bambino o un ragazzo che non lo sopporta e lo tormenta a scuola. Oppure, al contrario, nostro figlio si sente disadattato ed è aggressivo con le persone del suo ambito. Purtroppo questi atteggiamenti, raggruppati nel termine di derivazione inglese *bullismo*, sono di strettissima attualità.

Si definisce *bullismo* l'intimidazione verbale, psicologica o fisica ripetuta e intenzionale tra studenti, senza una ragione evidente (anche se una delle più menzionate dagli specialisti è la *mancanza di empatia* nel bambino che maltratta). L'aggressore pretende di dimostrare la propria autorità tramite vessazioni e minacce. La vittima del bullismo ha paura e, se la situazione si prolunga negli anni, può entrare in depressione o mostrare tendenze suicide.

I casi di bullismo scolastico si verificano di solito tra i dieci e i sedici anni. In generale sono difficili da individuare perché la vittima è paralizzata dalla paura che l'aggressore possa vendicarsi se scopre che è stato denunciato. Ecco perché è importante che notiamo alcuni cambiamenti nel comportamento di nostro figlio.

- Sembra essere sempre triste, assorto e irritabile, e si mostra scontroso e rifiuta il contatto fisico.
- È nervoso, ha incubi notturni, tic o bagna il letto.
- Finge delle malattie o esagera dei dolori.
- Non vuole andare a scuola o trova scuse di ogni tipo.
- Non ha amici.

Che cosa fare? È una situazione difficile perché, tanto per cominciare, anche se cercheremo di parlare al bambino o al ragazzo, lui farà di tutto per evitare l'argomento. Se abbiamo la conferma che è tormentato da uno o più studenti, è meglio non promettere vendette. Si tratta di un tema molto delicato, e quindi la discrezione è cruciale. Mettiamoci in contatto con gli insegnanti e sollecitiamo la loro collaborazione. Il bullismo non è una "faccenda da bambini". Dovremo prendere tutti i provvedimenti emotivi e materiali per liberare nostro figlio dal bullismo e, nel caso in cui sia lui l'aggressore, individuare l'origine della sua frustrazione e della violenza che risveglia. Abbiamo fiducia nei professionisti per aiutare i bambini.

Nostro figlio deve capire che questo comportamento non ha alcuna possibile giustificazione e che non ha nulla a che vedere con i sani valori della socialità e dello sviluppo affettivo.

IL PUNTO

LE ATTIVITÀ EXTRASCOLASTICHE

Una volta terminate le lezioni, molti bambini hanno un'agenda di attività che a volte supera quella dei genitori. Nuoto, tennis, calcio, teatro, musica, danza, lingue straniere... Sono lezioni extrascolastiche che hanno una componente estetica, artistica e di comunicazione molto attraente. Non sono un obbligo né un lavoro, e non dovremmo vederli così. Certo, il bambino ne trae giovamento e si diverte, ma non possiamo sovraccaricare i figli di impegni né sfinirli tra lezioni, attività extrascolastiche e occupazioni in casa (fare i compiti, giocare, leggere storie e colorare, parlare con noi e con i fratelli...). Rischiamo che accumuli stress perché si impone di portare a termine tutti i suoi compiti, che siano obbligatori oppure no.

Proponiamogli le attività extrascolastiche come un premio, come la possibilità di divertirsi imparando o facendo sport (il che non significa che le usiamo come un castigo). Questi extra devono essere compatibili con lo studio, e quindi è preferibile organizzarli in un paio di giorni alla settimana. Il bambino potrebbe confrontare la soddisfazione che gli dà questa attività con quella ottenuta nello studio e perdere interesse per il secondo: ecco perché è il caso di dosare le attività extrascolastiche.

È una buona idea concedere un certo margine al bambino perché scelga quello che vuole fare nel suo tempo libero. Tuttavia, possiamo orientarlo un po' a secondo della sua età, dei suoi gusti (e non dei nostri), del suo carattere e delle sua abilità. Se non ha ancora compiuto i sei anni, è meglio che dipinga, che balli, che disegni o che segua delle attività non strutturate da regole rigide. Fare sport, fare teatro e cantare in un coro aiutano a superare la timidezza, mentre suonare uno strumento musicale o imparare le lingue stimola la concentrazione. Quello che veramente conta è che si diverta e che segua l'attività con una buona predisposizione. Se dice che non gli piace, aspettiamo un periodo adeguato in modo che possa assimilare la prima impressione. Tuttavia, se lo vediamo molto stanco, sarà necessario rivedere immediatamente la sua agenda. È necessario che tutti i bambini abbiano del tempo libero privo di attività regolate da norme.

20
NUOVE FAMIGLIE
Felici nella diversità

I tempi cambiano, accumuliamo esperienze e ci adattiamo al buono e al meno buono. Ma siamo qui, a darci da fare per qualcosa che trascende epoche e luoghi: come essere genitori migliori e come aiutare i nostri figli a ottenere il massimo dalla vita.

Da quando l'uomo è uomo, è stata la famiglia a dare un senso autentico alle diverse società. Quindi siamo lieti di dedicarle questo capitolo, sempre più ammirati da quanto si sia evoluta e di come abbia superato il modello tradizionale (donna, uomo e bambini). Oggi una famiglia, non è tanto formata dalle persone e non è tanto un'istituzione, quanto un ambiente, un nucleo dove il bambino trova sostegno, comunicazione, affetto e fiducia. Oggigiorno, i nostri figli possono avere due padri o due madri; solo un padre o solo una madre; genitori non biologici; patrigni e matrigne; genitori separati; papà o mamma e nonni in casa; genitori che appartengono a culture molto diverse e che magari si esprimono in lingue diverse...

Le nuove famiglie non sono versioni monche o fallite del modello di sempre. Sono frutto dei cambiamenti di mentalità, di stile di vita, dei diversi modi di relazionarsi che abbiamo alimentato nel corso di molti anni. Coloro che affermano che si può educare soltanto all'interno della struttura papà-mamma devono accettare e comprendere che ciò che importa non è il sesso dei genitori, né il loro numero, ma che il bambino veda soddisfatte le sue necessità fisiche ed emotive.

Quando noi educatori ci impegniamo a fondo e sappiamo esattamente che cosa desideriamo insegnare a nostro figlio, l'immagine della famiglia stereotipata sfuma e lascia spazio a quello che veramente conta: che il nostro bambino sia felice.

Così come non esiste un modo unico, definitivo ed efficace per crescere un figlio, non possiamo indicare quale sia il tipo di famiglia migliore o dire come deve essere. Perdonateci se, per questioni di praticità, in questo libro parliamo soltanto di padri e madri. Siamo completamente al fianco delle nuove famiglie, così come gli educatori e le persone che si prendono cura dei nostri bambini che hanno la forza e la convinzione necessarie per ignorare i pregiudizi e che si impegnano con tutte le loro forze per il benessere dei piccoli e/o degli adolescenti. E lo fanno ogni giorno. Sono famiglie che quotidianamente affrontano le diffidenze e che lavorano molto attivamente perché i loro figli abbiano gli stimoli di cui tutti i bambini hanno bisogno. Per esempio, i genitori gay e lesbiche dovranno accertarsi che il loro figlio si relazioni con persone di entrambi i sessi, in modo che possa osservare modelli differenti. Se abbiamo adottato un bambino in un altro paese, dovremo mettercela tutta perché non perda il contatto con la sua cultura d'origine, aiutandolo al tempo stesso a integrarsi nel nostro ambiente. I genitori che viaggiano o che sono estremamente impegnati al lavoro devono riservarsi del tempo di qualità in modo che i figli traggano il meglio dall'esperienza familiare e stabiliscano legami sani con loro e con chi sta loro accanto. È un lavoro difficilissimo! E certamente molto gratificante. Proviamo a ripassare alcuni dettagli relativi a ciascuna circostanza?

Noi genitori di oggi abbiamo minori possibilità di sederci a tavola a mezzogiorno con i bambini e il nostro partner, o di tornare a casa a metà pomeriggio per giocare con loro, aiutarli a fare i compiti o a praticare qualche sport. Le ore volano via, ci sentiamo realizzati nella nostra professione e cerchiamo un equilibrio tra il lavoro che ci piace e che ci permette di sostenere l'economia familiare e l'altro lavoro: l'emozione e il piacere di formare una famiglia e di educare i figli. Molte volte, stremati per la fatica, ci domandiamo se il sogno di conciliare professione e famiglia possa diventare un giorno o l'altro realtà o se non sia invece un'utopia. Possiamo angosciarci perché apriamo la porta di casa stanchi e di malumore, e temiamo di trasmettere questa sensazione ai bambini. Ci inquieta pensare che perdiamo momenti importanti della vita dei figli. Quel che è chiaro è che dobbiamo iniziare a trovare del tempo di qualità per stare con loro. O, in altri termini: non si tratta di trascorrere con i figli ore e ore, ma piuttosto, visto che non disponiamo di tempo, far sì che quest'ora, questa mezz'ora o quello che si riesce a racimolare in ciascuna occasione, sia densa di significato. I nostri figli preferiscono mezz'ora di attenzione esclusiva e creativa rispetto a cinque ore nelle quali a malapena gli raccontiamo delle favole, chiacchieriamo con loro, cantiamo o gli facciamo il solletico. Come famiglia noi dobbiamo aspirare alla qualità. Il nostro obiettivo è che i bambini sappiano che per noi sono speciali. Genitori e bimbi in totale complicità.

Un'altra questione che spesso si presenta a un certo momento ai genitori che lavorano è quella della rinuncia e del *sacrificio*. Abbiamo l'impressione che essere professionali nell'impiego sia in contrasto con l'essere dei bravi genitori. Non è così. Ai nostri figli piace che i loro genitori siano soddisfatti, e le rinunce non sono mai buone compagne della soddisfazione. Non c'è altra scelta: dobbiamo organizzarci e abituarci a una routine che incorpori tutti gli aspetti familiari e personali nel miglior modo possibile. Avere un bambino non presuppone che ci scordiamo di noi stessi come individui. Al contrario, quante più situazioni sperimentiamo, tante più esperienze potremo insegnare alla nostra famiglia. La famiglia non è un peso, bensì un soffio d'aria fresca, un complemento perfetto della nostra personalità.

Però, anche se il giorno è solo di ventiquattr'ore, è necessario che ci ritagliamo alcuni momenti di respiro per noi, come persone e come parte di una coppia.

Tuttavia, quando spunta il senso di colpa, perché crediamo di non prenderci cura correttamente dei bambini, fa capolino anche la tentazione di viziarli, di concedere loro tutto quello che desiderano. A lungo andare questo significa *suicidarsi* come figura di riferimento. Ogni volta i nostri figli chiederanno di più e non si sentiranno mai soddisfatti. Privi di limiti, diventeranno bambini viziati e noi oggetto di ricatti emotivi. Se qualche volta siamo sfiniti dalla stanchezza e non possiamo giocare, se una sera non abbiamo letto ai bambini una favola... non tacitiamo il nostro senso di colpa con regali o concessioni. Questi rattoppi hanno un effetto boomerang perché, alla fin fine, non potranno mai sostituirsi a noi.

IL DIVORZIO

Un altro caso di assenza deriva dalla separazione dei genitori. Se si chiude la relazione, si spezza anche la famiglia del bambino? La risposta è no, o perlomeno dovremmo fare tutto quello che è in nostro potere perché ciò non accada. Anche se non viviamo più insieme, continuiamo a essere genitori e, quindi, dovremmo mantenere in comune il progetto educativo. I bambini, come sempre, hanno bisogno di tempo e di spiegazioni comprensibili per sapere qual è il loro posto nella nuova situazione. Possono capire che la separazione e il divorzio sono fatti della vita, che i genitori sono più felici se vivono separati e che, accada quel che accada, continueranno a volere loro sempre bene, anche se l'amore tra di loro è terminato. Tuttavia, il fatto che capiscano non significa che non soffrano. La separazione dei genitori è uno degli avvenimenti più difficili che un bambino possa vivere. Non esiste nulla che possa impaurirlo di più della possibilità che spariscano le persone che ama di più e di cui si fida. A volte, nasconde le sue preoccupazioni e si deve prestare attenzione alle sue reazioni per scorgere tracce di instabilità emotiva. Talvolta, inoltre, il bambino può mettere in dubbio il suo legame con i genitori: la loro separazione potrebbe significare che vogliono liberarsi di tutte le relazioni familiari, anche dei loro figli. E quindi, lui non conta nulla? Che cosa gli accadrà? L'impensabile si sta verificando, come un incubo.

Per noi genitori, il divorzio è una fonte di preoccupazioni e ci obbliga a riorganizzare la nostra vita personale. Ci saranno molte faccende da analizzare e da ripensare, e non sempre avremo risposte o soluzioni immediate per tutte. L'ideale è che la separazione si verifichi in circostanze il più possibile amichevoli, e che siamo capaci di metterci seduti tranquilli con il bambino e sviluppare un discorso congiunto e coerente sulle ragioni del divorzio. Il grado e la rapidità con cui nostro figlio accetta la sua nuova situazione dipende da come è stata la separazione: rabbiosa o serena. In questo momento è bene:

- Comunicare la decisione con tranquillità e realismo. È bene non parlare con lui mentre ci troviamo in piena tormenta sentimentale, perché il nostro stato d'animo lo lascerà sconcertato. Facciamo in modo di avere sempre il tempo sufficiente perché possa farci tutte le domande che gli servono e che la conversazione non sia interrotta a causa di altri impegni. Ovviamente, in seguito ci saranno molte altre conversazioni su dubbi e aspetti più pratici, ma per cominciare stiamogli accanto con calma, e, abbracciandolo, introduciamo il tema. Ascoltiamolo, abbracciamolo, baciamolo, ripetiamogli che gli vogliamo tanto bene e che questo amore non cambierà mai. Il dialogo e le carezze sono il messaggio di benessere di cui più ha bisogno.

- Ripetiamogli che abbiamo riflettuto molto e che anche per noi, come per lui, è molto difficile. Un buon punto di partenza per spiegare al bambino il motivo per il quale divorziamo si basa sul concetto di innamoramento. I piccoli capiscono molto bene che cosa significhi innamorarsi, perché lo hanno imparato dalle loro favole preferite. Non lo hanno provato per esperienza emotiva, ma possono associarlo a un sentimento idillico che unisce le persone e le spinge a vivere insieme e a prendersi cura l'uno dell'altro. Perciò, bisognerà comunicare ai bambini che i loro genitori si vogliono bene e si rispettano molto, ma che non sono innamorati e non desiderano più vivere nella stessa casa.

- Assicuriamo al piccolo che è un problema degli adulti che migliorerà con il tempo e al quale tutti ci abitueremo. Diciamo molto chiaramente che "migliorare" non implica tornare a essere una coppia, ma che ci sforzeremo per fare in modo che tutto vada bene come prima o meglio rispetto a quando vivevamo tutti insieme. È meglio che non lo sottoponiamo a dilemmi, chiedendo per esempio con chi preferirebbe vivere. La custodia e altre decisioni sono di pertinenza degli adulti, e queste domande causano ai bambini ancora più tristezza e tensione. È naturale che all'inizio ci chieda di vedere il padre o la madre nei giorni in cui non è stabilito che lo facciano. Sarà nostro compito spiegargli che al momento deve essere così, cercando di non mettere in discussione l'ordine delle visite. Il bambino accetterà – anche se all'inizio il rifiuto lo irriterà – che il tempo che trascorre con ciascun genitore è definito chiaramente e che nel lungo termine ciò comporta entrare in una routine stabile. È bene anche sottolineare che dobbiamo rispettare le necessità di nostro figlio di restare in contatto con il padre o la madre, e quindi faremo il possibile perché parlino al telefono in totale intimità e perché possano comunicare tra di loro quando lo desiderano.

- Ribadiamo con decisione l'idea che lui non è colpevole della separazione né che sarà in futuro un elemento di discussione tra di noi. Non dobbiamo mai discutere davanti al bambino. Alcuni divorzi sono conseguenza di una relazione tesa o, nei casi peggiori, violenta. Quando si separano, i componenti della coppia si logorano nei litigi e sono pieni di rabbia e di ostilità uno verso l'altro. È facile finire per continuare a parlare male del padre o della madre in presenza del piccolo, con gli amici, con i nonni, gli zii o il resto della famiglia. I genitori sono la fonte d'amore più importante per un figlio, e sentire criticare uno di loro può comportare per lui un dolore insopportabile. Mantenere un equilibrio quando siamo furibondi con l'ex partner è difficile, ma dobbiamo preservare la buona relazione tra nostro figlio e ciascuno di noi. L'unica eccezione potrebbe verificarsi se in casa ci sono stati dei maltrattamenti, soprattutto nei confronti del bambino. È nostro compito allontanare nostro figlio dal genitore violento, spiegando che in questo modo lo proteggiamo.

- Informiamolo che trascorrerà del tempo con ciascuno di noi, ma che cercheremo di fare in modo che le sue abitudini e le sue routine ne risentano il meno possibile. Tuttavia, passerà un po' di tempo prima che ciascuno dei genitori si sistemi e riorganizzi la sua vita, e dovremo chiedere al bambino di avere pazienza, che si farà tutto il necessario perché sia a suo agio, non cambi la scuola, eccetera. Una volta avvenuta la separazione, le regole educative non devono cambiare. Divorziare non significa esercitare la funzione genitoriale in modo diverso perché si è separati, ma mantenere i valori educativi che sono stati decisi insieme. E non dobbiamo acconsentire a deroghe perché ci sentiamo in colpa. Confondendo i criteri e accettando richieste espresse con veemenza spingeremo i bambini a credere che possano fare tutto quello che vogliono. E non è bene neppure che, a causa della separazione, i figli si assumano responsabilità che non spettano loro perché sono troppo piccoli, come prendersi cura dei fratelli o mediare tra i diversi membri della famiglia.

- Facciamo in modo che le persone che il bambino frequenta siano consapevoli del momento difficile che sta passando a causa della separazione, in modo che abbia sostegno dagli amici e dagli insegnanti. Nostro figlio non è solo, e le altre persone di riferimento che lo circondano devono stargli accanto e sostenerlo. Se abbiamo la sensazione che nostro figlio non gestisca bene il dolore del divorzio, possiamo consultare uno psicologo infantile.

- Lasciamo che esprima liberamente la sua tristezza, in modo che scarichi i timori e la frustrazione. Dobbiamo essere preparati a tutte le sue reazioni fisiche, emotive e comportamentali. Nostro figlio sarà più suscettibile e piangerà per nulla. Lo vedremo abbattuto e nervoso, oppure reclamerà la nostra attenzione con reazioni sproporzionate in casa o a scuola. Può somatizzare il malessere con dolori di stomaco, irregolarità del sonno, perdita di appetito e di peso, mal di testa, debolezza o comparsa di eczemi cutanei. A seconda dell'età, è anche possibile che reagisca con comportamenti regressivi come, per esempio, fare la pipì a letto. È anche facile che passi attraverso una fase aggressiva, di impotenza. Ci incolpa del fallimento della vita familiare e di non esserci sforzati di più per salvare la relazione. Quando grida o esprime questo dolore con accuse dirette, è fondamentale parlargli con calma, senza aspettarci che si tranquillizzi immediatamente. Anche se pure noi stiamo soffrendo, dobbiamo restare fermi e forti per dargli tutto l'affetto e la tenerezza di cui ha bisogno nel suo processo di adattamento.

Nel caso in cui il papà abbia una nuova compagna o la mamma frequenti un compagno, è importante che questa persona entri nella vita di nostro figlio con molta delicatezza. Vederci con qualcuno che non è il padre o la madre causa un vero e proprio spavento e pensieri del tipo: "E se davvero questa persona dovesse sostituirsi alla mamma o al papà, e non dovessi vedere mai più lei o lui?". Il rifiuto della nuova coppia è di solito automatico, ma non dobbiamo preoccuparci. È importantissimo che entrambi si vadano conoscendo a poco a poco, e soltanto quando nostro figlio ha voglia di trascorrere del tempo con lei o con lui. Per gli adulti vivere insieme può sembrare pratico ed emozionante, ma per i bambini potrebbe essere molto difficile vedere che un estraneo entra nella camera da letto che i genitori condividevano. È preferibile attendere un certo periodo prima che una nuova persona acceda all'intimità familiare.

I FIGLI DI RELAZIONI PRECEDENTI

Nelle serie televisive, quando un uomo e una donna si innamorano e vanno a vivere insieme con i rispettivi figli, tutti sembrano entusiasti per la novità. I fratellastri si trovano alla grandissima sotto lo stesso tetto e adorano il nuovo patrigno o la nuova matrigna. Oppure non convivono ma vanno insieme a fare delle gite allo zoo in perfetta armonia. Perché no? Certo, a volte questo bell'accordo si verifica, ma ha bisogno di una fase di transizione e di adattamento da parte delle famiglie che si fondono.

In effetti, i malvagi patrigni e matrigne delle favole sono stati ispirati dalla tensione che si solito si vive in casa quando qualcuno che non è tuo padre o tua madre stabilisce delle regole. Una persona alla quale, inoltre, tua madre o tuo padre dimostrano il loro amore e con la quale senti di dover competere per ottenere la loro attenzione. Così pensa un bambino del nuovo educatore che non ha scelto: è un intruso o un'intrusa, e non è certo facile accettarlo perché il bambino...

- Sta ancora soffrendo per aver perduto in casa il riferimento costituito dall'altro genitore.
- Se si è trasferito nella casa della nuova famiglia, a volte si è allontanato dal suo ambiente e dai suoi amici.
- Ha paura di tradire l'affetto di suo padre o sua madre se mostra affetto o simpatia per il patrigno o la matrigna.
- Non sa come comportarsi. È disorientato.
- Ha paura che sua madre o suo padre voglia più bene ai fratellastri che a lui, e si sente obbligato a condividere i giocattoli o la stanza da letto con persone estranee.

Probabilmente, tutti hanno bisogno di tempo e pazienza per lasciarsi alle spalle l'ostilità e la sfiducia. Il punto di partenza della nostra nuova famiglia dipenderà da come definiremo i parametri alla base della convivenza e dell'educazione dei bambini. È fondamentale definire i valori, il comportamento e l'atteggiamento che assumeremo con i nostri figli e con quelli del partner. Se non c'è accordo, la montagna sarà ripida e scivolosa, perché ciascun bambino imparerà delle nozioni differenti o si potrà sentire molto confuso rispetto a come si comportano i fratellastri o a quello che ci si aspetta da lui.

Chi assume il ruolo di "nuovo partner" non deve porsi fin dall'inizio come padre o madre del "figliastro". È importante capire che i bambini hanno bisogno di più tempo rispetto a noi per adattarsi ai cambiamenti, e questo è un cambiamento non da poco. Quanto più i nostri figliastri si sentono messi sotto pressione, tanto più si mostreranno disobbedienti. Cerchiamo di prendere il coraggio a due mani con i problemi meno importanti e di dialogare e di vietare per un periodo alcune concessioni in modo che imparino a rispettarci e a capire che noi li rispettiamo. Non giudichiamoli e parliamo con loro degli aspetti della nuova famiglia che li preoccupano. Con il tempo la resistenza, a poco a poco, si assottiglierà.

E non pretendiamo nemmeno che in seguito, come per magia, i figli delle rispettive ex famiglie si considerino fratelli. Prima di abbassare la guardia, i bambini si conosceranno, litigheranno, impareranno a solidarizzare e a condividere. Se progettiamo delle attività in famiglia nel tempo libero, stabiliremo le basi di questa nuova e particolare amicizia. Quello che più conta è non obbligarli a comportarsi in modo diverso da quello che provano o da quello che sono. L'affetto si costruisce con l'affetto.

LA FAMIGLIA MONOPARENTALE

E se invece di moltiplicarsi con altri fratelli e altri genitori, il riferimento del bambino è solo una persona, il padre o la madre? È una vera e propria impresa, perché se crescere un bimbo in due richiede energia, farlo da soli è un impegno a tempo pieno e senza concessioni. Il papà o la mamma possono non avere un partner che si sia assunto la responsabilità della sua paternità o della sua maternità, perché è lontano, perché è defunto o per altre situazioni. In ogni caso, alla responsabilità e alla fatica si aggiungono il dolore dell'abbandono, della morte e la solitudine. Il sostegno della famiglia d'origine e degli amici spingeranno il genitore a superare il dolore personale e a dedicarsi al bambino nel modo più positivo possibile. Non ci si deve chiudere di fronte a questo aiuto emotivo e pratico.

Il problema educativo più comune tra i genitori single è la difficoltà a porre dei limiti al figlio. Una cosa è amarlo e garantirgli affetto e attenzioni, un'altra essere il suo schiavo. Possiamo mantenere una relazione meravigliosa con il bimbo e insegnargli a fare bene ciò che deve fare, a collaborare, a essere gentile e responsabile. A essere una persona che sappia cavarsela, sana e felice.

Il compito è arduo, ma anche la maternità o la paternità da single hanno i loro vantaggi. Il più immediato e riconoscibile è il legame stretto che nasce tra genitore e figlio. Questa vicinanza dà la motivazione a lottare contro qualsiasi problema e ci riafferma come persone. In ogni modo, non va scordato che quello è il figlio, non la riserva da cui attingere affetto o il migliore amico. È consigliabile non confidargli tutte le frustrazioni e i desideri di adulti, non è un coetaneo e non puoi sostituire la figura di un partner. Un figlio deve maturare passando per tutte le fasi: bambino, adolescente, adulto; non deve fare un salto mortale verso l'età adulta senza avere tratto tutti i vantaggi dall'innocenza dei primi anni di vita. Certo deve dare affetto, ma non deve farsi carico della responsabilità di mantenere la stabilità emotiva di un genitore o di compensare con il suo affetto i momenti difficili.

Non possiamo negare nemmeno che il bambino deve poter contare su modelli femminili e maschili. Tanto i piccoli quanto i preadolescenti e gli adolescenti devono essere circondati da altri uomini (se tu sei la madre) o da altre donne (se sei il padre), che possono essere nonni, zii, cugini, insegnanti, allenatori sportivi...

A partire dai tre anni i bambini costruiscono un'immagine idealizzata del padre o della madre e cercano questo referente in persone diverse. Inoltre, frequentare bambini e bambine, giocare, confrontarsi con l'universo maschile e femminili gli servirà per sapere come interagire con entrambi i sessi e per sviluppare in futuro il suo ruolo di donna o di uomo.

Il padre single deve combattere con gli stessi dubbi di una madre single, oltre che con il pregiudizio secondo il quale sono le donne ad avere il dono di saper educare i piccoli. Ignoriamolo, tiriamoci su le maniche e abbiamo pazienza. Questa visione sessista della società è un dettaglio per il quale di sicuro non abbiamo tempo da perdere. Un uomo può educare i suoi figli tanto quanto una donna.

I GENITORI DELLO STESSO SESSO

Parlando di ruoli e del fatto che l'educazione non è un'esclusiva delle donne né degli uomini, entriamo in un campo abbastanza nuovo, almeno agli occhi della società: in che modo una coppia formata da due uomini o da due donne possa affrontare lo sviluppo emotivo e sociale del figlio. I papà gay e le mamme lesbiche hanno la medesima capacità dei genitori eterosessuali di trasmettere ai loro figli valori, calore e comunicazione. Indipendentemente dal loro orientamento sessuale, possono essere coppie e genitori funzionali o disfunzionali. Non esiste nessuno studio scientifico che dimostri che una famiglia omosessuale sia negativa per l'equilibrio del bambino, né che lo conduca a essere gay, lesbica o eterosessuale. Tra un bambino con un padre e una madre e un altro che ha due padri o due madri non esiste una grande differenza, se non che chiama due persone papà o mamma.

Per fortuna, l'accettazione delle famiglie omosessuali sta aumentando, e non soltanto tra gli adulti, ma anche tra i bambini. Il fatto di avere dei compagni di classe con due papà o due mamme e, soprattutto, il buon lavoro svolto dai genitori eterosessuali per fare in modo che i figli comprendano questa realtà, contribuiscono a far sì che le nuove famiglie ricoprano il ruolo che spetta loro. In due donne o due uomini che si amano e che si impegnano a curarsi dei loro figli esiste coraggio e motivazione. In questo senso, per esempio, e per smentire i pregiudizi negativi, le statistiche affermano che il tasso di abuso sessuale tra i genitori omosessuali è sensibilmente più basso rispetto a quello nelle famiglie eterosessuali.

Le coppie omosessuali di solito sono esposte alla discriminazione e all'incomprensione. Nelle grandi città, fare outing e godere senza complessi della propria sessualità non causa più sorpresa, ma esistono ancora luoghi dove l'omosessualità viene emarginata e condannata. Malgrado i molti ostacoli, in tutto il mondo donne e uomini omosessuali continuano a mettersi in gioco per formare una famiglia tramite l'adozione, l'inseminazione artificiale o l'utero in affitto. Molti altri osano passare da una famiglia tradizionale al modello sentimentale che realmente preferiscono: sono uomini e donne che vivevano in una coppia eterosessuale e che hanno confessato di essere omosessuali al coniuge e ai figli.

Dobbiamo apprezzare questa lotta per i propri diritti come persone e come genitori. In definitiva, due papà e due mamme attraversano con i figli le medesime situazioni di una coppia padre-madre, e per i figli sono figure positive tanto quanto qualsiasi altra coppia che si impegni a esserlo. C'è un solo punto nel quale le coppie dello stesso sesso si devono impegnare particolarmente: fare in modo, giustamente, che i loro bambini abbiano dei contatti con altre figure di riferimento maschili o femminili, di orientamento etero o omo. In questo modo i bambini apprezzano e riconoscono fin da piccolissimi che la diversità è positiva e normale.

E, da un altro punto di vista, come si vedono i bambini di coppie omosessuali? Dunque, le ricerche dimostrano che i figli di coppie gay e lesbiche sono più aperti e tolleranti, oltre che essere più recettivi e solidali con i problemi delle persone discriminate per una qualsiasi ragione. Anche loro hanno subito discriminazioni per la loro struttura familiare, e quindi si identificano con le altre minoranze. Le prese in giro a scuola possono far sì che i nostri figli si vergognino o che abbiano dei dubbi, soprattutto se gli insegnanti o gli altri genitori non collaborano per sfatare i pregiudizi. In casa si deve essere al corrente di queste beffe. Nostro figlio sta affrontando il processo di formazione della propria identità, e questo genere di conflitti può interferire. Isolarlo dal contesto o cambiargli scuola non sono soluzioni. Ci sarà sempre qualcuno che gli farà notare che la sua famiglia è strana o differente. Parliamone con lui e facciamogli vedere che quando le persone temono una situazione, perché non la capiscono, si rifugiano nella presa in giro. Se gli abbiamo già spiegato la natura della sua famiglia e che molte altre persone del medesimo sesso vivono nelle nostre medesime condizioni, ciascuna di queste situazioni causerà l'effetto contrario: invece di farlo soffrire, rafforzerà la sua empatia e la sicurezza in se stesso. Come qualsiasi bambino che si apprezza e che si sente a proprio agio con i genitori, il figlio di omosessuali crescerà nel rispetto e nella creatività.

IL FIGLIO UNICO

Che brutta reputazione accompagna i bambini senza fratelli e sorelle... Un tempo, i genitori si sentivano ripetere di continuo che una vera famiglia si compone come minimo di due figli con mamma e papà. Ma, ancora una volta, speriamo che siano gli ultimi strascichi dei pregiudizi e delle idee preconcette su quello che ci si attende da una famiglia. Inoltre oggigiorno i figli unici sono una realtà sempre più numerosa, visto il ritmo di vita dei genitori che lavorano, il fatto che le donne restano incinte a partire dai trentacinque anni e altri motivi sociologici e individuali. Naturalmente ci sono anche coppie che decidono di avere un solo figlio, senza un motivo. Benissimo.

Si dice che i figli unici siano viziati, egoisti, capricciosi, poco socievoli, spioni e abbiano una quantità di altre doti negative. Che il figlio unico risponda o no a questo profilo dipenderà dal fatto che i suoi genitori si preoccupino di assicurargli delle buone regole di apprendimento e di comportamento. I bambini imparano a obbedire, a condividere, a farsi degli amici e a negoziare con noi. Se il piccolo non ha fratelli, avrà più bambini nel suo ambiente con i quali sviluppare le sue competenze sociali secondo quello che gli insegniamo. Se gli stiamo troppo addosso sarà un disadattato. È speciale tanto quanto ogni altro bambino, e merita i regali e le attenzioni che avrebbe in una famiglia più numerosa. Né più, né meno.

Se lo facciamo diventare il centro della nostra vita, tarpiamo la sua autonomia, limitando le qualità che potrebbe scoprire soltanto relazionandosi con più persone. La nostra protezione lo rinchiuderà in un mondo irreale dal quale non vorrà uscire. E quando lo farà, si sentirà incapace di allacciare relazioni solide, all'interno delle quali possa sentirsi sicuro come in casa sua.

È meglio che un figlio unico abbia molte possibilità di incontrare i suoi coetanei: invitiamolo a partecipare ad attività extrascolastiche che si svolgano in gruppo, facciamolo incontrare spesso con cugini o figli di amici.

Se gli impartiamo un'educazione troppo permissiva, si abituerà a ottenere tutto ciò che vuole tramite i tipici attacchi di rabbia. A scuola, questo comportamento lo farà diventare la vittima designata che tutti sfuggono perché dà sempre la colpa agli altri e non ammette mai di essere responsabile dei propri errori. E, arrivando all'adolescenza, essere maleducato non favorirà di certo la sua popolarità. Amiamo i nostri figli e a volte ci risulta difficile non accontentarli, tanto più se ne abbiamo uno solo, ma se non poniamo loro dei limiti, una volta arrivati all'età adulta passeranno più guai che non momenti di felicità. A nessuno piacciono l'egoismo e gli atteggiamenti capricciosi; le persone tendono a escludere dai gruppi quelli che si considerano l'ombelico del mondo e che vogliono accaparrarsi tutto. Se vogliamo che nostro figlio si integri, l'atteggiamento più sensato consiste nel mostrargli che la sua unicità sta solo nel fatto che è figlio unico.

IL FIGLIO ADOTTATO

Essere genitori di un bambino ha il medesimo significato sia che si tratti di un figlio biologico, sia che ci siamo recati in un altro Paese per adottarlo. Il nostro piacere, la nostra preoccupazione, la nostra dedizione e il nostro compito come educatori saranno gli stessi. E questo è ciò che il figlio adottivo deve sapere e sentire fin dal primo minuto della nostra convivenza. L'adozione può risultare traumatica per genitori e figli. Tutti abbiamo bisogno di pazienza e di calma per familiarizzare con quello che presuppone.

Il nostro grande obiettivo è che il bambino non distingua in modo peggiorativo tra genitori biologici e genitori adottivi. È fondamentale che sappia di essere stato adottato fin dalla più tenera età, e che non si senta spaesato né coltivi l'idea che i suoi genitori biologici non lo amavano. Può essere molto proficuo ed educativo anche che conosca casi simili al suo e che possa esprimere i suoi dubbi e parlare delle sue origini con naturalezza. Con questo non intendiamo dire che gli daremo la notizia all'improvviso. Fin da quando è piccolo, possiamo ricorrere alle favole per mostrargli che ci sono figli che arrivano dalla pancia di altre mamme che li adoravano ma che non potevano prendersi cura di loro; per questo hanno affidato la loro educazione ad altri genitori che li amano e che li educano così come avrebbero fatto i primi. È bene evitare che il bambino pensi che i genitori biologici non lo amavano, e tantomeno gli sarà utile che parliamo di loro con disprezzo. Di fatto, anche se molti bambini adottati conoscono la loro famiglia biologica, hanno ben chiaro che la loro famiglia reale è quella dei genitori adottivi, che lo hanno educato con rispetto e affetto.

In molti casi un figlio adottato non arriva in una casa vuota. Lo possono attendere uno o più fratelli, i quali a loro volta devono comprendere quello che accade. Nel corso della gravidanza, i fratellini vedono aumentare la pancia della mamma e hanno a disposizione alcuni mesi per prepararsi al grande avvenimento: ricevere con calore il nuovo membro della famiglia. Abbiamo già spiegato che si possono manifestare atteggiamenti regressivi e gelosie nei piccoli, ed è esattamente quello che può succedere rispetto al figlio che adottiamo. I nostri figli biologici devono sapere fin dal momento in cui iniziamo a sbrigare le pratiche per l'adozione per quale motivo desideriamo un fratello per loro e che dovremo viaggiare per conoscerlo e portarlo a casa. I bambini ci faranno molte domande, e dobbiamo prepararci per cercare di rispondere nel modo più semplice possibile, mettendoci nei loro panni. La fantasia è una buona opzione.

I nostri figli saranno molto colpiti dal fatto che il fratello o la sorella abbiano la pelle di un altro colore o gli occhi o i capelli diversi. Se prima che il figlio adottivo arrivi a casa gli mostriamo delle fotografie, risveglieremo in loro più curiosità e la generosità di accogliere e amare qualcuno che ha bisogno di noi, per quanto sia diverso. L'adozione si presenta come una grande opportunità perché il resto della famiglia impari che la diversità è un fatto normale e vantaggioso per tutti. In questo senso, è importante che nostro figlio adottivo resti in contatto con le sue radici, perché fanno parte della sua identità.

L'integrazione familiare di un figlio adottivo è più lenta e difficile quando il bambino ha già una certa età. La nostra casa deve essere il suo focolare, deve rendersi conto che si prendono cura di lui dei nuovi genitori, nonni, zii e fratelli. Alla fine, è un bambino che richiede molta attenzione e molto dialogo perché riusciamo a riempire il vuoto emotivo che si trascina dentro per la mancanza di una famiglia di base. Però vederlo crescere e adattarsi alla sua nuova famiglia ci darà delle soddisfazioni enormi e momenti che custodiremo per sempre nel nostro cuore.

IL PUNTO

L'EMIGRAZIONE E LE SUE OPPORTUNITÀ

Le società del nuovo secolo sono caratterizzate dalla multiculturalità e dalla diversità di razze. Molte famiglie giungono in paesi che in apparenza offrono loro una vita migliore e portano nelle nostre strade e nelle nostre scuole le loro usanze, la loro lingua e il loro modo di vestire. Molte persone creano famiglie miste, i cui figli godono della doppia cultura dei loro genitori. E a scuola i nostri figli entrano in contatto con queste altre maniere di vedere il mondo e si fanno amici che giungono da altri luoghi o che, essendo nati nel loro stesso paese, hanno caratteristiche e lineamenti molto diversi. Ma provano le stesse cose che provano loro, imparano come loro.

Queste amicizie sono la grande speranza contro il razzismo, l'ignoranza e la discriminazione. I nostri figli non hanno bisogno di viaggiare per rendersi conto che esistono diverse realtà valide e degne di ammirazione tanto quanto la loro. Ne traggono beneficio con il compagno di banco, nel loro giro di amici, nel gruppo di attività sportive o di danza. Sono relazioni costruttive che li arricchiscono di valori, che gli mostrano che non esiste una sola maniera di fare e di esprimersi. I bambini interagiscono e si stimolano per imparare altre lingue, per aiutarsi reciprocamente nel gesto di solidarietà più sincero e puro. L'emigrazione potenzia l'abbraccio delle culture e forse un giorno servirà perché viviamo senza scontri e disuguaglianze.

21

SITUAZIONI SPECIALI

L'amore nelle difficoltà

Per crescere i nostri figli ci troviamo di fronte a molte sfide, ma possiamo affermare che i genitori più coraggiosi sono quelli che insegnano a vivere con la malattia o con le disabilità. Soltanto con amore e coraggio riescono a crescere i figli mentre imparano a cavarsela nonostante una malattia cronica o un qualsiasi problema di sviluppo o di comportamento. Durante la gravidanza poniamo moltissime aspettative sul nostro futuro figlio: vorremmo che fosse simpatico, sveglio, sportivo... e che godesse sempre di ottima salute. Tuttavia, potremmo ricevere delle notizie inattese: nascerà con la Sindrome di Down, il cuore o i reni non funzioneranno a pieno ritmo, non vedrà o non sentirà. Abbiamo il timore che il bimbo sviluppi un disturbo del comportamento nei primi periodi della sua socializzazione, o che abbia un ritardo anomalo nell'apprendimento.

La vita ci mette di fronte a molte situazioni inaspettate, e ciò che da principio ci lascia interdetti ci offre innumerevoli *opportunità per maturare* e per rendere più preziosi i momenti di felicità. Dopo esserci concessi il tempo necessario per accettare che nostro figlio avrà bisogno di attenzioni specifiche e per raccogliere informazioni su come organizzare la quotidianità familiare, le chiavi dell'educazione di un figlio disabile o che soffre di una malattia cronica sono la normalità e la praticità. Insegniamogli a socializzare attraverso la comunicazione, stabilendo dei limiti, predicando con l'esempio. Possono essere consapevoli della loro diversità oppure no, ma è nostro dovere trattarli come qualsiasi altro bambino. Negli ultimi anni sono stati fatti passi da gigante nell'integrazione sociale dei bambini diversamente abili, e riguardano in gran parte il coinvolgimento di tutta la famiglia. È sempre più frequente che i bambini condividano le medesime attività e che interagiscono e siano solidali con i compagni disabili o che hanno bisogno d'aiuto. Questa attitudine dei piccoli e del ragazzi dimostra che sono stati educati nel rispetto della differenza. Condividere l'aula o le attività fa sì che i piccoli si interessino alla vita degli altri e li apprezzino senza tabù.

I genitori di un bimbo disabile hanno paura che al figlio manchi qualcosa quando loro non ci saranno più, ma non si rassegnano al fatto che non si sviluppi al massimo delle sue capacità. Oggigiorno le famiglie possono accedere a terapie fisiche e psicologiche mirate a stimolare i bambini con problemi di mobilità o di apprendimento fin da quando sono piccolissimi. Questa stimolazione continua risulta essenziale ed è la principale scommessa che possiamo fare come genitori. E mentre noi tutti facciamo del nostro meglio loro saranno, come sempre, la gioia della casa.

IL BAMBINO CON UNA MALATTIA CRONICA O UNA DISABILITÀ

Ci sono bambini che nascono o che acquisiscono con il tempo dei difetti fisici che possono presupporre una limitazione nella vita quotidiana. I problemi vengono considerati una disabilità quando ritardano lo sviluppo generale della persona. Educare questi bambini richiede da parte nostra un grandissimo sforzo emotivo: dobbiamo imparare a dosare la nostra energia, spesso dividendoci tra l'educazione degli altri figli; coltivare la nostra relazione di coppia e crescere come individui. È, senza dubbio, un'impresa ardua. Ma non per questo dobbiamo farcene carico da soli. Ciascun genitore reagisce in modo personale di fronte a un problema di salute importante, ma quando entrambi capiscono in che modo l'altro può farlo, alla fine la coppia si sentirà sostenuta e in grado di andare avanti. È molto importante concedersi il tempo necessario per rifiutare il senso di colpa e la preoccupazione che implica un evento inatteso come la disabilità o la malattia cronica.

Il ventaglio di disturbi dei bambini che prevedono cure speciali è molto ampio: asma, diabete, Sindrome di Down, autismo, paralisi cerebrale, sordità, cecità, nanismo, malformazioni di diverso genere, e così via. Per ogni problema esistono terapie adatte, e ciascuna famiglia conta su risorse emotive personali per sostenere il proprio nido nelle situazioni in cui si viene a trovare. Per questo non è corretto riferirsi a una disabilità come a un unico problema per il quale c'è un unica risposta educativa. In ogni caso, possiamo fare riflessioni su alcune regole particolarmente utili.

In primo luogo, nello sviluppo del bambino con delle limitazioni, è fondamentale arricchire l'ambiente in cui cresce, ossia fornirgli i medesimi stimoli diretti che si danno a ciascun bimbo. Anche se nostro figlio non può camminare, correre o saltare, per esempio, è bene cercare di fargli fare qualche movimento, lodando ogni piccolo successo. Dobbiamo parlare con lui (se non è possibile, tramite linguaggi adatti, come quello dei segni), farlo partecipe delle abitudini familiari e, soprattutto, non essere iperprotettivi e sempre al suo servizio. È meglio aiutarlo a tenere il cucchiaio, piuttosto che imboccarlo senza dargli l'opportunità di provarci. Entrambi i genitori devono cooperare e collaborare in ciascuna attività, e non dividersi le cure e l'attenzione, così si sentiranno coinvolti nell'educazione del figlio e nella coppia. Anzi, tutta la famiglia deve agire come un team: un bambino disabile può unirla ancora di più.

A questa azione congiunta si deve aggiungere quella dei professionisti della salute e dell'educazione. Fin dalla nascita, seguiranno in modo continuo e completo l'evoluzione e il profilo di nostro figlio, e quindi faranno parte della famiglia. All'asilo e a scuola, persone competenti e specializzate si prenderanno cura del bambino. Quello che veramente conta è che il piccolo sia circondato da altri bambini e ragazzi, che si senta uno di loro, anche se avrà il sostegno di altre persone. È fondamentale anche che non sia messo in corsi scolastici precedenti a quelli previsti, perché questo può demotivarlo e abbassare la sua autostima. In questi casi, la priorità è scegliere la scuola giusta. Parlando con il bambino, sarà bene fargli notare che tutti quanti hanno qualcosa che non funziona al cento per cento e che, anche se non può raggiungere alcune mete o deve sforzarsi più di altri bambini per conseguire i medesimi risultati, avrà sempre accanto la sua famiglia e le persone che si prendono cura di lui. Tutti insieme arriveremo al cento per cento. Non esiste nessuna ragione per nascondere a nostro figlio quello che gli succede. La differenza deve rappresentare soltanto una sfida, non un allontanamento degli altri. Semplicemente, ci si deve sforzare di vedere più i pregi che i difetti: lo scopo è far sì che gli sguardi o i commenti sulla sua disabilità non lo facciano stare male.

Se nostro figlio è di salute delicata e trascorre la maggior parte dell'infanzia o dell'adolescenza dentro e fuori dall'ospedale, dobbiamo far sì che abbia informazioni chiare sul suo problema (se l'età glielo consente, perché non soffra inutilmente). La conoscenza e la certezza che la famiglia lo appoggia saranno le sue carte vincenti. Per dirlo in altro modo, nostro figlio deve sentirsi come a casa sua durante le cure e le visite mediche: gli porteremo dei giocattoli, gli presenteremo la situazione in modo tranquillo e normale, senza lasciarlo mai da solo. È probabile che ci domandi perché gli altri bambini sono sani, e se lui è malato perché è stato cattivo. Con molta pazienza e tenerezza, dobbiamo spiegargli che ciascuna persona soffre di certi mali in qualche momento della vita, e che faremo tutto il possibile perché si senta meglio. Se riusciamo a confortarlo e a dargli la forza e la sicurezza necessarie per sopportare il suo dolore, saremo già a metà del percorso.

TIC. I tic sono movimenti (o vocalizzazioni ripetute) involontari, stereotipati, bruschi e brevi, senza uno scopo, a carattere ripetitivo ma non ritmico, che il bambino può riprodurre volontariamente e controllare parzialmente. Sono intermittenti, favoriti da fattori emotivi e diminuiscono quando è impegnato in compiti che richiedono un'attenzione prolungata; uno sforzo volontario è in grado di sopprimere il tic per un istante. Di solito riproducono dei gesti della vita quotidiana, per esempio sollevare le spalle, scuotere la testa, battere le palpebre, smorfie facciali, rumori con il naso, espirazioni forzate, borbottii, schiarirsi la gola, vocalizzazioni e a volte scuotimenti bruschi di un arto. Per dare qualche esempio, il bambino può cominciare a mangiarsi le unghie, a succhiarsi il dito, a socchiudere gli occhi, a grattarsi o a muovere continuamente i piedi o le mani, o a mordere gli indumenti. A differenza degli altri disturbi del movimento come coree o distonie, il bambino può reprimerli in ogni momento o imitarli. In casa non gli diremo che ha un tic, ma cercheremo di interrompere i comportamenti in modo naturale, per non innervosirlo ancora di più. Per esempio, quando si mangia le unghie, invece di dargli un colpetto sulla mano, gliela prenderemo per porgergli qualcosa. Molti tic sono transitori. Se persistono, è bene consultare il pediatra, senza ansie o urgenze.

COMPLESSI. Quando i bambini soffrono per qualche difetto reale o immaginario, o per una caratteristica molto particolare che non gli piace, dobbiamo aiutarli a capire che hanno molte altre qualità. È il modo migliore perché comprendano che una persona non si definisce soltanto per una caratteristica, ma per tutto ciò che è. Per far sì che gli altri accettino la nostra diversità, è fondamentale che noi ci accettiamo e che ci piacciamo così come siamo. Non si deve mai compatirlo per il complesso, anche se possiamo invitarlo a considerare il suo difetto con orgoglio e anche con umorismo. L'autostima è lo strumento principale per superare i complessi.

BALBUZIE. La balbuzie non è volontaria né piacevole e merita tutta la nostra comprensione. Non dobbiamo dimenticare che all'inizio dello sviluppo del linguaggio ci può essere una fase (che può durare mesi) nella quale compare la cosiddetta balbuzie fisiologica transitoria. Si può correggere con tecniche sotto la guida di uno specialista. Non dobbiamo insistere con il bambino che ripete le frasi di continuo, perché potremmo innervosirlo ulteriormente e la sua dizione peggiorerebbe.

GOFFAGGINE. I bambini con una difficoltà motoria o che sono sbadati o nervosi, possono essere molto goffi o non godere di buoni riflessi. Nel primo caso, la ragione è genetica e richiede la fisioterapia; nel secondo si dovranno correggere le cattive abitudini, il che non significa stare tutto il giorno a rimproverarlo perché si concentri su quello che fa. Mostreremo al bambino come fare le cose con attenzione perché non si faccia male, e lo gratificheremo e lo loderemo per ogni successo. Gli proporremo di assumersi delle piccole responsabilità in modo che a poco a poco acquisisca autonomia. Se il problema è grave, dovremo impegnarci per eliminare gli elementi pericolosi e le barriere architettoniche nel nostro ambiente domestico.

AUTISMO, SINDROME DI DOWN, RITARDO COGNITIVO, DISTURBI DI DEFICIT DELL'ATTENZIONE, CON O SENZA IPERATTIVITÀ (ADHD)

L'attenzione e la stimolazione sono infiniti e variegati quanto l'immaginazione che dimostriamo per comunicare con nostro figlio. E nei casi di cui parliamo in questo paragrafo, la creatività è fondamentale per riuscire ad avvicinarci a lui. I bambini autistici, con la Sindrome di Down, con un ritardo cognitivo o che non possono concentrarsi su un incarico richiedono sistemi alternativi per relazionarsi con loro, strade che dovremo scoprire e perfezionare.

L'*autismo* comporta carenze comunicative, relazionali e di comportamento. I bimbi non sviluppano la capacità di parola né portano avanti una conversazione logica, oltre a non dominare il linguaggio non verbale (per esempio, ignorano il contatto visivo quando parlano). Non rispondono nemmeno a carezze, abbracci e baci, ed esprimono l'affetto in forme insolite. Ripetono gesti che li affascinano come, per esempio, mettere in ordine i giocattoli oppure accendere e spegnere un apparecchio elettrico, e hanno bisogno della loro routine per sentirsi a proprio agio.

Tenendo presente che nostro figlio non vede il mondo così come noi lo percepiamo, dobbiamo cercare di scoprire quali sono i suoi modi di vedere, udire, sentire e gustare; capire com'è il suo mondo, per poterlo condividere. La terapia e l'educazione di un bambino autistico si concentrano sulla comunicazione. Gli specialisti che lo stimolano ci sosterranno e ci guideranno a stringere questo vincolo speciale.

In realtà, il supporto professionale è fondamentale nel nostro approccio educativo quando abbiamo un bambino con un qualsiasi *ritardo cognitivo*. Mentre rimettiamo sui binari la nostra vita familiare (un punto fondamentale per mantenerci uniti), altre persone preparate ci fanno capire come vedere le cose e in che modo ragionare per il nostro benessere e per quello di nostro figlio. Gli specialisti ci guideranno per insegnargli ad arrangiarsi da solo a scuola, nell'igiene personale, facendosi degli amici o nel suo passaggio all'adolescenza, sempre in relazione al suo grado di ritardo. Quello che è chiaro è che, da parte nostra, ci lasceremo andare e saremo molto affettuosi con lui.

Questa raccomandazione è valida anche per i bambini che nascono con la Sindrome di Down, ossia una variazione genetica che implica un certo ritardo cognitivo e deficienze cardiache, visive e uditive. Sono bambini esposti a molti problemi di salute, e quindi il pediatra di famiglia sarà la persona di riferimento che potrà raccomandare altri specialisti in grado di aiutarci a definire le capacità, gli interessi, il temperamento e il miglior piano di apprendimento per il bambino.

Nel bambino iperattivo, il piano di apprendimento si basa su strategie improntate all'attenzione, per fare in modo che riesca a concentrarsi. Ci può preoccupare, inoltre, che si faccia del male con i suoi continui movimenti e il suo comportamento compulsivo. Perciò, se desideriamo modificare a poco a poco il suo comportamento, dobbiamo concentrarci molto sulla pazienza e la calma. Prima di tutto, è importante stabilire alcune regole su quello che può o non può fare in casa. Da principio, il bambino qualche volta sbaglierà, e il nostro compito consisterà nel ricondurlo alle regole senza fare scenate e senza mostrarci infastiditi. In effetti, questa reazione da parte dei genitori incita il bambino a muoversi ancora di più perché capisce che in questo modo attira la loro attenzione. Quando riesce a restare tranquillo e a seguire una regola qualsiasi, è molto importante lodarlo, e così dare valore al comportamento. È molto utile organizzare dei piani per fare in modo che le giornate e il fine settimana siano scanditi da attività precise, e inoltre un ottimo metodo per insegnargli che ci sono momenti destinati all'attività e altri in cui tutti hanno bisogno di riposare. Nostro figlio si renderà conto dei vantaggi che ottiene quando si muove di continuo e quando invece sta tranquillo. Ci sono bambini che non si concentrano e tuttavia non sono iperattivi; in entrambi i casi, si consiglia una visita del pediatra per effettuare una diagnosi sulla situazione del piccolo e iniziare una cura avendo a disposizione tutte le informazioni necessarie.

In definitiva, possiamo integrare in ambienti diversi e normali i bambini che richiedono cure speciali, sempre tenendo presente il loro grado di ritardo nello sviluppo. Gli specialisti ci sosterranno e ci insegneranno come far sì che nostro figlio sviluppi la sua personalità e le sue capacità circondato da affetto e comprensione.

Nell'animo di una madre e di un padre, tutti gli sforzi sono mirati a far sì che ai figli non succeda mai nulla di brutto o di traumatico. Potremmo metterli sotto una campana di vetro, ma non li aiuteremmo a essere forti e coraggiosi di fronte alle avversità della vita adulta. Potremmo esporgli un panorama degli stress che comporta la vita moderna, ma così ruberemmo loro l'innocenza, confondendoli ancora di più. Allora, quando il dolore fa la sua comparsa in modo inevitabile, come possiamo proteggerli e, al tempo stesso, cercare di far sì che comprendano quel che è accaduto? Un bimbo piccolo richiede che gli si chiarisca il concetto di morte con più metafore rispetto a un adolescente, ma entrambi hanno bisogno esattamente del medesimo sostegno per metabolizzare la perdita.

Non possiamo ingannarli riguardo a una cosa così seria e inevitabile. La morte fa parte della vita, e dobbiamo farglielo notare nel modo meno doloroso possibile. Una persona se ne va, ma ci lascia il ricordo della sua allegria, di quello che ci ha insegnato, di quello che abbiamo amato e vissuto con lei. Parlare della persona cara ci aiuterà a liberare emozioni, tristezza e impotenza. A ogni modo, l'appoggio reciproco e sapere che possiamo contare uno sull'altro in famiglia costituisce una fonte di coraggio molto solida. È una buonissima idea associare la persona che ci ha lasciato a un oggetto o a un luogo che era solita frequentare e pensare a lei ogni volta che vediamo questo particolare elemento. Il suo ricordo si manterrà affettuosamente nella nostra memoria.

I bambini manifestano il cordoglio in un modo diverso dagli adulti: non parlano di ciò che li lascia confusi, ma lo lasciano intravedere tramite comportamenti ansiosi o iperattivi. Metabolizzare il fatto che non vedranno né parleranno più con una persona così importante per loro è un colpo che sfugge alla logica infantile. Riusciranno ad affrontare l'assenza con il tempo e se spieghiamo loro con un po' di razionalità che cosa sia la morte.

Tra i due e i tre anni, i bambini credono che morire equivalga a dormire. Dai tre ai sei anni, questa credenza subisce un'evoluzione: riconoscono che la persona non c'è, ma pensano che sia una situazione temporanea, che può risolversi. È a nove anni che i nostri figli comprendono che cosa comporta questa perdita. Come per altri temi difficili da chiarire, anche spiegando che cosa sia la morte la verità deve venire al primo posto. Eludere il discorso non li renderà più felici, perché ci vedono abbattuti e tristi, e ne deducono che sta succedendo qualcosa di brutto. La tristezza che pervade la casa può portarli a fare delle ipotesi su mali relativi a loro o al loro ambiente, per esempio possono immaginare che stiamo per abbandonarli o che non li amiamo. Non esiste soluzione migliore che aggrapparci alla verità: la morte è un fatto naturale, ma anche definitivo, non arriva tutti i giorni, e non dobbiamo soffrire inutilmente. La persona scomparsa non sta facendo un viaggio, e non ha fatto un gioco di magia. Certo, possiamo ricorrere alla fantasia e alle favole simboliche per spiegare che cosa succede quando moriamo oppure, se siamo credenti, possiamo accennare che la persona cara è in cielo ed è il nostro angelo custode. Nostro figlio si merita delle risposte positive, comprensibili e confortanti per poter elaborare il lutto e non aspettarsi miracoli. Altrimenti, quando sarà consapevole delle menzogne si sentirà ancora più triste e deluso.

Un piccolo affronta il lutto in forma più lieve rispetto a un bambino o a un adolescente, perché la sua visione del mondo è più innocente e non contiene concetti negativi. Tuttavia, quando la perdita riguarda la morte del padre o della madre, lo shock richiede un sostegno psicologico costante. La drammaticità non serve, e dobbiamo presumere che il bimbo sarà triste e depresso a lungo. Non possiamo salvarlo da questa sensazione, ma possiamo risarcirlo con il contatto fisico costante, con il dialogo, che gli permetta di sfogarsi, e ricordandogli tutte le cose belle del suo papà e della sua mamma, e di quanto sarebbe orgoglioso o orgogliosa di vederlo felice. Nascondere le fotografie o gli oggetti che appartenevano alla persona scomparsa finisce per essere controproducente, perché il contatto con queste cose aiuterà a far sì che il bambino non abbia paura né dolore, né una visione negativa della morte. La nostra preoccupazione principale deve essere quella di offrirgli tutta la serenità possibile perché non anneghi nel dolore e nella paura.

Questo modo di gestire le cose si può applicare anche ad altre situazioni traumatiche. I disastri naturali, gli incidenti, la violenza e gli abusi, il divorzio dei genitori, essere abbandonato o separato a forza dalla sua famiglia... Tutte situazioni che si ripercuotono con intensità sul benessere di un bambino o di un ragazzo. Compare lo stress e, a volte, l'aggressività o l'introversione. Si tratta di un riflesso del panico che può lasciare conseguenze psicologiche. Uno dei primi concetti astratti che si sviluppa nei bambini è la *paura*. Non c'è dubbio che la paura sia scritta nei nostri geni come una parte del codice della sopravvivenza: i timori evitano che corriamo dei rischi e che affrontiamo situazioni assurde che non possiamo superare. Tutti i bambini sperimentano la paura e l'ansia, prima o poi. Ogni età è associata a timori concreti, e il modo in cui i bambini li manifestano è un segnale degli strumenti sui quali contano per superarli.

- Un bebè piange quando non riconosce la persona che gli sta accanto e, quindi, non riesce a individuare dove sono i suoi genitori. Tra i dodici e i quindici mesi, questo timore si evidenzia di più e in seguito si attenua fino a scomparire.
- I bimbi tra i dieci e i diciotto mesi hanno paura quando credono che i loro genitori non siano con loro. È la paura della separazione.
- Tra i quattro e i sei anni, la grande fantasia dei nostri figli li porta a vedere fantasmi, mostri e altri esseri che vivono nell'oscurità. Questi timori coincidono con l'adattamento alla scuola e con la socializzazione.
- A partire dai sette anni, i bambini, e così anche gli adolescenti, si stressano di fronte a un eventuale dolore o incidente che gli possa capitare.

Questi timori sono normali e si vanno attenuando a mano a mano che il bambino cresce. Tuttavia, la paura esagerata e immotivata si trasforma in un ostacolo per il suo sviluppo corretto e può sfociare in una fobia. I genitori iperprotettivi impediscono al figlio di superare le sue difficoltà, e il bimbo insicuro ha una maggiore tendenza a soffrire di fobie. Di fronte a un evento traumatico, i bambini paurosi e quelli che soffrono (come gli insicuri, che proiettano i loro timori in un futuro immaginario, aspettandosi sempre il peggio), hanno tutti le carte in regola per restare bloccati. È poco probabile che questi bambini possano risolvere da soli le loro paure, e quindi i genitori non devono scartare l'aiuto di uno specialista. Gli psicologi della scuola comportamentista suggeriscono una terapia di esposizione progressiva alle situazioni che suscitano il panico nel bambino, in modo da renderlo consapevole che non c'è nulla di cui avere paura e che possa superare il blocco.

D'altro canto, i bambini non smettono di sorprenderci per la loro forza e la loro capacità di superare le tragedie e crescere grazie ad esse. La *resilienza*, ossia la capacità di potenziare le proprie competenze e l'autostima imparando dalle situazioni difficili, non è soltanto motivo di orgoglio, ma dipende anche dal fatto che noi genitori stimoliamo i nostri figli, crescendoli perché confidino nelle loro molteplici capacità.

IL PUNTO

DISTURBI DELL'ALIMENTAZIONE

L'anoressia, la bulimia nervosa e l'obesità sono alterazioni della condotta alimentare con conseguenze gravi. La persona obesa mette in pericolo la propria salute a causa del sovrappeso e dell'accumulo di grasso; chi soffre di anoressia persegue un ideale di magrezza estrema, e si pone come obiettivo ridurre le dosi di cibo fino a non ingerire più nulla, oppure mangia normalmente ma ricorre a lassativi o al vomito per eliminare quello che ha ingerito (una patologia nota come anoressia purgativa). Le persone bulimiche alternano abbuffate e vomito. Dobbiamo ricordare che i disturbi del comportamento alimentare sono classificati dall'Organizzazione Mondiale della Sanità (OMS) tra le malattie di origine psichica, e non riguardano solamente le conseguenze che hanno sul corpo. In modo inconsapevole, cerchiamo la sicurezza e il conforto che ci evoca un tipo di cibo con il quale ci consolavano da piccoli, come se ci mettessero in bocca il ciuccio, acqua o latte. Fin da bambini ci inculcano l'idea del cibo come premio: se cadiamo, ci danno una caramella; se non finiamo la minestra, restiamo senza dolce o biscotti. Un'educazione di questo tipo in materia di alimentazione può dare vita a una relazione sbagliata con il cibo, che si manifesta con l'ansia. Mangiamo troppo oppure ci priviamo del cibo perché ci gratifichiamo, ci puniamo o cerchiamo di liberarci di un peso emotivo.

Sfortunatamente, oggi i casi di bambini e adolescenti di entrambi i sessi in sovrappeso, obesi, anoressici o bulimici sono in aumento. Le cause di queste alterazioni sono di natura diversa: la genetica, fattori ormonali, mancanza di appetito, fame vorace innata, le pressioni dell'ambiente e i canoni estetici imperanti, sedentarietà, ore trascorse davanti alle televisione, fino, ovviamente, alle cattive abitudini alimentari.

Nel bambino obeso, il sovrappeso potrebbe essere ereditario oppure frutto della necessità di saziare il suo immenso appetito, ma siamo di fronte a un disturbo emotivo quando consuma quantità abbondanti di alimenti molto calorici e poco nutrienti per alleviare l'ansia o perché si sente fuori posto. Non per nulla, insieme a rischi cardiovascolari, di diabete e di altri problemi di salute, i bimbi obesi soffrono perché sono oggetto di beffe crudeli da parte degli altri bambini. Come in un circolo vizioso, si isolano di più, sono meno attivi e finiscono per rifugiarsi nel cibo. Se a partire dai cinque anni noi genitori percepiamo degli indizi che ci facciano pensare che il piccolo mangi troppo o si abbuffi, dobbiamo intervenire subito. La soluzione non è metterlo a dieta come punizione né criticare la sua obesità. Il bambino non risponderà ai rimproveri continui, né alle pressioni psicologiche: si otterrebbe un effetto contrario a quello voluto. E tantomeno si deve idealizzare la magrezza: è stato provato che molti bambini obesi una volta arrivati all'adolescenza sviluppano l'anoressia perché sono ossessionati dalla magrezza. Nostro figlio ha bisogno che rinforziamo la sua autostima, che gli rammentiamo le sue qualità, che lo motiviamo a seguire buone abitudini: un'alimentazione equilibrata adatta alla sua età (frutta, verdura, cereali, legumi), esercizio fisico e meno televisione. Ogni ora passata davanti al televisore, infatti, aumenta del 12 per cento il rischio di obesità. Lasciamo che un medico ci spieghi meglio i problemi dietetici e che insegni al bambino i benefici del mangiare bene. Una volta che il ragazzo si sarà assunto la responsabilità di prendersi cura di sé, seguire una dieta diventerà più facile e duraturo.

I ragazzi e le ragazze anoressici di solito sono, con nostra grande sorpresa, ottimi studenti, popolari tra gli amici e tranquilli in casa. Tuttavia, non sono contenti di loro stessi. Per esprimere questa rabbia scelgono la dieta-del-no oppure di autodistruggersi non toccando cibo. Visto che non tengono sotto controllo la loro vita, possono almeno controllare i pasti. Come in una dipendenza, si premiamo per ogni chilo che perdono, per ogni cibo al quale resistono o che eliminano, facendo sport in modo compulsivo. E non possono smettere. Si vedono sempre grassi, anche se il loro sottopeso li mette a rischio della vita. I bulimici si puniscono, quando hanno mangiato, inducendo il vomito o purgandosi per liberarsi di quello che hanno ingerito. L'anoressia e la bulimia nervose non dipendono da decisioni controllabili; richiedono l'aiuto di endocrinologi, nutrizionisti, psicologi e altri specialisti per essere curate con una prospettiva integrata: i danni fisici degli organi, delle ossa e del sistema ormonale, la bassa autostima e l'autodistruzione, la depressione derivata dal trauma. I disturbi dell'alimentazione richiedono cure mediche professionali; è importante rendersi conto che il trattamento sarà lungo e difficile, ma che nostro figlio riuscirà a venirne fuori con la psicoterapia e con la profilassi adeguata.

Osserviamo i nostri figli, interessiamoci alle loro preoccupazioni e spingiamoli a una vita sana, basata sull'equilibrio nutrizionale e su un esercizio moderato. Risparmiamoci qualsiasi commento superficiale e frivolo sul loro corpo. Sono meravigliosi così come sono, non c'è bisogno che si paragonino a questo o a quel cantante o attore. Siamo responsabili. Siamo la loro forza. Soltanto così potremo prevenire questi disturbi e individuarli in tempo.

22

IL SESSO: FISICA E CHIMICA

Elemento chiave in una sana educazione

La sessualità è un terreno sul quale quasi tutti noi genitori scivoliamo un po'. Ci nascondiamo dietro la convinzione che non dovremo affrontare il tema dell'educazione sessuale fino a quando nostro figlio non sarà giunto alla pubertà, ma le cose non funzionano così. La sessualità non è la bella addormentata che si sveglia e ha un ruolo da protagonista nell'adolescenza: nasce e muore con noi, è una qualità inerente alle persone, profondamente radicata con la sua biologia, con il suo modo di comunicare, di dare affetto e piacere. Con la sua personalità.

Infatti i piccoli ci lasciano a bocca aperta con domande che ci mettono a disagio e che per loro sono del tutto spontanee. L'educazione in materia di sesso inizia molto prima di qualsiasi sessione specifica a scuola o di quando ci sediamo con nostro figlio sul divano per imbastire una conversazione "seria". Ogni giorno, fin dalla più tenera età, il bimbo vuole verificare quello che vede o che sente e che non riesce a comprendere fino in fondo. E non si limita a porgere delle domande: la sessualità si esprime anche quando si attacca al seno della madre nei primi mesi di vita ed esplora e osserva il proprio corpo fino ai due-tre anni. In seguito fanno la loro comparsa le domande sulle differenze anatomiche tra uomini e donne e sulla riproduzione, e una fase di curiosità sessuale nei confronti degli altri bambini. Questi giochi si verificano tra i cinque e i sei anni. Nella prepubertà e durante l'adolescenza, i cambiamenti del corpo lo sollecitano a informarsi in modo più dettagliato sul sesso e sull'amore.

Non si può fare una classificazione assoluta, e le età della scoperta della sessualità oscillano: ci sono bambini molto precoci e altri che sperimentano la sessualità più tardi. In ogni modo, non dobbiamo spaventarci di fronte alle domande e all'interesse per gli organi genitali. Toccandosi, i bambini si rendono conto che una certa parte ha una sensibilità diversa, ma la loro curiosità non cela idee malsane. A questo proposito è naturale che i genitori abbiano un senso della moralità e dei valori che definiscono la loro visione del sesso. Naturalmente, educheremo nostro figlio secondo questi valori, ma dovremo cercare di non essere negativi né castranti. Le carezze, toccare e toccarsi, i baci non sono "sporchi" né vergognosi. Come abbiamo detto, la sessualità abbraccia aspetti che vanno oltre sapere come si fanno i bambini, aspetti legati a come ci relazioniamo con persone dell'altro sesso (o del nostro, a secondo dell'orientamento sessuale) e qual è il nostro ruolo nella società come uomini o come donne. I bambini e le bambine riconoscono il loro genere a due anni, più o meno, perché associano le proprie caratteristiche fisiche a una identità sessuale specifica. Tuttavia, imparano che cosa significhi essere uomo o donna imitandoci. Se noi identifichiamo la femminilità con certi particolari incarichi, con la sensibilità e il giocare con le bambole, e la mascolinità con l'essere duri, giocare con le macchinine e non collaborare in casa, i nostri figli seguiranno questi stereotipi nelle loro relazioni. Crescerli senza differenze di genere è la prima pietra per costruire una società più equa fatta di uomini e donne che si possano esprimere liberamente.

Il sesso ha una componente emotiva unita a un'esperienza puramente fisica, e il bambino, per comprenderlo, deve vederlo riflesso nei suoi genitori. Non serve che spieghiamo nei minimi dettagli a un bimbo di due anni le arti amatorie, ma se sta familiarizzando con l'immagine di due persone che si abbracciano e si baciano perché si amano e si piacciono, la sua nozione del contatto fisico si svilupperà in modo più sano. Ovviamente, è meglio non mettere in evidenza degli atteggiamenti più intimi. Così i nostri figli assumeranno che ci sono aspetti della vita che sono riservati all'ambito privato di una persona o di una coppia. L'idea serve anche per insegnargli che certe cose riguardano l'intimità ed è preferibile non farle in pubblico.

Allo stesso modo, possiamo introdurre il bambino all'educazione sessuale parlando dei genitali come di una cosa normale. Per esempio, mentre fa il bagno, possiamo insegnare che "asciughiamo bene la vulva" o "laviamo con delicatezza il pene". Quanti meno eufemismi e diminutivi usiamo per riferirci al corpo, tanto più favoriamo nei bambini la nascita di una coscienza positiva. Molti genitori hanno dei dubbi anche rispetto al mostrarsi nudi di fronte ai figli. Per un piccolo la nudità è qualcosa di normale e piacevole; il pudore è frutto dell'educazione. Se ci vedono uscire dalla doccia o mentre ci cambiamo d'abito, acquisiranno un'idea del corpo nudo naturale, senza connotazioni erotiche. Le restrizioni o gli atteggiamenti troppo severi di alcuni genitori molto rigorosi possono sfociare in vergogna, rifiuto o senso di colpa verso il corpo e il sesso.

In realtà, le nostre spiegazioni su questa materia devono partire sempre dalla normalità. Così come non hanno bisogno di sapere, da bimbi quali sono, che la vita porta anche delle disgrazie, eviteremo temi come gli abusi, lo stupro o la prostituzione fino a quando non saranno in grado di comprenderli. Resteremo alla larga anche dalle smorfie ammiccanti e dalla vergogna e useremo un linguaggio adulto per rafforzare la sicurezza del bambino e fargli capire che può domandare tranquillamente tutto quello che vuole. Ci sono bambini che non fanno mai domande sul tema della riproduzione, del corpo o della gravidanza della loro mamma, perché percepiscono che i genitori sono a disagio quando cercano di rispondere. È essenziale che bambini e adolescenti accettino la loro sessualità come una bella caratteristica personale e non come qualcosa di sporco o che debbano nascondere. Occultare un fatto così vitale non serve a nulla, perché sanno molto di più di quanto possiamo immaginare: lo intuiscono, scambiano opinioni con gli altri bambini, e vivono in una società nella quale il sesso è presente in tutti gli ambiti. Possiamo aiutarli a maturare senza tabù e senza timori. Possiamo educarli alla diversità nelle forme di amore e sessualità, mostrare loro che due uomini e due donne si possono amare come una coppia formata da un uomo e una donna, e definire le caratteristiche delle relazioni eterosessuali e omosessuali senza pregiudizi né stereotipi. È interessante anche spiegargli che le persone che non hanno un partner non hanno nessun problema. In conclusione, che amore e sesso sono piacevoli se c'è libertà di scelta.

Contiamo sul senso dell'umorismo e sul tatto per introdurli ai fatti amorosi e sessuali. Sì, perché si tratta di offrire loro una buona educazione sentimentale, diretta a far sì che sfruttino tutte le sensazioni e i piaceri dell'innamoramento e del desiderio. Possiamo spiegare i nostri sentimenti come coppia e genitori e scambiarci impressioni in modo rispettoso e gentile chiedendo se, per esempio a scuola ci sia qualcuno che gli piace. Lavorare sulla comunicazione fin da piccoli renderà più facile che ci raccontino le loro emozioni in un'età complicata, l'adolescenza. Di fatto, i genitori di solito si lamentano perché i figli si chiudono in loro stessi quando cominciano a cambiare fisicamente. Ci piace che i ragazzi ci confidino i loro timori, ma questa confidenza è frutto di un'educazione sessuale e sentimentale tracciata fin dall'infanzia. Non possiamo pretendere che ci aprano la porta all'improvviso se non abbiamo costruito prima questo vincolo.

Come se non bastasse, nell'adolescenza si coniugano molti elementi che confondono i nostri figli. Gli ormoni giocano brutti scherzi negli anni in cui cambiano il loro aspetto o la voce; si sentono insicuri e ipersensibili rispetto a tutto ciò che li circonda, oltre a vivere nella costante contraddizione tra il desiderio di sperimentare ed essere indipendenti, e il timore di sbagliare o di pentirsi delle proprie azioni. Le ragazze possono attraversare una fase di negazione nella quale si domandano perché è necessario che ci siano le mestruazioni o perché non si sono ancora sviluppate fisicamente o, al contrario, lo hanno fatto così in fretta rispetto alle loro amiche. Si sentono forti nel loro gruppo, tendono a prendere in giro o a sottolineare la differenza, e soffrono per i complessi o perché la loro immagine non si adegua a certi canoni estetici di moda.

In questo contesto, il sesso occupa un posto principale. Sono gli anni in cui i ragazzi vivono la risposta sessuale istintiva, in cui probabilmente avranno la loro prima esperienza con un'altra persona, e si innamorano con tanta passione e altrettanta incertezza. È possibile che la loro autostima ne risenta; l'impegno che abbiamo preso fin da quando erano piccoli per educarli con valori e una visione positiva dei cambiamenti sarà uno strumento di grande valore per aiutarli a vedere razionalmente i loro timori e per far sì che abbiano fiducia in noi. Tanto più se sono omosessuali e hanno intenzione di dircelo.

Per tutte queste ragioni, a lungo andare ci saranno grati di averli preparati al cambiamento. A partire dai nove o dieci anni, possiamo approfittare di diverse situazioni, come andare in piscina o la visita di cugini già adolescenti, per accennare che a una certa età le donne sviluppano il petto o che i genitali di ragazzi e ragazze maturano. È fondamentale che le bambine sappiano come funziona il ciclo e che cosa comportano le mestruazioni. Le hanno tutte le donne, non c'è niente di strano. Possiamo contrastare l'insicurezza sottolineando che ogni ragazzo è come un'opera d'arte ancora incompiuta e che il suo corpo e le sue emozioni si evolveranno con il tempo: l'acne migliorerà, diventerà più alto e le sue forme saranno più armoniose. Una delle frasi-chiave in questa fase è, senza dubbio: «Tranquillo, è normale perché...».

Non pensiamo che parlando apertamente di sesso con nostro figlio lo spingiamo a non vedere l'ora di metterlo in pratica. La verità è che la sua curiosità e il suo timore vanno a braccetto, e a volte svelare i misteri del coito o del contatto tra due persone lo imbarazza un po' troppo.

L'educazione sessuale non è fatta di avvertimenti o terrorismi psicologici. Informare nostro figlio sui pericoli che le relazioni sessuali implicano (malattie, gravidanza indesiderata) o consegnargli un preservativo e darsela a gambe (metaforicamente parlando) contraddice il concetto di educazione: fornirgli le risorse per difendersi e ricavare il meglio dalla vita. Abbiamo fiducia in loro e in come gli abbiamo insegnato a rispettarsi e a rispettare gli altri. Questo bagaglio li aiuterà a decidere quando, con chi e come desiderano avere delle relazioni sessuali; a difendersi dalle malattie a trasmissione sessuale e dalla gravidanza con metodi anticoncezionali adeguati e, soprattutto, a sapere di essere amati e sicuri nel condividere la loro intimità con una persona che considerano speciale.

PARTE TERZA

DISTURBI, DOLORI E MALATTIE: COME CURARLI IN CASA E QUANDO RICORRERE AL MEDICO

23

MIO FIGLIO È MALATO

Che cosa faccio? Andiamo al pronto soccorso? Posso usare i miei medicinali?

Niente panico. Non lasciamo che ci allarmino i sintomi o i segnali evidenti di un incidente o di una malattia. Il nostro istinto di genitori ci impone, anche se l'idea non ci piace, di indossare il camice da infermieri, perché impareremo senza sforzo a somministrare tutte le cure perché non soffra e guarisca dalle lesioni, dalla febbre o trascorra una convalescenza nel modo più sicuro. Infermieri sì, ma mai medici, perché sono loro che devono intervenire quando il bambino presenta un quadro clinico che non capiamo o quando si esce dall'ambito dei primo soccorso. Di fatto, i problemi di salute infantili sono per lo più lievi e si curano meglio a casa, dove gli abbracci, i giocattoli, il riposo, molti liquidi e qualche dose di antipiretici fanno tornare il sorriso.

A volte ci preoccupiamo troppo se ci rendiamo conto che nostro figlio è esaurito, e in altri casi può succedere che non ci accorgiamo dei segnali anomali perché il bambino ha una buona fibra e continua a giocare, a correre e a svolgere le sue attività anche con 39 °C di febbre. La malattia non è sempre evidente, e individuare il malessere in nostro figlio richiede che teniamo attentamente sotto osservazione il suo comportamento. Certo, senza esagerare né spingere agli estremi le preoccupazioni perché non si faccia male (non dobbiamo limitare i suoi movimenti). Riconoscere che nostro figlio non sta troppo bene è questione di buon senso. Se di solito è sveglio ed energico e lo vediamo stanco, irritabile, senza appetito e più desideroso di attirare la nostra attenzione, ci sta mandando dei segnali che qualcosa non funziona. In questo senso, i bambini non imbrogliano. È importante valutare due cose: i sintomi di malattia e lo stato generale di nostro figlio (è allegro, giocoso...). Entrambi gli aspetti sono importanti.

Le anomalie più frequenti che indicano che il bambino non sta bene sono la febbre (un meccanismo di difesa naturale dell'organismo che dobbiamo sempre controllare ma che non sempre dobbiamo curare), il vomito, la diarrea, il mal d'orecchie e la tosse. Con molte probabilità, siamo di fronte a un caso di comune raffreddore che possiamo alleviare con rimedi casalinghi, come aiutare il bambino a soffiarsi il naso, fare in modo che assuma liquidi e che riposi. Certo, se i sintomi sono violenti o semplicemente ci preoccupa la reazione del bambino, fidiamoci dell'intuito e consultiamo il pediatra. In certe occasioni, si deve ricorrere immediatamente a una visita medica come, per esempio, in questi casi:

- Casi di asfissia, ustioni, punture e ferite importanti.
- Colpi alla testa che causano vomito, sonnolenza e cambiamento del carattere.
- Diarrea persistente o molto intensa con rifiuto di bere.
- Convulsioni febbrili.
- Febbre alta e persistente o che non scende, vomito continuo, pianto dirotto, irritabilità, avversione alla luce forte, pallore, debolezza, macchie violacee sulla pelle.
- Vomito continuo e rifiuto di mangiare e di bere.
- Respirazione rapida e breve e labbra violacee.
- Svenimento o incoscienza.
- Pallore e schiuma alla bocca.
- Letargia e passività.
- Dolore che non possiamo calmare.

- Impossibilità a inghiottire.
- Pancia gonfia.
- Sangue nelle feci o nell'urina.

Quello che non dobbiamo fare è somministrare farmaci di cui non conosciamo i possibili effetti sull'organismo del bebè, del bambino o dell'adolescente. I medicinali per adulti o, comunque, i medicinali in generale, non sono innocui, e per questo non devono essere maneggiati con leggerezza né trovarsi alla portata dei bambini. Se siamo preoccupati, è meglio ricorrere a un professionista che aprire una confezione di pillole o di sciroppo. Ci sono altre ragioni importanti per non ricorrere ai medicinali, anche se nostro figlio li ha già assunti in seguito a una prescrizione medica: il bambino può sviluppare una resistenza al principio attivo oppure la cura non seguita dal medico può mascherare i sintomi di una malattia più grave. Il primo caso risulta molto chiaro in relazione agli antibiotici, che in seguito ad assunzioni continue e ingiustificate possono non fare più effetto. Il secondo caso risulterà evidente in relazione a una tosse persistente per la quale i genitori hanno somministrato, senza comunicarlo al medico, uno sciroppo. Un giorno il bambino peggiora e il medico allora scopre una polmonite diffusa o che non ha potuto diagnosticare perché la cura ne ha ritardato la comparsa. È il pediatra che deve decidere che cosa prescrivere e per quanto tempo.

Un'altra questione delicata per genitori e figli riguarda il caso in cui il bambino deve essere ricoverato in ospedale. Considerando che i più piccini temono la separazione dai genitori, un bimbo che si trova in ospedale in seguito a un incidente si può sentire disorientato e angosciato. Durante il ricovero dobbiamo fare a turno per non lasciarlo solo o, se ciò è impossibile, chiedere ai nonni di collaborare per le visite. Dobbiamo mostrarci calmi e sicuri, e cercare di fargli percepire quello che l'ospedale può offrire di piacevole, come i suoi giocattoli, la stanza dei giochi, le infermiere o i medici che lo curano o anche poter vedere la televisione di quando in quando. A partire dai quattro anni, tuttavia, il bambino ha paura delle procedure e degli interventi medici. Ha paura che le iniezioni gli facciano male o delle visite mediche. Per i bambini che hanno in programma un'operazione, si tratta di un'idea molto stressante. Se arriviamo da casa per un intervento non grave (come togliere le tonsille), nei giorni precedenti dobbiamo parlare dei suoi timori e tranquillizzarlo. Non raccontiamo bugie e non portiamolo all'ospedale con l'inganno, o tradiremo la sua fiducia aumentando la sua paura. Se l'operazione richiede l'anestesia, sarà bene spiegare con calma a nostro figlio che lo cureranno mentre dorme, ma che poi dovrà continuare con le cure e che forse sentirà un po' di dolore.

La soluzione migliore è non essere catastrofisti né troppo entusiasti. Nostro figlio deve comprendere che la malattia è una faccenda seria, ma che la supererà con la calma e con le cure adeguate. Oggigiorno, per fortuna, possiamo prevenire molte malattie infantili grazie ai vaccini (tetano, polio, morbillo, orecchioni), buone norme igieniche e un'alimentazione equilibrata. Il bambino è così protetto dalle infezioni e dalle carenze nutrizionali che lo trasformano nel bersaglio ideale per batteri e virus. Tuttavia è necessario verificare il suo stato di salute con visite pediatriche programmate. E ricordiamo che prevenire non significa tenerli sotto una campana di vetro: possiamo insegnargli a non correre rischi, ma se gli prestiamo troppa attenzione, privandoli di ogni responsabilità sulla propria salute, in futuro non saranno in grado di superare un problema.

Qui di seguito sono descritte le malattie e i principali incidenti che possono accadere in età infantile e adolescenziale. In una sola occhiata sapremo di che cosa si tratta, con quali sintomi si manifesta e come alleviare la sofferenza di nostro figlio a casa. Inoltre è indicato quando ricorrere al medico.

A

ABRASIONI (O ESCORIAZIONI CUTANEE)

SONO... lesioni cutanee superficiali causate da una caduta o da una frizione moderata o intensa, che danneggia la pelle, che poi deve rigenerarsi.

LE CUREREMO... in due fasi fondamentali, con pulizia scrupolosa e trattamento adeguato.

Pulizia

Dopo esserci lavati le mani, puliamo la ferita con acqua e sapone per almeno cinque minuti. Dobbiamo eliminare tutta la sporcizia che si è accumulata e, se c'è necessità di estrarre particelle come pietruzze, spine, frammenti di vetro, useremo una garza bagnata oppure pinzette sterilizzate. Il catrame si dissolve applicando prima della vaselina e poi lavando con acqua e sapone (è preferibile quello in gel, come il detersivo per stoviglie, perché elimina meglio il grasso rispetto a quello solido).

Tagliamo via i brandelli di pelle lesionata con un paio di forbicine, sempre sterilizzate.

Infine sciacquiamo la ferita e asciughiamola bene.

Trattamento

Copriamo l'escoriazione con una garza o con un altro tessuto per uso sanitario non aderente soltanto se si tratta di un'abrasione estesa. Dopo ventiquattro-quarantotto ore effettuiamo un controllo: se la ferita ha un bell'aspetto e non c'è suppurazione, lasciamo che guarisca scoperta.

Le piccole ferite non devono essere coperte.

In generale, non è necessario usare pomate o spray antibiotici, a eccezione delle abrasioni su gomiti e ginocchia, dove la pelle si distende di continuo e la ferita non riesce a cicatrizzarsi. Applicando un paio di volte al giorno una pomata antibiotica ammorbidiremo la crosta evitando che si rompa.

DAL PEDIATRA SE... non sappiamo se il bambino è stato vaccinato contro il tetano, se l'abrasione si è infettata, non è guarita dopo due settimane o non riusciamo a eliminare completamente lo sporco dalla ferita.

Con urgenza

- Se la lesione è profonda o molto estesa.
- Quando il bambino si è fatto male con i raggi della ruota della bicicletta, perché potrebbe avere come conseguenza, per esempio, la frattura delle ossa della caviglia.

ATTENZIONE!

Se il bambino lamenta un dolore molto intenso, possiamo somministrargli un analgesico come ibuprofene o paracetamolo.

ACETONE

È... una sostanza prodotta dal fegato. Si produce quando l'organismo, per ottenere energia, brucia grassi invece del glucosio. È una conseguenza metabolica, non una malattia in se stessa. Causa un odore particolare dell'alito, di mele acerbe.

LO INDIVIDUEREMO... perché il bambino è sonnolento, irritabile e inappetente. È anche possibile che compaiano vomito, diarrea, dolore addominale, malessere generale, lingua secca e febbre.

LO PREVERREMO... seguendo una dieta sana e regolare.

LO CUREREMO... con trattamenti che mirano a "rizuccherare il bambino".

- Prepariamogli una camomilla con una cucchiaiata di zucchero o di miele (quest'ultimo solo se ha già compiuto un anno) o un succo di frutta, e facciamoglieli bere a sorsi.
- Se i sintomi sono leggeri e non c'è diarrea, diamogli bibite zuccherate ma assolutamente *evitiamo* bibite gassate (tipo Coca-Cola) e bevande reidratanti per sportivi (le cosiddette isotoniche).
- In caso di vomito è importante iniziare molto lentamente e progressivamente una dieta ricca di carboidrati complessi (pane, riso, pasta), frutta e verdura. A poco a poco potremo aggiungere altri alimenti, come pane tostato con marmellata o latte.

DAL PEDIATRA SE... nonostante abbia seguito una dieta, il bambino resta abbattuto, prova un malessere generale...

ATTENZIONE!

Alcune situazioni favoriscono la comparsa dell'acetone nel bambino: non mangiare per molte ore di seguito, processi febbrili, mangiare troppi grassi o non consumare tutti i tipi di alimenti in ogni pasto principale.

Se il bambino ha vomitato, è importante che beva per recuperare i liquidi perduti.

ACNE

È... la conseguenza dell'ostruzione delle ghiandole sebacee. Si manifesta con brufoli, punti neri (comedoni), punti bianchi (pustole) o pustolette rosse. Queste ultime possono avere dimensioni considerevoli ed essere dolorose, compaiono sul viso, il collo, le spalle... È tutto normale o fisiologico. Dobbiamo cercare di intervenire soltanto se l'acne è molto grave.

FATTORI CHE LA AGGRAVANO...

- La brutta abitudine di schiacciare le pustole: impedisce che l'acne guarisca e ne facilita la diffusione.
- Usare prodotti grassi per la cura della pelle.
- Utilizzare saponi aggressivi, così come i cosmetici che bloccano il condotto delle ghiandole sebacee.
- Lo stress emotivo e la tensione possono stimolare la produzione ormonale e, di conseguenza, peggiorare l'acne.
- Nelle adolescenti, le mestruazioni possono peggiorare l'acne per i cambiamenti ormonali.

LA CUREREMO... con una corretta igiene della pelle.

- Lavare la pelle con un sapone delicato due volte al giorno.
- È importante detergere la zona prima di coricarsi.
- Si può applicare una lozione non grassa per idratare la pelle (il medico consiglierà la più adatta).

DAL PEDIATRA SE...

- Sulla pelle compaiono foruncoli (infezioni dei follicoli piliferi che producono pus) o striature rosse o più di cinque pustole rosse che dolgono al tatto.
- Se l'acne non migliora dopo due o tre mesi di igiene corretta.
- Se l'acne causa complessi all'adolescente.

ATTENZIONE!

Esistono molti miti sulle cause dell'acne; uno di questi è il consumo di cioccolato o di cibi grassi. In effetti, è dimostrato che questi alimenti favoriscono la produzione di sebo e, quindi, la comparsa dell'acne.

ALLERGIE

SONO... la reazione esagerata del corpo a una sostanza esterna (detta allergene). Si tratta di reazioni del sistema immunitario che possono essere dannose solo per la sua virulenza, perché il sistema immunitario le considera una minaccia e reagisce all'allergene come se si trovasse di fronte a un germe o a un veleno. Il sistema immunitario risponde producendo anticorpi, che liberano nel sangue istamina e altre sostanze. Generalmente l'allergia è ereditaria o familiare.

Allergie inalatorie

LE INDIVIDUEREMO... perché il bambino soffre di rinite allergica (nota anche come febbre da fieno): fatica a respirare, starnutisce, ha il naso e/o la gola che prudono, soffre di congestione nasale, tosse...

POSSIBILI CAUSE...

- Gli acari della polvere: una delle allergie più comuni, causata dagli escrementi degli acari e che si trovano dispersi nell'aria.
- I pollini: normalmente causa una reazione allergica temporanea che coincide con il periodo di impollinazione delle piante.
- Il pelo dei cani, dei gatti e così via, o gli escrementi degli scarafaggi.

Allergie alimentari

LE INDIVIDUEREMO... perché il bimbo si sentirà male dopo essere entrato in contatto con un determinato alimento. I sintomi abituali sono prurito in bocca e in gola, orticaria, pizzicore e gocciolio dal naso, crampi allo stomaco, nausea e vomito o diarrea.

POSSIBILI CAUSE...

- Arachidi e altra frutta secca: di solito, se un soggetto è allergico alle arachidi può esserlo anche a qualche altro frutto secco.
- Uova: generalmente l'allergene è la proteina dell'albume, ma può essere responsabile anche il tuorlo.
- Pesce e frutti di mare: possono causare problemi gastrici.
- Latte di mucca e suoi derivati: la proteina del latte vaccino può causare allergia e/o intolleranza. Scientificamente si definisce *allergia alla proteina vaccina non mediata da IgE*.
- Soia e suoi derivati.
- Frumento: è più di frequente un'intolleranza o una sensibilità al glutine che non un'allergia.

Altre allergie

Le punture d'insetti e alcuni medicinali possono causare reazioni allergiche immediatamente dopo il contatto.

LE CUREREMO... evitando l'esposizione o l'ingestione degli elementi che causano al bambino le allergie e seguendo le indicazioni dello specialista.

DAL PEDIATRA SE... riteniamo che la reazione del bambino possa essere messa in relazione con un'allergia che non possiamo individuare facilmente o se la reazione persiste nonostante siano state prestate le cure d'emergenza.

Con urgenza

Se si verifica uno shock anafilattico (reazione allergica acuta che abbassa la pressione sanguigna). Questa reazione si manifesta nei casi di allergia acuta o in presenza di certe punture d'insetto o per determinati farmaci, come la penicillina. Quando nostro figlio subisce uno shock anafilattico, ha difficoltà respiratorie, gli si gonfiano la faccia, il collo, la bocca, la gola, ha vertigini, eruzioni cutanee, sente una pressione nella gola, nausea, intontimento, dolore addominale.

ATTENZIONE!

È importante distinguere tra *allergia* alimentare e *intolleranza* alimentare: quest'ultima è più frequente e ha sintomi meno acuti (la spieghiamo in un'altra scheda).

ALOPECIA

È... la perdita di capelli; normalmente si verifica per zone del cuoio capelluto.

POSSIBILI CAUSE...

- Se si tratta di un bebè, dobbiamo tenere presente che è normale che perda i capelli che aveva alla nascita. Gli ricresceranno.
- I bebè possono perdere capelli e presentare zone "calve" a causa della frizione del capo contro le lenzuola o la testiera della culla...
- La perdita di capelli nei bambini può essere dovuta a un'infezione da funghi al cuoio capelluto, nota anche come tigna (la vedremo in un'altra scheda).
- Un'altra causa dell'alopecia temporanea è l'alopecia aerata, associata allo stress, che si manifesta con zone rotonde dove i capelli cadono. Poiché il follicolo non viene distrutto, il capello si rigenera.
- Un caso meno frequente è l'alopecia causata dalla tricotillomania: un comportamento compulsivo che porta a strapparsi i capelli. Non è abituale nei bambini di età inferiore ai nove o dieci anni.

LA CUREREMO...

- Se è tigna, dobbiamo rivolgerci al pediatra.
- Se si tratta di un altro genere di alopecia associata allo stress è importante cercare di minimizzare il problema, facendo in modo di evitare il contatto con le situazioni stressanti e non dimenticare di consultare un esperto.
- Collaborando con il bambino per eliminare i tic nervosi (ne parliamo nel capitolo 21).

DAL PEDIATRA SE... sospettiamo che la perdita di capelli abbia a che vedere con un'infezione micotica al cuoio capelluto (tigna) o se i tic nervosi sono preoccupanti.

ATTENZIONE!

Non ci sono cure per l'alopecia aerata, ma per la maggior parte delle sue cause sì, quindi è solo questione di tempo prima che i capelli tornino a crescere. È importante non dare troppo peso al problema per non stressare ancora di più il bambino.

ANEMIA

È... la diminuzione del numero di globuli rossi nel sangue o, per meglio dire, la diminuzione dell'emoglobina, che ha il compito di trasportare l'ossigeno in tutto il corpo.

La causa più frequente è la carenza di ferro o una difficoltà nel suo assorbimento. A volte alcune malattie possono causare episodi di anemia.

LA INDIVIDUEREMO... perché il bambino ha un colorito della pelle pallido, si stanca facilmente e gli manca l'energia.

LA CUREREMO... seguendo le indicazioni del medico, il quale sicuramente prescriverà una dieta ricca di ferro e forse anche un integratore di questo minerale.

DAL PEDIATRA SE... crediamo che nostro figlio mostri i sintomi descritti.

ATTENZIONE!

L'anemia può essere un sintomo di altre malattie o di problemi derivati da una difficoltà a sintetizzare elementi importanti del sangue. Per questo è importante rivolgersi al medico.

ANIMALI MARINI

Medusa (ustione da)

È... la reazione della pelle alla sostanza velenosa di cui sono impregnati i tentacoli della medusa. Si manifesta con striature rosse che bruciano e fanno male. Alcuni bambini sono particolarmente sensibili a questo veleno urticante e hanno una reazione allergica che comprende sintomi come sudorazione, spasmi muscolari, debolezza, nausea, palpitazioni o difficoltà respiratorie.

ALLEVIEREMO IL DOLORE... se eliminiamo dalla parte colpita, indossando guanti robusti e con un asciugamano, i resti dei tentacoli urticanti (il veleno oltrepassa i tessuti leggeri).

Applichiamo dell'alcol, direttamente e senza frizionare, per trenta minuti per neutralizzare il veleno, e trattiamo la ferita con una crema idrocortisonica allo 0,5 per cento quattro volte al giorno per diversi giorni.

Se non abbiamo l'alcol, non dobbiamo lavare la zona affetta con acqua dolce, perché il cambiamento osmotico fa sì che si disperdano più nematocisti (gli organi urticanti), bensì con acqua di mare.

Non si deve asciugare la pelle con salviette né usare in alcun modo la sabbia.

Si devono applicare appena possibile delle compresse fresche per cinque-quindici minuti. Se i disturbi continuano, e in particolare si manifestano tremori, nausea, svenimenti o dolore intenso, o se si presenta l'orticaria, si dovranno somministrare antistaminici.

DAL PEDIATRA SE... ci accorgiamo che nostro figlio soffre di un episodio di allergia.

ATTENZIONE!

I casi lievi o moderati si possono curare già in spiaggia e a casa.

Punture o morsi di pesci velenosi

SONO... ponfi o ferite prodotti dalle spine dorsali o dai pungiglioni della razza, dello scorfano, del pesce scorpione o della vipera di mare.

Se uno di questi animali viene pestato accidentalmente, inietta il suo veleno, che causa dolore e arrossamento localizzati.

Invece, i morsi dei pesci non trasmettono veleno, ma lasciano il segno.

In alcuni casi, il veleno provoca sudorazione, debolezza, febbre, vomito, crampi muscolari o anche shock. È importante controllare la situazione delle vaccinazioni antitetaniche.

ALLEVIEREMO IL DOLORE... per i morsi di pesci velenosi sarà sufficiente lavare con acqua di mare e in seguito con acqua dolce e sapone.

Le punture rispondono molto bene al calore, che distrugge il veleno. Quindi eliminiamo ogni residuo di pungiglioni o tegumenti dalla ferita e sciacquiamo con abbondante acqua di mare. Applichiamo poi con del cotone una soluzione di bicarbonato per circa quindici minuti (o, in mancanza di bicarbonato, di ammoniaca). Infine, immergiamo la parte in acqua calda, alla temperatura massima che il bambino riesce a sopportare (mai superiore però a 38,9 °C) da trenta minuti fino a un'ora e mezza, fino a quando il dolore passa.

DAL PEDIATRA SE... abbiamo bisogno che estragga gli aculei della razza o se la ferita è importante. In caso di morso, se il sanguinamento non smette dopo dieci minuti di pressione diretta oppure se la pelle è molto lesionata o addirittura il muscolo è lacerato.

Con urgenza

Se si manifesta una reazione generalizzata con i sintomi descritti.

Punture di riccio di mare, corallo, attinia o ortica di mare)

SONO... infiammazioni dolorose derivate dal contatto con ortiche di mare, ricci di mare o alcune specie di corallo. Il dolore dura tra le ventiquattro e le quarantotto ore, oltre al disturbo, nel caso del riccio di mare, di avere un frammento di spina rimasto sottopelle.

Con il tempo, la spina può dissolversi da sola, ma può anche causare una reazione. Fare il richiamo del vaccino antitetanico.

ALLEVIEREMO IL DOLORE... se è una puntura di riccio, cercando di estrarre le spine con un ago o con pinzette sterilizzate, come faremmo con una scheggia.

DAL PEDIATRA SE... non riusciamo a estrarre completamente i frammenti di spina di riccio di mare.

SONO... cambiamenti nell'aspetto normale dell'urina e delle feci a causa di diversi fattori.

Anomalie nell'urina

LE INDIVIDUEREMO... se il colore dell'urina cambia, se il bambino urina in quantità maggiore o minore del solito e se il bambino avverte dolore quando fa pipì.

POSSIBILI CAUSE...

- Un aumento della quantità di urina può essere messo in relazione a qualche medicinale che il bambino sta assumendo. Consultiamo il pediatra.
- Il colore dell'urina verdastro si deve ai coloranti artificiali dei cibi, delle bevande o dei medicinali. Il colore si normalizzerà una volta sospesa l'assunzione del farmaco o del cibo in questione. Se persiste, consultiamo il pediatra.
- Se il colore dell'urina è giallo scuro, aranciato o vira al marrone, ma le feci sono normali, è possibile che il bambino non abbia assunto una quantità sufficiente di liquidi, o che abbia avuto un episodio di vomito, febbre o diarrea che ha fatto sì che l'urina si concentrasse. Deve bere molto per idratarsi. Se il problema persiste, consultiamo il pediatra.

DAL PEDIATRA SE... il bambino lamenta dolore o bruciore quando fa pipì, perché è probabile che abbia un'infezione urinaria (vedere la scheda corrispondente).

Se il colore dell'urina è marrone scuro o chiaro per qualche giorno e il bambino è pallido.

Se urina più del normale e ogni volta in quantità maggiore, è stanco e perde peso (vedere la scheda sul diabete).

Con urgenza

Se il colore dell'urina è rosato o ha un aspetto torbido. Potrebbe trattarsi di un'infezione e/o di una malattia renale.

Anomalie nelle feci

LE INDIVIDUEREMO... per un cambiamento del colore, della consistenza o dell'odore delle feci del bambino.

POSSIBILI CAUSE...

- In un bebè che viene allattato al seno, è normale che le feci abbiano un colore verdastro e un aspetto liquido.
- Se si tratta di un bambino più grandicello le cui feci hanno un aspetto molle o liquido e un colore verdastro, può trattarsi di gastroenterite (vedere la scheda).
- Se un bambino di età superiore a un anno presenta delle feci bianchicce, forse si sta riprendendo dal vomito o dalla diarrea.

DAL PEDIATRA SE... riteniamo che la gastroenterite sia seria e i sintomi non cessano nonostante la dieta.

Se le feci del bambino sono pallide, l'urina è scura e la pelle e il bianco dell'occhio mostrano un colorito giallastro, perché può presupporre un problema epatico.

Se le feci sono pallide, molli e hanno un odore molto forte, perché la causa può essere un malassorbimento intestinale.

Con urgenza

- Se un bambino di età inferiore a un anno presenta feci di colore rossiccio e aspetto gelatinoso.
- Se c'è sangue nelle feci possiamo sospettare la presenza di gastroenterite acuta, fistole anali o infiammazioni dell'intestino.

ATTENZIONE!

Un cambiamento di aspetto nell'urina e nelle feci per qualche giorno può essere del tutto normale. Se persiste o se i sintomi non migliorano, si deve portare il bambino dal medico.

ARITMIA

È... un cambiamento nel ritmo cardiaco abituale.

LA INDIVIDUEREMO... perché il bambino può avere palpitazioni, nausea, svenimenti, anche se a volte i sintomi non sono così evidenti.

Per individuare un'aritmia è importante sapere qual è la frequenza cardiaca normale del bambino. Ricordiamo di informarci presso il pediatra durante una visita abituale. Di solito si situa tra i sessanta e i cento battiti al secondo in base alla costituzione, all'età...

DAL PEDIATRA SE... sospettiamo che il bambino possa soffrire di aritmie.

ATTENZIONE!

È importante verificare l'origine e le cause dell'aritmia, e quindi consigliamo di consultare il medico.

ASFISSIA PER SOFFOCAMENTO

È... l'interruzione del passaggio dell'aria che si verifica quando un corpo estraneo resta incastrato in gola.

LA INDIVIDUEREMO... perché il bambino tossisce con forza, ansima, sembra che sia in debito d'aria e diventa paonazzo.

CHE COSA FARE...

- Se c'è passaggio d'aria, e quindi il bambino può espellere l'oggetto, oppure riusciamo a vedere l'oggetto che ostruisce la gola.
- Se si tratta di un bebè, si deve mettere a pancia in giù sul nostro avambraccio, con la testa più bassa rispetto al petto e, tenendo il suo mento tra le nostra dita, gli daremo dei colpetti sulla schiena per aiutarlo a espellere l'oggetto.
- Se il bambino è più grande, metteremo in atto la cosiddetta *Manovra di Heimlich:* ci si pone dietro al bambino, circondandogli il petto con le braccia e posizionando il pugno sotto lo sterno, al centro dello spazio vuoto tra le costole inferiori. Copriamo il pugno con l'altra mano e applichiamo una pressione forte ed energica dal basso verso l'alto. In questo modo il bambino espirerà bruscamente ed espellerà l'oggetto. Nel frattempo, un'altra persona chiamerà il pronto soccorso.
- Attenzione, è meglio non cercare di afferrare l'oggetto con le dita! Si corre il rischio di spingerlo ancora più in fondo alla gola.

Con urgenza

Chiamare *immediatamente* l'ambulanza se l'ostruzione impedisce il passaggio dell'aria e il bambino sta soffocando (diventerà cianotico e non riuscirà a respirare).

ATTENZIONE!

Se stiamo aspettando l'ambulanza, e la risposta tarda, dobbiamo continuare a rianimarlo.

Se il bambino perde conoscenza, dobbiamo metterlo sul fianco, in posizione di sicurezza. *In questi casi il miglior rimedio è frequentare prima un corso di pronto soccorso per poter effettuare correttamente le manovre e sapere come agire con un bambino che sta soffocando.*

ASMA

È... una malattia che causa episodi frequenti di affanno e mancanza d'aria. Si deve all'infiammazione delle vie respiratorie (trachea, bronchi e bronchioli) che rende difficoltoso il passaggio dell'aria a mano a mano che diminuisce il diametro dei bronchi. Si caratterizza per crisi di difficoltà respiratoria acuta (detta dispnea). Durante l'espirazione si possono sentire dei sibili.

È una delle malattie respiratorie croniche più comuni nei bambini.

LA INDIVIDUEREMO... perché, quando respira, il petto del bambino sembra emettere fischi o sibili. Può presentare anche respirazione rapida, irritabilità inspiegabile (nei bambini molto piccoli), affaticamento e tosse, soprattutto di notte o quando pratica attività fisica.

Questi sintomi possono presentarsi contemporaneamente oppure andare scomparendo con il tempo. Tuttavia, l'inizio della crisi asmatica di solito è improvviso.

LA ALLEVIEREMO... l'asma non si può curare, ma quando è provocata da un'allergia (asma estrinseca) si può migliorare la situazione evitando di esporre il bambino agli allergeni.

LA CUREREMO... seguendo le indicazioni del medico. Esistono diversi medicinali, a seconda del tipo di asma. Normalmente si stabilisce un trattamento di base e poi uno di emergenza per le crisi. Questi farmaci di solito sono dei broncodilatatori e/o cortisonici, a seconda del caso.

Quando il bambino ha una crisi, le vie respiratorie si gonfiano, il passaggio dell'aria si restringe e per questo insorgono i disturbi.

In questi casi, si deve utilizzare il farmaco di pronto soccorso come ci è stato insegnato dal pediatra.

DAL PEDIATRA SE... riteniamo che il bambino soffra di asma, perché dovrà verificare di che tipo di disturbo si tratta e prescrivere i medicinali adeguati.

Con urgenza

- Se la crisi asmatica è grave o le cure di primo soccorso non sembrano avere risposta.
- Sempre se si hanno reazioni avverse alla cura di primo soccorso.

ATTENZIONE!

Se al bambino è stata prescritta una cura continuativa (trattamento di base), non interromperla senza il parere del medico.

Quanto prima si interviene sull'infiammazione delle vie respiratorie, tanto prima cessa la crisi.

AVVELENAMENTO

È... l'assunzione di una sostanza velenosa, sia perché il bambino ha ingerito per caso un prodotto chimico, ha inalato del fumo o i vapori di sostanze tossiche, o persino per contatto, con la pelle o gli occhi (avvelenamento mediante la puntura o il morso di animali o per aver toccato piante velenose).

LO EVITEREMO... tenendo tutti i prodotti tossici fuori dalla portata dei bambini, lavando bene i cibi e insegnando ai bambini a non raccogliere cose da terra, nemmeno piante o fiori, perché possono rivelarsi tossici o velenosi.

INTERVERREMO... chiamare IMMEDIATAMENTE IL CENTRO ANTIVELENI (vedere in Appendice l'elenco dei numeri utili).

Nel frattempo possiamo mettere in atto qualche piccola cura d'emergenza.

- Se la sostanza è entrata in contatto con la pelle, la laveremo subito, *proteggendoci con dei guanti.*
- Se riguarda gli occhi, li laveremo con abbondante acqua per diluire la sostanza velenosa e cercare di eliminarla.
- *Se il contatto è con la calce, non dobbiamo bagnarla, ma toglierla con uno straccio asciutto.*
- Se l'avvelenamento avviene per inalazione, si deve allontanare il bambino dalla zona, in modo da far entrare nei suoi polmoni dell'aria pura. Gli cambieremo i vestiti in modo che non aspiri i veleni che potrebbero aver impregnato i tessuti.
- È molto importante che NON ASSUMA LIQUIDI, perché il veleno arriverebbe prima all'intestino.

ATTENZIONE!

Tutti i suggerimenti che abbiamo elencato devono essere messi in atto dopo aver chiamato l'ambulanza.

B

BALBUZIE

È... un disturbo del linguaggio nel quale il flusso delle parole si interrompe e il bambino si impiccia quando cerca di pronunciare la parola seguente. La balbuzie è del tutto normale nei bambini che stanno imparando a parlare perché il flusso delle parole e delle idee è rapido e confuso e fanno fatica a trovare il termine adeguato.

Se la balbuzie perdura, è possibile che sia in relazione ad ansia, paura o nervosismo.

ALCUNI CONSIGLI

- Evitare di ripetere la parola che il bimbo sta cercando, per non aumentare la sua ansia.
- Evitare di prenderlo in giro.
- Se il bimbo è già abbastanza grande, si può parlare con lui per trovare una terapia possibile.

DAL PEDIATRA SE... nostro figlio soffre o è complessato.

C

CELIACHIA

È... l'intolleranza totale e permanente al glutine del frumento, dell'orzo, della segale e dell'avena. Il consumo di questa sostanza fa sì che l'intestino tenue si atrofizzi e penalizzi l'assorbimento dei nutrienti.

LA INDIVIDUEREMO... se il bambino manifesta perdita di appetito, feci di colore pallido e in quantità maggiore del solito (diarrea da malassorbimento), mancata crescita di peso, ritardo della crescita, pancia gonfia, cambiamento del carattere, vomito, tensione addominale, anemia. A seconda della persona, si manifestano uno o più sintomi.

LA TERREMO SOTTO CONTROLLO... mediante una dieta priva di glutine, che verrà prescritta da uno specialista.

DAL PEDIATRA SE... il bambino inizia un'alimentazione che include il glutine e ha qualcuno dei sintomi, per esempio non sembra acquistare il peso che dovrebbe o le sue feci sono frequenti e chiare o riteniamo che soffra di una intolleranza alimentare.

ATTENZIONE!

Non si deve iniziare una dieta senza glutine senza una visita medica e se non è stata prescritta.

Dobbiamo tenere presente che l'intolleranza al glutine non si può curare, ma soltanto neutralizzare.

Se la celiachia non viene diagnosticata e trattata, può influire sulla crescita del bambino. Con il tempo si può complicare con altre malattie.

COLESTEROLO

È... uno sterolo o lipide (grasso) che si trova nei tessuti dell'organismo e nel plasma sanguigno e che partecipa a molti processi fisiologici importanti. È quindi necessario per il normale funzionamento del corpo. Non tutto il colesterolo proviene dagli alimenti: anche il nostro corpo lo produce. E non tutto il colesterolo è cattivo. Soltanto l'eccesso di quello "cattivo" (LDL) può aumentare il rischio di problemi cardiovascolari.

LO TERREMO SOTTO CONTROLLO...

- Se uno dei genitori del bambino ha un colesterolo superiore a 240 mg/dl.
- Se in famiglia ci sono precedenti di malattie cardiovascolari.
- Se l'adolescente ha fattori di rischio: fuma, è in sovrappeso, è sedentario.
- Se il bambino ha determinate malattie croniche, come diabete, malattie renali o ipotiroidismo (scarsa produzione dell'ormone della ghiandola tiroidea).

LO CUREREMO... con una dieta equilibrata ed esercizio fisico. Una dieta equilibrata evita i grassi saturi e si basa sulla varietà e la ricchezza di frutta, verdura, carboidrati, proteine e così via.

DAL PEDIATRA SE... abbiamo bisogno di verificare i livelli di colesterolo mediante le analisi del sangue.

ATTENZIONE!

Non esiste alcuno studio che dimostri che livelli alti di colesterolo nell'infanzia implichino un colesterolo alto in età adulta.

Non è necessario che i bambini seguano una dieta per abbassare il colesterolo; l'importante e che tengano sotto controllo la situazione con le analisi del sangue.

COLICHE DEL LATTANTE

SONO... crisi di pianto e irrequietezza abbastanza comuni dalle quattro settimane di vita e senza causa apparente, perché non hanno a che vedere con dolori di stomaco, aria nella pancia o fame. Sono particolarmente intense fino al termine del secondo mese e di solito cessano verso i tre mesi e mezzo.

Di solito iniziano al tramonto, dopo la poppata della sera o della notte, con pianto, agitazione e movimenti bruschi (il bebè contrae le gambe sulla pancia o si ciuccia i pugni, come se avesse fame). La crisi può durare ore; tuttavia, non dispe-riamoci perché diversi studi hanno dimostrato che il bebè non soffre tanto quanto sembra e che questi episodi non lasciano conseguenze.

UN CONSIGLIO... Non esiste un rimedio efficace o universale per calmare il bebè; ogni bimbo risponde a certi stimoli, a seconda del suo temperamento. I genitori devono armarsi di pazienza.

LE ALLEVIEREMO... ricorrendo ad alcuni accorgimenti, che sono comunque palliativi e non è detto che funzionino in ogni caso.

- Cullare il bebè tenendolo in braccio, in una piccola amaca o in una sedia a dondolo, in modo che si rilassi.
- Metterlo nel marsupio o nella fascia a canguro perché senta il calore del nostro corpo e si tranquillizzi.
- A partire da metà serata cercare di fare tutto in modo regolare e molto tranquillo, in modo che il bimbo non si ecciti.
- Una passeggiata all'aria aperta farà bene sia al bebè, sia ai genitori.
- Cambiare la posizione del bebè. Alcune posizioni utili: appoggiare il bimbo sulla nostra spalla o metterlo a pan-

cia in giù, o sopra il nostro braccio con la testa che guarda verso il nostro gomito.

- Un bagnetto e un massaggio circolare sull'addome e dei movimenti circolari delle gambe sopra l'addome hanno un effetto calmante.
- Avvolgere il bebè in un lenzuolo, proprio come se fosse una mummia.

DAL PEDIATRA SE... vogliamo scartare l'ipotesi che il pianto sia causato da una malattia, come l'otite o il reflusso gastroesofageo.

ATTENZIONE!

Se piange non significa sempre che abbia fame. Il bebè ha bisogno di un paio d'ore per assimilare il cibo. Non sempre attaccarlo al seno o dargli un biberon fa da panacea.

Le coliche spariscono con il tempo.

CONGIUNTIVITE

È... l'infiammazione della membrana che copre la parte bianca dell'occhio e l'interno della palpebra, nota come congiuntiva.

POSSIBILI CAUSE... infezioni batteriche, virali e provocate da altri germi, malattie sistemiche. Ma può essere anche la conseguenza di una reazione allergica al polline o alla polvere, oltre che a prodotti chimici o cosmetici.

LA INDIVIDUEREMO... perché la parte bianca dell'occhio è arrossata. C'è un aumento della lacrimazione o della secrezione. Possiamo conoscere l'origine della congiuntivite osservando i suoi sintomi.

LA CUREREMO... con l'igiene e l'applicazione del trattamento prescritto dal pediatra:

	Virale	Batterica	Allergica	Da clamidia
Secrezione	Minima, acquosa	Abbondante, purulenta (giallastra). La palpebra non si apre	Minima, acquosa	Minima acquosa
Prurito	Minimo	Minimo	Intenso	Minimo
Lacrimazione	Abbondante	Moderata	Moderata	Moderata
Mal di gola	Occasionale	Raro	No	No

- Si deve pulire la secrezione di muco o di pus dalle palpebre con una garza o un fazzolettino di carta inumidito con acqua tiepida.
- In seguito si devono aprire gli occhi, tirando con molta delicatezza la palpebra inferiore verso il basso, mettendo una goccia di collirio. Evitiamo di toccare l'occhio con il tubicino o il contagocce.
- Si deve mettere la goccia nell'angolo interno di ciascun occhio e, in seguito, il bimbo deve aprire e chiudere gli occhi perché il farmaco penetri correttamente.

DAL PEDIATRA SE... la congiuntivite è ricorrente o il bimbo è molto piccolo.

È bene ricorrere al medico anche nel caso in cui la congiuntivite è batterica: il pediatra può decidere di prescrivere delle gocce o un antibiotico.

Infine, se dopo il trattamento compare uno qualsiasi di questi sintomi:

- Arrossamento, gonfiore o dolore che si estende dietro l'occhio o la palpebra.

- Dolore intenso all'occhio, visione sfocata o fastidio alla luce.
- Febbre superiore a 38 °C.
- Comparsa di piccole vesciche vicino all'occhio o di una specie di velo che copre l'occhio.

ATTENZIONE!

L'igiene è fondamentale in questi casi, per non trasmettere la congiuntivite all'altro occhio o per non contagiare altre persone. Dobbiamo lavarci le mani spesso e cambiare tutti i giorni gli asciugamani e i panni che usa il bambino, e nessun altro della famiglia deve usarli.

I bambini con congiuntivite batterica possono tornare a scuola dopo un giorno completo di cura. Nel caso della congiuntivite virale si deve aspettare il miglioramento.

CRAMPI

SONO... quando un muscolo si contrae con forza e non si riesce a rilassarlo.

LE INDIVIDUEREMO... perché il bambino si lamenta di un dolore improvviso e ha un muscolo teso e rigido.

LI CUREREMO... quando il bambino reagisce gridando per il male. La prima cosa da fare è calmarlo. In seguito, massaggeremo la zona (in genere si tratta dei polpacci, anche se si possono verificare in altre parti delle estremità) facendo in modo che il muscolo si rilassi. Possiamo anche fare in modo che stiri e rilassi il muscolo fino a quando non riesce a distenderlo.

DAL PEDIATRA SE... i crampi sono ricorrenti, perché in questo caso sarà necessario verificarne l'origine.

D

DALTONISMO

È... un difetto genetico in seguito al quale il bambino non distingue i colori, di solito il rosso e il verde, anche se può cogliere gli altri.

Questa mutazione genetica è trasmessa dalla madre e riguarda fondamentalmente i maschi. Infatti il carattere della mutazione è recessivo, cioè una femmina deve avere i suoi due cromosomi X mutanti per presentare il daltonismo, mentre un maschio, che ha soltanto un cromosoma X, sarà daltonico se il suo unico cromosoma X porta la mutazione. Non esiste una cura per il daltonismo; tuttavia, in linea generale non influisce troppo con la vita quotidiana del bambino.

LO INDIVIDUEREMO... perché il bambino confonde i colori. Possiamo accorgercene perché si verifica spesso, mentre si veste o a scuola, negli esercizi di manualità o quando disegna.

DALLO SPECIALISTA SE... vogliamo confermare oppure no i nostri sospetti.

ATTENZIONE!

L'unico aspetto della vita normale di una persona che può essere influenzato dal daltonismo è al momento di imparare le norme di sicurezza stradale (soprattutto in relazione ai semafori). Dobbiamo insegnare la posizione delle luci, non il colore.

DEFICIT DELL'ORMONE DELLA CRESCITA

È... la produzione insufficiente dell'ormone incaricato di stimolare lo sviluppo delle ossa e la produzione delle proteine di cui sono composti i tessuti organici.

La ghiandola pituitaria, situata alla base del cervello, produce questo ormone.

LO INDIVIDUEREMO... perché il bambino cresce con un andamento più lento rispetto ai parametri normali. Nei bambini più grandi può anche verificarsi un ritardo nello sviluppo delle caratteristiche sessuali.

Di solito si individua nei controlli periodici dal pediatra.

DAL PEDIATRA SE... ci sembra che nostro figlio non cresca. Dopo gli esami, in caso di diagnosi positiva, la cura consisterà in iniezioni dell'ormone sintetico della crescita, prescritte dall'endocrinologo.

ATTENZIONE!

La cura aiuta a far sì che il bimbo migliori la sua crescita. È probabile che cresca a velocità maggiore di quanto ci si aspetti, perché il corpo dovrà recuperare il tempo perduto.

Se iniziamo il trattamento verso i sei anni, il bambino può raggiungere la statura che si presuppone per genetica.

DENTIZIONE

È... la comparsa dei primi denti del bebè.

INIZIA... normalmente tra i sei e i sette mesi d'età. In genere, la dentatura è quasi completa intorno ai diciotto mesi, anche se esistono molte varianti personali e familiari.

LA INDIVIDUEREMO... perché, prima che spuntino i denti, il bebè produce più saliva del normale e sbava. Inoltre piange, è irrequieto, fatica a dormire e, a volte, non vuole mangiare. Si mette le dita e altri oggetti in bocca e li stringe con le gengive.

LA VERIFICHEREMO... tastando con un dito le gengive del bebè. Se si sente un rigonfiamento duro nelle gengive e la zona è gonfia e arrossata, è perché stanno spuntando i denti.

ALLEVIEREMO IL DOLORE... con anelli da dentizione o massaggiando la zona della gengiva infiammata.

Soprattutto se il bambino rifiuta di mangiare, si deve provare con qualcosa di freddo che possa tenere in bocca: aiuta ad alleviare il gonfiore.

DALLO SPECIALISTA SE... c'è una frattura o se il dente è caduto prima del tempo, dobbiamo chiedere al dentista di valutare la situazione.

ATTENZIONE!

I sintomi della dentizione non comprendono bronchite, vomito, diarrea o reazione cutanea ai pannolini. Questi sintomi rimandano ad altre malattie, di cui si dovrà parlare con il pediatra.

La comparsa dei primi denti non implica che si debba smettere l'allattamento.

Non si devono dare analgesici al bambino, se non sotto prescrizione medica.

Dal loro spuntare è bene pulire i denti soltanto con acqua.

Se il bambino ha l'abitudine di succhiarsi il dito o non si separa dal ciuccio, è meglio eliminare quest'ultimo per evitare deformità delle mascelle e delle arcate dentarie.

DERMATITE ATOPICA E DERMATITE SEBORROICA

SONO... infiammazioni degli strati superficiali della pelle.

La dermatite *atopica* di solito compare nei primi anni d'età, si presenta con eruzioni cutanee e sparisce col tempo, anche se può rispuntare nella pubertà e più avanti.

La dermatite *seborroica* è un'infiammazione cutanea che si manifesta con la presenza di scaglie, che vanno dal bianco al giallastro, in parti predisposte alla concentrazione di grasso, e che arrossano la pelle.

LE INDIVIDUEREMO... nel caso della *dermatite atopica*, grazie alle lesioni della pelle che di solito compaiono sotto forma di placche simmetriche squamose e a volte secernenti liquido, soprattutto sul cuoio capelluto e sul viso, anche se possono comparire nella zona del pannolino così come sulle estremità e sulle aree di flessione delle braccia e delle gambe. Normalmente, le parti infiammate prudono e possono verificarsi delle lesioni se il bambino si gratta.

Nel caso della *dermatite seborroica*, l'irritazione è graduale e va desquamando la pelle, soprattutto sul cuoio capelluto (in questo caso parleremo di forfora: vedi la scheda). Quando è grave, l'irritazione si manifesta con papule giallastre o rossicce all'attaccatura dei capelli.

Nei bebè, l'irritazione della pelle di solito compare sul cuoio capelluto e sulle guance, come una crosta giallastra e spessa, oltre alla desquamazione, ed è nota come *crosta lattea*. Può manifestarsi anche sul resto della faccia, sul tronco e sulle estremità.

LE CUREREMO... seguendo delle norme di igiene e cura della pelle:

- Evitare i bagni (meglio la doccia con acqua tiepida), possibilmente senza usare il sapone. È preferibile la doccia e poco sapone o un detergente senza sapone che non irriti e che sia specifico per questo tipo di dermatite.

- Asciugare molto bene, senza strofinare, picchiettando con l'asciugamano.
- Dopo cinque o dieci minuti, applicare una crema specifica.
- Evitare che la pelle si secchi così come il contatto con sostanze che possano irritare o causare una reazione allergica.
- Applicare un prodotto emolliente (raccomandato da uno specialista o dal pediatra) con un buon massaggio.
- Usare indumenti di cotone; evitare il contatto della lana con la pelle.
- Evitare l'uso di ammorbidenti per gli indumenti: possono causare irritazione della pelle.
- Se la crosta lattea è molto estesa si può utilizzare uno shampoo o una lozione speciale.

DAL PEDIATRA SE... l'eruzione si estende o sembra infettata, se il cuoio capelluto è infiammato o se compaiono altri sintomi non associati.

ATTENZIONE!

I bambini che hanno avuto la dermatite possono tornare a manifestarla nella pubertà.

DERMATITE DA PANNOLINO

È... l'irritazione della pelle nella parte in cui viene a contatto con il pannolino.

LA INDIVIDUEREMO... perché la pelle della zona del pannolino sarà arrossata. Può essere tesa e gonfia e presentare piccoli punti di pus. A volte la parte emana anche odore di ammoniaca.

Osserveremo delle zone arrossate nei genitali, così come attorno all'ano, che si estenderanno alle natiche e alle cosce.

POSSIBILI CAUSE...

- Un contatto prolungato della pelle sia con l'urina sia con le feci. Da qui arriva l'odore di ammoniaca.
- Asciugatura non corretta delle pieghe cutanee del bebè.
- Un'allergia al materiale dei pannolini.
- Una sovrinfezione da funghi o batterica.

LA CUREREMO... con un'igiene adeguata e poi con un semplice trattamento della pelle.

- Lavare con acqua tiepida e asciugare molto bene la parte, senza strofinare. Applicare una crema-barriera (metterne una piccola quantità e stenderla senza lasciare residui) per prevenire il contatto della pelle con gli escrementi.
- Cambiare il bimbo spesso e utilizzare pannolini assorbenti, in modo che urina e feci non tocchino la pelle.
- NON utilizzare polvere di talco: il bebè potrebbe aspirarla nei polmoni.

DAL PEDIATRA SE... la dermatite non si risolve in circa due o tre giorni seguendo le norme indicate, se presenta un altro tipo di infiammazione o di irritazione o se il bimbo ha anche delle afte in bocca.

ATTENZIONE!

A volte un'infezione da afta può far sì che il bebè abbia la dermatite da pannolino. Normalmente, questo tipo di dermatite comparirà all'ano e sulle natiche.

Se la dermatite è ricorrente e si utilizzano pannolini usa e getta, è consigliabile cambiare marca, perché potrebbe essere un'allergia. In genere, in questi casi la dermatite compare in tutta la zona del pannolino, perché è una conseguenza dello sfregamento.

DIABETE

È... una malattia che si manifesta con un'anomala produzione di insulina da parte del pancreas e provoca un alterato metabolismo e un aumento del glucosio nel sangue.

LO INDIVIDUEREMO... perché l'organismo, che non riesce a utilizzare gli zuccheri in modo adeguato per ottenere energia, deve bruciare proteine e grassi, il che ha come conseguenza diversi sintomi.

- Una grande quantità di pipì, con la quale il bimbo perde molto liquido e, quindi, ha sempre sete.
- Stanchezza e mancanza di energia.
- Mancanza d'appetito e perdita di peso.
- Nei casi più gravi ci può essere vomito, dolori addominali, respirazione molto accelerata, confusione, sonnolenza...

LO CUREREMO... secondo le indicazioni mediche (il trattamento abituale è costituito dalle iniezioni di insulina), con il controllo del glucosio nel sangue del bimbo e seguendo una dieta adeguata.

In caso di un abbassamento del glucosio o ipoglicemia

Il bimbo avrà sudore, capogiro e/o confusione. Dobbiamo dargli dello zucchero, ma se non riesce ad assumerlo perché è assopito, bisogna iniettargli una sostanza chiamata glucagone che sarà stata prescritta dal medico per queste situazioni.

DAL PEDIATRA SE... sospettiamo che nostro figlio possa avere il diabete o se, essendo diabetico, ha un'infezione o un attacco di gastroenterite perché queste situazioni possono alterare il controllo del glucosio nel sangue.

ATTENZIONE!

È importante rivolgersi al pediatra per sapere se il bambino soffre di diabete e se si tratta di diabete mellito (di cui abbiamo parlato) o di diabete insipido. Hanno sintomi simili, ma il diabete insipido si deve alla difficoltà dell'ipofisi di produrre l'ormone antidiuretico. Le cure sono diverse.

Se il bimbo ha un abbassamento di glucosio nel sangue (per una dose eccessiva di insulina, perché ha saltato un pasto o perché ha fatto troppo esercizio fisico), può subentrare uno stato di shock insulinico (ipoglicemia).

DIARREA

È... l'aumento della frequenza con cui il bambino evacua, così come la diminuzione della consistenza delle feci. Si verifica perché l'intestino è irritato. L'irritazione fa sì che il cibo circoli più rapidamente e che l'acqua contenuta negli alimenti non venga assorbita. Per questo le feci hanno aspetto liquido e c'è il rischio di disidratazione.

LA INDIVIDUEREMO... perché la cacca del bimbo è molle, semiliquida o liquida (per ulteriori informazioni, leggere la scheda sulle anomalie delle feci).

POSSIBILI CAUSE... in fase di svezzamento, la diarrea può presentarsi per l'introduzione di nuovi alimenti, di medicine o per una gastroenterite.

Sintomi	Possibili cause
Febbre (38 °C o più), vomito	Gastroenterite
Diarrea intermittente, senza febbre, ma prolungata nel tempo	Infezione virale o altre cause, come allergia o intolleranza
Feci molli nelle quali si distinguono gli alimenti	Diarrea infantile che colpisce i bambini tra 1 e 3 anni

In un bambino più grande, la diarrea può associarsi all'alimentazione, allo stress, a un consumo eccessivo di fibra, a certi medicinali o a una gastroenterite.

Sintomi	Possibili cause
Diarrea che dura diversi giorni, febbre, vomito e/o dolore addominale	Gastroenterite
Stitichezza e a volte diarrea	Una stitichezza prolungata
Diarrea in modo uniforme	Reazione alimentare

EVITARE... gli alimenti che contengono zuccheri, grassi o che causano flatulenza.

DAL PEDIATRA SE...

- È presente dolore addominale per più di tre ore; vomito nelle dodici ore (sei ore nel bebè); la diarrea si prolunga nel tempo; se orina spesso.
- Se si tratta di un'infezione o una gastroenterite che non è curabile con la dieta.
- Potrebbe essere una reazione a un certo alimento, un'allergia o un'intolleranza.
- Per il trattamento con reidratazione orale, in caso di bisogno.

DISLESSIA

È... un disturbo dell'apprendimento riferito alla lettura e alla scrittura, che si manifesta con la difficoltà a interpretare i simboli. Colpisce più i bambini delle bambine.

LA INDIVIDUEREMO... perché, anche se l'udito e la vista del bambino sono normali ed è in grado di scrivere, ha delle difficoltà a percepire correttamente lettere e parole.

- Di solito confonde le lettere, in particolare la "b" e la "d".
- È possibile che legga in modo scorretto o che scrivendo non interpreti correttamente l'ortografia. Il suono della parola è simile, ma è scritta male.
- Scrive parole con le lettere scambiate.

LA CUREREMO... portando il bambino da uno specialista (logopedista) che possa aiutarlo a lavorare sul problema di dizione e interpretazione e parlando con gli insegnanti perché tengano presente la situazione.

Si deve incoraggiare il bambino, sostenere le sue capacità e abilità perché non si senta insicuro.

ATTENZIONE!

Se interveniamo sul problema, la lettura e la scrittura miglioreranno e nostro figlio arriverà al livello corrispondente alla sua età.

DISTROFIA MUSCOLARE

È... il nome con il quale si conoscono alcuni disordini o disturbi che comportano un assottigliamento e una debilitazione graduale della muscolatura. La debolezza muscolare e la perdita di tessuto e fibre muscolari sono progressive e peggiorano con il tempo.

UN DATO... che riguarda i bambini: la distrofia più frequente è la distrofia muscolare di Duchenne. Colpisce soltanto i maschi, e il 25 per cento circa di chi ne è affetto può presentare un qualche tipo di disabilità mentale.

LA INDIVIDUEREMO... perché la forza muscolare del bambino si sviluppa lentamente. Il processo è graduale e può condurre a diversi sintomi:

- Un ritardo della capacità del bambino di stare seduto, camminare o salire le scale.
- Dondolio quando cammina.
- Muscoli sottosviluppati ai polpacci.
- Deformità della colonna vertebrale.

DAL PEDIATRA... se sospettiamo che nostro figlio possa soffrire di distrofia muscolare per sapere quali procedure dobbiamo seguire.

ATTENZIONE!

Non esiste una cura risolutiva; è importante però mantenere il bambino attivo, senza forzarlo, ma spingendolo al movimento.

Alcuni bambini che soffrono di distrofia muscolare possono perdere la capacità di camminare verso i dodici anni, anche se attualmente la medicina sta compiendo passi avanti nella ricerca delle cure per questa malattia.

DISTURBI DEL SONNO

SONO... le alterazioni reali e durature, non le comuni variazioni episodiche, della funzione fisiologica che controlla il sonno.

Possono comparire sia durante la fase del sonno, sia al momento di addormentarsi o al risveglio.

Insonnia

Difficoltà a dormire o a prendere sonno.

Narcolessia

Disturbo del sonno che provoca attacchi di sonno durante il giorno, così come una sonnolenza eccessiva.

Russamento

Rumore respiratorio forte durante il sonno; può avere a che vedere con l'ostruzione delle vie respiratorie o con altre cause non ancora stabilite.

Apnea notturna

Disturbo che presenta episodi di interruzione della respirazione durante il sonno, a causa di un blocco delle vie respiratorie.

Parasonnia

Disturbo del sonno associato a brevi episodi di risveglio nel corso del ciclo del sonno.

COME SI MANIFESTANO...

Insonnia

L'insonnia infantile più frequente si manifesta con la difficoltà a prendere sonno. Molti bambini non si addormentano o non vogliono andare a letto. A volte non abbiamo stabilito delle buone abitudini in relazione al sonno (non siamo riusciti a impostare un rituale o un orario stabilito), ma è anche possibile che il bambino soffra di qualche fobia o ansia.

Narcolessia

Il bambino presenta una grande sonnolenza durante il giorno, si addormenta quando non è normale che lo faccia.

Russamento

È una respirazione forte e rumorosa durante il sonno. Può essere episodica o frequente. A meno che non sia molto rumoroso, di solito il bambino non si sveglia. Se è conseguenza di una allergia, un raffreddore o una congestione, sparirà quando il bambino si sentirà meglio. Il fatto che il bambino russi non significa che dorma come un ghiro; al contrario, è un problema che impedisce il buon riposo e, quindi, ci sarà bisogno di un trattamento specifico.

Apnea

In genere non causa il risveglio del bambino, a meno che non sia un episodio grave.

Parasonnia

Può trattarsi di terrori del sonno (pavor notturno), frequenti tra i tre e i quattro anni d'età), incubi, che hanno un tenore più transitorio rispetto ai terrori notturni, oppure può presentarsi sotto forma di un risveglio ansioso.

Questi episodi di risveglio durante il sonno possono manifestarsi anche sotto forma di sonnambulismo tra i sei e i sette anni e oltre. La mattina seguente il bambino sonnambulo non ricorda nulla di quanto è successo la notte. NON dobbiamo svegliarlo, ma prenderlo per la mano e riportarlo dolcemente di nuovo a letto.

A volte si dondola o si "culla" da solo: di solito questi atteggiamenti sono spontanei nei bambini più piccoli, ma possono essere problematici nei bambini di età superiore ai sei anni.

LI CUREREMO... a seconda dei casi e dell'origine del disturbo.

È importante tenere presente che per far sì che il medico possa effettuare una diagnosi corretta, dobbiamo fornirgli informazioni precise e non esagerate. Per questo si raccomanda l'uso di un diario per annotare i periodi di sonno e le alterazioni che si manifestano e la loro frequenza.

DAL PEDIATRA SE... se si verificano le seguenti condizioni:

- Il bambino ha troppo o troppo poco sonno o se i suoi problemi nel ciclo del sonno hanno conseguenze negative sulla sua quotidianità.
- Riscontriamo questi problemi più di due volte la settimana.
- L'apnea o il russare sono persistenti.
- I terrori notturni sono ricorrenti e non permettono al bambino di riposare.

ATTENZIONE!

È importante sapere che il ciclo del sonno di un bimbo si evolve nel corso degli anni. I bambini hanno bisogno di dormire per più ore, e con la crescita devono adattarsi a un ritmo di vita diverso. Ecco perché è così importante stabilire regole di riposo corrette fin da piccoli.

DOLORE ADDOMINALE

È... il nome con il quale ci si riferisce ai diversi tipi di dolori di stomaco, crampi o coliche. Nell'infanzia è molto frequente lamentarsi del dolore addominale. Per lo più non è niente di grave, ma può essere anche il sintomo di una malattia che richiede una valutazione medica e delle cure.

POSSIBILI CAUSE...

- Un consumo eccessivo di cibo o di bibite gassate, o un altro tipo di indigestione.
- Una gastroenterite (come spieghiamo nella relativa scheda).
- La stitichezza.
- L'appendicite (infiammazione dell'appendice).
- Problemi psicologici (paura di andare a scuola, problemi di adattamento...)

Sintomi	Cause
Il bambino ha una zona gonfia all'inguine o sullo scroto	Può essere un'ernia o un problema ai testicoli (vedere la scheda)
Il vomito del bambino è verdastro o giallastro	Ostruzione intestinale
Il bimbo si lamenta del dolore e se si preme sulla destra dell'addome il dolore aumenta	Appendicite
Il dolore addominale è accompagnato da vomito e diarrea	Gastroenterite

Sintomi	Cause
Il bambino ha episodi di dolore addominale senza stare male o segnalare altri sintomi	Può essere ansia o intolleranza a qualche alimento

LO INDIVIDUEREMO... perché il bambino dirà che gli fa male la pancia, anche se si deve tenere presente che il dolore può provenire da un'altra parte dell'addome o anche da parti lontane dall'addome (torace, testa...).

LO CUREREMO... in molti casi di dolore addominale la causa è un eccesso di cibo, una lieve indigestione o troppo gas nella pancia, e il dolore diminuisce o sparisce da solo in qualche ora.

DAL PEDIATRA SE... il dolore è molto intenso o peggiora, se il bimbo è piegato in due per il male e si tiene l'addome con le mani.

- Se ha subito un trauma all'addome
- Se c'è sangue nelle feci.
- Se il dolore addominale è frequente.

Con urgenza

- Se il vomito è giallo-verdastro.
- Se il dolore dura da più di sei ore e non smette.
- Se riteniamo che possa essere appendicite.
- Se sospettiamo che si tratti di ernia (vedere la scheda).
- Se temiamo un'ostruzione intestinale.

ATTENZIONE!

Non gli si deve somministrare nessun tipo di medicinale (enteroclismi, lassativi, analgesici), se non su indicazione del medico.

DOLORE AL PETTO

È... un dolore localizzato nel torace, che può avere un'origine indefinita. Il dolore al petto di solito riguarda soprattutto bambini e bambine di età superiore a dieci anni e in genere no si riferisce a niente di particolarmente grave.

POSSIBILI CAUSE...

- Tensione muscolare, colpi indiretti o diretti al torace, riconoscibili per la presenza di lividi.
- Tosse intensa con conseguente affaticamento dei muscoli respiratori.
- Infiammazione delle costole dello sterno: in questo caso il dolore toracico aumenta con il movimento.
- Attacco d'asma.
- Polmonite e gastroenterite.
- Problemi cardiaci: anche se normalmente solo i bambini con una malattia cardiaca congenita manifestano dolore per questo motivo.
- A volte potrebbe essere dovuto anche a cause meno note, come quelle emotive.

LO CUREREMO... se il dolore è dovuto a tensione muscolare, colpi indiretti, diretti o infiammazione delle costole dello sterno, raccomandiamo riposo, applicazione di compresse fredde o calde, bendaggio compressivo e somministrazione di antinfiammatori e analgesici.

Se è conseguenza di un altro tipo di malessere o malattia, consigliamo di seguire le istruzioni del medico.

Se il dolore si deve a cause emotive, è necessario tranquillizzare il bambino.

DAL PEDIATRA SE... non siamo completamente sicuri delle cause. È preferibile consultare sempre il medico in questi casi, anche se per lo più si tratta di dolori innocui, perché possono nascondere problemi insidiosi. In particolare portiamo il bambino dal pediatra se:

- Il dolore è forte e compare bruscamente.
- Il dolore sveglia il bambino.
- C'è febbre e/o sintomi di un'altra malattia.
- Ci sono nausea o perdita di coscienza.

ATTENZIONE!

Nei casi di dolore toracico, è importante anche che la famiglia si tranquillizzi per non aumentare il nervosismo del bambino e aggravare la situazione. Di solito si pensa che si tratti di una malattia cardiaca, ma nella maggioranza dei casi NON è così. Consultare il pediatra è comunque importante per escludere le varie congetture.

Molte volte non si conosce la causa del dolore toracico, e questo sparisce nel giro di pochi giorni.

DOLORI DELLA CRESCITA

SONO... dolori intermittenti che di solito i bambini provano ai muscoli delle gambe. In genere si localizzano soprattutto dietro le ginocchia, e possono riguardare sia i maschi sia le femmine. Alcuni esperti sostengono che i dolori di crescita in realtà non esistono, perché la crescita è un processo lento e fisiologicamente impercettibile.

LI INDIVIDUEREMO... perché il bambino afferma di sentire male (lieve o intenso, non esiste uno standard unico) alle estremità inferiori. Normalmente si verifica la sera o la notte. A volte il bambino si sveglia in piena notte a causa del dolore.

Il dolore è in genere bilaterale, mutevole e non compare quotidianamente.

LI CUREREMO... in molti casi senza ricorrere ad analgesici o antinfiammatori, perché il dolore scompare la mattina. Con il passare degli anni questi stati dolorosi vanno scomparendo.

LI ALLEVIEREMO... con dei massaggi, applicazione di calore o, se è veramente necessario, antinfiammatori o analgesici (consultando prima il pediatra).

DAL PEDIATRA SE... gli fa male spesso e/o i dolori sono acuti.

ATTENZIONE!

I dolori conosciuti come "dolori di crescita" non implicano zoppia o limitazioni della mobilità. Non sono in relazione con traumi o infezioni, né tantomeno con le infiammazioni.

DOLORI MESTRUALI

SONO... i disturbi localizzati nella parte media/inferiore dell'addome che di solito si presentano nei primi giorni delle mestruazioni.

Sono dovuti a una contrazione intensa, che può portare a uno spasmo dei muscoli dell'utero quando espelle il sangue mestruale. Di solito i dolori mestruali non sono molto intensi nei primi anni del ciclo.

LI CUREREMO... con antinfiammatori, preferibilmente il primo giorno delle mestruazioni o anche quello precedente, per diminuire il dolore e ridurre le contrazioni dell'utero.

Inoltre, mantenere ben calda la parte inferiore dell'addome e/o i lombi lenisce significativamente il dolore.

È meglio non sdraiarsi quando compare il dolore mestruale. Se si resta attive risulta più sopportabile.

DALLO SPECIALISTA SE...

- Il dolore impedisce di svolgere una vita quotidiana normale; se il dolore dura più di tre giorni o ha origine soltanto da uno dei due lati; o se il dolore persiste dopo il ciclo mestruale.
- Se l'antinfiammatorio non fa effetto o se c'è febbre senza un motivo apparente.
- Se c'è una secrezione vaginale prima che inizi la mestruazione.
- Se c'è aumento di peso o gonfiore premestruale.
- Se ci sono altri sintomi che non sono associati alla mestruazione.

Con urgenza

- Se il dolore è così intenso che impedisce alla ragazza di camminare normalmente.
- Se ha febbre oltre i 38 °C.
- Se c'è un malessere generale.
- Se la valutazione dei sintomi non associati alla mestruazione fa sospettare altre complicazioni.

E

ECZEMA

È... un'eruzione cutanea con infiammazione, prurito e zone squamose. In genere si presenta la prima volta prima dei diciotto mesi di vita e può ritornare in modo intermittente durante l'infanzia.

LO INDIVIDUEREMO... perché compariranno zone di pelle infiammate, arrossate, che possono presentare vescicole, essudazione e di solito sono accompagnate da prurito.

Nei bambini minori di quattro anni, l'eruzione di solito compare con aspetto peggiore sul cuoio capelluto, le guance, gli avambracci, il petto o le gambe.

Nei bambini tra i quattro e i dieci anni, la pelle può apparire squamosa e secca, e anche screpolata, e la situazione è di solito peggiore sul viso, il collo, i gomiti, i polsi, i gomiti e dietro le ginocchia.

LO CUREREMO... seguendo le indicazioni del medico, che prescriverà una pomata.

ALLEVIEREMO IL FASTIDIO...

- Se il prurito non lascia dormire il bambino, possiamo somministrargli un antistaminico adatto alla sua età e consigliato dal pediatra o dal dermatologo.
- Fargli il bagno o la doccia preferibilmente con acqua tiepida.
- Applicare la pomata, la crema o la lozione se compare una leggera infiammazione che indica l'imminente comparsa di un peggioramento o di un'eruzione: così si cerca di prevenire l'eczema.

- Evitare che la pelle resti secca non usando saponi aggressivi e idratandola correttamente.
- È importante applicare la pomata solo sulla zona interessata e smettere di applicarla quando l'eruzione sarà sparita.
- Utilizzare indumenti di cotone, evitando il contatto della lana con il corpo.
- Evitare gli ammorbidenti che causano irritazione della pelle.

DAL PEDIATRA SE... il bambino in precedenza non ha avuto eruzioni, in modo che possa diagnosticare se si tratta di eczema e curarlo.

Se ha già diagnosticato l'eczema ma il trattamento non ha portato ai risultati desiderati o ha addirittura peggiorato la situazione, perché si potrebbe supporre che ci sia un'infezione.

ATTENZIONE!

È importante evitare che il bimbo si gratti l'eczema, perché potrebbe infettarsi.

Può comparire un'infezione da herpes associata all'eczema, con vesciche, febbre, eruzione estesa e nodi linfatici infiammati. Rivolgersi al medico.

ENCOPRESI (ESPULSIONE INVOLONTARIA DELLE FECI)

È... l'incapacità di trattenere materia fecale che si verifica nei bambini di età superiore a quattro-cinque anni senza che esistano sintomi di una malattia che la provochi. È più frequente nei maschietti che nelle bambine e di solito si presenta fra i sette e gli otto anni.

POSSIBILI CAUSE...

- Una stitichezza cronica che finisce per formare un tappo di feci dure che a sua volta dilata gli sfinteri e permette l'uscita solo delle feci più molli.

- Problemi emotivi, situazioni psicologicamente stressanti per il bambino.
- Paura di defecare per sbaglio (a causa di castighi subiti in precedenza).
- Un'educazione troppo precoce ed estremamente rigida al momento di imparare a controllare gli sfinteri.
- Certi tipi di ritardo nello sviluppo neurologico; non c'è ragione che implichi un problema grave o permanente.
- Un uso eccessivo di lassativi o clisteri per liberare il bambino dalla stitichezza.

ALCUNI CONSIGLI... per affrontare questo spiacevole problema. Dobbiamo tenere presente che l'incontinenza può durare tra sei e dodici settimane. In questo periodo, con pazienza insegneremo di nuovo al bambino come controllare gli sfinteri:

- Possiamo controllare periodicamente la biancheria del bambino.
- Se non ci sono state perdite, gli mostreremo un atteggiamento positivo perché si renda conto che va tutto bene e guadagni fiducia.
- Se ci sono stati episodi di incontinenza, si deve manifestare scontentezza, ma mai rabbia o minacciare un castigo. Deve essere il bimbo stesso a rimettersi in ordine.
- È raccomandabile che il bambino segua una dieta ricca di fibre e che impari ad andare in bagno da solo.
- Se il medico lo consiglia, possiamo tenere un diario sulla regolarità delle evacuazioni, per verificare i progressi.

DAL PEDIATRA SE... crediamo che il bambino soffra di stitichezza cronica.

Se non sappiamo quale possa essere la causa dell'incontinenza, il medico può aiutare a stilare una diagnosi e a controllarlo con continuità fino a quando il problema non si risolve.

ENURESI (FARE PIPÌ A LETTO)

È... la perdita involontaria di urina mentre il bambino sta dormendo, a un'età nella quale dovrebbe già controllare i suoi sfinteri (verso i sei anni).

UNA OSSERVAZIONE... i bambini imparano a controllare l'urina di notte a età differenti. Non c'è un'età stabilita per farlo. Sono pochi i bambini che ci riescono prima dei tre anni, e può essere normale che un po' di pipì gli scappi fino ai cinque anni. Però, se a partire da questa età continua a succedere e per il piccolo rappresenta un problema, o se torna a farlo quando ha già imparato a controllare gli sfinteri, è necessario consultare il pediatra.

POSSIBILI CAUSE...

- Il bambino non controlla ancora la vescica (perché la parte del sistema nervoso responsabile non è ancora maturata a sufficienza).
- Un'infezione urinaria (in rare occasioni), la stitichezza, l'ansia o lo stress emotivo.

LA CUREREMO... se individuiamo un motivo (soprattutto, un'infezione del tratto urinario), il medico potrà stabilire la profilassi e il trattamento.

Se non si trova un motivo fisiologico, possiamo seguire alcune regole.

- Creare un'abitudine: insegnare al bambino a urinare in modo regolare e non bere molto di sera.
- Non punirlo e non arrabbiarsi con lui se bagna il letto. Quando non lo fa è importante dimostrargli soddisfazione e dirgli che è molto bello non bagnare il letto.
- Tenere su d'umore il bambino e spiegargli che è un problema normale, che altri bambini possono soffrirne e che dipende da lui risolverlo.

DAL PEDIATRA SE... il bambino ha più di cinque anni e bagna il letto, o torna a bagnarlo dopo aver imparato a controllare la pipì di notte e a esserne consapevole e se per il bambino la situazione rappresenta un problema.

Se il bambino lamenta dolore quando fa pipì; potrebbe essere un'infezione del tratto urinario.

EPILESSIA

È... una malattia cronica caratterizzata dal fatto che il bambino ha delle crisi convulsive e/o di altro tipo come, per esempio, episodi di assenza.

In molte occasioni non se ne conosce la causa precisa e non è mai facile individuarla.

SI MANIFESTA... con attacchi e crisi. Le più tipiche sono le crisi convulsive e di assenza.

Crisi convulsive

Prima che si manifesti la crisi, il bambino può essere irritabile e mostrare cambiamenti improvvisi di umore e di comportamento.

Gli spasmi convulsivi fanno sì che il corpo si irrigidisca, diventi teso e che il bambino cada a terra.

La respirazione è irregolare e sia il viso sia le estremità si muovono in modo irregolare. Il bambino perde coscienza.

Durante l'attacco, può mordersi la lingua o non controllare gli sfinteri.

L'attacco può durare per qualche minuto o più a lungo.

Quando l'attacco termina, il bambino può continuare a essere incosciente.

Quando si riprende può essere confuso, avere mal di testa e desiderio di dormire.

Fasi di assenza

Il bambino smette di fare quel che stava facendo e resta a guardare nel vuoto per qualche secondo. In questo lasso di tempo, il bimbo non sa quello che fa. Quando si riprende dall'attacco o dalla crisi, non ricorda nulla.

DAL PEDIATRA SE... il bambino ha degli attacchi di tipo diverso, non convulsivi, dopo che è già stata fatta una diagnosi di epilessia.

Con urgenza

- Se in precedenza il bambino non ha mai avuto un attacco convulsivo.
- Se il bambino resta incosciente dopo dieci minuti, che sia il primo attacco oppure no.

ATTENZIONE!

Avere una crisi convulsiva, spasmi o un altro tipo di attacchi non significa soffrire di epilessia. Questo tipo di attacchi isolati può essere causato da fattori scatenanti esterni.

Più di tre quarti dei bambini epilettici non torna a soffrire di attacchi se per due anni non ne ha avuti.

ERNIA ADDOMINALE

È... la protrusione di una parte dell'intestino dalla parete addominale. È causata dall'indebolimento del rivestimento interno del muscolo addominale, il che provoca il suo rigonfiamento o lo strappo. Nei bambini le più comuni sono l'ernia ombelicale e quella inguinale.

Nell'*ernia ombelicale*, l'intestino protrude vicino all'ombelico.

Nell'*ernia inguinale*, il canale inguinale, che in genere si chiude quando i testicoli sono scesi dopo la nascita del bimbo, continua a restare aperto. L'intestino esce da questo condotto.

LA INDIVIDUEREMO... se si tratta di ernia ombelicale il bambino presenta una protuberanza non dolorosa vicino all'ombelico.

L'ernia inguinale si presenta con una zona gonfia nella piega dell'inguine o nello scroto.

In alcuni casi, l'ernia è più piccola la mattina ma aumenta nel corso del giorno. Può aumentare di dimensione quando il bambino tende la muscolatura dell'addome.

DAL PEDIATRA SE... l'ernia ombelicale è di grandi dimensioni o se non sparisce quando il bambino compie cinque anni.

Notiamo una protuberanza o un gonfiore all'inguine o allo scroto del bambino.

Con urgenza

Se l'ernia inguinale è dolorosa, è dura o ha un colore "differente", perché è possibile che sia necessario un intervento immediato.

ATTENZIONE!

L'ernia ombelicale di solito sparisce prima che il bambino compia due anni, anche se può persistere fino all'età di cinque anni. In alcuni casi, se è molto grande, è necessario intervenire chirurgicamente.

Se non sparisce da sola, l'ernia inguinale ha bisogno di un piccolo intervento.

L'ernia inguinale si può strozzare. Accade quando un tratto dell'intestino resta intrappolato nel canale inguinale e il sangue non scorre. Il gonfiore o la protuberanza si induriscono e fanno male. Dobbiamo andare con urgenza dal medico di famiglia o all'ospedale.

F

FARINGITE

È... l'infiammazione della mucosa che ricopre la faringe e causa dolore, irritazione della gola e febbre, oltre al rigonfiamento delle tonsille. In effetti l'infezione della faringe di solito porta con sé tonsillite, anche se non dobbiamo preoccuparci.

Nel 90 per cento dei casi, il responsabile dell'infezione è un virus, e la faringite è parte di una normale infreddatura. Il restante 10 per cento dei casi si deve al batterio streptococco. Per sapere se si tratta di virus o di batteri, talvolta il medico deciderà di fare un'analisi di un campione di coltura faringea.

LA INDIVIDUEREMO... perché il bambino si rifiuta di mangiare o piange quando gli diamo il pasto; se riesce già ad esprimersi si lamenta perché gli brucia la gola. Se osserviamo la parte alla luce, vedremo che è arrossata e lucida.

LA CUREREMO... nel caso della faringite virale, con paracetamolo o ibuprofene (antinfiammatori, antipiretici e analgesici) per gli eventuali primi tre o quattro giorni di febbre (fino a 39 °C) e mal di gola. L'infiammazione migliora se il bambino, a partire dai sei anni, fa dei gargarismi con acqua salata tiepida sei volte al giorno. La proporzione è di un cucchiaino di sale in un bicchiere d'acqua. E, per la difficoltà a ingoiare causata dalla tonsillite, gli faremo seguire una dieta con alimenti liquidi.

La *faringite batterica* o *da streptococco* si placa con penicillina o con il medicinale che il pediatra decide di prescrivere. Dopo ventiquattr'ore ore non ci sarà più rischio di contagio e il bambino si sentirà meglio. E potrà anche tornare all'asilo o a scuola.

DAL PEDIATRA SE... la febbre (vedi scheda) non scende sotto 38,5 °C e il mal di gola si intensifica per più di quarantotto ore, associato a dolore addominale (vedi scheda), eruzione cutanea (come una scottatura solare) e/o macchie giallastre o bianche sulle tonsille. Ci rivolgeremo al medico anche se il bambino è stato a contatto con una persona affetta da faringite batterica o da impetigine.

Con urgenza

Il bambino non riesce ad aprire la bocca, sbava o non riesce a inghiottire (e ciò non ha a che fare con la congestione nasale).

Il bambino è molto depresso e passivo, ha la bocca e la pelle secche e con macchie, ha febbre costante nonostante i farmaci, vomita...

ATTENZIONE!

Non tutti i mal di gola sono associabili alla faringite.

- Se il bambino dorme con la bocca aperta, si può svegliare con la bocca secca e amara, disturbi che spariscono dopo che ha bevuto un po' d'acqua o qualcosa di tiepido.
- Quando si puliscono i seni paranasali (lo spazio all'interno dell'osso mascellare che di solito è pieno d'aria e che a volte si riempie di muco, che si deve eliminare per evitare sinusiti) tramite aspirazione, alcuni residui di muco possono andare a finire in gola. I tentativi per liberarsene possono irritare la gola.

Dobbiamo evitare di usare gli antibiotici senza consultare il medico perché:

- Sono efficaci soltanto per una faringite causata da streptococchi. Pregiudicano la situazione fino al punto che, se peggiora, per il medico può risultare difficile definire la diagnosi in quanto i sintomi sono poco chiari.
- Non si deve usare qualsiasi antibiotico che sia stato prescritto a un'altra persona.

FEBBRE

È... un aumento della temperatura corporea che evidenzia una reazione dell'organismo di fronte alle infezioni. Vale a dire che il nostro corpo attiva le sue difese contro i germi. La febbre non è un nemico, bensì un alleato. Quel che conta non è abbassarla, ma determinarne la causa: osservare con attenzione i sintomi che il bimbo presenta. In generale, la febbre compare per malattie lievi, come la faringite, il raffreddore comune, l'influenza, la disidratazione... Quando la temperatura supera i 40 °C o c'è un brusco cambiamento della temperatura possono verificarsi le convulsioni (vedi la scheda seguente).

LA INDIVIDUEREMO... con un termometro, da preferire al tatto. Si considera febbre se la temperatura corporea all'ascella supera i 37,5 °C e i 38 °C al retto. Fino a 39 °C si tratta di febbre moderata; se supera i 39 °C si parla di febbre alta. La temperatura troppo bassa non ha importanza, fatta eccezione per i neonati. Sapremo che si tratta di un episodio febbrile dovuto a una malattia lieve basandoci sul seguente schema:

Domande dei genitori	Risposte e atteggiamento del bambino
Quando gli parlo o gli chiedo qualcosa...	Mi guarda negli occhi e cerca di rispondere. È attivo.
Mostra interesse per le persone o le cose che lo circondano?	Sì, presta attenzione a ciò che lo circonda
Muove con facilità la testa da un lato all'altro o da davanti a dietro?	Sì, riesce a muoverla con facilità.
Fatica a respirare?	No.
Osserviamo il colore del viso del bambino.	Normale, più o meno arrossato.
Osserviamo il bambino senza indumenti e alla luce.	Non si notano macchie strane sulla pelle.

LA ABBASSEREMO... secondo questi parametri:

Meno di 38 °C

Non è raccomandabile curarla. È necessario usare con moderazione i medicinali antipiretici; se il bambino sta abbastanza bene nonostante la febbre, possiamo evitare di usarli, e può anche uscire di casa.

In casa vestiamolo leggero e offriamogli spesso da bere (anche a sorsi) liquidi zuccherati, acqua o brodo. In caso di malessere, può assumere del paracetamolo ogni quattro o sei ore (inizia a fare effetto in trenta o quarantacinque minuti).

Sopra i 38 °C

Continueremo a somministrare i liquidi e gli daremo paracetamolo o ibuprofene.

Bagneremo il bambino con acqua tiepida (un terzo della vasca da bagno) massaggiandogli tutto il corpo con una spugna morbida e inumidita per circa trenta o sessanta minuti, fino a quando la temperatura non scende sotto i 38,9 °C.

A 40 °C (39-39,5 °C nei lattanti)

Il trattamento è obbligatorio.

A 41 °C (40 °C nei bambini sotto i 3 mesi)

È urgente abbassare la temperatura.

È utile abbassare la febbre

Quando si presenta cefalea (vedi la scheda sul mal di testa), atralgia (dolore alle articolazioni) o dolori forti.

Nei bambini di età inferiore ai sette anni

Con precedenti neurologici (convulsioni febbrili), la profilassi è normalmente indicata.

DAL PEDIATRA SE... la febbre è alta (dai 39 °C in su).

Con urgenza

- Se il bambino ha meno di tre mesi.
- Se è molto abbattuto e sonnolento o molto irritabile. Respira con difficoltà, ha avuto delle convulsioni perché la febbre è superiore ai 40,5 °C, o presenta delle macchie cutanee.

ATTENZIONE!

È preferibile usare un solo medicinale per via orale (meglio che per via rettale) nelle dosi corrette piuttosto che alternare due farmaci distinti. I medicinali alleviano, ma non curano e non abbreviano l'infezione.

Quando la febbre è alta, le compresse di acqua a temperatura ambiente (MAI mettere il ghiaccio), i bagni tiepidi e spogliare il bambino completano l'effetto dei medicinali.

Convulsioni

SONO... il risultato di una scarica di energia delle cellule cerebrali favorita da una temperatura corporea (febbre) superiore a 40 °C o dal cambiamento brusco della temperatura stessa.

Si deve dire che ogni bambino ha un proprio grado di tolleranza al calore dell'organismo: mentre la maggioranza sopporta fino ai 41,1- 41,7 °C senza soffrire di alcun genere di convulsioni febbrili, il 4% circa le patisce nei primi anni di vita (il 20-30% di questi casi presenta dei precedenti in famiglia).

In generale le convulsioni si manifestano tra i sei mesi e i cinque-sei anni, con un picco di maggior frequenza a due anni. Nel 90 per cento dei casi le convulsioni febbrili NON causano danni cerebrali.

LE INDIVIDUEREMO... quando vediamo che il bambino ha una serie di contrazioni muscolari che sembrano scuoterlo in maniera incontrollabile, o con una contrattura muscolare che blocca tutto il corpo o soltanto una parte.

Si parla di convulsione anche nel caso in cui il bambino perde coscienza, non risponde agli stimoli, ha gli occhi girati all'insù (mostra il bianco), e manifesta alcuni altri sintomi.

Entrambe le situazioni causano molto spavento. Tuttavia, non ci si deve allarmare se si tratta di convulsioni tipiche, che seguono questo modello:

- Durano meno di quindici minuti, in ragione di una crisi per ogni episodio febbrile.
- Riguardano tutto il corpo e il recupero è rapido.

LE CUREREMO... prima di tutto, con tranquillità.

Procediamo quindi ad abbassare la febbre per mettere termine alle convulsioni.

Innanzitutto dobbiamo spogliare il bambino e applicargli un asciugamano di spugna inumidito con acqua fresca sulla faccia e sul collo. Possiamo massaggiarlo con dolcezza sul resto del corpo con una spugna inumidita con acqua fresca. La febbre diminuirà a mano a mano che l'acqua evapora.

Dopo l'attacco, mentre il bambino è sveglio, occorre somministrargli una dose di antipiretico:

- Per bocca: ogni quattro o sei ore nelle quarantotto ore seguenti, o più a lungo se la febbre non si abbassa, secondo i dosaggi indicati dal pediatra, anche nel corso della notte.
- Per via rettale (supposte per convulsioni): tenere a portata di mano delle supposte per abbassare la febbre (paracetamolo) o il farmaco anticonvulsivo che è stato prescritto se compare un altro attacco o se la febbre non si mantiene al di sotto dei 38,3 °C.

Infine lasciamo che il bambino dorma a piacere, steso sul fianco in caso dovesse vomitare. Se ha il respiro rumoroso, tirare in avanti la mandibola e il mento: questa manovra fronte-mento è una tecnica semplice di rianimazione per evitare il blocco respiratorio.

DAL PEDIATRA SE... si ripete un altro attacco convulsivo tipico, il collo si mantiene rigido, il bambino delira, è confuso e fatica a rianimarsi.

Con urgenza

Se la convulsione è *atipica* o *complessa*:

- Comprende crisi parziali multiple, di una parte del corpo, per più di quindici minuti.
- La ripresa è molto lenta e il bambino resta sonnolento e passivo.

Per stilare una diagnosi, il medico vorrà sapere come e quando sia iniziata la febbre e che temperatura aveva il bambino prima dell'inizio delle convulsioni; durata e numero delle convulsioni; se la crisi è stata generale o parziale; come è stato il recupero e di quale infezione soffre il bambino.

Con tutti questi dettagli potrà stabilire se è di fronte a una convulsione tipica, senza importanza, o atipica, che quindi richiede analisi e studi ulteriori.

ATTENZIONE!

Se nostro figlio ha meno di sei mesi o ha più di sei anni, la presenza di convulsioni febbrili richiede uno studio e controllo da parte del medico.

La convulsione si ripeterà ogni volta che al bambino sale la febbre? Nel 35 per cento dei casi, sì, soprattutto nel primo anno dopo la crisi iniziale. Più passa il tempo dopo la prima convulsione, più diminuiscono le probabilità che si ripeta.

FERITE E CONTUSIONI ALLE DITA

SONO... schiacciamenti, botte, tagli alle dita e alle unghie di mani e piedi, che richiedono che la pelle o l'unghia si rigenerino.

LE CUREREMO... con la pulizia e un trattamento che varierà a seconda del tipo di ferita o contusione.

Dopo la contusione, si raccomanda di mettere il dito del bambino in acqua molto fredda (tirandolo fuori di quando in quando per evitare che si congeli).

Se fa molto male, per calmare il bambino possiamo dargli del paracetamolo o dell'ibuprofene, in dosi secondo la sua età e il suo peso.

Punta del dito schiacciata

Mentre il dito è immerso nell'acqua, lo laveremo delicatamente.

Tagliare via i brandelli di pelle lacerata con delle forbicine sterilizzate.

Se la ferita presenta un taglio e si può sporcare, è consigliabile coprirla con un cerotto per ventiquattro ore. Poi lasceremo la ferita scoperta in modo che guarisca.

Unghie rotte

Se l'unghia è spezzata ma non ci sono bordi taglienti, non si deve fare nulla.

Se l'unghia è staccata quasi completamente, la taglieremo per il lungo con delle forbicine o un tagliaunghie, entrambi sterilizzati.

Applicare una pomata con antibiotico e coprire la parte con una garza che non si attacchi. La garza si deve cambiare ogni giorno. Ogni volta che la cambiamo, inumidiremo il dito con una soluzione salina tiepida. Dopo sette giorni, il letto dell'unghia dovrebbe essere coperto di pelle nuova.

Tagli superficiali

Lavare con acqua e sapone.

Premere la ferita con una garza sterilizzata, per evitare il sanguinamento. Si deve lasciare che la ferita si asciughi all'aria.

Nocche spellate

Lavare con acqua e sapone ed eliminare tutta la sporcizia con una garza sterile.

Tagliare via i brandelli di pelle (soprattutto se sono sporchi) con delle forbicine sterilizzate.

Se c'è sanguinamento, premere con una garza sterilizzata per fermare l'emorragia.

Coprire la ferita con una garza non aderente.

OSSERVEREMO... per qualche giorno se il dito si muove normalmente. Se nel giro di una settimana non è guarito, è consigliabile consultare il medico.

DAL PEDIATRA SE...

- La pelle della ferita è aperta.
- La ferita non smette di sanguinare nonostante la pressione diretta.
- Si accumula del sangue sotto l'unghia e la ferita è molto dolorosa.
- La ferita è sporca e non si riesce a ripulirla.
- La contusione non consente di muovere l'articolazione del dito.
- Il dito è molto gonfio.

ATTENZIONE!

È importante non immobilizzare il dito per proteggerlo, a meno che non lo stabilisca il medico.

FIMOSI

È... quando il prepuzio (la piega di pelle che ricopre il glande) non è flessibile, e quindi non si può ritrarre e scoprire il glande. Nei primi anni di vita è normale che il prepuzio non riesca a ritrarsi. Non dobbiamo provarci. A partire dai due anni dovrebbe essere più facile, però ci sono bambini che hanno il prepuzio poco flessibile fino ai quattro anni. Passata quest'età NON è normale non riuscire a ritrarlo.

POSSIBILI CAUSE... un'apertura troppo piccola nel prepuzio lo rende meno flessibile.

Infiammazioni frequenti come, per esempio, la balanite (infiammazione del glande, che può essere accompagnata da infezione). Molte di queste infiammazioni sono causate dalla scarsa igiene e da un eccesso di umidità nel glande e nel prepuzio, che non vengono asciugati correttamente. In questo modo possono proliferare sui genitali funghi e batteri.

LA INDIVIDUEREMO... perché il prepuzio non si muove liberamente.

Se il bambino soffre di fimosi, è probabile che si verifichi gonfiore e dolore quando fa pipì.

L'urina non esce in maniera uniforme, con un piccolo getto costante.

Il bambino con fimosi ha più probabilità di soffrire di infezioni urinarie.

DAL PEDIATRA SE...

- Il bimbo ha più di quattro anni e il prepuzio non si ritrae e/o il piccolo ha problemi a urinare.
- Il pediatra può raccomandare di operare il bambino (un intervento semplice che si chiama circoncisione).

- Se la causa della fimosi è che i tessuti hanno delle aderenze, ma l'orifizio è normale, probabilmente il medico ricorrerà alla chirurgia per separare questo tessuto.

ATTENZIONE!

Nella prima infanzia gli interventi per la fimosi si svolgono sempre in anestesia generale.

L'igiene del pene è fondamentale. Dobbiamo essere scrupolosi, attenti e asciugare con molta cura i genitali.

Il prepuzio può non ritrarsi in modo naturale fino ai quattro anni. Non si deve forzarlo, perché questo potrebbe causare infezioni e problemi più gravi.

FORUNCOLO (O ASCESSO)

È... un'infezione della pelle che si manifesta come una protuberanza rossa e dolorosa di dimensioni considerevoli (tra 1,2 e 2,5 cm). Riguarda un unico follicolo pilifero (la radice di un pelo) o vari pori e la zona adiacente. In generale è causato da un batterio, detto stafilococco, che vive sulla superficie della pelle, anche se a volte il responsabile può essere un batterio diverso.

LO INDIVIDUEREMO... perché il gonfiore è evidente e molto doloroso, che lo si tocchi oppure no. Tuttavia, nel giro di una settimana vedremo che il centro del foruncolo è più morbido e biancastro, e che la pelle della zona è più sottile e chiara. È così perché il foruncolo è pieno di pus.

LO CUREREMO... lasciando che il foruncolo si dreni da solo in tre o quattro giorni. Nel caso in cui non accada, la soluzione più indicata non è di "aprirlo" a casa, perché sarebbe doloroso per il bambino e non disponiamo degli strumenti adeguati.

In ogni modo, se fosse necessario, seguiremo le seguenti regole:

- Applicare delle compresse tiepide per circa venti minuti e tre volte al giorno per alleviare il gonfiore e ammorbidire il foruncolo.
- Quando è maturo, praticare al centro un foro abbastanza grande con un ago sterilizzato e lasciare che il pus esca. Non si deve premere sul gonfiore con forza: primo, perché fa male, e secondo perché si corre il rischio che i batteri entrino nel sangue e l'infezione si estenda.
- Il pus si libera nel corso di due o tre giorni e, quindi, il foruncolo sparisce. Per evitare che il pus, molto contagioso, tocchi altre zone, si deve lavare la zona tre volte al giorno con sapone disinfettante e coprirlo con una garza grande (10x10 cm), da fissare con un cerotto adesivo traspirante.

DAL PEDIATRA SE... il foruncolo diventa un ascesso, ossia un grumo chiuso nel quale l'infezione peggiora e si prolunga. Se il bambino soffre di infezioni ricorrenti, è meglio ricorrere a uno specialista. Nel caso di foruncoli sul viso, deve intervenire soltanto il medico.

Con urgenza

- In presenza di febbre al di sopra dei 38 °C senza una causa evidente.
- Se il bambino è molto abbattuto e passivo, ha la bocca secca e febbre che non scende con farmaci, macchie cutanee, vomito.
- Si distingue una stria rossa che parte dal foruncolo verso l'esterno.

ATTENZIONE!

Quando si drena il foruncolo, possiamo al massimo premere con delicatezza per dirigere il pus verso l'esterno.

Mai schiacciare quelli che compaiono sul viso.

I foruncoli si infettano e si propagano con facilità. Quindi:

- Se sono un problema ricorrente: una doccia con sapone antibatterico controlla il livello di stafilococchi. Se si fa il bagno, i batteri semplicemente passano da una parte all'altra.
- Le altre persone della famiglia devono evitare il contatto con asciugamani, indumenti e lenzuola del bambino colpito, tanto più se il foruncolo si sta drenando. Si devono lavare gli indumenti con candeggina o detergenti antibatterici.

FORFORA

È... un'esfoliazione non contagiosa di pelle morta, si verifica su tutto il corpo (non solo sul cuoio capelluto) in modo naturale e per tutta la vita.

Tuttavia, per il disagio estetico e il suo accumulo, le scaglie sul cuoio capelluto sono le più fastidiose.

LA CUREREMO... in casa, lavando i capelli ogni giorno con il normale shampoo e poi spazzolandoli bene. Temporaneamente, a volte si può ridurre la frequenza di lavaggio a uno ogni due giorni.

Se il cuoio capelluto si presenta arrossato o irritato e se la consistenza della forfora è molto grassa, è meglio ricorrere a uno shampoo che contenga zolfo (ritarda il processo di esfoliazione della pelle) per tre giorni consecutivi, e poi una volta la settimana.

È più efficace se impregniamo di schiuma tutta la chioma, la copriamo con un asciugamano per circa venti minuti e poi sciacquiamo con abbondante acqua corrente.

DAL PEDIATRA SE... dopo un trattamento semplice e abituale a casa non si riesce a risolvere l'eccesso di forfora.

ATTENZIONE!

Non è certo che i capelli si ingrassino di più se li laviamo tutti i giorni. Dipenderà dalla delicatezza dei prodotti che utilizziamo.

FRATTURE E SLOGATURE

SONO... *fratture* quando si verifica perdita o rottura della massa ossea a causa di un forte colpo, un incidente...

Sono *slogature* quando le articolazioni che uniscono due ossa si storcono o si lacerano e l'osso va fuori posto.

LE INDIVIDUEREMO... perché la zona è gonfia, la pelle bianchiccia e dolente. Se si preme la parte, il dolore è più acuto.

Nelle slogature si osservano gonfiori o deformazioni.

LE CUREREMO... solo ricorrendo a uno specialista o al pronto soccorso. Non improvvisiamo rimedi alternativi: sono solo deleteri.

IN ATTESA DEL PEDIATRA...

- Se c'è una ferita aperta e sanguinante, cercheremo di fermare l'emorragia con una garza o una compressa sterile, premendo. Non farlo se l'osso sporge.
- In caso di frattura o di slogatura, chiamare l'ambulanza. Nel frattempo, immobilizziamo la parte interessata evitando di comprimerla.
- Se la frattura non ha portato a una ferita aperta, si deve chiedere al bambino di non muoversi, immobilizzare la parte contro il corpo (se si tratta di un braccio) e cercare di tenerlo tranquillo.
- Se la frattura è alla gamba, si possono sistemare delle coperte ripiegate tra le gambe e ai due lati dell'arto fratturato in modo che il bambino non lo muova.

- Se la frattura è al collo o alla testa, non si deve assolutamente muovere il bambino e si deve chiamare urgentemente l'ambulanza.

ATTENZIONE!

Anche se ci sembra meno grave di una frattura, non dobbiamo manipolare le ossa slogate. Non si deve cercare di rimettere a posto l'osso. Si deve soltanto immobilizzare la parte.

G

GASTROENTERITE

È... un'infiammazione, irritazione o infezione del tratto digestivo (normalmente lo stomaco e l'intestino tenue), causata da un virus, un batterio o qualche parassita.

La causa più comune è di solito un virus che si trasmette per via aerea.

Può essere anche di origine batterica e i responsabili sono alcuni batteri presenti nel cibo o nelle bevande.

LA INDIVIDUEREMO... perché il bambino con la gastroenterite di solito ha diarrea e vomito.

È anche possibile che il bambino abbia dolori addominali, perdita dell'appetito, poca energia e/o febbre.

LA PREVERREMO... prendendo alcune precauzioni:

- Lavare e sterilizzare gli utensili usati per i pasti del bebè.
- Lavarsi le mani prima di toccare il cibo e dopo aver manipolato la carne cruda.

Dopo un episodio infettivo il bambino può ritrovarsi immune, per un tempo più o meno lungo, al particolare virus che lo ha causato.

LA CUREREMO... con una dieta che rispetta i parametri definiti qui di seguito.

Nel caso di alimentazione al seno

Continuerà con l'allattamento materno a richiesta. Tra una poppata e l'altra gli offriremo una soluzione reidratante.

Nel caso di alimentazione con il biberon

Primo giorno: se il vomito dura per quattro-sei ore, non dargli latte, bensì soluzioni reidratanti a intervalli regolari; in seguito si ricomincerà a dargli il suo solito latte formulato.

In caso di diarrea, invece, continueremo la sua alimentazione normale e, se lo richiede o la accetta volentieri su proposta, tra un biberon e l'altro gli faremo bere una soluzione reidratante.

Nel caso di un bambino già svezzato

- Pappa di cereali con riso, fatta con il suo latte abituale.
- Patata cotta con pollo senza pelle e carota.
- Una pappa di banana, mela e succo di limone, o mela grattugiata, o banana schiacciata.
- Semola di riso, pesce, yogurt naturale (se lo abbiamo già introdotto nella sua alimentazione quotidiana).

Nel caso di bambini più grandicelli

- Non sono necessari né digiuno né dieta se presenta soltanto diarrea.
- I cibi che tollera meglio sono cereali (riso, frumento), yogurt, pollo, pesce, banana, mela.
- Evitare cibi grassi, zuccherati o che causino flatulenza o reflusso gastroesofageo.

DAL PEDIATRA SE... l'episodio di gastroenterite non migliora in ventiquattro ore, se il bambino presenta sintomi di disidratazione o se il neonato ha meno di due mesi.

ATTENZIONE!

Normalmente le gastroenteriti non sono gravi, ma possono esserlo, soprattutto nei bambini piccoli, per il pericolo di disidratazione.

GELONI

LI INDIVIDUEREMO... perché le dita si gonfiano dopo essere state esposte a lungo al freddo.

A volte si formano piccole vesciche che si rompono e lasciano delle screpolature.

LI CUREREMO... se si tratta di un gelone semplice, mediante frizioni con alcol canforato e una pomata con vitamina C.

Se sono geloni con screpolature, dobbiamo rivolgerci al medico perché ci prescriva una pomata adeguata.

DAL PEDIATRA SE... le screpolature restano aperte e le ferite non migliorano.

GONFIORI

SONO... infiammazioni in determinate parti del corpo di un nodo linfatico o di un muscolo, così come protuberanze insolite.

POSSIBILI CAUSE... una delle cause più tipiche è l'infiammazione dei nodi linfatici.

L'ernia (vedere la scheda corrispondente) può essere un altro motivo.

I colpi possono provocare gonfiori sul corpo, accompagnati da lividi o ematomi.

Cisti o gonfiori sottocutanei.

LI OSSERVEREMO... solitamente nella zona del collo:

- La ghiandola salivare sotto la mandibola si può gonfiare a causa di un'infezione.
- Una zona ingrossata sul lato del collo può essere sintomo di un torcicollo.

- Le cisti possono comparire sulla pianta del piede, ma anche sul collo, la faccia...
- La ghiandola tiroidea può produrre gonfiori sulla parte anteroinferiore del collo, come conseguenza di una malattia tiroidea.

DAL PEDIATRA SE... il gonfiore persiste nel tempo, cresce o sembra infettato, è di colore rosso, caldo o dolente al tatto o alla pressione.

H

HERPES LABIALE

È... un'infezione cutanea che si presenta generalmente agli angoli della bocca sotto forma di infiammazione o vescicolette brucianti e dolorose con un diametro da 1 a 3 millimetri. Le vesciche passano da un colore rossastro al giallo.

La causa è il virus dell'herpes simplex, normalmente del Tipo 1, che si trasmette per contatto e colpisce i nervi sensoriali. Dopo il contagio, il virus si riattiva per una scottatura solare, febbre, frizione e spossatezza fisica in forma cronica.

COME EVOLVE L'INFEZIONE... in un arco di tempo tra dieci e quattordici giorni, le vesciche maturano, si rompono, si seccano e diventano crosticine, che si staccano senza lasciare segni né cicatrici. La cura abbrevia la durata della crisi, ma il virus persiste.

LO ALLEVIEREMO... intervenendo non appena nostro figlio che ha già avuto precedenti episodi di herpes avvertirà pizzicore o dolore vicino alle labbra. Applicare un cubetto di ghiaccio sulla zona per più di un'ora aiuterà a frenare l'infezione.

Quanto alle vescicolette, è bene passarvi sopra dolcemente del cotone impregnato di alcol quattro volte al giorno fino a quando non ci accorgiamo che cominciano a seccarsi.

Le lasceremo esposte all'aria, senza usare pomate, in attesa che guariscano. Tuttavia, una volta che le vesciche saranno sparite, possiamo prevenire una ricomparsa o un'altra infezione con una crema con filtro solare.

DAL PEDIATRA SE... l'herpes si estende, le vescicole persistono per più di due settimane nonostante le cure o se sono vicine all'occhio. È molto importante che il virus non arrivi alla zona oculare.

ATTENZIONE!

Per far sì che l'infezione non si propaghi, il bambino...

- Deve lavarsi le mani con frequenza e non toccare le vescichette.
- Non deve baciare altre persone quando spuntano le vesciche.
- Non deve condividere i giocattoli che si sia portato alla bocca.

HERPES ZOSTER (O FUOCO DI SANT'ANTONIO)

È... un'infezione cutanea sotto forma di eruzione dolorosa che si presenta come una lesione anulare o sotto forma di vescica. È causata dal virus varicella-zoster, quello responsabile della varicella.

Il virus, dopo aver provocato la varicella, può restare nascosto nelle cellule dei centri nervosi e riattivarsi in situazioni di stress, per un abbassamento delle difese, febbre, esposizione al sole o, nelle adolescenti, le mestruazioni. È più frequente negli adulti che nei bambini.

COME EVOLVE L'INFEZIONE... il contagio avviene dopo essere entrati in contatto con il virus, ossia dopo avere avuto la varicella.

Il primo stadio è la comparsa di prurito, formicolio, calore e/o dolore alla pelle, soprattutto sul tronco (torace o addome).

Dopo quattro o cinque giorni, la zona si arrossa e spuntano delle vesciche raggruppate. In questa fase le vesciche sono contagiose, perché contengono il virus. Le vesciche possono rompersi e trasformarsi in ulcere.

Nel giro di una o due settimane (a secondo dell'estensione e della gravità dell'eruzione cutanea), le lesioni si seccano e formano una crosta giallastra che cade da sola. A volte resta una cicatrice residua.

Anche se non è frequente, l'eruzione può arrivare al viso, alla bocca, agli occhi e alle orecchie.

Altri sintomi che possono accompagnarsi all'infezione da herpes zoster sono dolore addominale, febbre e brividi, mal di testa e anche dolore articolare.

LO CUREREMO... seguendo le indicazioni del pediatra. Con farmaci antivirali e mantenendo una rigida igiene per evitare il contagio.

Sparisce circa due o tre settimane dopo l'inizio dell'infezione e in genere non ricompare.

DAL PEDIATRA SE... il bambino presenta alcuni sintomi dell'herpes zoster.

ATTENZIONE!

La cura deve iniziare ventiquattro o al massimo quarantotto ore dal momento in cui si è manifestato il dolore e sempre prima che compaiano le vesciche.

Mentre le vesciche suppurano, è preferibile che il bambino non stia con altre persone che non siano state esposte al virus.

I

IDROCELE

È... un'infiammazione non dolorosa dello scroto causata dall'accumulo di fluido intorno ai testicoli. L'idrocele è più frequente nei neonati e di solito sparisce senza bisogno di cure prima che il piccolo compia sei mesi.

LO INDIVIDUEREMO... perché il bambino ha lo scroto o la zona inguinale infiammati, anche se non lamenta dolore.

DAL PEDIATRA SE...

- L'infiammazione dello scroto persiste dopo il compimento dei sei mesi o se compare per la prima volta a questa età, perché in questo caso può essere associato a un'ernia inguinale.
- Se lo scroto si gonfia a un'età più matura per ferite o colpi.

INCIDENTI PIÙ FREQUENTI

SONO... incidenti causati da distrazione, mancanza di attenzione o di preparazione di fronte a certe circostanze, sia in ambito domestico come fuori casa, che coinvolgono la salute e/o la sicurezza del bambino.

LI EVITEREMO... prendendo alcune precauzioni:

- Mettiamo delle protezioni alle prese elettriche e agli angoli dei mobili. I cassetti devono avere un fermo in modo che il loro contenuto non cada addosso al bambino.
- Installiamo protezioni di sicurezza sulle scale, le finestre e i balconi.

- Evitiamo le piante ornamentali i cui fiori, frutti, foglie o radici siano tossiche.
- Manteniamo fuori dalla portata dei bambini i prodotti per la pulizia di casa, i medicinali e gli oggetti appuntiti e taglienti.
- Mettiamo nella vasca un tappetino antiscivolo e dei proteggi rubinetti, a partire dal momento in cui il bimbo riesce a reggersi in piedi.
- Cerchiamo di tenere gli apparecchi elettrici staccati dalle prese di corrente quando non li utilizziamo.

Congestione

LA INDIVIDUEREMO... perché è sempre preceduta da uno svenimento (vedi scheda corrispondente). Il bambino lamenterà mal di testa, crampi, affanno, freddo o ronzio alle orecchie.

POSSIBILI CAUSE...

- Trauma: un forte impatto dell'acqua contro l'addome, la colonna vertebrale o i genitali.
- Sincope termica: è la causa più frequente, e si deve alla differenza di temperatura tra acqua e corpo. Si può verificare quando il bambino entra in acqua dopo una esposizione prolungata al sole o un pasto abbondante. Oppure in montagna, uscendo al freddo dopo un pasto abbondante in un luogo molto caldo.
- Sincope allergica: il contatto con l'acqua fredda e le piante marine può causare una reazione allergica che causa uno svenimento.

SI PUÒ PREVENIRE... evitando lo sforzo intenso in acqua e uscendo dal mare o dalla piscina non appena si percepiscono i primi sintomi.

Insolazione

LA INDIVIDUEREMO... perché il bambino lamenterà mal di testa, dolore agli occhi e anche vertigini. La faccia si congestiona e possono comparire vomito o crampi. La temperatura corporea può salire fino a 40 °C.

LA CAUSA... può essere una esposizione prolungata al sole senza coprirsi la testa o in una situazione o un luogo dove ci sia un calore molto intenso.

LA CUREREMO... cercando di rinfrescare e idratare il bambino.

- Mettendolo all'ombra: bagniamogli la faccia e il corpo con acqua fresca; avvolgiamolo in un asciugamano umido.
- Somministriamogli antipiretici.
- Per evitare la disidratazione, offriamogli delle soluzioni idratanti a richiesta (se ci chiede acqua o succo di frutta... diamoglieli).

INFEZIONI DELLE VIE URINARIE

SONO... infezioni che si verificano quando un batterio altera le vie urinarie: la vescica, i reni, l'uretra (il condotto che porta l'urina dalla vescica all'esterno) o gli ureteri (i condotti che trasportano l'urina dai reni alla vescica).

L'infezione della vescica è nota come *cistite*, l'infezione dell'uretra e degli ureteri e del rene si chiama *pielonefrite*. Normalmente le bambine sono più propense a soffrire di infezioni del tratto urinario, però nel caso dei neonati i maschietti sono più suscettibili alle infezioni.

LE INDIVIDUEREMO... nei bambini di età inferiore ai due anni perché di solito hanno febbre, diarrea, vomito e inoltre sono irritabili, privi di energia e rifiutano il cibo.

Nei bambini più grandicelli, i sintomi sono più specifici:

dolore o bruciore quando fanno pipì, orinare di continuo (possono bagnare il letto anche se riescono già a controllare l'impulso) e dolore nella parte bassa dell'addome e nei lombi.

LE CUREREMO... seguendo le indicazioni del medico, secondo il tipo di infezione e il punto in cui si localizza.

Il bambino deve bere molta acqua per fluidificare l'urina in modo che sia meno doloroso fare pipì.

DAL PEDIATRA... appena individuiamo i sintomi.

Con urgenza

- In presenza di sangue nell'urina.
- Se la febbre non risponde all'antipiretico e perdura per più di ventiquattro o trentasei ore.
- Se il bambino ha meno di un anno.

INFLUENZA E RAFFREDDORE

SONO... la manifestazione di una infezione virale alla parte superiore dell'apparato respiratorio; il numero di virus che possono causare raffreddori è maggiore di quello dei virus che causano l'influenza.

I sintomi di un raffreddore sono più lievi di quelli dell'influenza e compaiono in modo più graduale.

Nel caso dell'influenza, il virus si trasmette per via aerea, attraverso gli starnuti o per contatto diretto. Di solito si verifica un'epidemia di influenza ogni anno.

LI INDIVIDUEREMO... quando, nel caso dell'*influenza*, compaiono i sintomi, circa uno o due giorni dopo l'infezione:

- Febbre (più di 38 °C).
- Tosse secca, naso chiuso.
- Dolore muscolare, mal di gola, di testa e stanchezza.

Nel caso del *raffreddore*, ecco i sintomi che compaiono dopo l'infezione:

- Prurito, pizzicore e mal di gola.
- Tosse, naso chiuso, starnuti e occhi che lacrimano.
- Possono esserci febbre e dolori corporei.

LI CUREREMO... normalmente, sia l'influenza, sia il raffreddore si curano con il tempo. Il bambino influenzato sta peggio nei primi giorni di malattia. Per alleviare il mal di gola, il mal di testa e la febbre, gli somministreremo del paracetamolo liquido, con dosi adeguate alla sua età e al suo peso.

La camera del bambino deve essere ventilata e abbastanza calda e umidificata per facilitare la respirazione.

Possiamo alleviare i disturbi alla gola facendolo bere molto e dandogli alimenti ricchi di liquidi.

DAL PEDIATRA SE... ha una tosse forte per cinque giorni o se uno qualsiasi degli altri sintomi non migliora nel giro di dieci giorni.

Con urgenza...

- Se il bambino di età inferiore ai due anni ha i sintomi dell'influenza.
- Se il bambino ha una temperatura superiore a 39 °C, la respirazione è accelerata, è abbattuto o manca di appetito.
- Se il bebè ha meno di due mesi, se non mangia o ha la temperatura molto alta.

ATTENZIONE!

Con l'influenza NON somministrare mai acido acetilsalicilico (Aspirina), perché può causare una malattia molto grave (Sindrome di Reye).

INTOLLERANZA AL LATTOSIO

È... l'incapacità di digerire correttamente questo componente del latte vaccino. La causa è un deficit dell'enzima incaricato di assimilarlo.

Può riguardare i lattanti quando assumono latte vaccino o a seguito di una infezione intestinale, come la gastroenterite.

LA CUREREMO... eliminando il lattosio dall'alimentazione del bambino. Lo specialista elaborerà una dieta equilibrata. Di solito l'intolleranza è temporanea; dopo un certo periodo senza lattosio, possiamo introdurlo nuovamente nell'alimentazione per verificare se il livello di tolleranza è migòiorato.

DAL PEDIATRA SE... riteniamo che il lattosio gli faccia male.

ATTENZIONE!

È possibile che il bambino presenti un'intolleranza al lattosio del latte ma tolleri il latte fermentato (lo yogurt o il formaggio).

È importante distinguere tra intolleranza al lattosio e allergia a una delle proteine del latte vaccino (come la caseina), perché i sintomi sono molto simili.

INTOSSICAZIONE DA ADDITIVI ALIMENTARI

È... la reazione a prodotti alimentari che contengono additivi.

Gli additivi alimentari sono sostanze che non hanno valore nutritivo; si aggiungono a certi cibi e bevande per modificarne l'aspetto, conservarli meglio o facilitare il processo di elaborazione.

Una concentrazione eccessiva di additivi in un alimento o l'ingestione di troppi alimenti con additivi in poco tempo può recare danni all'organismo.

A volte, i bambini possono mostrare reazioni avverse a uno o a diversi additivi.

Normalmente le persone con allergie sono più soggette ad avere problemi di salute provocati dagli additivi.

LA INDIVIDUEREMO... perché al bambino fa male lo stomaco, vomita, ha diarrea e febbre.

LA EVITEREMO se è stata diagnosticata l'intolleranza, dovremo leggere la composizione degli alimenti che acquistiamo.

Se non sappiamo che cosa causa la reazione, elimineremo qualsiasi prodotto che abbia un alto contenuto di additivi, come i cibi congelati, le conserve, i prodotti da forno industriali, le bibite in lattina...

DAL PEDIATRA SE... nostro figlio soffre di una reazione avversa grave o continua.

IPOTERMIA

È... l'abbassamento della temperatura del corpo a meno di 35 °C.

POSSIBILI CAUSE... poiché i neonati non sono ancora in grado di regolare la propria temperatura corporea è sufficiente un'esposizione prolungata al freddo ma anche al caldo eccessivo.

Nel caso dei bambini, un'esposizione prolungata al freddo estremo, all'acqua o al vento gelidi.

LA INDIVIDUEREMO... sapendo che i neonati non hanno ancora sviluppato l'autoregolazione della temperatura corporea. Anche se la pelle non sembra mostrarne i segni, il bimbo può avere freddo. Sarà debole, fin troppo tranquillo, magari avrà improvvisamente sonno, e non vorrà mangiare.

Quando si abbassa la temperatura corporea, la cute del bimbo è pallida, secca e fredda. A mano a mano che diminuisce il calore corporeo, compare il tremore che può essere incontrollabile.

Altri sintomi possono essere confusione, letargia, sonnolenza, frequenza cardiaca e respiratoria lente.

LA CUREREMO... mentre aspettiamo le cure mediche per il bebè, cercando di fargli recuperare calore poco a poco, mai in modo improvviso. In una stanza riscaldata, lo copriremo progressivamente con delle coperte, gli copriremo la testa e lo culleremo per fargli sentire il calore corporeo.

Nel caso di un bambino più grande, mentre aspettiamo il medico, possiamo riempire la vasca da bagno di acqua calda e farlo entrare con cautela. Quando la pelle avrà recuperato morbidezza e colore, lo asciugheremo e lo copriremo con delle coperte.

Poi dobbiamo farlo coricare a letto, coperto e in una stanza riscaldata.

Può bere del liquido caldo in modo che il corpo recuperi poco a poco la temperatura normale.

DAL PEDIATRA CON URGENZA SE... il neonato o il bambino presentano sintomi di ipotermia.

ATTENZIONE!

Si deve evitare di riscaldare il bambino troppo in fretta. Non deve restare vicino a una qualche fonte diretta di calore.

L

LABBRA DELLA VULVA ATTACCATE (SINECHIA VULVARE)

È... un'alterazione dei genitali esterni della bambina che fa sì che le cellule epiteliali formino un ponte tra le piccole labbra della vulva, che appaiono unite.

Non è comune nelle neonate, ma si può presentare nelle bambine tra i quattro mesi e i due anni. Può apparire fino ai sei anni.

POSSIBILI CAUSE... è frequente a questa età perché il tasso di estrogeni (ormoni femminili) è basso.

Le infiammazioni o le irritazioni della zona del pannolino favoriscono la presenza del problema.

LA INDIVIDUEREMO... perché, facendo il bagno alla bambina, osserviamo che la vulva ha una forma irregolare: i bordi si uniscono e sembra più piccola.

La pipì può avere difficoltà a uscire, perché l'orifizio da dove esce è ristretto.

LA CUREREMO... come il pediatra raccomanda:

- Curare l'igiene genitale usando saponi neutri e asciugando la zona correttamente e senza sfregare.
- Applicare, solo su prescrizione del pediatra, una crema con estrogeni, massaggiando la vulva in senso laterale.
- In alcuni casi il pediatra consiglierà di ungere con vaselina i genitali esterni.
- Fare controlli periodici per verificare l'evoluzione del problema.

DAL PEDIATRA... sempre ma senza urgenza se non osserviamo nessun altro sintomo.

ATTENZIONE!

Generalmente l'aderenza è minima, il livello degli ormoni aumenta senza bisogno di cure, e le labbra della vulva si separano da sole.

LINFONODI INFIAMMATI

SONO... un'infiammazione o un ingrossamento di uno o più linfonodi.

I linfonodi fanno parte del sistema linfatico del nostro organismo e hanno il compito di creare delle difese contro le infezioni.

Sono distribuiti in tutto il corpo, ma quelli che possiamo individuare con maggiore facilità si trovano sotto il mento, nel collo, alle ascelle e all'inguine.

LI INDIVIDUEREMO... la dimensione normale dei linfonodi è quella di un pisello.

Si ingrossano quando stanno lottando contro un'infezione, di cui magari non vediamo altri sintomi, perché stanno producendo le difese per l'organismo.

L'infiammazione di alcuni linfonodi indica la presenza di un'infezione.

Se il linfonodo non è in grado di contenere l'infezione, è possibile che compaia del pus.

LI CUREREMO... cercando di capire perché la situazione è questa. L'infiammazione dei linfonodi non si cura, dobbiamo invece controllarne la causa. In molti casi i linfonodi tornano alle loro dimensioni normali (possono impiegarci da quattro a sei settimane, ma normalmente di sfiammano prima).

DAL PEDIATRA SE...

- Il linfonodo è molto gonfio, è duro e teso o c'è pus. Anche se la dimensione del linfonodo impedisce la normale mobilità del collo o rende difficile inghiottire.
- Se la pelle che copre il linfonodo o la zona circostante è rossa o calda, e se l'infiammazione dura per più di sei settimane.
- C'è un unico linfonodo sopra la clavicola.
- Il bambino ha la febbre alta o ogni volta sta peggio.

ATTENZIONE!

I linfonodi non sono pericolosi in sé. Dovremmo preoccuparci se, in caso di infiammazione, non si attivassero.

In generale, l'infiammazione di un linfonodo isolato può essere sintomo di qualcosa di più complesso, rispetto al gonfiore di un gruppo di linfonodi.

M

MALATTIE INFETTIVE 1 (DIFTERITE, TETANO, PERTOSSE, POLIOMIELITE)

SONO... malattie causate da un'infezione dovuta a virus o batteri per le quali esistono vaccini obbligatori.

Difterite

Infezione batterica acuta e contagiosa che, normalmente, colpisce l'area del naso e la gola.

Tetano

Infezione batterica del sistema nervoso. Le spore batteriche entrano nell'organismo per contatto, attraverso le ferite aperte e sporche.

Pertosse

Infezione batterica che riguarda il sistema respiratorio.

Poliomielite

Malattia infettiva virale che ha diversi gradi di manifestazione; riguarda principalmente il sistema nervoso, che resta contagiato dall'ingestione di sostanze contaminate da questo virus.

Grazie all'alta copertura vaccinale raggiunta da anni anche in Italia, contrariamente al passato, queste malattie non rappresentano un problema di salute pubblica, benché non siano state del tutto debellate.

COME SI SVILUPPA L'INFEZIONE...

Difterite

Il periodo di incubazione è variabile e oscilla tra i due e i quattro giorni.

Nella prima fase, il bambino mostra sintomi di catarro, influenza o altri disturbi alla gola, come mal di testa, febbre e infiammazione dei gangli linfatici del collo.

Quando il batterio avanza, la sua tossina produce uno strato che ricopre la superficie interna del naso e della gola. È uno strato di materiale grigiastro che rende difficoltoso respirare e inghiottire.

Altri sintomi sono la visione doppia, difficoltà a parlare e anche sintomi di uno shock imminente.

Tetano

Il periodo di incubazione va da tre a ventuno giorni.

Il batterio del tetano impedisce la capacità di aprire la bocca a causa della contrazione dei muscoli della mandibola, così come del resto della muscolatura facciale. Ci sono spasmi nella muscolatura del collo, della schiena, dell'addome, che possono essere dolorosi e rendere difficile la respirazione.

Pertosse

Il periodo di incubazione è di circa sei giorni.

Nel primo stadio dell'infezione, il bambino ha tosse secca e violenta, che compare soprattutto di notte. Ha febbre e gocciola dal naso.

Nel secondo stadio, che può durare tra le otto e le dodici settimane, gli accessi di tosse secca si presentano per tutta la giornata.

Inoltre, ha degli attacchi di tosse e l'aria entra con un rumore secco e un soffio. Il bambino può vomitare a causa della tosse e respirare con molta difficoltà.

Poliomielite

Si manifesta in tre modi:

- La poliomielite in forma abortiva, che è lieve e presenta i medesimi sintomi dell'influenza.
- La poliomielite non paralitica, che si associa alla meningite asettica e presenta sintomi neurologici, come la sensibilità alla luce.
- La poliomielite paralitica, che interessa soltanto l'1-2 per cento dei casi e causa paralisi muscolare.

LE CUREREMO... somministrando del paracetamolo per il mal di testa o di gola e molti liquidi. Tuttavia, si devono assolutamente seguire le seguenti prescrizioni mediche:

Difterite

È importante mantenere il bambino isolato per evitare il contagio e somministrare i farmaci (antitossina e antibiotico) prescritti dal medico.

Tetano

Trattamento sotto controllo medico. La cura migliore è la prevenzione grazie alla vaccinazione. Avere già sofferto della malattia non assicura però un'immunizzazione permanente.

Pertosse

Il medico prescriverà degli antibiotici. Probabilmente prescriverà che anche i fratelli li assumano per prevenire il contagio.

Poliomielite

Poiché oggi è poco frequente, è necessario recarsi dal medico per la diagnosi e la cura.

DAL PEDIATRA SE... il bambino mostra uno dei sintomi di queste malattie, perché è necessaria una diagnosi corretta e il trattamento adeguato. In molti casi, una diagnosi precoce facilita il trattamento e la cura.

Con urgenza

In caso di *pertosse* se il bambino ha meno di sei mesi e vomita quando tossisce e la tosse dura per più di una settimana oppure se il bambino ha la lingua o le labbra livide durante gli attacchi di tosse.

ATTENZIONE!

È importantissimo vaccinare il bambino per evitare infezioni e complicazioni a livello individuale e sociale.

MALATTIE INFETTIVE 2 (MORBILLO, PAROTITE, ROSOLIA, VARICELLA)

SONO... malattie prodotte da un'infezione causata da virus o batteri, per le quali in Italia resistono vaccini altamente raccomandati.

Morbillo

Malattia infettiva causata da un virus (*paramixovirus*).

Parotite

Infezione virale lieve con febbre e rigonfiamento di una o entrambe le ghiandole salivari (ghiandole parotidee).

Rosolia

Malattia infettiva causata da un virus che si trasmette attraverso le secrezioni nasali delle persone che ne soffrono. Esiste il vaccino.

Varicella

Malattia infettiva causata da un herpesvirus (varicella zoster). È caratterizzata dalla comparsa di vesciche che evolvono prudendo moltissimo. Esiste il vaccino.

Grazie all'alta copertura di vaccinazioni raggiunta anche in Italia oggi, contrariamente al passato, queste malattie non rappresentano più un problema di salute pubblica.

COME SI SVILUPPA L'INFEZIONE...

Morbillo

Il periodo di incubazione varia tra i dieci e i quattordici giorni.

Nella prima fase, il bambino ha febbre, lacrimazione, tosse secca e gocciolio dal naso.

A mano a mano che l'infezione avanza, compaiono chiazze bianche all'interno della guancia.

Tre o quattro giorni dopo l'inizio del processo, si verifica un'eruzione di macchioline rosse, non rilevate e rotonde, principalmente sul viso e dietro le orecchie. L'eruzione si può estendere.

Parotite

Il periodo di incubazione varia da quattordici a ventiquattro giorni.

Nei primi giorni il bambino ha febbre, sensibilità e gonfiore a uno o ai due lati della faccia (linfonodi). Il processo di rigonfiamento può durare da quattro a otto ore, fino a quando le ghiandole si induriscono e il bambino fa fatica a inghiottire.

Ci possono essere dolori alla mandibola, causati dall'infiammazione, oltre a dolori all'orecchio e addominali. Si possono infiammare altre ghiandole.

Rosolia

Il periodo di incubazione oscilla tra le due e le quattro settimane.

I primi giorni, il bambino ha febbre e i noduli linfatici dietro al collo e alle orecchie si gonfiano.

Due o tre giorni dopo può insorgere un'eruzione cutanea di colore rosato o rosso pallido, di dimensioni diverse e che di solito non si unifica.

Non dà prurito e in genere compare sul viso e dietro le orecchie. Sparisce da sola.

Varicella

Il periodo di incubazione va da quattordici a ventuno giorni. Il periodo di contagio da uno-due giorni prima della comparsa delle lesioni e mentre sono ancora visibili le vesciche senza croste.

Uno o due giorni prima della comparsa delle vesciche, il bambino può avere febbre, inappetenza, mal di testa, mal di stomaco; questi sintomi possono durare per diversi giorni.

Dopo un paio di giorni spuntano vesciche in tutto il corpo, compreso il cuoio capelluto.

LE CUREREMO... per queste malattie ci sono i vaccini, e quindi il primo passo è la prevenzione. Tuttavia, se si resta infettati:

Morbillo

Essendo un'infezione virale, non si possono somministrare antibiotici, e quindi non resa altro da fare che aspettare. Paracetamolo per il dolore e riposo. In una decina di giorni il bambino starà meglio.

È importante ricordare che il morbillo è contagioso da quando inizia il processo catarrale fino a cinque giorni dopo che siano scomparse le lesioni cutanee.

Parotite

È un'infezione virale, quindi si deve lasciare che la malattia segua il suo corso. Possiamo somministrare del paracetamolo per il dolore.

Non è necessario restare in assoluto riposo, ma il bambino non deve andare a scuola fino a quando non ha superato la fase contagiosa.

Rosolia

Anche per questa malattia non c'è una cura specifica, quindi il bambino non deve far altro che aspettare che passi, come nei due casi precedenti. Gli si può dare del paracetamolo per alleviare il dolore.

È contagiosa da una settimana prima della comparsa dell'eruzione fino a quattro giorni dopo la scomparsa, e quindi si raccomanda di restare lontani da altri bambini e dalle donne in stato di gravidanza.

Varicella

La cura dei sintomi si effettua con paracetamolo se c'è febbre, antistaminici, antisettici sulle vesciche o le vescicole. In caso di complicazioni, il pediatra può prescrivere degli antivirali.

DAL PEDIATRA SE... il bambino mostra uno dei sintomi di queste malattie, perché è necessaria una diagnosi corretta da parte del medico.

Con urgenza.

In caso di *parotite* (o orecchioni), se il bambino ha molta febbre, vomito o dolore addominale persistente. È importante anche rivolgersi al pediatra o al pronto soccorso se il mal di testa è molto forte nonostante il paracetamolo o se ci sono dolore e gonfiore ai testicoli.

Nel caso della *rosolia*, se il bambino ha un'eruzione con puntini rossi che non impallidiscono quando si premono, o se ha mal di testa acuto e/o vomito.

In caso di *varicella*, se la febbre persiste per molti giorni, le lesioni hanno un brutto aspetto, presenta un malessere generale.

ATTENZIONE!

Gli adolescenti con la parotite possono avere un'infiammazione ai testicoli, e quindi è importante che un medico controlli tutto il processo infettivo.

La rosolia può essere pericolosa per le donne gravide che non sono state vaccinate, perché può avere conseguenze sul feto.

Nella varicella non si deve MAI somministrare acido acetilsalicilico perché potrebbe produrre una malattia molto grave (Sindrome di Reye).

MAL DI MONTAGNA

LO INDIVIDUEREMO... perché il bambino ha mal di testa, nausea, affanno intenso, sensazione di avere le gambe "tagliate", vertigini e sonnolenza.

LA CAUSA... l'abbassamento della pressione dell'ossigeno nel sangue quando si sale a più di 3000 o 3500 metri.

LO CUREREMO... scendendo immediatamente d'altitudine. Se ciò non è possibile, dobbiamo tenere il bambino al caldo.

DAL PEDIATRA SE... la febbre alta causata dall'insolazione non si abbassa dopo aver somministrato un antipiretico o resta alta per ventiquattro-quarantotto ore.

ATTENZIONE!

I bambini di età inferiore ai dieci anni non devono superare i 2000 metri di altitudine, e i minori di quattordici non devono superare i 2500 metri.

Molti degli incidenti che si verificano in montagna sono causati da calzature o indumenti inadeguati, così come dalla mancata conoscenza del terreno. È fondamentale conoscere la zona e andare in montagna ben equipaggiati.

MAL DI SCHIENA

È... il disturbo intermittente localizzato nella zona cervicale, dorsale o lombare della schiena, così come nella parte delle spalle.

LO INDIVIDUEREMO... perché il bambino sente un dolore al collo, alle spalle, alla schiena, o perché lo vediamo teso e rigido.

POSSIBILI CAUSE... possono essere cattive abitudini posturali a provocare contratture o infiammazioni muscolari.

Può trattarsi anche di una malformazione della colonna vertebrale, aggravata dalle posture scorrette.

LO CUREREMO... con antinfiammatori per il dolore quando si presenta e insegnando delle buone abitudini posturali.

ALCUNI SUGGERIMENTI

La scelta di un buon materasso e di un buon guanciale aiuta ad alleviare la schiena di notte ed evita molti dolori posturali.

Anche imparare a sedersi ad angolo retto, con i piedi appoggiati a terra per riposare il peso (se nostro figlio non arriva con i piedi a terra, possiamo procurargli un posapiedi) aiuta a prevenire dolori o lesioni alla schiena.

Quando il bambino studia, è importante che le braccia siano ben appoggiate al tavolo per evitare la tensione alle spalle.

È importante che lo zaino di scuola poggi su entrambe le spalle e non sulle natiche.

DAL PEDIATRA SE... il mal di schiena è ricorrente o se riteniamo che possa trattarsi di una malformazione della colonna vertebrale.

MAL DI TESTA

È... il nome con il quale conosciamo il dolore alla tempia, alla fronte o alla testa in generale.

POSSIBILI CAUSE... certe infezioni, che tra i loro sintomi possono avere anche il mal di testa.

A volte anche la fame o la disidratazione possono provocare mal di testa.

Se è occasionale, non ci sono altri sintomi e lo stato generale del bimbo è buono, possiamo somministrargli degli analgesici in dosi adeguate; nella maggioranza dei casi il mal di testa sparirà senza tornare, a dimostrazione del suo carattere benigno e transitorio.

LO CUREREMO...

- Se si tratta di un mal di testa non particolarmente forte, con la somministrazione di paracetamolo o ibuprofene liquido nella dose adeguata secondo il peso e l'età del bambino, senza mai eccedere dalla dose massima permessa.
- Se si tratta di un mal di testa causato da qualche altro problema o da una infezione, seguiremo le istruzioni del medico.
- Se è un mal di testa tensivo, si deve insegnare al bambino a respirare e a rilassarsi.
- Se il mal di testa è acuto e con febbre, è importante abbassare la temperatura per far diminuire il dolore, come spieghiamo nella scheda relativa alla febbre.

DAL PEDIATRA SE... ci possono essere altre cause del mal di testa che meritano un approfondimento in modo più o meno urgente:

- Se il mal di testa non è accompagnato da altri sintomi, ma il bambino è ansioso: potrebbe trattarsi di un mal di testa tensivo.
- Se il mal di testa è ricorrente e si presenta soprattutto di notte o la mattina presto: può essere dovuto a un aumento della pressione arteriosa.
- Se il mal di testa si presenta dopo aver letto o scritto può essere dovuto a qualche problema oculare o visivo.
- Se il mal di testa è accompagnato da dolore addominale, nausea, flash di luce, può essere emicrania.
- Se il dolore è acuto e si presenta in episodi ricorrenti o prolungati nel tempo.
- Se il dolore è accompagnato da altri sintomi che possono indicare infezione o un altro tipo di problema.
- Se il dolore può essere dovuto a tensione o a un aumento della pressione arteriosa ed è frequente.

Con urgenza

Se il dolore parte con un grande malessere generalizzato e c'è vomito, se il bambino ha il collo rigido, è sonnolento, ha febbre e/o macchie rosse che non scompaiono esercitandovi sopra una lieve pressione.

ATTENZIONE!

Se il bimbo ha subito un colpo alla testa e lamenta dolore o notiamo qualche gonfiore, è importante portarlo al pronto soccorso per una visita.

Consultiamo l'oculista se il mal di testa si verifica dopo che ha letto o dopo che ha visto la televisione.

M

MIOPIA E ASTIGMATISMO

SONO... problemi di focalizzazione della vista.

- Nella *miopia*, la luce entra nell'occhio e non si focalizza sulla retina, ma dietro, e impedisce di vedere bene da lontano.
- Nell'*astigmatismo*, la cornea, ossia il tessuto trasparente che copre la parte anteriore dell'occhio, e il cristallino sono curvati in modo anormale, e quindi la visione è annebbiata.

LI INDIVIDUEREMO...

- Perché il bambino si siede troppo vicino al televisione.
- Perché in classe si lamenta con l'insegnante di non vedere bene quello che è scritto alla lavagna ed ha nausea o mal di testa.
- Perché si lamenta di vedere tutto annebbiato, soprattutto gli oggetti lontani.

LI CUREREMO... con la correzione della vista grazie agli occhiali.

DALLO SPECIALISTA SE... una visita dall'oculista per diagnosticare il problema e porvi rimedio.

MUGHETTO (MICOSI IN BOCCA O CANDIDOSI)

È... un'infezione causata da un fungo, *Candida albicans*, che cresce con facilità nella zona orale una volta che si è stati contagiati. La reazione cutanea si manifesta all'interno e attorno alla bocca.

Questo fungo di solito si localizza nell'intestino e nella vagina della madre. Il mughetto o candidosi possono comparire anche per un'irritazione della bocca dopo una suzione prolungata.

Ne possono soffrire sia i neonati alimentati al seno sia quelli allattati al biberon.

LO INDIVIDUEREMO... perché il bambino avrà all'interno della bocca e anche sulla lingua delle placche bianche irregolari.

Può accadere che, a causa dell'infezione, il bimbo rifiuti di mangiare o faccia molta fatica a inghiottire.

LO CUREREMO... il pediatra prescriverà una pomata da applicare all'interno della bocca con una garza, dopo aver dato da mangiare al bebè.

Se il piccolo è allattato al seno, è importante applicare la pomata anche sulle zone irritate del capezzolo.

Si devono sterilizzare bene il biberon e gli utensili che si usano per prepararlo.

Elimineremo il ciuccio per evitare che il bebè succhi troppo a lungo.

DAL PEDIATRA SE... il bambino ha la febbre alta (oltre i 38 °C) senza una causa apparente o se l'infezione non migliora (o anche peggiora) nonostante il trattamento.

ATTENZIONE!

Non è contagioso.

I bambini che hanno l'infezione per questo tipo di funghi possono presentare una dermatite nella zona del pannolino. In questi casi si raccomanda di applicare sulla zona interessata la stessa pomata che si usa per la bocca.

N

NAUSEA

È... uno stato in cui proviamo vertigini, perdiamo l'equilibrio e ci gira la testa, come se perdessimo il controllo e fossimo sul punto di cadere a terra.

Si manifesta quando al cervello non arriva sangue sufficiente.

POSSIBILI CAUSE... la sensazione di nausea può presentarsi con diversi quadri sintomatici:

- Un abbassamento di pressione arteriosa o di zuccheri nel sangue perché il bambino non ha mangiato quando era necessario o perché è sottoposto a stress o a problemi emotivi.
- Una labirintite, ossia un'infezione virale dell'orecchio interno che fa sì che il bambino abbia l'impressione che tutto gli giri attorno.
- Può essere conseguenza dell'influenza o del raffreddore.
- Può essere un sintomo di qualche altra malattia o di episodi di crisi di assenza o attacchi epilettici (vedere la scheda).
- Si possono avere delle nausee anche durante attacchi di vertigini posturali, in seguito a un improvviso cambiamento di posizione, specie della testa; le nausee sono più frequenti durante i viaggi.

LA ALLEVIEREMO... evitando i bruschi cambiamenti di postura.

Se è un attacco di vertigini, il bambino deve mettersi tranquillo e rilassarsi.

DAL PEDIATRA SE... il bambino ha nausea o sviene abitualmente o se le nausee durano per più di dieci minuti.

Con urgenza

- Se il bambino perde coscienza e non la recupera in circa tre minuti o se la respirazione è alterata.
- Se c'è dolore addominale, vomito, convulsioni o palpitazioni cardiache.
- Se il bambino è in cura per il diabete e si sente svenire, perché potrebbe trattarsi di una crisi ipoglicemia acuta, che deve essere immediatamente controllata.
- Se il bambino sente nausea e ha subito un trauma alla testa.
- Se la nausea è associata a un episodio di epilessia.

NEI

SONO... piccole macchie permanenti della pelle, scure e rotonde, causate da un accumulo di pigmento. Possono presentare dei piccoli peli.

LI CUREREMO... NON si devono curare, né grattare né cercare di toglierli a meno che non lo faccia uno specialista.

DAL PEDIATRA SE... cambiano d'aspetto, prudono, presentano contorni irregolari o sono di colore rossiccio o bluastro.

ATTENZIONE!

È importante controllare le dimensioni e la forma dei nei, perché possono indicare la presenza di un problema cutaneo.

Si raccomanda la rimozione da parte di uno specialista quando si trovano in una zona a rischio (sfregamento eccessivo o contatto costante con il suolo), se hanno intorno delle zone rossicce, se fanno male o prudono...

O

OTITE

È... l'infiammazione dell'orecchio esterno o medio causate, la maggior parte delle volte, da infezioni della parte superiore dell'apparato respiratorio, come un normale raffreddore, faringite, tonsillite o altre.

L'orecchio medio è connesso con la gola mediante la tromba di Eustachio. Per questo le infezioni batteriche in molti casi raggiungono l'orecchio.

LA INDIVIDUEREMO... perché il bimbo ha male all'orecchio, ha la febbre e si tocca molto l'orecchio.

È possibile che si svegli di notte piangendo per il dolore. A volte questi sintomi sono accompagnati dal vomito.

A seconda del grado di infezione, il bambino può avere delle secrezioni. L'orecchio non riesce a drenarle da solo perché la tromba di Eustachio è bloccata.

LA CUREREMO... il pediatra può ritenere necessario prescrivere antibiotici per sradicare l'infezione batterica. *Se l'infezione è virale, gli antibiotici non servono.*

Il paracetamolo e l'ibuprofene allevieranno la febbre e il male all'orecchio.

Si raccomanda di coricare il bambino con l'orecchio colpito verso il basso, per facilitarne il drenaggio.

DAL PEDIATRA SE... il dolore e la febbre non diminuiscono nel giro di qualche giorno, nonostante le cure.

Con urgenza

Se il bimbo è piccolo e il dolore è acuto.

ATTENZIONE!

La secrezione può continuare dopo aver curato l'infezione.

Ci sono bambini che non si lamentano per il male all'orecchio fino a quando l'infezione non è avanzata. Per questo, se il bambino si tocca molto l'orecchio, sarà molto importante controllare l'udito.

P

PARASSITI INTESTINALI

SONO... organismi parassitari che vivono a nostre spese. I più comuni sono gli *ossiuri*, piccoli vermi lunghi meno di un centimetro che depongono le uova nella zona anale. È comune anche la *giardia lamblia*, un protozoo che vive nell'intestino. La giardiasi è una malattia che deriva dall'ingestione di cibo o acqua contaminati dal batterio. Gli *ascari* sono vermi cilindrici che si installano nell'apparato digerente.

LI INDIVIDUEREMO... se il bambino ha gli ossiuri, proverà un forte prurito nella zona anale e perianale, soprattutto di notte. Se si gratta, può svilupparsi una dermatite nella zona perianale. A volte si possono scorgere questi piccoli lombrichi nelle feci del bimbo e ai bordi dell'ano; si vedranno delle specie di fili da cucire bianchi che si muovono.

Il bimbo che ha la ascaridiasi non presenta sintomi visibili, anche se è possibile che soffra di dolori addominali, tosse, un po' di febbre o una leggera eruzione cutanea.

I bambini con la giardiasi possono lamentare dolore addominale e attacchi di diarrea. Le feci possono essere chiare e avere un odore fortemente sgradevole. È anche possibile che il bambino non presenti sintomi.

LI CUREREMO... con farmaci specifici per ogni parassita, su prescrizione medica.

Esistono antiparassitari e altre classi di medicinali specifici per sradicare il problema. Devono essere somministrati *sempre* secondo le indicazioni del medico.

Nel caso degli ossiuri, il trattamento dovrà essere seguito da tutta la famiglia.

È importante disinfettare bene le mani e le unghie, gli indumenti, le lenzuola e gli oggetti da bagno del bambino.

DAL PEDIATRA SE... il bambino ha prurito alla zona perianale o soffre di diarrea intensa per più di due giorni.

PIANTO E SPASMI CON SINGHIOZZO

SONO... una pausa nella respirazione del bambino nel mezzo di un accesso di rabbia con pianto. I singhiozzi sono gli spasmi del corpo e la respirazione rumorosa che si accompagnano al pianto del bebè. Si presentano nei bambini a partire dai due mesi e smettono verso i tre anni. Si verificano nel quattro-cinque per cento dei bambini.

UNA OSSERVAZIONE... se ne distinguono due tipi:

- *Cianotico*: è il più frequente, si verifica in seguito a una reazione di frustrazione, dolore e ira, e consiste in un accesso di pianto molto forte con espirazione lunga e apnea improvvisa al termine dell'espirazione.
- *Pallido*: si verifica nei bambini più grandicelli quando, dopo uno spavento o un trauma lieve, emettono un grido e si scatena una reazione vagale con bradicardia e diminuzione del flusso sanguigno cerebrale, perdita di coscienza, ipotonia e pallore intenso.

Verso i cinque anni, questi episodi spariscono, anche se possono ripetersi per alcuni anni ancora, senza che gli dobbiamo attribuire importanza.

LI INDIVIDUEREMO... il bambino piange e singhiozza per un sentimento di frustrazione, rabbia o paura, e a un dato momento smette di respirare. Nonostante l'episodio sia breve, la pelle può diventare cianotica e il bebè può perdere coscienza o muoversi compulsivamente. Riprenderà spontaneamente la respirazione, senza interventi da parte nostra.

LI ALLEVIEREMO... innanzitutto mantenendo la calma. Culleremo il bambino perché smetta di piangere. È preferibile sdraiarlo sulla schiena perché il flusso del sangue e la respirazione si normalizzino.

DAL PEDIATRA SE... gli episodi si ripetono o nostro figlio ne soffre prima dei sei mesi o dopo i sette anni.

ATTENZIONE!

Questi episodi sono involontari, ma a una certa età il bambino può servirsene per richiamare l'attenzione. La situazione non è grave; basta fargli capire che il gioco non riesce.

Gli spasmi del pianto fanno molta scena, ma non sono associati a nessuna malattia. Quindi non dobbiamo essere iperprotettivi verso i bambini che li manifestano.

PIEDE D'ATLETA

È... una sintomatologia che si manifesta quando i funghi infettano la pelle tra le dita e la pianta dei piedi. Questi funghi prosperano nell'umidità, e quindi per loro i piedi sono la zona ideale. Si trasmettono per contagio diretto con un'altra persona che li ha o con superfici umide.

LO INDIVIDUEREMO... perché compare un'eruzione rossiccia e squamosa, di solito tra le dita dei piedi, anche se può estendersi a tutta la pianta. Prude, fa male e ha un cattivo odore.

LO CUREREMO... migliorando l'igiene. Dopo aver lavato i piedi, si devono asciugare con la massima cura, soprattutto tra le dita. Per qualche tempo stenderemo uno strato di pomata prescritta dal medico. È meglio tenere spesso il piede nudo all'aria.

DAL PEDIATRA SE... l'eruzione si estende molto oltre le dita e la pianta dei piedi o se si infiamma ed esce del pus. Se non migliora in seguito a una settimana di trattamento.

ATTENZIONE!

Le scarpe chiuse o calzature che fanno sudare molto il piede sono l'ambiente ideale per la proliferazione di questi funghi.

Nelle piscine e nelle docce pubbliche si devono usare i sandali.

Non è un'infezione molto contagiosa, tanto che il bambino può condurre una vita normale. Deve semplicemente tenere i piedi ben asciutti.

PIDOCCHI (PEDICULOSI)

SONO... piccoli insetti, piatti e senza ali. Possono infestare il cuoio capelluto umano, alimentandosi del sangue. Gli adulti depongono le uova (lendini) alla radice del capello, al quale si attaccano per maturare.

LI INDIVIDUEREMO... perché il bambino si gratta la testa. Esaminando il cuoio capelluto del bambino è possibile scorgere dei puntini rossi (morsicature) e piccole uova bianche (lendini) alla base del capello e attaccate al fusto.

LI CUREREMO... Applicando uno shampoo e una lozione antipidocchi raccomandati dal medico.

- Si devono seguire le istruzioni indicate sul foglietto delle istruzioni.

- Utilizzare un pettine speciale per lendini aiuta a staccarle.
- È importante lavare spazzole e pettini con acqua calda per eliminare qualsiasi lendine che possa essere rimasta attaccata.
- Si devono avvertire gli insegnanti perché gli altri genitori mettano in atto la prevenzione sui loro bambini.

DAL PEDIATRA SE... il bambino ha meno di due anni o soffre di qualche allergia o di asma, se il trattamento non funziona nel periodo indicato, perché forse è necessaria un'altra profilassi.

ATTENZIONE!

Avere i pidocchi non ha nulla a che vedere con la mancanza di igiene; a dire il vero, i pidocchi preferiscono le capigliature pulite.

I bambini si contagiano a scuola, con i loro cappelli, sciarpe, o semplicemente giocando insieme.

PIEDI PIATTI E PIEDI CAVI

SONO... anomalie nella forma dell'arco del piede. Nel piede normale, l'arco del piede serve perché soltanto certe parti dell'arto poggiano a terra.

Nel piede piatto, l'arco è molto poco accentuato o inesistente e quasi tutta la pianta del piede tocca terra. Spesso esiste un'alterazione nell'allineamento del calcagno.

Il piede cavo presenta un arco del piede esagerato; l'aumento della concavità è tale che l'appoggio del piede a terra avviene in zone più limitate del dovuto. A volte le dita sono a forma di artiglio.

L'arco del piede del bambino si sviluppa nei primi dieci anni di vita. Tutti i bambini nei primi anni hanno i piedi piatti, è normale. Se a partire dai sei anni il piede continua ad avere l'arco, possiamo affermare che il piccolo ha i piedi piatti.

I bambini con i piedi piatti di solito non provano dolore, anche se in seguito a un'attività fisica o all'uso di calzature inadeguate possono sentire fastidio.

I piedi piatti rigidi possono comportare deformità o diminuzione della mobilità e/o dolore al piede.

I piedi cavi non fanno male, anche se col tempo possono comparire callosità in alcune parti della pianta che toccano sempre a terra.

LI CUREREMO... secondo la gravità dell'anomalia e seguendo le indicazioni dello specialista. Se non ci sono sintomi gravi, si deve prevenire il dolore evitando il sovrappeso e utilizzando una scarpa adeguata. Se fa male, si raccomanda l'uso dei plantari.

Si deve prestare molta attenzione al piede quando si cammina, e inoltre non stare molto in piedi né camminare su terreni irregolari.

Se l'anomalia è frutto di una malattia, il pediatra ci spiegherà quali provvedimenti dobbiamo adottare.

DALLO SPECIALISTA SE...

- Il pediatra, durante le visite periodiche, nota che il bambino presenta una malformazione del piede, consiglierà una vista specialistica.
- Se il dolore al piede è persistente o la postura sbagliata del piede causa dolore alle ginocchia o alla schiena.
- Se ci sono callosità.

ATTENZIONE!

In questi casi è importante scegliere bene le calzature; delle scarpe inadeguate possono causare deformità dolorose. La suola deve essere di cuoio e flessibile; la punta deve essere larga e comoda, e non devono essere rigide alle caviglie.

POLMONITE

È... un'infiammazione dei polmoni causata da un'infezione virale o batterica.

A volte compare come una complicazione derivata da infezioni dell'apparato respiratorio superiore, come l'influenza o i normali raffreddori.

Anche l'infezione da pneumococco può causare la polmonite.

LA INDIVIDUEREMO... i sintomi al principio sono gli stessi di un normale raffreddore. Il bambino ha tosse, che nel caso dei bambini più grandi può produrre catarro giallastro, verdastro o rossastro. Respira con difficoltà e a volte si sentono dei sibili; ha la febbre, mal di testa e male al petto, vomito e diarrea.

Quando la polmonite è acuta, le labbra e la lingua possono essere livide o paonazze, il bambino non mangia e ha molto sonno.

LA CUREREMO... a seconda della gravità e dell'origine della malattia.

- Se è batterica, si può curare con antibiotici.
- Se non è grave, il bimbo può trascorrere in casa il periodo di cure. Oltre a seguire le indicazioni del medico, allevieremo i sintomi dandogli da bere molti liquidi e cibi caldi, mantenendo le stanze calde e ben ventilate, e somministrando paracetamolo se ha la febbre alta o se lamenta mal di testa.
- Se è grave, il bambino sarà ricoverato in ospedale per qualche giorno per assicurargli le cure adeguate.

DAL PEDIATRA SE... il bimbo ha una malattia o un'infezione respiratoria che non migliorano o peggiorano o ha difficoltà respiratorie.

Con urgenza

- Se, quando si corica, respira in modo accelerato.
- Se la tosse e la febbre si prolungano per molti giorni.
- Se ha labbra e lingua livide, è sonnolento, non vuole mangiare.

ATTENZIONE!

I sedativi della tosse possono impedire che il muco venga espulso con la tosse. La tosse, in genere e soprattutto se è grassa, non è un nemico: aiuta a mobilitare il muco, che quindi si reinfetta più difficilmente. I farmaci contro la tosse devono essere somministrati soltanto su prescrizione del medico.

PUBERTÀ PRECOCE O TARDIVA

È... il verificarsi dello sviluppo sessuale a un'età differente da quella considerata normale.

Si parla di pubertà precoce quando lo sviluppo inizia a un'età inferiore a quella prevista. Nel caso dei maschietti si considera precoce a nove anni, per le femmine, prima degli otto anni. La pubertà precoce è più comune nelle bambine che nei bambini.

La pubertà tardiva è un ritardo dello sviluppo sessuale. Si considera un ritardo a partire dai tredici anni per le femmine e, nei maschi, a partire dai quattordici anni.

Pubertà precoce

Nel caso delle bambine, perché il seno e il pelo pubico compaiono prima degli otto anni.

Nel caso dei bambini, perché le dimensioni dei testicoli e/o del pene aumentano e compare il pelo pubico prima dei nove anni.

Perché crescono di statura prima degli altri coetanei.

Pubertà tardiva

Nel caso delle bambine quando a tredici anni non hanno seno né pelo pubico.

Nel caso dei maschi quando a quattordici anni non mostrano nessun segno di sviluppo sessuale.

LA CUREREMO... seguendo le indicazioni mediche, tenendo presente quali sono le cause dell'anticipo o del ritardo dello sviluppo.

Nel caso della pubertà precoce, si possono somministrare cure specifiche per frenare la produzione eccessiva di ormoni.

Nella pubertà tardiva, si possono somministrare ormoni per accelerare il processo di sviluppo.

DAL PEDIATRA SE... la bambina non ha le mestruazioni cinque anni dopo che le sia cresciuto il seno o se non sono comparse quando arriva ai sedici anni.

ATTENZIONE!

Le sfasature della pubertà non sono problemi gravi, ma dobbiamo tenere presente che possono implicare un rifiuto da parte dei compagni di classe e provocare un malessere emotivo e psicologico nel bambino e nella bambina.

PUNTURA D'APE

È... il gonfiore rosso e doloroso che compare dopo che l'ape ha inserito il pungiglione sul quale si trova una piccola sacca di veleno. La puntura di solito solleva la pelle formando un nodulino rosso con un punto bianco al centro.

OSSERVEREMO... la zona, gonfia, può far male per un paio d'ore, ma è importante prestare attenzione all'evoluzione della puntura nelle ventiquattr'ore seguenti, perché può comparire una reazione allergica al veleno. La reazione può presentarsi anche con una seconda puntura d'ape. Riconosceremo l'allergia perché il bambino si sente male, ha la pelle piena di bozzi rossi e infiammati, non respira non deglutisce e ha palpitazioni.

LA ALLEVIEREMO... se individuiamo un punto scuro al centro della puntura, si tratta del pungiglione che è rimasto all'interno. Dopo averlo estratto con delle pinzette o un ago sterilizzati, laveremo la puntura ogni quindici minuti con un batuffolo di cotone impregnato con bicarbonato o, se non lo abbiamo a disposizione, con un cubetto di ghiaccio.

DAL PEDIATRA SE... non riusciamo a estrarre il pungiglione dalla pelle, il gonfiore aumenta dopo che sono trascorse ventiquattr'ore o se l'infiammazione per una puntura sulla mano o sul piede si estende ad altre zone del corpo.

Con urgenza

- Quando c'è una sensibilità estrema al veleno di una o più punture: il bambino si sente soffocare o non riesce a inghiottire, ha prurito e rigonfiamenti sulla pelle.
- Se sappiamo che nostro figlio è allergico alle punture di insetti.
- Se lo hanno punto più di dieci api.

ATTENZIONE!

La puntura di una vespa non implica estrazione, perché questa ha un pungiglione retrattile.

È particolarmente importante che inculchiamo ai nostri figli il rispetto per gli animali. Toccare o stuzzicare un insetto impaurito può far sì che questo si difenda. Le api e le vespe pungono soprattutto sulle mani e sui piedi, e quindi i bambini devono imparare a non schiacciare certi animali e a non camminare a piedi nudi dove si possono trovare degli insetti e altri animaletti.

R

RESPIRAZIONE DIFFICOLTOSA

È... la difficoltà o l'incapacità del bambino di respirare con il naso.

POSSIBILI CAUSE... sono le *cause costituzionali*: ipertrofia delle tonsille o delle adenoidi (tonsille o adenoidi grandi), un palato che gli impedisce di chiudere correttamente la bocca, la deviazione del setto nasale, una struttura cranio-facciale che comporta una difficoltà del passaggio dell'aria dal naso...

Le *cause ambientali* più frequenti sono una suzione prolungata (sia per nutrirsi, sia per l'uso del ciuccio o perché si succhia il dito).

UNA OSSERVAZIONE... Il fatto che l'aria passi dalla bocca e non venga filtrata correttamente dal naso può creare una maggiore tendenza a soffrire di tonsillite o di altre infezioni all'appartato respiratorio superiore, così come di sinusite o otite.

Un bambino che a cinque o sei anni continua a respirare esclusivamente con la bocca può avere delle difficoltà anche per dormire, uno sviluppo diverso della bocca, problemi di udito, problemi posturali perché non dorme correttamente.

LO INDIVIDUEREMO... perché il bimbo dorme con la bocca aperta e respira soltanto con la bocca.

LO EVITEREMO... se abituiamo il bambino a respirare con il naso, eventualmente attraverso degli esercizi insegnati da uno specialista.

DAL PEDIATRA SE... riteniamo che nostro figlio possa avere dei problemi a respirare con il naso. Potrebbe essere necessario un semplice intervento chirurgico.

ATTENZIONE!

La respirazione con la bocca prolungata può condurre a problemi più gravi sia a livello cardiaco, sia a livello digestivo.

S

SANGUE DAL NASO (EPISTASSI)

È... un fenomeno che si verifica quando una piccola vena o un capillare all'interno delle fosse nasali si rompe e lascia fluire del sangue. Può essere dovuto al fatto che il bambino si soffia il naso di continuo e con violenza, per un raffreddore o altre malattie respiratorie. Si può verificare anche dopo una botta, perché il bambino si mette le dita nel naso o perché un oggetto lo ha graffiato all'interno. In ogni modo, nella prima infanzia si verifica con frequenza senza che ci sia una causa evidente. In genere provoca molto spavento ma non è grave.

LO CUREREMO... facendo sedere il bambino con la testa china in avanti e magari con un recipiente sotto, se dovesse uscire un po' di sangue. Premeremo sulla parte morbida del naso (fino al punto in cui inizia l'osso) con le dita, fino a quando non cessa l'emorragia. Nel frattempo il bambino deve respirare con la bocca.

NON si deve introdurre nulla nelle fosse nasali per fermare l'emorragia.

NON deve chinare la testa all'indietro.

Dopo aver sanguinato, non si deve permettere che il bambino si soffi il naso per almeno tre ore.

DAL PEDIATRA SE...

- L'emorragia non smette in trenta minuti e il bambino è pallido.
- Si ritiene che ci possa essere un oggetto estraneo all'interno del naso del bimbo.

- Il bambino sanguina abitualmente dal naso e l'emorragia non smette rapidamente o se il bambino sanguina dal naso senza un motivo apparente.

SCARLATTINA

È... una malattia contagiosa causata dal batterio streptococco del gruppo A. Un tempo era molto comune, ma ora, con la comparsa degli antibiotici specifici, si tiene sotto controllo. Il periodo di incubazione va da due a quattro giorni.

LA INDIVIDUEREMO... perché le guance del bambino sono di colore rosato o rossastro e c'è una zona più pallida intorno alla bocca; sulla pelle compare un'eruzione e la cute è ruvida. Inoltre si verificano altri sintomi-

- L'eruzione cutanea, che si manifesta con puntini rossi, si estende al petto, alla nuca e, in alcuni casi, anche in altre parti del corpo.
- Possono esserci febbre, vomito, mal di testa e di gola e anche mal di stomaco.
- Nei primi giorni di infezione la lingua presenta una patina bianca con macchie rosse che comincerà a desquamarsi.

DAL PEDIATRA SE... compaiono i primi sintomi, perché possa diagnosticare se si tratta o no di scarlattina, in modo da poterla fermare con gli antibiotici.

Con urgenza

Se la pipì è rosata, rossa o torbida, o se la febbre dura per più di quattro giorni.

ATTENZIONE!

È molto importante che il bambino assuma l'antibiotico tutti i giorni.

Nei primi tre giorni di trattamento è raccomandabile che non stia con altri bambini.

È soltanto lo stato del bambino a determinare se possa andare a scuola oppure no, visto che una volta che la malattia è curata con gli antibiotici sparisce il rischio di contagio.

SCHEGGE E CORPI ESTRANEI SOTTO LA PELLE

SONO... oggetti estranei (schegge di legno, metallo, spine o frammenti di vetro) che penetrano nella pelle.

LE CUREREMO... in due fasi, la pulizia e l'estrazione.

Pulizia

Ogni volta che si procede all'estrazione di una scheggia o di un altro corpo estraneo incastrato nella pelle, è necessario lavare con acqua e sapone la parte di cute circostante.

Estrazione

- Prima di procedere all'estrazione si devono sterilizzare sia l'ago sia le pinzette.
- Si può utilizzare un ago per portare del tutto allo scoperto un'estremità della scheggia. Un bambino piccolo gradirà che si applichi un po' di ghiaccio, che rende la pelle insensibile all'introduzione dell'ago.
- Si deve afferrare saldamente la scheggia con le pinzette ed estrarla nella medesima direzione in cui è penetrata.
- Una scheggia orizzontale e superficiale (che si vede chiaramente) si può estrarre aprendo la pelle per la sua lunghezza e facendola uscire.
- Se si tratta di numerose schegge superficiali che non causano dolore, non è necessario estrarle, perché l'esfoliazione naturale della pelle le eliminerà.

DAL PEDIATRA SE... non riusciamo a togliere la scheggia o questa causa al bambino molto dolore, o se la parte di penetrazione del corpo estraneo si infetta.

- Se il corpo estraneo è penetrato profondamente (una scheggia nel piede), se sporge (un amo da pesca), se è la mina di una matita colorata o un frammento di vetro, o se riteniamo che nella ferita sia entrato dello sporco (sabbia, terra...).
- Se abbiamo estratto il corpo estraneo, ma c'è una ferita per la puntura e non abbiamo chiara la situazione del bambino rispetto alle vaccinazioni antitetaniche.

SCOLIOSI

È... una deformazione della spina dorsale che fa sì che la colonna vertebrale si incurvi lateralmente.

Di solito è causata da una anomalia nella struttura di una o più vertebre o da una qualche debolezza della muscolatura della schiena.

Può manifestarsi anche come conseguenza di una disuguaglianza nella lunghezza delle gambe; questa fa sì che le pelvi vadano da una parte, si inclinino e la spalla opposta si alzi. Così la colonna cerca di riequilibrare la disuguaglianza e si curva. È più frequente nelle bambine e di solito si presenta durante la crescita adolescenziale.

LA INDIVIDUEREMO... perché la colonna sembrerà arcuata, perché le pelvi si inclinano verso un lato, perché una delle spalle è più alta dell'altra e il petto è più prominente a un lato del corpo che all'altro. Il bambino che ne è soggetto tenderà a camminare ricurvo e, in questo modo, la curvatura scoliotica si accentuerà.

DAL PEDIATRA SE... osserviamo l'inarcamento, in modo che faccia gli accertamenti e stabilisca la cura.

ATTENZIONE!

Se la scoliosi viene trattata precocemente, si può controllare. Ma se non si cura la torsione può coinvolgere il torace, la colonna in generale, e causare difficoltà respiratorie e infezioni. Lo specialista deciderà se il grado di deviazione che presenta ha bisogno di cure.

SCOTTATURE SOLARI

SONO... infiammazioni della pelle (gonfiori o vesciche che bruciano e prudono) causate da una esposizione al sole prolungata o in ore nelle quali i raggi ultravioletti sono più aggressivi. Teniamo presente che i neonati e i bimbi piccoli si scottano prima perché hanno la pelle più delicata.

LE CUREREMO... porteremo il bambino in un luogo ombroso e fresco, dove gli daremo da sorseggiare dell'acqua a temperatura ambiente. Il cambiamento di temperatura corporea non deve essere improvviso.

Copriremo la scottatura con una lozione o una crema calmante ed eviteremo di vestire il piccolo, in modo che la pelle respiri.

Se il bambino lamenta mal di testa ed è molto stanco, è possibile che, oltre alle scottature cutanee, stia soffrendo per un colpo di calore. Dobbiamo abbassare la temperatura corporea con asciugamani umidi e facendogli vento.

MEGLIO PREVENIRE... con fotoprotettori. Ne esistono di due tipi:

- Filtri chimici, che assorbono le radiazioni UV, responsabili dell'eritema.
- Sostanze che fanno da schermo: essendo opache e inerti, riflettono o deviano la totalità delle radiazioni e ne impediscono l'assorbimento alla pelle.

Esistono cinque categorie di fotoprotezione con filtri chimici:

- Spf da 6 a 10: bassa.
- Spf da 15-20-25: media.
- Spf da 30-50: alta.
- Spf superiore a 50: molto alta.

La maggior parte dei fotoprotettori contiene da due a sei sostanze chimiche di solubilità variabile per ottenere una concentrazione di 20 mg/ml senza che si separino i componenti, e per proteggere con un Spf tra 15 e 30 o più alto.

Molti ritengono che un prodotto resistente all'acqua o al sudore lo sia per tutto il giorno. In realtà non è così, e dobbiamo seguire una serie di norme per il suo impiego:

- Applicare il prodotto come minimo ogni due ore.
- Riapplicarlo immediatamente ogni volta che si esce dall'acqua.

Si dovrà stendere uniformemente su tutta la superficie esposta al sole, quindici-venti minuti prima dell'esposizione. Per quanto prodotto si applichi, e per quante volte al giorno, non si avrà mai una protezione superiore a quella dichiarata sulla confezione.

Le fotoprotezioni con Spf inferiore a 10 proteggono parzialmente; diminuiscono il grado e i disturbi della scottatura solare, ma non evitano altre reazioni, come il danno al DNA e il danno proteico, e quindi non evitano nemmeno la carcinogenesi e il fotoinvecchiamento.

Attualmente la FDA (Food and Drug Administration) considera ottimo e raccomanda un Spf di 30. Gli Spf superiori non danno un beneficio importante, oltre a essere più cari. Per esempio, un Spf 30 blocca il 96,7 per cento dell'energia UV, mentre un Spf 40 ne blocca il 97,5 per cento.

DAL PEDIATRA SE... l'infiammazione è dolorosa, ha un aspetto virulento, c'è febbre o compaiono delle vesciche.

Con urgenza

Se il bambino ha un colpo di calore che non migliora quando gli si abbassa la temperatura.

ATTENZIONE!

Il modo migliore per curare le scottature solari è evitarle mediante un'esposizione al sole prudente, l'applicazione di creme protettive e l'uso di un berretto per impedire l'insolazione.

Una volta che il bambino si è scottato, è bene che non prenda il sole per almeno due giorni.

SINDROME DELLA MORTE IN CULLA (SIDS)

È... il decesso di un bambino di età inferiore all'anno, con anamnesi, esame obiettivo e valutazione *post mortem* che non rivelano una causa nota. Anche se la sua incidenza è variabile, le statistiche statunitensi descrivono una frequenza di circa 0,5/1000 nati vivi.

UNA OSSERVAZIONE il rischio di morte improvvisa è maggiore tra i due e i quattro mesi di vita del bebè e dalla mezzanotte alle nove di mattina.

È opinione che la maggioranza dei casi si verifichi mentre il bambino dorme, soprattutto se è coricato a pancia in giù.

I neonati prematuri che hanno bisogno della respirazione assistita o che pesano poco alla nascita sembrano essere più a rischio.

ALCUNI CONSIGLI...

- Coricare il bambino sul fianco o a pancia in su. Il bebè deve dormire soltanto nella sua culla.
- Offrirgli il ciuccio quando va a dormire (una volta che l'allattamento materno è avviato). Tuttavia, in caso di rifiuto, non si deve forzare il bimbo all'uso del ciuccio.

- Evitare il riscaldamento o l'aria condizionata troppo alti, perché in entrambi i casi la temperatura estrema può provocare difficoltà respiratorie e problemi nella regolazione della temperatura del bebè, che non è ancora perfetta.
- Evitare lenzuola e coperte per la culla in cui il bimbo possa restare avviluppato.
- Non usare cuscini.
- Evitare il fumo durante la gravidanza, così come fumare vicino al bebè.
- Tenere sotto controllo la condizione fisica del bimbo dopo qualsiasi malattia, fino a quando non si sia completamente ristabilito.

DAL PEDIATRA SE... ogni volta che vedete che il bimbo non sta bene. Non esistono sintomi chiari che possano indicare che il piccolo stia per avere la Sindrome della morte in culla: se abbiamo dubbi rechiamoci dal pediatra.

SINUSITE

È... l'infezione dei seni paranasali (cavità aeree dietro agli occhi e al naso che comunicano con le fosse nasali e influiscono sulla respirazione, la fonazione e l'olfatto).

LA INDIVIDUEREMO... perché il bambino secernerà un muco denso e di colore giallastro o verdastro, mentre prima era chiaro e fluido. Il bambino può anche lamentarsi di avere male alle guance, mentre muove la testa o di avere difficoltà nella respirazione, perché ha il naso chiuso. È possibile che abbia la febbre.

OSSERVEREMO...

- Se cambia il colore del muco del bimbo.
- L'interno delle fosse nasali, per vedere se c'è un corpo estraneo.

LA CUREREMO... seguendo le istruzioni del medico, che probabilmente prescriverà degli antibiotici e/o dei decongestionanti per l'infezione, se è batterica.

Si può alleviare la congestione facendogli fare dei fumenti tre volte al giorno.

Se gli fa male la testa, possiamo somministrargli del paracetamolo, secondo la sua età e il suo peso.

DAL PEDIATRA SE... il muco verdastro-giallastro dura per più di due giorni o se la sinusite è ricorrente. In questo caso potrebbe essere necessaria una diagnosi accurata dello specialista.

ATTENZIONE!

Si deve tenere presente che la sinusite può accompagnare un raffreddore o un mal di gola. I tessuti dei seni nasali sono connessi al naso e alla parte superiore della gola, e quindi le infezioni nasali e di gola possono estendersi ai seni.

La sinusite in genere non riguarda i neonati perché non hanno ancora sviluppato completamente i seni paranasali.

STITICHEZZA

È... l'evacuazione infrequente e/o difficile di feci dure e secche. Il fatto che il bambino faccia la cacca con poca frequenza non significa che soffra di stitichezza. Si deve tenere presente che la frequenza normale può variare da quattro volte al giorno a una volta ogni quattro giorni.

Come norma generale, il bambino stitico di età inferiore a un anno defeca meno di una volta al giorno; se ha tra uno e quattro anni deve farlo almeno ogni due giorni, e dopo i quattro anni almeno tre volte la settimana. Tuttavia, ci sono molte variazioni individuali.

LA INDIVIDUEREMO... perché il bambino evacua poche volte, le sue feci sono dure e secche, e potrebbe provare dolore quando va in bagno.

Nel caso in cui si tratti di stitichezza cronica, può accadere che il tappo di feci dure faccia in modo che quelle molli escano involontariamente (vedere la scheda dedicata alla encopresi). È possibile che ci sia presenza di sangue nelle feci.

POSSIBILI CAUSE...

- Nei bambini piccoli, il cambiamento di dieta o l'introduzione di nuovi alimenti.
- In quelli più grandi, una dieta povera di fibre e uno scarso apporto di liquidi.
- Una malattia con vomito e febbre può aver provocato disidratazione, altra situazione che può comportare la stitichezza.

LA CUREREMO...

- Seguendo le istruzioni del medico se la stitichezza è cronica.
- Facendo sì che il bambino beva liquidi sufficienti perché non si disidrati.
- Favorendo una dieta equilibrata e ricca di fibre, per ammorbidire le feci ed evitare in tal modo che il bambino provi dolore quando va in bagno, oltre a permettere che le lesioni anali si richiudano.

DAL PEDIATRA SE... la stitichezza dura più di una settimana o il bambino prova molto dolore quando evacua o c'è sangue nelle feci (a causa di una lesione anale) o se sospettiamo che sia una stitichezza cronica.

STRABISMO

È... un'anomalia nella direzione della messa a fuoco di uno degli occhi del bambino.

Questo difetto di parallelismo degli assi visivi causa alterazione della visione bioculare e disagi dal punto di vista psicomotorio. Nelle prime settimane di vita molti bebè muovono ciascun occhio in modo indipendente. Non è niente di grave, e dovrebbe correggersi spontaneamente a partire dai quattro-sei mesi.

LO INDIVIDUEREMO... perché uno degli occhi del bambino guarderà verso destra o verso sinistra, verso l'alto o verso il basso, a seconda del tipo di strabismo.

Nostro figlio non vede bene; la sua visione è imprecisa o doppia.

LO PROVEREMO... se mettiamo un oggetto nel suo campo visivo, quando lo mette a fuoco, uno dei due occhi devia.

LO CUREREMO... seguendo le indicazioni dell'oculista.

È possibile che sia necessario mettere una benda sull'occhio normale per obbligare l'occhio strabico a sforzarsi. Prendiamo la cosa con umorismo e fantasia, perché il bambino viva la benda con naturalezza.

Se lo strabismo è dovuto a un problema di vista, sarà necessario che porti gli occhiali.

DAL PEDIATRA SE... il bambino sviluppa uno strabismo dopo i quattro mesi di vita o se lo strabismo non scompare.

ATTENZIONE!

È importante curare lo strabismo: in caso contrario potrebbe causare la perdita di vista dell'occhio.

SVENIMENTO (SINCOPE)

È... un episodio di perdita di conoscenza e/o caduta. Queste perdite di coscienza sono in genere brevi e il recupero è completo e rapido.

Nei bambini e negli adolescenti si tratta della sincope vasovagale, e si può verificare quando non mangiano da troppo tempo, o si trovano in luoghi chiusi oppure hanno trascorso molto tempo in piedi.

Anche lo stress o la paura sono fattori che possono causare lo svenimento del bambino.

LO INDIVIDUEREMO... perché, prima di svenire, il bambino può sentirsi male, essere inquieto, irritabile. Può avere mal di testa, nausea, mani e piedi freddi. Anche il pallore è un sintomo.

LO CUREREMO... con la prevenzione.

Evitare lunghe ore di digiuno, non passare molto tempo in piedi... individuare i fattori scatenanti e aiutare il bimbo a essere più consapevole di se stesso.

Alla comparsa dei sintomi

Per prima cosa: verificare che le sue funzioni vitali siano in atto (respirazione, polso). Se non sono presenti: respirazione bocca a bocca e massaggio cardiaco. Se respira e ha polso:

- È importante che il bimbo sia seduto o sdraiato con le gambe sollevate per migliorare la circolazione sanguigna.
- A seconda delle cause degli episodi di svenimento è possibile somministrare un farmaco specifico, ma questo deve essere deciso dal medico del pronto soccorso o dal pediatra.

DAL PEDIATRA SE... il bambino sviene spesso o se in seguito allo svenimento non si sente bene. Si deve scartare l'ipotesi di un'anemia o di alterazioni della glicemia.

ATTENZIONE!

Capita spesso che esistano precedenti familiari in persone che soffrono di svenimenti. Conviene sempre accertarsene. Anche in questo caso, è importante che il bambino sia sottoposto a una visita completa per stilare una diagnosi e scartare altri tipi di malattia.

T

TIGNA

È... un'infezione causata da funghi; a seconda di dove si localizza si parla di tigna crurale o di eczema marginato di Hebra.

LA INDIVIDUEREMO... perché il bambino si gratta. Dobbiamo osservare se ha un'eruzione rossiccia, che si squama e gli prude.

Di solito compare nella parte interna delle cosce, l'inguine e lo scroto.

Può presentarsi anche nella zona del cuoio capelluto.

Se l'infezione aumenta, la zona esterna dell'eruzione si squama di più e quella interna sembra normalizzarsi.

LA CUREREMO... seguendo le indicazioni mediche.

- Applicare la pomata antimicotica e le medicazioni che sono state prescritte.
- Il bambino NON deve andare a scuola mentre perdura l'infezione.
- Quando medichiamo la zona dobbiamo lavarci accuratamente le mani, così come gli indumenti, le lenzuola e gli asciugamani, per eliminare qualsiasi possibilità di contagio.
- NON si devono utilizzare saponi aggressivi sulla zona infettata.
- NON dobbiamo permettere al bambino di grattarsi.
- Mantenere la parte infettata pulita e asciutta può migliorare l'eruzione e accelerare il processo di guarigione.
- Nel caso sia stata contratta da animali, curare anche quelli.

DAL PEDIATRA SE... riteniamo che il bambino abbia la tigna, perché è una malattia contagiosa e richiede cure immediate.

Se l'eruzione non migliora nel giro di una settimana di trattamento o se dopo un mese non è guarita del tutto.

ATTENZIONE!

La tigna non è grave in sé, ma essendo contagiosa, è importante avvertire le persone che sono state a contatto con il bambino, perché prestino attenzione a eventuali sintomi.

TIROIDE (DISFUNZIONI)

È... una piccola ghiandola situata alla base del collo, dietro al pomo d'Adamo, incaricata di secernere gli ormoni tiroidei, che regolano alcune funzioni chimiche dell'organismo, soprattutto quelle relative al metabolismo. Un cattivo funzionamento della ghiandola tiroidea può far sì che venga prodotta una quantità maggiore o minore di questo ormone, il che influisce sul consumo di energia da parte del corpo. Quando produce meno ormone del necessario si parla di *ipotiroidismo*, quando la ghiandola è troppo attiva di *ipertiroidismo*.

Ipotiroidismo

Il bambino cresce lentamente ed è molto debilitato. Perde la capacità di concentrazione, ha poca energia, è lento, ha più freddo del solito, poco appetito e costipazione; inoltre aumenta di peso. In generale, la dimensione della ghiandola tiroidea è maggiore.

Ipertiroidismo

Le funzioni dell'organismo del bambino accelerano. I suoi battiti sono più rapidi e può arrivare ad avere delle palpitazioni. È più sensibile al calore (sente caldo quando fa freddo), suda di più, è più stanco, può avere episodi di diarrea e perdita di peso.

LE CUREREMO... seguendo le indicazioni del medico.

L'*ipertiroidismo* può essere curato farmacologicamente. A seconda della gravità, può essere necessario un intervento oppure un trattamento con iodio radioattivo.

Se viene diagnosticato l'*ipotiroidismo,* sarà prescritto un farmaco da prendere per tutta la vita in modo da regolare il corretto funzionamento della tiroide.

DAL PEDIATRA SE... il bambino presenta uno dei sintomi dell'anomalia della tiroide.

Si deve portare il bimbo dal pediatra se riteniamo che possa avere un qualsiasi problema ormonale.

ATTENZIONE!

Tutti i neonati eseguono un test per verificare se soffrono di ipotiroidismo nelle prime ventiquattr'ore ore dopo la nascita, prima di uscire dall'ospedale. Se risulta che il bambino ha un'attività tiroidea inferiore al normale, lo si curerà prima che compaiano i sintomi.

Senza cure, sia l'ipotiroidismo sia l'ipertiroidismo possono comportare delle complicazioni.

TONSILLITE E PROBLEMI ALLE ADENOIDI

SONO... l'infiammazione/infezione delle tonsille a causa di un'infezione virale e/o batterica.

Le *tonsille* sono situate ai due lati della gola e sono la prima linea di difesa dell'organismo. Quando intercettano e distruggono i batteri, la gola si infiamma perché sta agendo per difendere l'organismo.

Anche le *adenoidi,* composte da tessuto linfatico, situate nella parte anteriore del condotto nasale, si possono infettare. Anche le adenoidi fanno parte della prima barriera difensiva dell'organismo.

T

LE INDIVIDUEREMO... quando il bambino lamenta mal di gola e/o dolore quando inghiotte:

- Si deve esaminare la gola. Per farlo, il bambino deve aprire la bocca e abbassare la lingua, così vedremo se le tonsille sono infiammate. Se sono arrossate e presentano dei puntini bianchi o giallastri, allora c'è un'infezione (virale o batterica).
- Si può palpare sotto il mento per vedere se i linfonodi sono infiammati (noteremo piccole protuberanze a forma di lenticchia o piccoli ceci, situati ai due lati del collo).
- Se ha febbre.
- Se lamenta mal d'orecchi.
- Nel caso delle adenoidi, l'infiammazione può causare starnuti, muco giallastro o verdastro, tosse (soprattutto quando il bambino è disteso). Il bimbo non respira bene, ha una voce nasale o anche roca, tende a respirare con la bocca aperta.

ALLEVIEREMO IL DOLORE... dandogli da bere molti liquidi, preparando cibi morbidi che non lo disturbano quando inghiotte.

DAL PEDIATRA SE... i sintomi indicano tonsillite persistente con febbre che resiste agli antipiretici e se l'infiammazione delle adenoidi non diminuisce in modo naturale, perché se persiste può causare altri problemi. Se i mal di gola sono molto frequenti.

ATTENZIONE!

È importante portare il bambino dal medico se la febbre è resistente alle cure con antipiretici, lo stato generale è compromesso, non assume liquidi, vomita in modo persistente, lamenta mal d'orecchi e ci preoccupa il suo stato di salute generale.

TOSSE

È... la contrazione o il movimento convulsivo della cavità toracica che fa sì che l'aria salga in modo rumoroso dall'apparato respiratorio.

È uno dei modi dell'organismo per tenere libere le vie respiratorie. Tuttavia, può essere sintomo di qualche malattia.

POSSIBILI CAUSE...

Sintomi	Cause
Il bambino tossisce di quando in quando, ha febbre e muco	Può essere un raffreddore, un'infezione alla gola o un'influenza (vedere le schede)
Il bambino tossisce soprattutto di notte e/o la tosse viene accompagnata da un piccolo lamento o il bambino finisce per vomitare.	Può essere pertosse
Il bambino, oltre a tossire, ha febbre e un'eruzione cutanea	Può trattarsi di parotite (vedere la scheda.
Il bambino ha attacchi di tosse senza un motivo apparente	Può essere un raffreddore, ma se è asmatico, è possibile che si tratti di un episodio di asma

LA CUREREMO... a seconda della causa della tosse.

- Se la tosse è sintomo di un'infezione batterica, il medico prescriverà un antibiotico.
- Se è una tosse provocata da un episodio di asma, si dovrà curare seguendo le indicazioni dello specialista.
- Se la tosse si rivela il sintomo di un altro tipo di malattia, seguiremo le indicazioni del medico per ciascun caso particolare.
- NON dobbiamo somministrargli un sedativo della tosse se ha tosse con catarro. I sedativi della tosse vengono prescritti solo dal medico, non da un'amica o da una vicina di casa.

T

- Se il bambino tossisce molto di notte, possiamo tenerlo un po' sollevato con dei cuscini, in modo che respiri meglio.
- Facciamolo bere molto per ammorbidire la gola e alleviare l'irritazione.

DAL PEDIATRA SE... sospettiamo che la tosse sia un sintomo di un altro tipo di malattia.

Se la tosse non migliora in tre o quattro giorni o se è così persistente che il bambino non riesce a dormire di notte.

Con urgenza

- Se la tosse è molto aspra o rende difficile respirare o causa una respirazione accelerata che sfinisce il bambino.
- Se ha la lingua e le labbra color violaceo.
- Se sembra che si soffochi quando tossisce o produce dei rumori strani.
- Se la tosse ha origine da uno strozzamento e non siamo in grado di estrarre l'oggetto che ostruisce il passaggio dell'aria.

ATTENZIONE!

A volte la tosse secca può essere un tic.

U

UNGHIA INCARNITA

È... la crescita anomala dell'unghia: i bordi dell'unghia crescono verso il basso e si conficcano nella pelle. È più frequente che si verifichi nell'alluce che nelle altre dita.

LA INDIVIDUEREMO... perché, dietro all'unghia, la pelle sarà più sensibile, gonfia, arrossata e farà male se si preme o mentre il bimbo cammina.

LA EVITEREMO... tagliando le unghie dei piedi in forma corretta: dritte e regolari, e mai troppo corte.

Utilizzando delle calzature comode, che non stringano le dita dei piedi.

LA CUREREMO... se non è un caso grave, si può mettere il dito in una bacinella d'acqua per ammorbidire la zona e sistemare del cotone asciutto sotto l'estremità dell'unghia per evitare che si incarni. Questo processo si può effettuare due volte al giorno.

Si può applicare una crema antisettica sulla parte per evitare infezioni. Consultiamo il medico per sapere quale utilizzare.

È importante tagliare l'angolo dell'unghia che penetra nella pelle, in modo che possa crescere normalmente.

Se sono già comparsi il dolore e il gonfiore, è necessario rivolgersi al medico e seguire le sue indicazioni.

DAL PEDIATRA SE... l'unghia è molto incarnita o se l'infezione suppura o non migliora nonostante le cure.

ATTENZIONE!

L'unghia incarnita non è grave, ma è dolorosa.

Se l'unghia incarnita non viene curata, è probabile che la pelle cresca sopra l'unghia e si infetti. Per questo è importante agire quando ci si accorge che un'unghia cresce verso l'interno.

V

VAGINITE

È... l'infiammazione e/o l'infezione della vulva e della vagina causata da batteri, funghi, virus o altri parassiti. Causa dolore e prurito.

LA INDIVIDUEREMO... perché la bambina lamenta prurito e dolore alla zona genitale. Quando la esaminiamo, vedremo chiaramente che è infiammata.

È possibile che la bambina provi dolore o bruciore nel fare pipì e che abbia una secrezione vaginale più abbondante, di colore giallastro o grigiastro e maleodorante, ma potrebbe essere anche biancastra, a seconda della causa dell'infezione.

POSSIBILI CAUSE... scarsa igiene, uso di indumenti troppo stretti, che irritano la zona genitale, o di un sapone troppo aggressivo.

Il fungo *Candida albicans*, responsabile della candidosi, causa prurito e perdite vaginali dense e biancastre.

LA CUREREMO... a seconda dell'origine dell'infezione, sempre su indicazione del medico.

Se l'infiammazione non è stata causata da un'infezione, ma dall'irritazione derivata dall'uso di saponi aggressivi o di indumenti troppo stretti, i sintomi spariranno da soli evitando queste circostanze.

DAL PEDIATRA SE... la bambina si lamenta del prurito o del dolore quando urina e se ha una secrezione vaginale più abbondante del normale.

Dobbiamo consultare il medico al più presto se il problema non migliora in due settimane nonostante il trattamento o se le infezioni vaginali sono frequenti e ripetute.

VARICOCELE

È... la dilatazione delle vene che passano lungo lo scroto e i testicoli.

Le valvole interne delle vene impediscono che il sangue fluisca come dovrebbe; il sangue resta all'interno e le vene si gonfiano.

È più frequente nei ragazzi di età superiore ai quindici anni.

LO INDIVIDUEREMO... perché il ragazzo osserverà che le vene dello scroto si sono ingrandite e sembrano strozzate, e sentirà un disagio.

Tuttavia, se la dilatazione è lieve è possibile che non se ne accorga.

LO CUREREMO... utilizzando biancheria intima stretta, che mantenga una pressione sulla zona, per alleviare il fastidio.

Se il dolore è acuto o non diminuisce, è possibile che sia necessario un trattamento specifico.

Nei casi estremi si dovrà ricorrere all'intervento chirurgico.

DAL PEDIATRA SE... procura fastidio o se un varicocele diagnosticato non migliora e il dolore persiste.

ATTENZIONE!

Nella maggioranza dei casi, il varicocele non è grave e sparisce senza necessità di una cura.

VERRUCHE

SONO... lesioni cutanee, rilevate e rotonde causate da un virus della pelle. Di solito si presentano sotto forma di rigonfiamenti di pelle secca, sia da sole, sia raggruppate. Possono comparire in modo spontaneo e diffondersi per contagio in diverse zone della pelle. È possibile che le verruche abbiano all'interno dei puntini scuri. Non si tratta di sporcizia, ma di piccoli vasi sanguigni che, probabilmente, si sono rotti.

LE CUREREMO... effettuando dei trattamenti (farmacologici) su indicazione del pediatra: Le se si tratta di verruche in zone dove possono provocare infezioni ad altre persone, è preferibile.

DAL PEDIATRA SE... si hanno dei dubbi sull'origine della verruca, se la verruca sanguina, cambia d'aspetto o prude.

Con urgenza

Se le verruche si moltiplicano a una velocità considerevole e infettano molte parti del corpo del bambino.

VESCICHE AI PIEDI E ALLE MANI

SONO... vescicole piene di liquido che compaiono sulla pianta del piede, il calcagno o fra le dita dei piedi o sul palmo della mano, a causa di frizione continua con una scarpa nuova, dopo una camminata o quando si usa un attrezzo in modo continuativo.

LE CUREREMO... è fondamentale NON bucare la vescica per drenare il liquido, perché in questo modo aumentano le possibilità di infezione.

La cosa più raccomandabile è lasciare che seguano il loro

corso naturale: in una o due settimane si seccheranno e la pelle si rinnoverà.

Se la vescica si rompe comunque, elimineremo la pelle morta e laveremo la superficie con sapone antibatterico due volte al giorno. Si devono anche cambiare le calze ogni volta che si pulisce la zona.

Se la vescicola si mantiene intatta, la copriremo con un cerotto nel quale avremo praticato al centro una piccola apertura.

LE EVITEREMO!

- Non usare scarpe strette o troppo flosce.
- Applicare della vaselina nella zona dove di solito si formano le vesciche per ridurre la frizione.
- Indossare un paio di calzini extra sopra i soliti.

DAL PEDIATRA SE... la vescica si infetta, la zona adiacente è arrossata e calda e il liquido è più vischioso e cambia colore.

VOMITO

È... l'espulsione dalla bocca, di solito incontrollabile e anche con spasmo, del contenuto dello stomaco.

UNA OSSERVAZIONE... Il vomito può essere sintomo di qualche malattia gastrica, così come di altri tipo di infezioni, o di intossicazione alimentare.

POSSIBILI CAUSE...

Sintomi	Cause
Il vomito del bimbo è giallastro-verdastro	Può essere un'ostruzione intestinale
Il vomito è accompagnato da diarrea	Gastroenterite (vedere scheda)

Sintomi	Cause
Il vomito è accompagnato da dolore addominale	Appendicite
Il vomito è accompagnato da feci chiare e urina scura	Epatite
Il vomito compare dopo un episodio di tosse	Pertosse
Il vomito è accompagnato da mal di testa, collo rigido e un'eruzione cutanea	Meningite
Il vomito è accompagnato da dolore addominale, febbre o dolore alla minzione	Infezione del tratto urinario (vedere scheda)

È possibile anche che il bambino abbia degli episodi di vomito a causa di una situazione di stress, durante un viaggio e in alta montagna, perché ha la nausea.

DAL PEDIATRA SE... il vomito dura più di dodici ore o se il bambino è molto abbattuto, si rifiuta di bere.

Se crediamo che ci possa essere un'infezione del tratto urinario.

Con urgenza

Se sospettiamo che il vomito possa indicare un'ostruzione intestinale, appendicite o meningite.

ATTENZIONE!

L'esperienza del vomito può diventare molto sgradevole per il bambino, e quindi si raccomanda ai genitori di stare con lui, coccolarlo e dargli da bere a poco a poco perché si riprenda.

APPENDICI

TUTTO IN UN COLPO D'OCCHIO

LO SVILUPPO PSICOMOTORIO DURANTE IL PRIMO ANNO

SVILUPPO FISICO E MOTORIO

Età	Capacità
Primo trimestre	Si muove per riflessi arcaici (automatismi primari) Quando gira la testa di lato, il corpo la segue (la dissociazione inizia verso i 3 mesi) Il riflesso di suzione è molto sviluppato Il riflesso di Moro (riflesso di abbraccio) è attivo
Secondo trimestre	Inizia il processo di definizione della relazione tra il bambino e l'ambiente Sparisce il riflesso di suzione Il riflesso di Moro si attenua Acquisisce abilità bimanuali Diminuisce la resistenza a estendere gli arti A partire dai 5 mesi, la coordinazione vista-motricità progredisce (vede e segue con lo sguardo gli oggetti) A 6 mesi si dimostra già capace di mantenersi eretto Allunga le braccia per proteggersi e per richiamare l'attenzione

Età	Capacità
Terzo trimestre	Riesce a girare la testa Ha il riflesso che gli consente di ruotare il corpo tra le spalle e il bacino Curiosità per i propri piedi Perde poco a poco la necessità di avere un appoggio per restare seduto Si sposta con l'aiuto delle mani (gattonamento)
Quarto trimestre	Stando sulla pancia, riesce a passare alla posizione seduta Continua il raddrizzamento corporeo La capacità di rotazione e dissociazione pelvi-punto vita gli consente di sedersi senza un appoggio Gattona perfettamente e si appoggia ai mobili per tirarsi in piedi Prima di compiere un anno si arrischia a staccarsi dagli appoggi e a tentare i primi passi

SVILUPPO DELLE CAPACITÀ MANUALI

Età	Capacità
Primo trimestre	A 3 mesi inizia il processo di presa: quando vede qualcosa, muove le braccia per afferrarla Ha l'intenzione di afferrare l'oggetto, ma non ci riesce
Secondo trimestre	A 4 mesi allunga le braccia per prendere le cose, ma spesso non riesce a trattenerle A 5 mesi potrebbe essere in grado di afferrarle tenendo la mano "a zampa" (con tutte le dita eccetto il pollice)

Età	Capacità
Terzo trimestre	Tra i 7 e gli 8 mesi domina la traiettoria del braccio allungato È capace di effettuare una presa palmo-pollice: il pollice è ancora immobile e il bambino avvicina l'oggetto con l'indice
Quarto trimestre	A partire dagli 8 mesi riesce già ad avvicinarsi direttamente all'oggetto È capace di afferrare gli oggetti con la pinza (presa definitiva)

SVILUPPO DEL COMPORTAMENTO

Età	Capacità
Primo trimestre	Neonato: automatismi Inizia la fase di esercitazione dei riflessi Osserva ciò che lo circonda e inizia il sorriso sociale
Secondo trimestre	Iniziano le prime forme di coordinazione La bocca diventa uno strumento ulteriore per scoprire le consistenze, i sapori...
Terzo trimestre	Comprende quello che gli accade intorno Tra gli 8 e i 9 mesi riesce già a distinguere le persone estranee alla famiglia Capacità di anticipazione Capacità di cercare oggetti nascosti
Quarto trimestre	La capacità motoria gli consente di esplorare Imita quello che vede Si osserva allo specchio

SVILUPPO DEL LINGUAGGIO

Età	Capacità
Primo trimestre	Primo mese: emette dei suoni gutturali Secondo mese: emette suoni simili a vocali
Secondo trimestre	Vocalizza Gioca e ride per la sua voce
Terzo trimestre	Emette fonemi Inizia il periodo di associazione
Quarto trimestre	Riconosce i nomi e comprende quello che gli si dice Emette monosillabi

SEGNALI D'ALLARME NELLO SVILUPPO DURANTE IL PRIMO ANNO DI VITA

Età	Comportamento
A 3 mesi	Non fissa lo sguardo sugli oggetti o sulle persone che gli stanno accanto Non reagisce alla luce o ai suoni Non reagisce alla voce della madre Presenta anomalie nel riflesso di suzione Non ha nessun controllo sulla testa e sul movimento cervicale Le sue estremità restano rigide e si muovono in modo asimmetrico Tiene le mani chiuse a pugno con i pollici in dentro
A 6 mesi	Non controlla il movimento del collo Non cerca di afferrare gli oggetti Non alza le braccia per chiedere o anticipare un abbraccio Non segue con gli occhi ciò che lo circonda Le sue estremità inferiori presentano tensione e restano rigide Non emette dei suoni e non reagisce ai rumori

Età	Comportamento
A 9 mesi	Non riesce a mettersi seduto e ha uno scarso sviluppo motorio
	Non tiene in mano e non esamina gli oggetti
	Manifesta poca interazione con l'ambiente
	Mantiene rigidi gli arti inferiori
	Non reclama l'attenzione emettendo dei suoni
A 12 mesi	Non riesce a raggiungere la posizione nella quale si sostiene in piedi
	Non capisce richieste semplici come "dammi-prendi"
	Non emette suoni né parole
	Non distingue i familiari dagli estranei
	Non mostra interesse per ciò che lo circonda
A 18 mesi	Non cammina e non gattona
	Non mostra segno di comprendere i meccanismi di base, come indicare le parti del suo corpo quando le si nomina
	Non comincia a praticare i giochi di imitazione
	Non indica con il dito per chiedere o domandare
	Non si interessa agli altri bambini

PREVENZIONE DEGLI INCIDENTI SECONDO L'ETÀ

Tipo di incidente	Raccomandazioni secondo l'età	
	Da 0 a 2 anni	**A partire dai 2 anni**
Asfissia	Evitare che i bambini dormano nel letto con gli adulti Evitare l'uso di catenine per il ciuccio Prestare attenzione alle cinture di sicurezza	Evitare che mangi caramelle o frutta secca Impedire i giochi con sacchetti di plastica Prestare attenzione alle cinture di sicurezza
Scottature	Controllare la temperatura dell'acqua prima del bagnetto Evitare l'esposizione prolungata al sole e usare creme protettive Verificare la temperatura del biberon e/o del cibo	Controllare la temperatura dell'acqua prima del bagnetto Evitare l'esposizione prolungata al sole e usare creme protettive Tenere fuori dalla portata del bambini gli oggetti che scottano oppure mettere delle protezioni davanti ai fornelli Coprire le prese elettriche

Tipo di incidente	Raccomandazioni secondo l'età	
	Da 0 a 2 anni	**A partire dai 2 anni**
Cadute	Tenere sotto controllo il bambino al parco giochi e fare in modo che giochi nella zona riservata alla sua età Non lasciarlo mai solo in un punto elevato Fissare in modo corretto i seggiolini, i rialzi...	Tenere sotto controllo il bambino al parco giochi e fare in modo che giochi nella zona riservata alla sua età Insegnargli a tenersi nel modo corretto sulle altalene e su altri giochi Non lasciarlo mai solo in un punto elevato Proteggere le scale e le finestre per evitare cadute
Ferite causate da animali	Evitare che si avvicini ad animali sconosciuti	Evitare che si avvicini ad animali sconosciuti Evitare che metta la mano in punti con poca visibilità
Incidenti durante il gioco	Acquistare giocattoli adeguati alla sua età Verificare se i componenti del giocattolo contengono materiali tossici	Controllare la composizione dei giocattoli ed evitare di acquistare quelli che hanno parti che si staccano Acquistare giocattoli adeguati alla sua età
Incidenti automobilistici	Usare in modo corretto le cinture di sicurezza e i seggiolini adeguati alla sua età	Utilizzare i sistemi di sicurezza adeguati alla sua età Tenerlo per mano per strada e quando si attraversa Educarlo al rispetto delle norme di sicurezza stradale

Tipo di incidente	Raccomandazioni secondo l'età	
	Da 0 a 2 anni	A partire dai 2 anni
Avvelenamento	Tenere i prodotti per la pulizia della casa e i medicinali al di fuori della sua portata	Tenere i prodotti per la pulizia della casa e i medicinali al di fuori della sua portata Educare all'uso corretto dei medicinali
Annegamento	Non lasciare il bimbo da solo nella vasca da bagno Tenerlo sotto controllo quando si trova nei pressi di una piscina o a zone di balneazione ed entrare in acqua con lui	Non lasciare il bimbo da solo nella vasca da bagno Quando si trova in zone di balneazione utilizzare delle protezioni (braccioli, salvagente...) e controllare l'accesso alla piscina Prestare attenzione che non nuoti in zone profonde e/o con correnti.

ABITUDINI POSTURALI

Età	Abitudini corrette	Abitudini scorrette
Lattante	Stare sulla schiena per dormire, perché in questa posizione diminuisce l'incidenza della Sindrome da morte in culla del lattante Durante il giorno tenerlo prono (sulla pancia) per stimolare la muscolatura ed evitare deformazioni del cranio	A pancia in giù (prono) durante il sonno
Infanzia	Posizione seduta con le gambe incrociate Posizione di fianco per dormire, sempre che si usi un cuscino per evitare la curvatura laterale della colonna vertebrale	Dormire in posizione prona o ventrale, a meno che si sollevino le pelvi o il ventre con un cuscino Utilizzare un cuscino troppo alto sovraccarica la schiena
Età scolare	Deve stare seduto su una sedia con i piedi appoggiati a terra, ginocchia e anche a 90° e con uno schienale basso che consenta una leggera lordosi lombare Si raccomanda che il piano della scrivania e del banco sia leggermente inclinato; l'altezza deve essere tale da permettere che le braccia si appoggino sul piano Usare lo zaino con i due spallacci sulle spalle per ripartire il peso	Stare prono (posizione usata spesso per leggere coricati a pancia in giù), perché può causare iperlordosi cervicale e lombare Stare seduto sul bordo della sedia o incurvato in avanti, perché causa cifosi della colonna Zaino tenuto su una sola spalla o molto in basso

I VACCINI

Per immunizzazione collettiva o di gruppo si intende l'immunocompetenza di una popolazione e la sua capacità di resistere alle infezioni. È la protezione che una popolazione gode nei confronti di una determinata infezione dovuta alla presenza al suo interno di persone immuni dal contagio. I due elementi cruciali del successo delle vaccinazioni contro le malattie trasmissibili possono fornire una "memoria immunologica" di lunga durata nelle persone vaccinate (ossia il loro organismo dispone delle risorse per contrastare l'infezione) e conseguire l'immunità di gruppo, il che consente di aumentare il controllo delle malattie non solo a livello individuale ma anche su alti numeri di individui.

Alla pagina seguente vediamo il calendario delle vaccinazioni obbligatorie e gratuite

Vaccino	Alla nascita	3° mese	5° mese	6° mese	11° mese	13° mese	15° mese	5-6 anni	11-18 anni	> 65 anni	Ogni 10 anni
Difterite-Tetano-Pertosse		DTPa	DTPa		DTPa			DTPa[1]	dTpa		dT[2]
Poliomielite		IPV	IPV		IPV			IPV			
Epatite B	HBV[3]	HBV	HBV		HBV						
Haemophilus Influenzae B		Hib	Hib		Hib						
Morbillo-Parotite-Rosolia						MPR		MPR	MPR[4]		
Pneumococco		PCV	PCV		PCV						
Meningococco C						Men C[5]			Men C[5]		
Infezione papillo-mavirus umano									HPV[6] (3 dosi)		
Influenza										Influ-enza	
Varicella									Var[7] (2 dosi)		

3° mese si intende dal 61° giorno di vita
5-6 anni si intende dal 5° compleanno (5 anni e 1 giorno) ai 6 anni e 364 giorni (7° compleanno)
12° anno si intende da 11 anni e 1 giorno (11° compleanno) fino a 11 anni e 364 giorni (12° compleanno)
11-18 anni si intende da 11 anni e un giorno (11° compleanno) fino ai 17 anni e 364 giorni (18° compleanno)

Note

[1] Dopo il compimento dei 7 anni è necessario utilizzare la formulazione con vaccino antidifto-tetanico-pertossico acellulare di tipo adolescenziale-adulto (dTpa).

[2] Gli adulti con anamnesi incerta per il ciclo primario di vaccinazione con dT devono iniziare o completare la vaccinazione primaria. Un ciclo primario per adulti è composto da 2 dosi di vaccino contenente tetano e difterite (dT) e una terza dose con vaccino dTpa. Le prime 2 dosi devono essere somministrate a distanza di almeno 4 settimane l'una dall'altra e la terza dose 6-12 mesi dopo la seconda. I successivi richiami devono essere effettuati ogni 10 anni (a partire dal completamento della serie primaria) e almeno una delle dosi booster di vaccino dT dovrebbe essere rimpiazzata da 1 dose di vaccino dTpa.

[3] Per i bambini nati da madri positive per HBsAg: somministrare entro le prime 12-24 ore di vita, contemporaneamente alle immunoglobuline specifiche antiepatite B, la prima dose di vaccino anti-HBV; il ciclo andrà completato con una seconda dose a distanza di 4 settimane dalla prima, con una terza dose dopo il compimento della ottava settimana e con la quarta dose in un periodo compreso tra l'undicesimo ed il dodicesimo mese di vita, anche in concomitanza con le altre vaccinazioni.

[4] In riferimento ai focolai epidemici in corso, si ritiene opportuno, oltre al recupero dei soggetti suscettibili in questa fascia d'età anche una ricerca attiva ed immunizzazione dei soggetti conviventi/contatto, non vaccinati.

[5] Dose singola. La somministrazione a 11-18 anni va considerata nei soggetti non vaccinati nell'infanzia.

[6] Per il sesso femminile, nel corso del 12° anno di vita, seguendo una scheda a 3 dosi. Vaccino bivalente (contro i genotipi 16 e 18 di HPV): 0, 1 e 6 mesi; vaccino quadrivalente (contro i genotipi 6, 11, 16 e 18 di HPV): 0, 2 e 6 mesi.

[7] Nei soggetti anamnesticamente negativi e non precedentemente vaccinati è prevista la somministrazione di due dosi a distanza di un mese l'una dall'altra.

Fonte: piano nazionale prevenzione vaccinale 2012-2014

L'INTRODUZIONE DELL'ALIMENTAZIONE COMPLEMENTARE NEL PRIMO ANNO

QUANDO INIZIARE A SOMMINISTRARE ALIMENTI NUOVI O INTEGRATORI ALIMENTARI?

Si raccomanda di non introdurre MAI prima dei tre-quattro mesi cibi né integratori alimentari ed è molto sconsigliato prima dei cinque-sei mesi.

Età	Alimentazione
0-6 mesi	Latte (materno o formulato adatto alla sua età) L'acqua è necessaria; gli daremo piccole quantità una volta che l'allattamento si è stabilito
6-12 mesi	Si possono introdurre poco a poco nuovi alimenti La nuova composizione degli alimenti rende necessario che il bimbo beva dell'acqua, anche se non in grandi quantità

COME PROCEDERE NELL'INTRODUZIONE DI NUOVI CIBI?

I nuovi cibi si introducono nell'alimentazione in piccole quantità e a distanza di qualche giorno per osservare la presenza di possibili reazioni. È importante somministrare alimenti diversi.

Alimento	Età
Cereali	A partire dai 5-6 mesi Preferibilmente non prima dei 4 mesi Cereali con glutine: a partire dai 5-6 mesi
Frutta	A partire dai 5 mesi Iniziare con mela, pera, banana Evitare fino a quando non abbia compiuto un anno la frutta che può causare allergie, come kiwi, fragole, lamponi, pesche...
Verdure e ortaggi	A partire dai 6 mesi, in forma di purea, senza sale Iniziare con patate, carote, zucchine Evitare fino a quando non abbia compiuto un anno la verdura con nitrati, come spinaci, barbabietola o altri tipi di verdure come cavolo, cavolfiore, rapa, porro o asparagi
Carne	A partire dai 6 mesi Si raccomanda di iniziare con il pollo e continuare introducendo le altre carni
Yogurt	A partire dagli 8 mesi, sempre senza zucchero (yogurt per l'infanzia)
Pesce	Dopo i 9 mesi Iniziare con il pesce bianco Pesce azzurro a partire dai 18 mesi
Uova	A partire dai 9 mesi si può introdurre il tuorlo cotto
	A partire dai 12 mesi si può dare l'uovo intero
Legumi	A partire dai 12-18 mesi
Miele e altri zuccheri	NON prima dell'anno compiuto

L'ALIMENTAZIONE DELLO SCOLARO

A partire dai cinque anni, il bambino ha bisogno di una maggior quantità di energia a mano a mano che cresce. Per questo l'alimentazione è così importante.

È necessario rispettare i cinque pasti (colazione, spuntino del mattino, pranzo, merenda e cena). In questo modo il bambino potrà mantenere un'attività fisica e mentale adeguata alla sua età.

Le dieta deve essere variata ed equilibrata e si devono rispettare gli orari. Allo stesso modo, si devono insegnare abitudini alimentari e di partecipazione alla preparazione dei pasti, perché i ragazzi siano consapevoli di ciò che mangiano.

L'alimentazione deve essere ricca di vitamine, ferro e altri minerali, e di calcio, perché a questa età le ossa si vanno formando e necessitano degli elementi che le fortificano e che fissano il calcio.

È MOLTO importante che i bambini bevano acqua a sufficienza nel corso della giornata.

Pasto	Caratteristiche
Colazione	È il pasto più importante della giornata Deve contenere carboidrati (cereali, pane...), latticini, frutta, lipidi, zuccheri
Spuntino	Permette al bambino di mantenere il livello di attenzione e di energia necessari per tutta la mattinata Può essere costituito da succo di frutta e panino EVITARE le merendine industriali, che sono zuccheri a combustione rapida e non servono per arrivare alla fine della mattinata
Pranzo	È importante che contenga proteine, verdura e/o ortaggi, oltre a carboidrati e frutta
Merenda	Latticini e cereali (pane, cereali, biscotti...)
Cena	Deve essere composta in modo da equilibrare quello che il bambino ha mangiato a pranzo, ma deve essere leggera, per facilitare il sonno

TEST DELLA BUONA COLAZIONE

La colazione è il pasto più importante della giornata. Per sapere se il bambino fa una colazione equilibrata e completa, si può rispondere a questo test.

Numero di ore di sonno quotidiane		
Più di 10		1
Da 8 a 10		0,5
Meno di 8		0
Fa colazione a casa?	Sì: 1	No: 0
Tutta la famiglia si siede a tavola?	Sì: 1	No: 0,5
Guarda la tele mentre fa colazione?	Sì: 0	No: 1
Assume latticini?	Sì: 1	No: 0
Mangia cereali?	Sì: 1	No: 0
Mangia frutta?	Sì: 1	No: 0
Mangia burro e/o marmellata?	Sì: 1	No: 0
Fa una seconda colazione a metà mattina?	Sì: 1	No: 0,5
Mangia merendine industriali?	Sì: 0	No: 1
Mangia merendine più di tre volte la settimana?	Sì: 0	No: 1

Risultati:

9 o più punti: fa una colazione adeguata.
da 6 a 8 punti: dovrebbe migliorare le sue abitudini riguardo alla colazione.
5 punti o meno: non fa una colazione adeguata ed è necessario migliorare la situazione o rieducarlo.

QUANDO UN BAMBINO NON MANGIA E NON CRESCE

Che cosa fare

- Stabilire orari fissi per mangiare e non permettere che spilucchi tra un pasto e l'altro.
- Stabilire abitudini associate al momento dei pasti e rispettarle sempre.
- Lasciare che il bambino mangi da solo, se ha l'età per farlo.
- NON accendere la televisione perché si distragga.
- NON mettere troppo cibo nel piatto, per evitare che si scoraggi vedendo la quantità.
- NON fare commenti negativi riguardo al fatto che mangia poco.
- NON trasformare il pasto in un castigo.
- Fare in modo che si interessi al cibo, alla sua preparazione, a quanto può essere piacevole, cercare che scopra nuovi sapori e nuove consistenze.

COME FARE IN MODO CHE I PASTI SIANO PIÙ NUTRIENTI

Aggiungere sughi di pomodoro fresco, ragù leggeri o pesto alla pasta e al riso, per migliorare il sapore e apportare più nutrienti.

Aggiungere ai panini e al pane tostato dell'olio, per renderli più appetibili.

Aggiungere ai passati di verdura e ai purè un po' di maizena.

LE "SCHIFEZZE"

Che cosa sono

Alimenti vuoti: calorici ma poveri di nutrienti.

Quali sono

Possiamo considerare "schifezze" non soltanto le caramelle ma anche i dolci (merendine, cioccolatini,) e i fritti (patatine, popcorn, noccioline salate).

Quando consumarle

- Soltanto quando i genitori lo ritengono opportuno.
- Si deve ricordare che riempiono lo stomaco del bambino ma non lo alimentano.
- NON si devono proibire, ma se ne deve moderare l'uso e/o pattuirlo.
- NON si deve lasciare che sia il bambino a decidere quando mangiarle.

QUANDO MANGIARE DA SOLI (CON LE MANI)

A partire da un anno il bambino può imparare a mangiare da solo.

È possibile che, non ricevendo l'attenzione dei genitori, che prima lo imboccavano, non abbia voglia di mangiare.

Preparare cibi che possa prendere con le mani aiuterà a far sì che continui a mangiare in questa maniera e potrà comunque andare di pari passo con l'apprendere a mangiare con le posate.

Che cosa può mangiare con le mani

- Frutta fresca pelata e tagliata.
- Ortaggi cotti, come piselli o mais, e altri ortaggi crudi, come carote a striscioline o grattugiate.

- Pasta cotta e tagliata a pezzetti.
- Pollo e pesce bianco a pezzetti.
- Formaggio fatto a striscioline.
- Cereali senza latte o pane tostato a striscioline.

LE FAMIGLIE VEGETARIANE E VEGANE

È importante consultare un dietista per stabilire gli alimenti adeguati a ciascuna età.

La grande quantità di prodotti con la soia (tofu, bevande di soia...) consente un'alimentazione adeguata.

Si deve prestare attenzione

- Che il bambino riceva il giusto apporto di minerali come il ferro, perché il ferro contenuto nella carne non si fissa allo stesso modo di quello contenuto nella verdura.
- Che il bambino che segue una dieta vegana (e non ovo-latto-vegetariana) riceva un apporto di calcio adeguato alla sua età.
- Che il bambino riceva l'apporto necessario di vitamine D e B12 (basso nelle diete vegane).
- Che la dieta del bambino abbia un livello di fibre corretto e non eccessivo, perché potrebbe sentirsi sazio prima del tempo.

Per facilitare l'elaborazione del menu è stata ideata la piramide vegetariana, un adattamento della piramide alimentare che distribuisce i gruppi alimentari dalla base al vertice, secondo la quantità di consumo raccomandata. Questa piramide vegetariana funziona così: alla base stanno i cereali, i legumi, la frutta e la verdura, con la raccomandazione di consumarli in ogni pasto; nella zona intermedia stanno la frutta secca, i semi, gli oli, la soia, il latte e, per i vegetariani non rigorosi, le uova, con la raccomandazione di consumarne ogni giorno; infine, al vertice dolci e torte, da consumare di quando in quando e in piccole quantità.

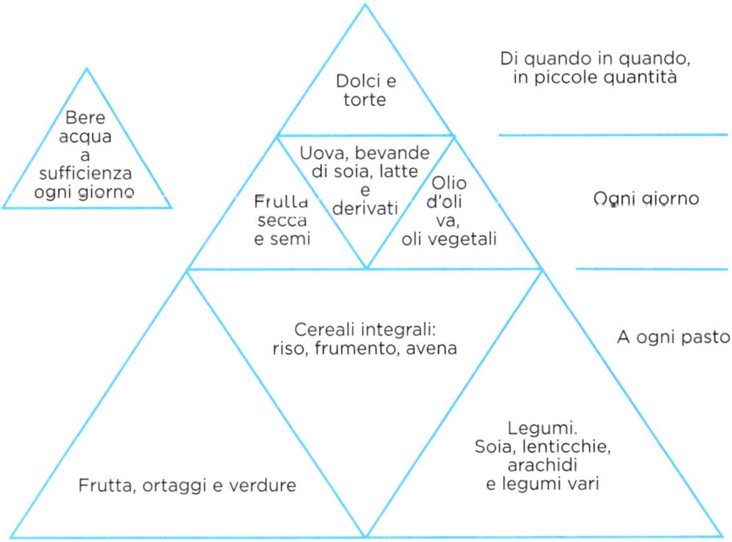

Un altro metodo per far sì che i vegetariani e i vegani si alimentino in modo completo e sano è *la guida del complemento proteico,* nella quale i cibi si classificano in quattro gruppi:

- A Cereali.
- B Legumi.
- C Frutta e verdura.
- D Frutta secca e semi.

Per ottenere una dieta equilibrata si deve scegliere per ogni pasto alimenti del gruppo A, con l'aggiunta di qualche elemento delle categorie B, C o D. Nella dieta quotidiana devono combinarsi alimenti di tutti i gruppi, anche se non è necessario che ciò si realizzi in ciascun pasto.

Il latte di soia non modificato non è adatto ai lattanti,

per la presenza di zuccheri, così come di altri carboidrati non digeribili e con effetti secondari importanti a livello gastrointestinale.

Il latte di soia non modificato e quello derivato da altri vegetali, come il riso, le mandorle... non deve essere impiegato nel primo anno di vita perché è carente della quantità necessaria di vitamine e oligoelementi, oltre a essere meno biodisponibile. Questi latti possono far parte della dieta diversificata del bambino di età superiore a un anno che mostri una crescita normale.

L'ALIMENTAZIONE DELL'ADOLESCENTE

Durante l'adolescenza si assiste a un picco di crescita:

- per le ragazze, tra gli undici e i quindici anni.
- per i ragazzi, tra i tredici e i sedici anni.

Possono avere dei deficit di	Che cosa devono fare
Ferro	Aumentare il consumo di alimenti ricchi di ferro (carne magra, pesce, verdura di colore verde, frutta secca...) Consumare alimenti ricchi di vitamina C, per migliorare l'assorbimento del ferro.
Calcio	Mantenere un buon apporto di latticini e alimenti ricchi di calcio. Consumare vitamine e minerali necessari per fissare il calcio, come la vitamina D o il fosforo. Fare attività fisica.

ABITUDINI ALIMENTARI

Buone abitudini

- Mantenere i cinque pasti al giorno e ricordare l'importanza della colazione.
- Favorire l'uso di spuntini sani, come succhi di frutta e panini, per soddisfare le necessità energetiche.
- Fare in modo che conoscano le loro necessità energetiche (il loro metabolismo e il loro sviluppo sono diversi e si devono rispettare).
- Spingere all'attività fisica.
- Favorire l'idea che l'aspetto fisico non è la sola cosa che conta.

Problemi alimentari	
Tendenze estetiche e/o alimentari	Possono portare a saltare i pasti per dimagrire Possono favorire l'anoressia nervosa
Consumo eccessivo di cibo	Può condurre a un aumento di peso e anche all'obesità L'obesità può causare un rifiuto dell'ambiente e problemi di salute
Mancanza di esercizio fisico	Nel lungo termine, può portare al sovrappeso e/o a problemi cardiovascolari

GLI SPECIALISTI: QUANDO CONSULTARE...

L'ORTOPEDICO

Se si osservano anomalie nella colonna vertebrale o nell'apparato locomotorio.

Età	Che cosa si controlla	Che cosa si può riscontrare
Tra i 5 e i 6 anni	La colonna vertebrale, sia sul piano frontale sia su quello sagittale La colonna vertebrale e la flessione del tronco, sia visto di fronte, sia lateralmente Gli arti inferiori in posizione statica su due piedi I piedi e il modo di camminare	Asimmetria nella colonna Piedi piatti o cavi Anomalie nella torsione Cifosi
Tra i 9 e i 10 anni	La colonna vertebrale su entrambi i piani Il grado di estensione della muscolatura flessoria La disposizione degli arti inferiori Posizione dei piedi e modo di camminare	Asimmetria nella colonna Cifosi patologica Problemi posturali delle ginocchia o dei piedi

Età	Che cosa si controlla	Che cosa si può riscontrare
Tra i 13 e i 14 anni	Il controllo è simile a quelli effettuati in precedenza Si studia la sensibilità flessoria Non è necessario analizzare nel dettagli gli arti inferiori	A questa età, il disallineamento sagittale della colonna vertebrale può aumentare Cifosi Scoliosi

L'OCULISTA

Età	Dall'oculista se...
Neonato	C'è un alto rischio di deficienze visive
Nel primo anno di vita	Se durante i normali controlli dal pediatra vengono evidenziate anomalie.
A 3 anni	Misurazione dell'acutezza visiva
A 5 anni	Devono essere visitati i bambini che non hanno superato la valutazione della vista e l'allineamento degli occhi da parte del medico curante
A partire dai 5 anni	Ci si rivolgerà all'oculista se nel corso del controllo di routine si individua un problema di vista Se gli insegnanti o i genitori percepiscono un problema qualsiasi di vista
A qualsiasi età	Esame annuale per i bambini che portano gli occhiali

IL DENTISTA

Si può iniziare la prima vista di controllo quando la prima dentatura (denti da latte) è completa.

Si raccomanda di effettuare una visita ogni anno per prevenire i problemi dentali.

Visita obbligatoria in caso di...

- *Carie*: possono comparire a qualsiasi età e di solito causano fessurazioni nei denti quando si mastica.
- *Gengiviti*: problemi alle gengive (sanguinamento, dolore quando di spazzolano i denti).
- *Sensibilità dentale.*
- *Frattura di un dente* o comparsa di qualche piccola perforazione.

LO PSICOLOGO

Si raccomanda una visita...

- Se si sospetta che il bambino soffra di una forma di depressione (stanchezza eccessiva, noia, malinconia...).
- Se le regressioni nel comportamento persistono.
- Se si sospetta che soffra di iperattività o di un qualsiasi disturbo del comportamento.
- Se non ha un comportamento sociale o uno sviluppo emotivo adeguato alla sua età.
- Se il bambino è troppo temerario o mostra un atteggiamento troppo violento.
- Se ha uno scarso rendimento scolastico ma è molto intelligente e i suoi interessi sono più sviluppati rispetto a quelli degli altri bambini della stessa età.
- Se ha un linguaggio troppo erotizzato per la sua età, potrebbe aver subito degli abusi.

IL LOGOPEDISTA

Si raccomanda una visita...

- Se giunto all'età in cui il linguaggio si perfeziona, continua a non pronunciare correttamente, a balbettare...
- Se ha problemi nell'espressione orale, come problemi di articolazione.
- Se si sospetta una dislessia o problemi di apprendimento nella lettura e l'ortografia.

PRONTO SOCCORSO DOMESTICO

DOVE tenere la cassetta del pronto soccorso: lontano dalla portata dei bambini, in un luogo fresco, asciutto e lontano da fonti di calore.

NON si devono conservare i resti dei farmaci utilizzati in precedenza sotto prescrizione medica. Quando scadono, si possono portare in farmacia per il corretto smaltimento.

NON si deve curare il bambino di propria iniziativa usando medicinali specifici.

CHE COSA DEVE CONTENERE LA CASSETTA DI PRONTO SOCCORSO

Materiale per bendaggi

- Cerotti per bambini.
- Cerotto in rotolo.
- Soluzione disinfettante (alcol iodato).
- Bende elastiche.
- Garze.
- Pinzette.
- Forbicine senza punte.

Materiali e farmaci per piccole emergenze e disturbi

- Siringhe sterili.
- Termometro.
- Supposte antipiretiche.
- Antinfiammatori e analgesici.
- Soluzione fisiologica.
- Pomata antibiotica per ferite, escoriazioni, scottature.
- Crema contro le punture d'insetti, le insolazioni o le allergie.
- Torcia elettrica.

Medicinali specifici

- Quelli prescritti dal medico, dal pediatra o dallo specialista per patologie specifiche.

INDIRIZZI UTILI

Ministero della Salute
- www.salute.gov.it

Istituto Superiore di Sanità
- www.iss.it

Organizzazione Mondiale della Sanità
(WHO; World Health Organization)
- www.who.int

Federazione Italiana Medici Pediatri FIMP
- www.fimp.org

Società Italiana di Pediatria SIP
- www.sip.it

Pediatria On Line: è la community dei Pediatri Italiani, un circuito di discussione e confronto fra migliaia di medici specialisti
- www.pediatria.it

AIED Associazione Italiana per l'Educazione Demografica
- www.aied.it

Consultori familiari. L'elenco delle strutture, per regione, si trova nel sito

- www.paginesanitarie.com

Associazione Nazionale Disabili Italiani

- www.disabili.com

Associazione Genitori Soli

- www.genitorisoli.it

ANFFAAS Associazione Nazionale Famiglie con disabilità intellettiva e/o relazionale

- www.anffaas.net

NUMERI PER LE EMERGENZE

112 Carabinieri

113 Polizia di Stato, Soccorso pubblico di emergenza

115 Vigili del Fuoco

118 Emergenza Sanitaria, ambulanza

114 Emergenza Infanzia

196 96 Telefono Azzurro per minori

1530 Emergenze in mare, Guardia Costiera

1500 Call center per le Emergenze sanitarie

800 166 666 Croce Rossa Italiana C.R.I.

800 165 616 ABA (Bulimia e Anoressia)

Bologna
Ospedale Maggiore
largo Negrisoli 2 - tel. 051/6478955

Catania
Ospedale Garibaldi Centro Rianimazione
piazza S. Maria Gesù - tel. 095/7594120

Cesena
Ospedale Maurizio Bufalini
viale Ghirotti - tel. 0547/352612

Chieti
Ospedale Sant.ma Annunziata
tel. 0871/345362

Firenze
Centro Antiveleni - U.O. Tossicologia medica A. O. Careggi
viale G. B. Morgagni 65, 055/4277238 055/4277925

Genova
Ospedale Gaslini - 010/3760873
Ospedale San Martino
via Benedetto XV, n. 10 - tel. 010/352808

La Spezia
Ospedale Civile S. Andrea
via Vittorio Veneto - tel. 0187/533296

Lecce
Ospedale Regionale Vito Fazzi
via Moscati - tel. 0832/351105

Messina
Unità degli Studi di Messina
Villag. Santissima Annunziata - tel. 090/2212451

Milano
Ospedale Niguarda Ca' Granda
piazza Ospedale Maggiore 3 - tel. 02/66101029

Napoli
Ospedali Riuniti Cardarelli
Via Antonio Cardarelli 9 - tel. 081/5453333
Istituto Farmacologia e Tossicologia
via Costantinopoli 16 - tel. 081/459802

Padova
Istituto di Farmacologia Universitaria
Largo Egidio Meneghetti 2 - tel. 049/931111

Pavia
Cen. Naz. Inform. Tossic. Fond. S.Maugeri Clinica
del Lavoro e della riabilitazione,
via A. Ferrata 8, 0382/24444 - 0382/24605

Pordenone
Ospedale Civile Centro Rianimazione
via Montereale 24 - tel. 0434/399698

Reggio Calabria
Centro Rianimazione Azienda Ospedaliera
"Bianchi-Melacrino- Morelli"
via G. Melacrino - tel. 0965/811624

Roma
Policlinico Agostino Gemelli
Istituto di Anestesiologia e Rianimazione
largo Agostino Gemelli 8 - tel. 06/3054343

Policlinico Umberto I
viale del Policlinico - tel. 06/490663

Torino
Università di Torino
via Achille Mario Dogliotti - tel. 011/6637637

Trieste
Istituto per l'Infanzia
via dell'Istria 65/1 - tel. 040/3785373

INDICE

Parte seconda

LE COSE CHE NON CI HANNO INSEGNATO PRIMA CHE DIVENTASSIMO GENITORI OVVERO "CHE COSA FARE SE...?"

Parte terza

DISTURBI, DOLORI E MALATTIE: COME CURARLI IN CASA E QUANDO RICORRERE AL MEDICO